Julius Rodenberg

Die Insel der Heiligen

eine Pilgerfahrt durch Irlands Städte, Dörfer und Ruinen

Julius Rodenberg

Die Insel der Heiligen
eine Pilgerfahrt durch Irlands Städte, Dörfer und Ruinen

ISBN/EAN: 9783743415003

Hergestellt in Europa, USA, Kanada, Australien, Japan

Cover: Foto ©Andreas Hilbeck / pixelio.de

Manufactured and distributed by brebook publishing software (www.brebook.com)

Julius Rodenberg

Die Insel der Heiligen

Die Insel der Heiligen.

Eine Pilgerfahrt

durch

Irlands Städte, Dörfer und Ruinen.

Von

Julius Rodenberg.

Zweite Ausgabe.

Erster Theil.

Berlin, 1864.

Verlag von Otto Janke.

Seiner Hoheit

dem regierenden

Herzog Ernst II. von Sachsen-Coburg-Gotha

.

ehrfurchtsvoll zugeeignet

vom

Verfasser.

An einem der erften fchönen Frühlingstage des Jahres 1858 hatte ich das hohe Glück, Ew. Hoheit vorgeftellt zu werden. Ich war damals im Begriff, meine Reife nach Irland anzutreten, und ermunternd umfchwebten mich, foweit ich auch wanderte, die Erinnerung an jene Stunden und die freundlichen Wünfche, die Ew. Hoheit mir mitgegeben.

Nun, zurückgekehrt von der Reife, drängt es mich, Ihnen vor Allem in diefem Werk die nächften Refultate derfelben vorzulegen; und mein fchönfter Lohn würde fein, dereinft zu erfahren, daß es der Aufmerkfamkeit und Theilnahme des allverehrten Mannes nicht unwerth gewefen, den die Deutfche Literatur der Gegenwart mit Stolz ihren fürftlichen Protector nennt!

———

Alte Freunde in Wales

und

Meerfahrt.

· — He promised Sarah, however, most faith
fully, that he would return, and, as a gentleman,
will doubtless keep his word. We may, therefore,
have an opportunity hereafter of imparting some
further details of the young lady's family history
to our readers.

An Autumn in Wales, Bentley's Miscellany.

Es war an einem Nachmittage des Sommers 1858, daß ich auf der
Grasbank unter dem Schloßthurm von Conway in Wales saß. Auf
derselben Bank hatte ich schon einmal gesessen. Zwei Jahre waren
seitdem vergangen. In den zwei Jahren hatte ich nicht aufgehört, an
Conway, an die Farm Wern, an seine lieben Bewohner, an Alles zu
denken, was mir in Wales theuer und unvergeßlich worden war.
Nun saß ich auf dieser Bank wieder und es war mir, als liege Nichts
zwischen jener Zeit und dieser Stunde. Es hatte den Tag über ge=
regnet, und nun, auf den späteren Nachmittag, war es wunderbar
klar, mild und herrlich geworden. Diese Beleuchtung fiel so ganz
eigen auf das Land! Hier das alte Schloß mit seinen Höfen und
Corridoren voll Epheuguirlanden stand in heiliger Dämmerung, wobei
die Regentropfen auf den Grashalmen der Zinnen und Brüstungen
wie Demanten funkelten — dorten über die Waldwiese — die liebe
Waldwiese! sie war ja auch ein alter Bekannter! — wandelten breite
Wolkenschatten, grotesk geformte, phantasievolle Gebilde, die mit den
flatternden Enden auf die beiden Brücken vor mir und die Flußmün=
dung fielen ... aber fern in Sonne, in aller Pracht des blauen Him=
mels, des blauen, köstlichen Tages strahlte die See, die schimmernde,
die flimmernde ... und Segel glänzten darin, und Mastbäume waren
erkennbar. Auf diesem bläulichen Hintergrunde hatte mein Auge oft
genug voll Sehnsucht und Verlangen geruht, tagelang hatte ich meine
Seele mit diesem Anblick genährt, dieser duftigen Wasserferne, da ich
noch — ein lässiger, überglücklicher Wanderer — in dem Haus der
walisischen Bauern geweilt und vom Fenster meines Stübchens oder
der Küche aus hinuntersah, hinunterträumte. Blaugrüne Ferne! —

1*

Damals zogest du meinen Wanderungen ihre schöne Grenzlinie; dies Mal solltest du dich mir aufthun und all' deine Wunder, deine Märchen, deine Schönheiten entschleiern... Damals und heute!... Wird mein Freund, der Schulmeister von Llanfairfechan, nicht sogleich dort aus grünumstrauchter Mauerlücke treten, um den „deutschen Barden" zum Aufbruch zu mahnen? Wird er nicht, neckisch genug, das Gespräch auf Gwenni bringen, auf die dunkeläugige Bewohnerin der Thalschlucht mit ihrem schwarzen Hut und schwarzen Federchen? Wird er nicht von den Märchen der Mutter Moll und von der kleinen Margret und ihrem Eifer, deutsche Worte zu lernen, sprechen? Wird er nicht Sarah's Unschuld und Owen's treue Liebe vertheidigen? Ich sah mich um. — Niemand stand hinter mir, Niemand kam. Nur der Wind öffnete die Gesträuche der Mauerlücke, und die Zweige schüttelten sich, und die Blätter hielten miteinander geisterhafte Zwiesprach. Das Wasser der Flußmündung rauschte — die Sonne ging tiefer — der irische Kanal glänzte in vollem Widerschein.

Dann begab ich mich in die Straßen der alten Stadt und durchwandelte sie. Ich kannte sie alle, ich kannte jedes Haus, aber mich kannte Niemand mehr. Mütter mit ihren Kindern standen vor den Thüren, Frauen mit weiten Mänteln und spitzen Hüten gingen an mir vorüber, Männer waren an der Arbeit... ich hörte zum ersten Mal wieder den vollen dunklen Klang ihrer Landessprache — ich fühlte mich wieder so recht in meinem geliebten Wales — und mich kannte Niemand mehr. Mir war, wie jenem Jüngling, von dem die walisischen Märchen erzählen, daß er eines Sommermorgens in der Früh aus der Farm gegangen sei und unter einem Baum am Wege, auf dessen Zweigen ein wunderlieblicher Vogel sang, sich lauschend niedergesetzt habe. Als der Vogel schwieg und der Jüngling sich erhob, wähnend, es seien nur wenige Minuten verflossen — siehe! da war der Baum verdorrt und stand ohne Rinde, und als er in die Farm kam, da war auch da Alles anders als zuvor und Niemand darin, der ihn kannte; denn der arme Mensch war in der Gewalt der Feen gewesen.

Endlich pfiff die Locomotive, es war der Zug, mit dem ich weiter reisen wollte. Nicht weit von Conway ist die grüne Wiese, auf welcher die Feen ehedem Nächtens zu tanzen pflegten. Seitdem aber die Eisenbahn hindurchgelegt ist, seitdem sind die Feen fortgezogen, in die

Gebirge von Caermarthenshire hinein. Immer klarer war der Himmel geworden, je mehr es auf den Abend ging; und da wir nun in den vollen Umkreis der Berge gekommen waren, so fielen die grellen Lichter und die vollen Schatten auf die Höhen der steinigen Abhänge. Wir sausten rasch an Allem dahin und mein Auge flog entzückt von dem Einen zum Andern — es waren ja bekannte, liebe Plätze — vertraute Bilder meiner schönsten Träume. Und nun trat wieder das offene Meer an unsere Bahn heran — und links stieg der Pen-Maen-Mawr empor — in seinen steinigen Stirnfurchen glühte Abendsonne — es war, als ob die Sonne mit goldigem Finger die Runzeln seiner gewaltigen Stirne hinwegwischen wollte — aber ringsum lagen die dicht geballten Schatten des aufsteigenden Abends .... Dort trat in pures Licht gehüllt, in sanftesten Blauduft gekleidet das Great-Ormes-Head in's glänzende Wasser hinaus... dort wieder, am Ufer stieg der dunkelgrüne Wald empor und unten blinkten viel weiße, freundliche Häuschen, die der Abglanz der Sonne in Gold zu fassen schien. Und eins dieser Häuschen — auf sanfter Wiesenhöhe lag es friedselig da, unten im Walde, — das war die Farm Wern, und sie grüßte herunter, und ich grüßte hinauf. Ich lehnte mich weit zum Wagen hinaus und streckte die Arme dem ersehnten Anblick entgegen. Aber mein Herz klopfte ängstlich. Mir war bang vor dem Wiedersehn. Wenn nun Einer fehlte in dem trauten Rund, das sich dort allabendlich um den Heerd zu versammeln pflegte? Oder wenn sie mich vergessen hätten? Wenn ich erst mühsam die Guten auf die Spur zu bringen hätte ....? Wenn das heilige Bild, das ich mir so warm, so rein erhalten hatte, nun auf einmal durch den Anblick einer dürftigeren Wirklichkeit vernichtet werden sollte? — Wir waren schon um den Vorsprung des Berges gebogen. — Pen-Maen-Mawr und Great-Ormes-Head und Farm Wern waren hinter uns verschwunden; und das Herz that mir doppelt weh. Ich faßte den Entschluß am andern Tage wieder umzukehren und machte in Bangor Halt. In Bangor, der alten Bischofsstadt, hatt' ich einen köstlichen, duftigen Abend, einen schattigen Gang unter Bäumen, der mich an's Meer führte. Aus den kleinen Häuschen am Berge strahlten Lichterchen und aus der Ferne, aus einer halb geöffneten Villa, schallten Mädchenstimmen, die ein wehmüthiges Lied sangen.

Am andern Morgen in der Frühe fuhr ich nach Aber zurück,

und eine göttliche Morgenfrühe war das! Vor mir, um mich das Grün der Bäume, die bläuliche See und fern die Insel Anglesea mit den weißlich blitzenden Häusern. Ich trat sogleich bei dem Wirthshaus vor. Da schaute noch, wie damals, über der Hausthüre das Leinwandschild herunter, ein breiter, pausbackiger Kopf mit einer gar mächtigen Puderperrücke darauf, der eines „Königs Haupt" vorstellen sollte, wonach sich auch das gute Wirthshaus nannte. Unter diesem Bild und Zeichen hatt' ich nicht wenig gute und frohe Stunden verbracht; auch waren die Schmortöpfe der breiten gemüthlichen Wirthsfrau vom „King's Head" oft meine Zuflucht gewesen, wenn ich der Hafergrütze und dem Milchbrei der Farm Wern entlaufen war. Die breite, gemüthliche Wirthsfrau wußte kein Wort mehr davon; Alles hatte sie rein vergessen. Da stand sie nun am Herde und hatte beide Arme in die Seite gestemmt, wie sie das immer zu thun pflegte; und sie wiegte sich dabei hin und her, wie sie das immer zu thun pflegte. „Und Ihr kennt mich wirklich nicht mehr, Mistreß Humphrey?" fragte ich. „Und Ihr habt es wirklich vergessen, daß Euer Thee, Euer Roastbeef und ich lange Zeit so gute Freunde gewesen sind?" — „Beim Erlöser!" rief sie … „Ihr seid doch nicht? … Nein, Ihr seid nicht … Oder …? auch nicht — Nein, Ihr seid nicht, und ich muß Euch aufrichtig bekennen, daß ich auch nicht mehr weiß, wer Ihr ja seid. Aber ich, mein Thee und mein Roastbeef sind die Alten geblieben, und wenn ich Euch ein Frühstück machen soll, so werdet Ihr das sehn und wir wollen die Erkennungsscene feiern!" Dagegen ließ sich Nichts einwenden, ich sagte, daß ich in einer Stunde wieder da sein wolle und ging. Ich ging bekannte Wege; ich kannte jeden Strauch, jeden von der Hauptstraße sich abzweigenden Pfad, und mich kannte Nichts mehr, mich hatten die Menschen vergessen. Da sollte ich auf's Neue gewahr werden, wie unrecht schwärmerische Gemüther thun, wenn sie aus dem Zustande des eigenen Empfindens auf den anderer Menschen schließen — wenn sie gewissermaßen aus sich selbst heraus eine Welt erfinden, in welchem sie Dem, was wirklich da ist, eine Stelle nach ihrem Belieben anweisen, anstatt es umgekehrt zu machen, wie die besonnenen und vernünftigen Menschen. Ob Ihr im Eisenbahncoupée, im Schiff oder im Leichenwagen davonfahrt: vergessen werdet Ihr, verlaßt Euch drauf, und bald genug ersetzt! —

So stieg ich an der Seite des Gebirges hinauf, zu meinem geliebten Wasserfall. O, wie frisch blitzte und wehte da Alles! Dort war die weite Bergwiese, auf welcher einst Llewellyn des Guten Palast gestanden. Dort war der mäßige Hügel, daran einst ich mit Sarah gesessen, geplaudert, gelacht. Dahinter hob sich der Wald. Schaafe weideten am Abhange. Der Hirtenjunge lag ausgestreckt in der Sonne. Ich kannte ihn wol; es war derselbe Hirtenjunge, der hier vor zwei Jahren auch schon gelegen hatte. Aber ich hütete mich wol, ihn zu fragen, ob er mich auch noch kenne. Dann öffnete sich die Bergschlucht und dann kam die Felswand mit dem Wasserfall. Wie er stürzte! Wie er dampfte! Wie er seine Schaumflocken mir wider die glühende Stirn spritzte! Wie drängten sich die Wasser — wie quollen sie aus den Steinen und über die Steine .... und meine Seele quoll gleich ihnen über .... Dann kehrte ich um. Zur Seite der vom Nachtregen noch schwere, duftige Wald — hinten die beschattete Felswand mit dem breiten Silbersprudel, — vor mir, in der Tiefe, das Meer und die Kähne und die Insel — und weit dahinter, jenseits des Waldes und des Gebirges die kleine liebe Farm. —

Es war gegen Mittag, als ich mich auf den Weg nach der Farm machte. Die Sonne schien golden in die Kastanienallee — aber der Meerwind brachte Kühle, und es war still, wie an einem Sonntag. Klopfenden Herzens ging ich den wolbekannten Weg und tausendmal dachte ich: „werde ich Alle wiederfinden, die ich dort ließ?" Die Farm Mabryn mit dem epheuumsponnenen Häuschen lag zur Linken dicht an der See — es war Griffith's Farm, und ich meinte jeden Augenblick, die Thür müsse sich öffnen und Griffith müsse hervortreten und als seine Frau müsse Gewenni mit den dunklen Augen erscheinen. Zur Rechten kam unter ihren dunklen Bäumen — die mir immer die Vorstellung eines Druidenhaines gemacht hatten — die Farm Gordbunoc, — das Linnenzelt, in welchem wir damals die Hochzeit Sarah's mit Owen gefeiert hatten, war nun freilich verschwunden, aber der Gedanke, Beide unter diesem Strohdach als ein glückliches Paar zu wissen, that meiner Seele sehr wol. Und endlich — da lag auf der Höhe das weiße, steinerne Häuschen — da war der hohe, flüsternde Hagen — da die breite Lattenthür und da der Kiesweg, an den Kornfeldern hinaufführend — „sei mir tausendmal gegrüßt, du liebe, traute Stelle!“ rief ich aus und schritt bedächtig, ja zaghaft den Fußpfad zur Farm Wern hinan. Kein Hund bellte, wie damals, dem Eintretenden entgegen; er war wol mit dem Sohn und den Knechten auf den Feldern — da pflegte er vor zwei Jahren um die Erndtezeit auch zu sein. Das Wohnhäuschen stand offen — ich trat hinein. Hier, auf dieser Schwelle, hatte ich vor zwei Jahren Sarah und Margret und Jane zuerst gesehn... Ich ging sogleich linker Hand in die Küche; kein Feuer brannte auf dem Heerde, die blauen Teller standen ungeordnet an der Wand. Die Magd — es war noch dieselbe, wie damals — kannte mich nicht und verstand mich nicht recht; sie ward verwirrt, ging und ließ mich allein. Ueber eine Weile öffnete sich die Thür, durch welche sie gegangen, wieder und herein trat ein gealtertes Weibchen, die Mütze tief über's Haar her- abgezogen, im Gesicht alle Spuren tiefen Kummers. Und nun sollte ich es erfahren, wie selbst die schwärmerische Erinnerung nicht Stich hält gegen die Wandlungen des Schicksals und die Erschütterungen, an die wir sorglos Träumenden nicht denken können. Wahrlich, ich kannte sie nicht — sie, die mir doch sogleich mit dem Ausruf: „O, das seid Ihr! das seid Ihr wirklich!“ entgegenflog und meine Hände mit Küssen bedeckte. Es war die Frau Williams, die Mutter Sarah's, an die ich nicht aufgehört hatte mich zu erinnern und die ich nun nicht wieder kannte, da sie vor mir stand!

„Meine gute, meine liebe Frau Williams,“ rief ich halb in Be- schämung, halb in Entzücken aus, „Ihr kennt mich noch?“

„Ja“, sagte sie und wischte sich eine Thräne aus dem matter gewordenen Auge.

„Und nun rasch meine Gute, wie geht es Euch?“

„Gott sei Dank!“ sprach sie und nahm mich an der Hand und führte mich in den Hof und die Wiese hinaus. Da standen nun die Obstbäume noch, wie sie damals gestanden, als ich in ihrem Schatten die welsche Grammatik und Sarah's Aussprache studirt hatte. Da lag schon etwas rothes und gelbliches Laub ringsum verstreut. Und auf einem der Bäume — welch' eine köstliche Frucht im dichten goldigen Laube! — saß Margret, wie Sarah früher daselbst gesessen. Sie

brach Birnen ab und legte sie in den Korb, der ihr zur Seite an einem
Aste hing. Kaum daß sie den Tritt der Nahenden hörte und den
Fremden sah, den ihre Mutter an der Hand führte, da neigte sie sich
herunter und trat auf die Leiter, auf deren oberster Sprosse sie stand,
da wir herankamen — in bräunlichem Laube, von Mittagssonne
umglüht, vom blauen Himmel überwölbt. Sie kam herab, den schwarzen
Filz noch tief im Gesichte. In der ersten Ueberraschung erkannte sie
den fremden Mann nicht — aber wie freudig blitzte ihr Auge auf
und wie roth wurde das hübsche, frische Mädchen, als sie mich erkannte
und mit einigem Zagen und neuem Erröthen ihr wolgemeintes „thuten
Tach!" vorbrachte — das einzige deutsche Wort, das sie von damals
noch sich bewahrt. Sie gab mir die Hand und sie strich sich die
dunkelblonden losen Haare aus den Augen und sie sah mich mit diesen
blauen Augen so recht vom Herzen an und lächelte dabei und erwiderte den Druck meiner Hand. — Ueber ein Kurzes öffnete sich der
breite buschige Hagen und heraustrat, von der Farm Gorbbunoc herüber, ein frisches, rundes Weibchen, ein Bübchen auf dem Arm, kugel-
rund, das mit Aermchen und Beinchen lustig zappelte und dabei gar
vergnüglich schrie. Es war Sarah, die von der Ankunft des Gastes
benachrichtigt worden, und nun rasch herübergesprungen war, um ihn
zu bewillkommnen. So sah ich mich denn auf einmal von meinen
Freundinnen umringt und hatte noch obenbrein das Vergnügen, in
dem mir so werthen Bunde ein neues Glied zu begrüßen, das in den
Jahren der Abwesenheit keck und lebensfrisch hineingesprungen. —

„Und wo ist die kleine Jane?" fragte ich nun.

„Jane ist in's Dorf geschickt — sie soll es dem Schulmeister sagen,
daß Ihr da seid", sagte die Mutter; „wie Ihr die Namen aber alle noch
wißt!" fügte sie dann ganz entzückt hinzu. Ach — sie konnte sich wol nicht
einbilden, daß sie Alle die steten und immerbar mit herzlichster Liebe ge-
pflegten Traumbilder meiner einsamsten, meiner besten Stunden gewesen!

„Und wo ist die Großmutter?" fragte ich dann.

„Sie ist todt!" sagten die Dreie.

„Und Mutter Moll?"

„Sie ist todt!" war die Antwort.

„Und Gwenni?" fragte ich ängstlich weiter.

„Sie ist wahnsinnig!" —

Gwenni war mit Griffith, dem Sohne des Farmers von Mabryn, versprochen gewesen. Da kam im letzten Sommer ein Doctor aus England, aus der Gegend von Manchester, mit seiner Frau und zwei Kindern hierher nach Wales, um einige Wochen des Seebades, der Bergluft zu genießen. Gwenni, mit ihrem raschen, anschmiegenden Wesen, war mit der Familie bekannt geworden und man machte ihr den Vorschlag, als Kindermädchen mit ihr zu gehen, da man zuletzt an die Abreise denken mußte. Besonders zeigte sich der Doctor, ein noch junger, hübscher Mann, eifrig. Griffith dagegen wollte von dem Handel Nichts wissen. Gwenni bestand immer auf ihren Kopf; sie sagte, sie habe stets ein Verlangen gehabt, England zu sehen und sie wolle nun die bequeme Gelegenheit nicht verpassen. Mutter Moll lag damals auf dem letzten Krankenlager, sie konnte weder Ja noch Nein sagen. Und so ging Gwenni. Nach acht Monaten kam sie in dem Zustande zurück, in dem sie sich jetzt noch befand. Sie redete unzusammenhängende Worte und kein Mensch konnte recht klug daraus werden. Aber soviel ward allgemein halb vermuthet, halb gewußt, daß der Doctor mit dem lebhaften hübschen Mädchen weiter gegangen sei als recht und billig, und daß nun mit dem schmerzlichen Bewußtsein ihrer Schuld zugleich ein äußerst heftiges Heimweh erwacht sei. Beide widerstreitende Empfindungen arbeiteten in der zart organisirten Natur des Mädchens so gewaltsam gegeneinander, daß eine Krankheit, die ihren Sitz im Nervensystem hatte, die Arme erlösen mußte; und als der Körper genesen war, da waren Geist und Seele noch umflort und sie blieben es. So kam sie zurück. Griffith hatte sich in seinem Unwillen ganz von der einst Geliebten abgewendet; Mutter Moll war gestorben und begraben. Einsam und verlassen stand die Wahnsinnige in der Welt, die einstens so heiter und verheißungsvoll um die Liebliche geblüht; und wer dankt es den guten Leuten von Wern nicht, daß sie sich der Unglücklichen erbarmt und ihr eine Stätte der Verborgenheit und Abgeschiedenheit unter ihrem Dache bereitet haben? — Ich sprach das dringende Verlangen aus, die mir einst so Werthe wiederzusehen.

„Sie wird in Ihrem Kämmerlein sein,“ sagte Frau Williams.

„Nein“, sagte Margret, „sie ist vor einer kurzen Weile hier vorübergegangen, sie wird am Walde sitzen.“

Wir gingen die Wiese hinan, dem Walde entgegen. Unter einer Buche, die sie mit Schatten und gebrochenem Sonnenlicht bestreute, saß die Unselige. Sie hatte sich an den Stamm gelehnt, sie schien zu schlummern; ihre Augen waren geschlossen. Das lange dunkelbraune Haar schlang sich um ihr bleiches Gesicht und rollte über dem Busen nieder. Ihre Hände lagen gefaltet in ihrem Schooße. Ein wunderbar fesselnder Traumesfriede ruhte auf der Erscheinung. Stundenlang hätte man so vor ihr stehen und sie anschauen können! Bis sie dann auf einmal zu erwachen schien und ihre Augen hastig aufschlug. Der wilde, unstete Glanz ihrer dunklen, ehedem so bezaubernden Augen verrieth den Zustand ihrer Seele.

„Wie geht es Dir?" fragte ich, indem ich ihr die Hand reichte.

„Ich danke Dir", erwiderte sie und nahm meine Hand, „wie geht es Dir?"

„Du kennst mich doch noch?" fragte ich weiter.

„O gewiß — Du bist doch der Mann, der —" sie schien in Nachdenken zu versenken und legte die Hand sinnend an die Stirne.

„Nun, Gwenni," fuhr ich fort, „denkst Du noch an Mutter Moll und an die Feen?"

„Ja, nun weiß ich es!" rief sie, wie aus einem Traum erwachend, fröhlich aus. „Ihr seid wol der Mann, der in Cum Medyggon, im Doctorenthal gewesen. Da hat Euch die Fee ein Bündel mit einigen Sachen gegeben, von denen man nicht recht weiß, was es gewesen sein mag. Aber ich weiß es... ich... es sieht schwarz aus und schmeckt bitter, sehr bitter! Soll ich Euch einmal das Feenlied singen?"

Sie sang mit zitternder, unsichrer Stimme... ach, der weiche, goldene Laut, mit dem sie einst dieses Lied in der Mondesdämmerung zur Harfe gesungen, der war gebrochen wie die Unschuld ihres Herzens und der Frieden ihrer Seele — es klang wie Geisterfang.

Im silbernen Mondenglanze, bei sommernächt'gem Hauch,
Da schweben in leichtem Tanze die Feen durch Busch und Strauch.
Sie schweben auf rosigen Flügeln und tragen ein grünes Kleid
Und tanzen auf Wiesenhügeln bis an die Morgenzeit.

Mistönig brach die Wahnsinnige ab. „Ade!" rief sie, „lebt recht wol — grüßt den Feendoctor — lebt recht wol!" und so lief sie den Wiesenpfad hinunter, dem Hause zu, und ihre losen schwarzen Haare flatterten in der Luft, da sie lief.

Wir standen lange und sahen ihr nach; wir hatten Alle Thränen in den Augen.

Es ging schon auf den Nachmittag; meine Zeit war abgelaufen und die Stunde drängte zum Scheiden. Wir gingen langsam zu dem Häuschen hinunter. Eben war Jane, die sich ganz heiß und roth gelaufen, zurückgekommen; sie sagte, der Schulmeister sei im Felde, aber man habe nach ihm geschickt. Margret hatte inzwischen von dem Rosengesträuch am Küchenfenster hinauf die letzte Rose gepflückt und Malven und Winden, Sarah fügte Lavendel hinzu, den sie in der Sprache des Landes „alter Mann" nennen, und die Mutter stopfte mir alle Taschen voll Birnen und kleiner Pflaumen. Und so schieden wir.

„Gott segne Euer Haus!" sprach ich — „Gott schenke Gwenni die Gesundheit wieder!"

„Amen!" sagte die Mutter.

„Grüßt mir die Männer, wenn sie vom Felde heimkehren; grüßt mir Alle, die sich meiner noch erinnern! Und nun ade!" —

Ich ging, den duftreichen, wilden Blumenstrauß vor mir tragend. Oft genug blieb ich stehen und sah mich um; das Herz war mir schwer. Dieses Haus war ein Sanctuarium geworden; denn das Unglück hatte es ja geweiht!

Als ich, nach einer halben Stunde, auf dem Bahnhof von Aber eintraf, da war der Schulmeister von Llanfairfechan schon daselbst angekommen. Auf einem kürzeren Wege war er dahin geeilt, da er die Absicht meiner raschen Abreise vernommen. Ich ermahnte ihn, mir ja einmal über das Schicksal Gwenni's Nachricht zu geben; und achtzehn Wochen später, mitten im Londoner Decembernebel, erhielt ich ein Schreiben von ihm, in welchem er mir mittheilte, daß es Gott dem Herrn gefallen, das unglückliche Mädchen von seinen irdischen Leiden zu erlösen, und daß sie nun auf dem Kirchhof von Llanfairfechan neben dem Grabe der Mutter Moll ruhe. —

Mich aber drängte es nun gewaltsam, den Umkreis dieser Berge zu entfliehen. Der Pen-Maen-Mawr verschwand, das Great-Ormes-Head tauchte in die Bucht — der Zug nahte dem Meere und hielt vor den gewaltigen Löwen, die den Eingang zu der berühmten Röhren-

Brücke bewachen. Rechts blieb die Kettenbrücke — unter uns rollte das Meerwasser der Menaistraße. Ein Pfiff — wir rollten dumpf hinüber und flogen nun leicht durch die rings mit Hügeln gegen das Meer geschützte Insel Anglesea. Kräftiger wehte der frische Hauch des Meeres, und drüben vom Festlande tauchten noch einmal, auf kurze Zeit, die blauen Gebirgszüge von Caernarvon und die Hörner des Snowdon empor. Dann verschwanden sie und der Dünensand kam und die Möven, und da wir uns nun der Hafenstadt Holyhead näherten, hatten wir die Endspitze des Landes erreicht und sahen vor uns das offene Meer. Mit welch' heftiger Freude ich es begrüßte! Mit welchem Ungestüm ich das Schiff betrat, das uns hinübertragen sollte! Mit fünf Uhr Nachmittags lichteten wir die Anker. Das Wetter war blau und still, die See spielte und rasch schwammen wir hinein. Die kleine Hafenstadt, die sich im Halbkreis, amphitheatralisch emporsteigend, um ihre festgemauerte Bucht schließt, trat in die Ferne zurück; und schon unter den Hafendämmen überraschte mich das wunderbar lichte Grün der See. Wie sie nun voller heranrauschte, da trat ich an den Rand des Schiffes, warf die Blumen von der Farm Wern hinunter in die Fluthen, die sie eine Weile, wie Kränze auf ihren Stirnen trugen, und dann in neu sich öffnenden, aufschäumenden Wogen mit leisem Rauschen begruben. Dann schwanden die Uferfelsen von Anglesea — auf dieser Seite hohe, gewaltige, grüne Massen — dahin und nun endlich auch der letzte Blick, und Nichts mehr war vor uns als schimmerndes Wasser und glühender Himmel. . . .

Um nun dieser wunderschönen Einsamkeit, dieses köstlichen Schwebens doppelt zu genießen, hatte ich mich auf die letzten Stangen des Bugspriets gestreckt, und so frei, so luftig über dem Wasser hängend, sah ich in die Sonne hinein, die größer wurde, je mehr sie sich dem Spiegel näherte und wie ein mächtiges Rad weißglühenden Feuers vor meinem Blicke sich rasch, immer rascher umzuschwingen begann. Der feuchte Meeresduft nahm ihren Strahlen das Blendende; und unser Schiff schien den goldenen Pfad zu wandeln, den sie in's schillernde Grün des Wassers zeichnete. Ich schlug meinen lieben, kleinen Thomas Moore auf, der mir drüben, in seiner Heimath, der treueste Begleiter werden sollte. „How dear to me the hour" —

Wie lieb die Stunde mir, wenn's dämmern will,
Und ganz in Gold die stille See getaucht;
Wenn Träume bess'rer Tag' erwachen still,
Und Sehnsucht ihren letzten Seufzer haucht.

Und wie ich schau den Lichtstreif, der sich naht
Auf weichem Wogenspiel des Westens Brand:
Da möcht' ich wandeln jenen goldnen Pfad,
Und glaub', er führt in das ersehnte Land.

Und er führte in das ersehnte Land! Drüben lag es, das Eiland, das den Völkern der alten Zeit das Thule, die Atlantis war — das Eiland der Seligen, die Insel der Heiligen — ach, so lange, bis sie es mit eigenen Füßen betraten.... Da schwand der Zauber, und wich weiter hinaus auf die Inseln des großen Westmeeres, auf unbekannte, unentdeckte Inseln, die nur zuweilen dem schauenden Auge des einsamen Fischers erscheinen....

Immer weiter gegen Westen ... wo die Sonne untergeht. Da im goldenen Dufte des Untergangs liegt es ... da, wo die Menschen es nicht mehr erreichen; denn der Zauber schwindet und der Tritt des Menschen scheucht ihn hinweg. Und so fahren wir der untergehenden Sonne nach — und so suchen wir, das Auge voller Sehnsuchtszähren, das Land unserer Sehnsucht ... und wo wir es erreicht glauben, da schwindet es unter unseren Füßen dahin ... und wir werden es erreichen, einst, in der goldenen, seligen Stunde des Untergangs....

Die Sonne war unter; die Luft dunkelte; die ersten Signale von Irland erschienen. Das Leuchtschiff mit seinen drei Feuern lag da, und unter ihm ging der Mond aus Gewölk auf. Durch zwei Leuchtthürme mit rothem und gelbem Licht liefen wir in den Hafen von Kingstown ein; neben uns, zu beiden Seiten, lagen die ruhenden Seepaläste, die ankerfesten Schiffe, mit der bunten Laterne am Topmast. Ein Dreidecker, die Segel breit gespannt, löste sich aus der Masse, und schwerbeladen schwankte er hinaus in die Nacht und den Mondesnebel. Wir aber warfen Anker und die Landungsbrücke fiel.

———

Dublin.

Der Reisende, welcher aus den reichen Fabrikstädten des englischen Westens nach Dublin hinüber kommt, wird das unbehagliche Gefühl einer gewissen Leere, Kahlheit und Dürftigkeit schwer überwinden können. Die Irländer sind nun zwar stolz genug auf ihre „Stadt", und schön gelegen, wie sie ist, auf der einen Seite sanft hinabgestreckt zur blauen Meeresbucht, die an malerischer Gestaltung ihrer Ufer und Farbenpracht ihres Wassers dem Golf von Neapel verglichen wird, — auf der anderen Seite durch die blauen Höhenzüge der Wicklow-Berge geschlossen, darf man des Bildes, das sie aus der Entfernung gewährt, sich wahrhaft erfreuen. Aber sobald der Tourist die Straßenwandrung beginnt, wird die angenehme Empfindung über das, was die Natur hier gethan, bald genug durch den Anblick des Lebens und der Menschen zerstört. Leider ist es ja das Schicksal dieses Landes seit fast einem Jahrtausend gewesen, daß die Menschen all' ihre dunkelsten Leidenschaften, den Haß und die Rache, gegen eine ursprünglich südlich reiche und gutmüthige Natur in den Kampf geführt haben. Ach, und daß in diesem Kampfe die Menschen gesiegt haben, — wer muß das nicht beklagen? — In die Hauptstraßen und großen Plätze Dublins ist das englische Wesen entschieden gegen das eigenthümlich irische vorgedrungen; sie tragen in ihrem Aeußern durchaus den Anstrich englischer Straßen und englischer Plätze. Ja, sie sind breiter, freier, luftiger; die Ausdehnung der Industrie hat hier Menschen und Häuser noch nicht so zusammengerückt und gedrückt, wie drüben, wo der Boden ein Capital ist. Hier scheint der Boden im Vergleich werthlos. Auch die Schaufenster der Magazine und Kaufläden sind hier nach englischem Muster leiblich bunt und elegant ausgestattet; freilich sehen die Men-

schen, die davor stehen und die herrlichen Dinge hinter den Spiegelscheiben bewundern, weder so gut, noch so zufrieden aus, als in Re-
gentstreet, London, oder in Piccadilly, Manchester, oder in Boldstreet,
Liverpool. — Ein sehr schöner Platz ist College-Green. Vor den
imposanten Dimensionen dieses offenen Platzes verschwindet eine Weile
das Unbehagen, das sich in engeren Grenzen hier unablässig genährt
sieht. Den Hintergrund dieses Platzes bildet die säulengetragene Façade
des ehrwürdigen, breitgestreckten Trinity-College; den bedeutendsten Sei-
tenaspect bildet die Bank von Irland. Nicht weit von der Bank steht
die Bildsäule Wilhelm's III. Eine feste Gestalt dieser Oranier!
Mit sicherer Hand führt er das Erzroß, mit sehnigen Beinen umspannt
er es. Das Gebiß des Pferdes glänzt von Golde, und golden, in
der Frühsonne, blitzen die Lorbeern, die der große König, der Sieger
vom Boynefluß, trägt. Derselbe Mann, der mit großer und ver-
schwiegener Seele, mit unerschütterlicher und sicherer Hand die Freiheit
Englands und die Heiligthümer des englischen Volkes gerettet hat:
derselbe Mann hat die Freiheit Irlands und die Heiligthümer des
irischen Volkes mit gleicher Seele und gleicher Hand vernichtet. Wie
verschieden ist die Empfindung, mit welcher der Freund nationaler Selbst-
ständigkeit vor den Bildern dieses Monarchen in den Hallen der
Londoner Zunftcompagnien und der Reiterstatue desselben in Dublin
steht! Und wie schwer wird es dem Forscher, der in der Geschichte vor
Allem das sucht, was im Leben — selbst der Edelsten! — so selten
ganz gefunden werden kann: die Gerechtigkeit — wie schwer wird es
ihm gemacht, nun noch an das glänzende, makellose Bild zu glauben,
das Macaulay's Meisterhand von seinem Ideal entworfen? Es ist ein
Kunstwerk, — aber leider mehr in dem Sinne eines Livius, als dem
eines Thukydides! —

Schräg gegenüber, nicht weit von Trinity-College, steht die Bildsäule eines andern Fürsten, eines Fürsten im Reich der Poesie — sein
Name ist Thomas Moore. An seinen Lorbeern klebt kein Blut
— an ihnen hängt die reine, klare Sonne. Und doch hat er viel für
die politische und moralische Emancipation seines Volkes gethan. Mit
seinen kleinen, weichen Liedern hat er mehr für sie gethan, als
Mancher der Agitatoren mit blutigen Worten und blutigen Waffen.
Es gab eine Zeit, und sie ist noch nicht ganz vorüber, wo in den

Drawing-Rooms der englischen Nobilität Nichts so populär war, als Thomas Moore und seine irischen Melodien. Es ist nicht möglich, daß man täglich von Erin, seinen Thränen, seinem Unglück, seiner Schönheit sang und singen hörte, ohne zuletzt doch ein wenig Antheil an alle Dem zu nehmen. Und das Wenigste, was man von seiner Wirksamkeit in England sagen kann, ist, daß es ihm gelang, dieses so verächtlich behandelte Land mit seinen schmutzigen Leuten, den Engländern, „interessant" zu machen. Seine Wirksamkeit in Irland, dem Lande, das ihn geboren, war dagegen ungleich bedeutender. Jedes Kind in Dublin zeigt Euch an der Ecke der Augierstreet ein unscheinbares Haus, in dessen Erdgeschoß nun ein Kramhandel betrieben wird, und sagt dabei: „in diesem Hause ward Tom Moore geboren!" Zwar reden die eigentlich irischen „scholars", die leidenschaftlichen Antiquare — denn nirgends ist aus nationalen Gründen die Antiquitätenkunde so zur Leidenschaft geworden, als hier! — mit einer hautainen Verachtung von dem Sänger, der mit all' den Dingen, an deren Erforschung sie Jahre, nicht selten ein ganzes Leben setzen, in einem Vers oder einer Strophe fertig wird! Aber in das Herz des irischen Volkes sind seine Lieder übergegangen, und sie leben im Munde desselben, wie die keines andren heimathlichen Poeten, der vor oder nach ihm die Schönheit oder den Jammer Irlands besungen hat. In den Gebirgen von Wicklow, an den Seen von Killarney, ja vereinzelt selbst im fernen Westen, klingen sie; das Erste, was das irische Volk dankbar von den Engländern angenommen hat, sind diese Lieder gewesen, und wo es Englisch noch nicht versteht, da hat es sie sich in's Irische übersetzen lassen.

Unter solchen Gedanken war es für mich schön und erhebend, einen Augenblick zu seinen Füßen betrachtend zu verweilen. Mit gütigem wolwollendem Gesichte schaut er von seinem hohen Steinpostamente herunter, und der Wind selbst, der um ihn rauscht, ruft in dem Verweilenden hundert liebliche Melodien wach, in denen des Sängers Geist fortlebt. —

Ueber Carlile-Brücke geht man von diesem Platze in die Sackville-Straße. Die Brücke stellt die Hauptverbindung zwischen beiden Theilen der Stadt, die durch den Liffeystrom getrennt werden, her; und da sie viel enger ist, als eine der Londoner Themsebrücken, so erscheint

2*

das Hin- und Hertreiben auf derselben in den Stunden des Geschäfts und Handels viel bunter und gedrängter, man könnte sagen verwirrter. Einen ganz besonderen und fremdartigen Reiz geben dem Straßenleben Dublin's die sogenannten Cars, (jaunting cars) leichte Wägelchen, die alles Das vertreten, was sich bei uns vom Omnibus bis zur Droschke auf vier oder weniger Rädern bewegt. Der „jaunting car" ist eine Specialität Irlands und deutet — sogar in den elegantesten Straßen Dublin's — den Naturzustand an, in welchem sich Irland zum Theil noch befindet. An solch' ein halbwildes Umhertreiben in freier, frischer Luft, in Regen und Sonnenschein muß sich ein continentales Gemüth erst langsam gewöhnen. Nichts einfacher, als die Construction dieses Vehikels: ein Kasten auf zwei Rädern, — Sitze an beiden Längenseiten für 2—4 Passagiere, und ein Kutschersitz, vornauf, quer über der Deichsel, an welchem stets nur ein Pferdchen läuft. Dem erhöhten Luxus Dublin's und der Cultur der größeren Städte ist es gelungen, zwischen Kasten und Räder ein Federwerk einzuschieben, auf welchem nun das ganze Obergestelle leicht und beweglich schwankt. So rollt es sich denn ganz angenehm dahin — man springt auf, man springt ab, wie's Einem beliebt, und wenn ein plötzlich fallender Regenschauer den Reisenden bis auf die Haut durchnäßt hat, so ist die nachfolgende Sonne gewöhnlich freundlich genug, den Car und seine Insassen so gut als möglich wieder zu trocknen. Wenn nun aber die hübschen Irinnen mit ihren kleinen, allerliebsten Füßchen auf diesen Sitzen hängen, ein buntes Tuch vorn über sich gebreitet, einen buntcarrirten Tartan oder gar ein Tigerfell, das im Winde flattert, und unter welchem die „kleinen allerliebsten, Füßchen" gar neckisch hervorlugen — und wenn sie rasch wie die Feen, — oder Zügel und Peitsche selbst in den niedlichen Händchen, wie Amazonen — von dem dürren, aber gut laufenden Traber gezogen, vorüberjagen:.... dann, continentales Gemüth, gib Acht, daß solch' eine schwarzäugige Irin, nicht laut lachend mit dir davonjagt!...

Sackville-Street ist eine sehr breite und reinlich gehaltene Straße. Es ist die Regent-Street von Dublin; natürlich viel stiller und — ich möchte sagen — landstädtischer. Aber es ist die Straße des Geschäfts, der feineren Shops, der Buch- und Bilderläden, des Amüsements, der Flaneurs. Am untern Ende derselben befindet sich die Rotunda, ein Concertsaal, dessen zettelbeklebte Außenwände mir verkündeten, daß in nächster Zeit die beiden Männer, welche durch ganz Irland meine zwar unsichtbaren, aber desto treueren Begleiter werden sollten, darin auftreten würden: Charles Dickens und Cardinal Wiseman. Beide wurden in Irland mit gleichem Enthusiasmus empfangen, und Freund Punch, „der gottlose Rebell", hatte gar nicht so Unrecht, wenn er die Piccolomini in ihrem Traviatacostüm und Wisemann im Cardinalshut auf einer Bühne zusammenstellt, von der sie sich dankend zu dem stürmisch applaudirenden Publikum der Dubliner Rotunda herniederneigen.

Die Fortsetzung meiner Wanderung führte mich in die ältesten Districte und Außentheile der Stadt. Dublin ist uralt, wenigstens in seinen Anfängen. Es soll durch Männer von der scandinavischen Race in einem grauen Alterthum, Jahrhunderte vor der dänischen Invasion, gegründet worden sein. Ptolemäus bezeichnet es in seinen geographischen Tabellen (120 p. Chr.) mit dem Namen Eblana (wahrscheinlich Deblana); die Dänen nannten es Dyflin oder Dublin, die Iren nennen es in ihrer Landessprache noch heute Ballyacliath, die Stadt der Hürden; (fast jeder irische Städtename ist eine Composition mit Bally, die Stadt). Aus der Zeit, wo die Dänen von Dublin aus einen Theil des Landes beherrschten, führt ein Theil der Stadt bis auf diesen Tag noch den Namen Ormantown, corrumpirt aus Ostmantown, Stadt der Ostmannen, d. h. der Dänen. Dublin bildete zu jener Zeit, also im Laufe des achten, neunten und zehnten Jahrhunderts, eine Art Staat für sich und besaß nordwärts ein Territorium, welches noch heute Fingall (Gebiet der „Gallen" — gleichfalls einer von den Namen, mit welchem die dänischen Colonisten bezeichnet wurden) oder Finglas genannt wird. Bis in eine späte Zeit sprachen die Bewohner dieses Distrikts einen Dialect, der reich an germanischen Elementen war, gleich dem der Baronieen Forth und Bargy. — In diesen ältesten Regionen Dublin's sieht es nun allerdings seltsam genug aus. Immer ärmlicher und kahler wird der Weg und die Ansicht: Krautgärten mit einer Mauer aus rohen Steinen, mit Lehm und Straßendreck dick bekleidet. Hütten dahinter mit Lehmwänden und kurzgeschorenem Strohdach, und auf der Straße selbst Kühe, Schweine und Menschen. Erst da, wo die Mauern des botanischen Gar-

tens den Durchblick schließen und die uralten Baumkronen desselben
dem Wanderer ein heiliges Dunkel und kühlenden Schatten verheißen,
fühlt sich Aug' und Seele freundlicher angesprochen. Schon in der
Nähe des Gartens liegen einige Parks und stattlichere Gebäude; tritt
man aber nun durch das mächtige Portal, so weht sogleich eine köst=
liche Blumenluft heran. Leuchtend grüne Rasenflächen erfreuen den
Blick und sättigen und sänftigen die Seele; wohlgepflegte Blumenfelder,
stolze Baumgruppen und freiaufstrebendes Gebüsch geben dem Ganzen
zugleich den Charakter der Mannigfaltigkeit und Ordnung. Die Frei=
heit des Waldes, die Frische der Wiese, die Zierlichkeit des Blumen=
gartens vereinigen sich in dieser Art von Parkanlagen, die in England
ihre wahre und erste Heimath gehabt hat. Werthvoller jedoch, als
diese erquickende Naturumgebung, waren mir die Erinnerungen, die
an diesem so schön geschmückten Boden haften. In dem Haus, welches
jetzt der Inspektor der Anstalt bewohnt, lebte einst Tickell, dem die
Geschichte der englischen Literatur als sein höchstes Verdienst die
Freundschaft anrechnet, die Addison für ihn zeitlebens empfunden und
gehegt. — Dieses Haus liegt mitten in Blumenfeldern, nicht weit von
der Mauer und der Fernsicht auf Dorf und Hügel zugekehrt, die
aber durch hohes Gesträuch verschränkt ist. Glashäuser mit Tropen=
gewächsen stehen zu seiner Rechten; aber über dem Dache des ein=
stöckigen Gebäudes wehen und rauschen noch die alten Bäume. Die
Vorderseite mit einer Art von Thurmvorbau, einer kleinen beschei=
denen Thüre und einem großen Fenster, das die Flur und die reinlich
weiße Holztreppe erhellt, kehrt sich in die üppige Fülle des Gartens,
die mit flüsterndem Gesträuch bis dicht an das steingepflasterte Höfchen
und den Brunnen darin reicht. Stille genug ist es daselbst nun —
nur dort am Fenster ruht eine lässige Hand — nur dort am Brunnen
steht ein Mädchen, das Wasser schöpft — nur dort im Garten liegen
zwei Arbeiter in der Mittagssonne ... still genug, wo es doch einst
so lebhaft herging. Zu der Zeit, wo Addison — den unser derber
Schlosser zwar einen „zierlich gekünstelten, langweiligen Moralisten"
nennt, dessen Einfluß auf die Bildung und das häusliche Leben der
Engländer aber dennoch bis auf den heutigen Tag fühlbar geblieben
ist — zu der Zeit, wo dieser jedenfalls sehr liebenswürdige Mann
als Secretair des damaligen Lordlieutenants von Irland (Sunder-

land) in Dublin lebte, da war dieser Garten der Tummelplatz einer
bunten, bedeutenden Gesellschaft — einer Gesellschaft, in deren Mitte
sich alles Das fand, was sonst als Ingredienz, um es süß oder bitter
zu machen, in's weite Leben verstreut ist: der Genius, die Begeisterung,
der Patriotismus, die Liebe, die Freundschaft, der Haß, das Unglück,
der Paroxismus ... Für mich kein bedeutungsvollerer Charakterkopf
in dieser Gesellschaft, als Jonathan Swift, das unselige Genie,
das dazu verdammt war, mit der Ueberfülle des Geistes, der Energie
und des Ehrgeizes alles Das nicht zu erreichen, was den Schwäch-
lingen und Halbmenschen so oft von selbst zu Theil wird — der
Mephistopheles des Humors, der an dem Gifte seiner eigenen Pfeile
sterben sollte! Sein ganzes Leben eine Kette von glänzenden Anfängen,
berauschenden Aussichten, begeisterten Illusionen; und das Ende? Enttäuschung, Menschenhaß, Wahnsinn ... Sir William Temple, der
große Philosoph von Moorpark, ist sein erster Freund; sein erster
Bewunderer ist William III., der in der holländischen Gartenstille,
in der beruhigenden Nähe von Jonathan's Pflegevater Rath und
Sammlung sucht. Und in diese ersten Morgenträume eines auf eine
große Zukunft deutenden Lebens flicht auch sogleich weibliche Anmuth
ihre ahnungsvollen Lichter ... Hesther Johnson, die natürliche Tochter
Sir William's, ist Swift's Schülerin, und eines Tages sieht Swift
daß Hesther's brauner Lockenkopf und Hesther's braune Augen viel
lieblichere Dinge sind, als der braune Foliant, über den sie gebeugt
sind. Verhängnißvoller Augenblick! ... aber es war zu spät, — der
Blitz parlamentirt nicht. — Swift verließ Moorpark und erwarb sich
in Oxford die Magisterwürde, und bald darauf sehen wir ihn, drüben
in Irland, auf einer kleinen Landpfarre. Das war, nach den Anfängen von Moorpark, die erste Enttäuschung.

Die Hoffnungen, die er an die Bekanntschaft mit König William
geknüpft hatte, waren zerstoben; er war in Feindschaft von Temple
geschieden. Er hatte nach Einfluß und einer Stellung gestrebt, und
er saß in dem Moraste von Irland. In dieser Verfinsterung seines
Horizontes war es nun, daß das Bild derjenigen tröstend emporstieg,
die er über den Folianten von Moorpark hatte brüten sehn, jener
holden Erscheinung, die Swift in seinen Schriften bezeichnend genug
Stella nannte, da sie in der That der Stern seines Lebens, seines

langen Hoffens und seiner noch längeren Nächte geworden ist. Allein es leidet ihn nicht lange in der Einsamkeit seiner Dorfpfarre; er bestellt einen Vicar und begiebt sich nach London. William III. ist gestorben, das lustige Zeitalter der Königin Anna beginnt und den Spielen des Ehrgeizes eröffnet sich ein verheißungsvolles Feld. Aber es war ja das Mißgeschick Swift's, daß sein Genius ihm immer den Weg wies, der nicht zum Ziele führte. Er war Gottesgelehrter geworden, da doch sein ganzes Innerste heftig nach jenen Ehren brannte, die nur auf den Schlachtfeldern der Politik zu gewinnen sind. Sein geheime Intention ging nun darnach, jenen ersten Fehltritt dadurch gut zu machen, daß er sich der mächtigen Partei anschlösse, um einen Bischofssitz von ihr zu erlangen, der ihm den Eintritt in's Oberhaus gewähren sollte. An diesem unseligen Bischofssitz ist sein ganzes Leben gescheitert. Er litt Tantalusqualen und starb an denselben. Als er nach London kommt, herrschen die Whigs; er schließt sich ihnen mit dem ganzen Eifer eines rücksichtslosen Parteimannes an und kommt auch sogleich in die Lage, der Partei den wichtigsten Dienst zu leisten, den man einer Partei überhaupt leisten kann. Die Existenz des Somers'schen Ministeriums ist bedroht — er rettet sie durch sein beißend satyrisches „Ammenmärchen" (tale of a tub) und verlangt zur Belohnung einen Bischofssitz. Lord Somers giebt ihm seine Zusage; aber Königin Anna, deren religiöse Gefühle durch das gottlose „Ammenmärchen" tief beleidigt sind, verweigerte ihre Bestätigung und sie hat während ihrer ganzen Regierungszeit kaum Etwas mit solcher Consequenz verweigert, als diese Bestätigung. Wie ein verwundeter Löwe kehrt Swift in seine Höhle nach Irland zurück. Er brütet Rache und die Zeit der Rache sollte kommen. Keine fünf Jahre später stürzten die Whigs, und die Tories mit Lord Oxford und Bolingbroke, dem Voltaire der Engländer, an der Spitze treten in die Stellen zunächst dem Throne. Swift der gefürchtete Whig, kehrt aus Irland zurück, und wird Tory und von den Leitern der Tories mit offenen Armen empfangen. Ueberzeugungen gab es bei Swift nicht; Treue, Freundschaft, Liebe — Nichts, Nichts — nur Ehrgeiz! Der Aermste! er nährte den Krebsschaden, der sein Glück, seinen Frieden, seinen Lebensmuth und endlich seinen Geist noch vor seinem Körper zerstörte! Bei ihm, wie bei keinem Andern, ist es wahr, daß die „saeva indignatio," die empörte Leidenschaft ihm die Verse, ja jedes Wort, das er schrieb, dictirte. Dießmal war es die Rache. In einer Reihe von Flugschriften, und namentlich in seinem Wochenblatt „the Examiner" leistete er der herrschenden Partei und dem Ministerium so wichtige Dienste, daß dieses ihm auf's Neue ein Bisthum versprach und sich auch direct dieserhalb an die Königin Anna wandte. Das Bisthum war nun einmal die Manie Swift's. Und in der That schien es, als ob er dießmal an das Ziel seines bis zur wahnsinnigen Höhe gesteigerten Wunsches anlangen solle. Die Königin hatte das „Ammenmärchen" vergessen — aber ein neues, schwarzes Unwetter zog sich über dem Unglücklichen zusammen. Er, der trotz all' seiner berechnenden Klugheit sich immer verrechnete, wo das eigene Interesse auf dem Spiele stand, hatte sich so weit vergessen, in einem satyrischen Gedichte „the Windsor Prophecy" eine begünstigte Freundin der Königin Anna, die Herzogin von Somerset, tödlich zu beleidigen. Er sagte von dieser Dame, daß ihre Seele giftig und ihre Locken roth seien. Welche Dame verträgt es, zwei solche Wahrheiten auf einmal zu vernehmen?

Die Herzogin kam zitternd vor Wuth, vor den Thronstufen ihrer königlichen Freundin in dem Augenblicke an, wo diese das Decret in den Händen hielt, welches dem Doctor Swift ein eben erledigtes Bisthum übertragen sollte. Die Königin war bereit zu unterschreiben. Da warf sich die Dame mit dem giftigen Herzen und den rothen Locken vor die Thronstufen nieder, bat die Königin — fußfällig und mit Thränen — dem Doctor das Bisthum nicht zu geben und überreichte ihr dabei die „Windsor Prophecy." Die Königin las das Pamphlet, wurde sehr aufgebracht, zerriß das Decret und . . . . . nicht lange darnach schickte man ihn als Dechanten von St. Patrick nach Dublin zurück. Seine politische Rolle war ausgespielt, jede Hoffnung gescheitert, sein Horizont düster, seine Seele voll Kummer, Zorn und Enttäuschung — und so begann die lange Nacht, die sich nicht mehr lichten, und das lange Exil, aus dem er nicht mehr zurückkehren sollte. Und nun war auch die Zeit gekommen, wo sein Stern, seine Stella in ihrer ganzen Milde vor ihm aufgehen sollte. Sie war in Irland geblieben, wo tägliche Mittheilungen Swift's an sie (im „Journal to Stella" gesammelt) sie mit dem Gange der Dinge in London in genauester Kenntniß erhielten. Welche Schwankungen, welche Erschütterungen,

welche Hoffnungen, welche Täuschungen von Blatt zu Blatt! Eins
hatte er ihr in seinem Tagebuch verschwiegen: daß in derselben Straße mit
ihm, fünf Thüren von der seinen, eine Mrs. Vanhomrigh wohne, die
eine reizende Tochter, — unter dem ihr von Swift beigelegten
Dichternamen Vanessa bekannt, hatte. Was hatte denn dieser Mann
mit den harten Augen und der harten Seele so Bezauberndes an sich,
daß es in den Herzen gefühlvoller junger Mädchen so unselige Gluthen
der Leidenschaft erwecken konnte? Es muß doch wol wahr sein, daß
der Mann in seinem Kampfe nicht blos den Göttern, sondern auch den
Frauen ein erhaberenes Schauspiel dünkt, als der Sieger, den alle
Lorbeern bedecken. Daß Swift das Mädchen mit mehr als flüchtiger
Neigung geliebt, ist nicht wahrscheinlich; er bat sie beim Abschied von
London, ihn zu vergessen, ihm nicht zu folgen. Aber da richtete sich
jede Leidenschaft im Busen des Mädchens, das er aus den Kinder-
träumen geweckt hatte, empor; glühende Liebe und glühender Haß sind,
wie Wollust und Grausamkeit, die Pole der nämlichen Leidenschaft,
und wehe dem Herzen, das in den unseligen Kampf zwischen Beide
geräth! — Swift war heimgekehrt, er war dem Strudel entronnen,
und nach allen Irrungen sehnte er sich nun nach Ruhe an der Brust
der Einzigen, die ihm geblieben. Und wie schön war diese Einzige,
wie hold! Auf meinen weiteren Fahrten durch Irland fand ich in
einer Bauernhütte des wilden Westens ein altes Buch mit einem Bilde
von Esther Johnson. Unter einer stolzen, prächtig gewölbten Brust —
dem mächtigen Resonanzboden aller großen und edlen Gefühle — erhebt
sich auf schlankem Halse ein ovales Gesicht mit breiter, hoher Stirn,
deren Ecken das schwarze, üppige Haar, nach oben gekämmt, scharf
markirt. Feine, edle Brauen schwingen sich um die Augen — zwei Augen,
in denen so viel Güte, so viel Liebe, so viel Lächeln, so viel Schmerz
liegt! Die Nase ist bedeutend und giebt dem Gesichte den Ausdruck
der Stärke, und der Mund ist groß und giebt ihm den der leidenden
Wehmuth . . . . frei um den breiten Nacken wallen die schwarzen
Locken. — Und das war das Weib, das den Heimkehrenden erwartete
und ihm an ihrem Herzen Ersatz für Alles verhieß, was er drüben
über dem Meere verloren . . . Aber Swift's Schicksal wollte keinen
Friedensschluß, es wollte den Kampf, den Verlust, den Untergang.
Wie eine Furie stand auf einmal das Mädchen aus Burystreet, London,

vor ihm und trat zwischen ihn und Stella. Vanessa war ihm gefolgt!
— Stella zog sich in schmerzlicher Ergebung nach Delville, auf eine
Besitzung ihres Freundes Delany, in der Nähe des botanischen Gartens
bei Dublin zurück. Sie erkrankte heftig; das Letzte, was sie wünschte,
war, daß Swift sich ihr durch den Segen der Kirche verbinde und
so, noch vor ihrem Tode, ihren Ruf wiederherstelle, den sie —
während ihres Lebens — durch ihre rücksichtslose Liebe zu Swift ein-
gebüßt habe. Swift sagte der Todtkranken die Erfüllung ihres Wunsches zu, aber nur unter der Bedingung, das strengste Geheimniß
darüber zu bewahren. Die eheliche Verbindung ward vollzogen, und
Stella genas. Vanessa indessen hatte sich auf eine ländliche Besitzung
bei Celbridge zurückgezogen, deren dunkle Bäume man noch heute
sieht, wenn man auf der Eisenbahn von Dublin nach dem Westen
fährt. Das glühende Mädchen überließ sich dort ganz ihrer Liebe, die,
durch Stille und Einsamkeit genährt, endlich zu einem Grade von
Raserei stieg. „Sie hatte Tag und Nacht keinen andern Gedanken,
als Swift, und schrieb ihm ununterbrochen und ohne sich durch die
Kälte seiner Antworten abschrecken zu lassen, die zärtlichsten Briefe,
aus denen eine heftige und beinah' abgöttische Leidenschaft sprach.
Swift selbst fühlte sich oft so von ihrer und vielleicht von seiner
eigenen Neigung hingerissen, daß er anfing, ihr mit Güte und Scho-
nung zu begegnen und ihr sogar einst, als Eifersucht auf Miß Johnson
sie zur Verzweiflung getrieben hatte, in einem seiner Briefe eine
völlige Liebeserklärung machte." („Sheridan, Life of Swift"). So
war die Situation, als auf einmal das Gerücht zu Vanessa drang,
Swift sei mit Stella heimlich vermählt. In der Qual ihres Herzens
und ihrer Ungewißheit schrieb sie ihrer Nebenbuhlerin ein kurzes Billet
und bat sie ihr zu sagen, ob sie mit dem Dechanten verheirathet sei
oder nicht? Stella antwortete bejahend, schickte Vanessa's Billet an
Swift und verließ die Stadt auf's Neue. Swift's Seele aber kochte
über; sein Geheimniß war verrathen, seine Stella war gekränkt —
hinaus jagte er nach Celbridge und ein trat er in Vanessa's Zimmer
mit funkelnden Augen. Zitternd bat ihn das Mädchen, sich niederzusetzen; Swift setzte sich nicht nieder, aber er warf einen Brief auf
den Tisch und stürzte fort. Der Brief tödtete Vanessa. Der Brief
enthielt nichts, als ihr eigenes Billet an Stella — kein versöhnendes

Wort von Swift's Hand, kein Zeichen, daß noch nicht Alles aus
sei .... Vanessa verfiel plötzlich in ein heftiges Fieber und starb bald
nachher. Das war das erste Opfer, das der Liebe Swift's gefallen
war; das zweite sollte nicht lange darnach folgen. Der Unglückliche!
seine Liebe tödtete wie sein Haß, und sich selber zu zerstören — das
war sein Beruf..... Schmerz und Schuldbewußtsein trieb ihn von
Dublin fort, und einige Zeit irrte er in den Einsamkeiten der südlichen
Gebirge. Hätte er sich doch selber entfliehen können! Er konnte es nicht
— er kehrte zurück und suchte zum letzten Mal in Stella's Nähe die
Ruhe, den ersehnten Frieden. Aber nun beginnt der dunkelste Theil
in Swift's dunklem Leben — Tage des Jammers, viel entsetzlicher,
als die Jahre des Wahnsinns, die ihnen in schwerem, bleiernem Gange
folgten. Ein düsteres Geheimniß trat vor Swift's Gewissen .... ein
Geheimniß, so düster, daß es selbst die Geschichte nicht wagt, die letzten
Schleier desselben zu lüsten. Stella sank auf's Krankenbette, von dem
sie sich nicht mehr erholen sollte. „Kurz vor ihrem Tode, als sie sich
ihrem Ende nahe fühlte, beschwur Stella den Dechanten in Gegenwart
des Doctors Sheridan auf die bringendste und rührendste Weise, ihre
letzte Bitte ihr zu gewähren und durch öffentliche Bekanntmachung
seiner gesetzmäßigen Verbindung mit ihr ihr Andenken vor Verläum-
dung zu sichern." Da donnert Swift der Sterbenden sein schreckliches
Geheimniß in die Seele, flieht und läßt sie allein; das zweite Opfer
seiner Liebe fällt, und — wie viel bejammernswerther, als jenes erste!
— nimmt das Bewußtsein einer unversöhnten Schuld mit in's Grab.
Swift soll der natürliche Sohn Sir William Temple's; das Weib,
welches er geliebt, geheirathet und getödtet hatte, seine — Schwester
gewesen sein! .... „Armes Weib! .... Schönes zartes Geschöpf:
reines, warmes Herz! Was frommt es Dir nun, daß Du einhundert
und zwanzig Jahre im Grabe liegst, im Tode nicht getrennt von dem
kalten Herzen, das dem Deinen, so lang es schlug, solche Liebesqualen,
solchen Kummer gemacht hat — was frommt es Dir nun, daß die
ganze Welt Dich liebt und Dich beklagt? Kaum ein Mann, glaub'
ich, gedachte je Deines Grabes, ohne eine Blume des Mitleids darauf
zu werfen und eine süße Grabschrift darauf zu schreiben. Edles
Weib! — so lieblich, so liebend, so unglücklich. Zahllose Verfechter
hast Du gehabt, Millionen männlicher Herzen, die um Dich trauerten.

Von Geschlecht zu Geschlecht nehmen wir die liebe Sage Deiner Schönheit auf; wir folgen klopfenden Herzens Deiner Tragödie, dem glänzenden Morgen Deiner Liebe und Reinheit, Deiner Treue, Deinem Kummer, Deinem süßen Marterthum. Wir kennen Deine Legende. Du bist eine von den Heiligen der englischen Geschichte!" (Thackeray, English Humourists.) . . . .

Swift's Geschichte bricht nicht so rasch ab; wir werden ihrem langsamen, schauerlichen Ende noch weiterhin begegnen. Aber freundlich gegenüber unter dem Hügel von Glasnevin liegt der Park, in welchem einst Stella bei dem Doctor Delany gewohnt hat. Zwischen dichten, schattenreichen Baumkronen schaut die First des breiten steinernen Wohnhauses über die hohe Gartenmauer herüber. Als ich, berauscht von Blumenduft, Mittagssonne und dem wehmüthigen Zauber der alten Erinnerungen, von der Bank vor Tickel's Haus aufstand und nun den Garten verließ, um dem Hause zuzuschreiten, da erblickte ich auf der anderen Seite des Weges ein junges Mädchen von artiger Gesichtsbildung und, ihrer Kleidung nach, den höheren Ständen angehörig. Als ich sie um Auskunft über das Haus Stella's und Delany's bat, erklärte sie mir mit Lächeln, daß sie die Tochter des jetzigen Besitzers sei und — wenn ich es ihr erlaube — in jenen von dem „süßen Marterthum" der Liebe geweihten Räumen meine Führerin werden wolle. Sie erfüllte ihr Versprechen mit vieler Anmuth, und als ich nach einer halben Stunde sie und die dunklen Baumgänge verließ, unter denen sie wohnte, da sprang ich auf einen Car, der zufällig auf dem Wege ledig stand, und bat den Kutscher, mich ja recht rasch in's Freie zu entführen; denn es dünkte mich zu gefährlich, den Zauber alter Erinnerungen auf so anmuthige Weise sich erneuern zu sehen, wie es nun zuletzt noch geschehen war. Der Kutscher trieb rasch an, und die Luft wehte frisch, und der Aspekt ward freier. Aber seinem Schicksal entgeht Niemand — und an diesem Tage schienen die „alten Erinnerungen" mein Schicksal zu sein. Denn kaum waren wir im Phönix-Park angelangt, so zeigte mir mein kutschirender Cicerone zur Rechten unseres Weges die palastähnliche Sommer-Residenz des Lord-Lieutenants von Irland und sagte mir, daß das von weißem Stein glänzende Haus zur Linken, unter den verdeckenden Bäumen mit dem Blick über die Wiesen und seitwärts auf bie Berge, bas Haus sei, in welchem einst Abbison gewohnt habe. Alsbann gelangten wir auf ber Mitte bes Weges zwischen beiben Gebäuben an die Säule mit dem Phönix, der dem Parke den Namen giebt. Einen Park nennt man biese unabsehbar gebehnte, weite grüne Ebene wol nur figürlich. Von Parkanlagen ist wenig zu bemerken; bagegen weiden auf ben breiten Wiesenflächen zu beiben Seiten bes Fahrweges zahlreiche Schaaf= unb Rinberheerben. Nur hier unb ba stehen einzelne Baumgruppen in ber grünen Ebene. Was aber dem Parke seinen schönen Reiz verleiht, bas sind die blau bämmernben Höhenzüge der Berge von Wicklow, bie mit weichen, melobischen Formen ben Horizont zur Linken schließen. —

Durch die Kuhheerben bes Parkes jagten wir bahin. Dann bo= gen wir an ber Seite bes Parkes ein unb hielten uns auf bem Weg, am Liffey hinunter; sein schwarzgrünes Wasser fließt hier bunkel unter Bäumen neben Wiese unb Acker bahin. Menschen begegneten uns fast gar nicht, es müßte benn ein einzelner Solbat ober ein hastig bahin= schreitenber Priester mit bem Gebetbuch gewesen sein. Ich habe in ganz Englanb nicht so viele Solbaten und Priester gesehen, als in unb um Dublin; von ben sehenswerthen Gebäuben war immer bas britte eines, was sich auf bas Militair ober die Geistlichkeit bezog. Unb so stehen auch hier mitten im Park hoch über ben Triften unb ihren friedlich weibenden Bewohnern Pulvermagazin, Militairhospital und Constable=Caserne, unb am Ausgang besselben, auf einem künst= lichen Hügel von einem Wassergraben umzogen, recht wie eine Festung unb in weitem Umkreis durch Ketten unb Bäume geschlossen, ragt bas Monument Wellington's („the Wellington Testimonial") empor. Es ist eine riesige Granitpyramide, die auf ihren Seiten= flächen in golbblitzenden Buchstaben die Namen der vom Sieger von Waterloo gewonnenen Schlachten trägt. Das Wunderbare an biesem Denkmal ist, baß es ben Namen der benkwürbigsten Schlacht nicht trägt — bas Wort „Waterloo" sucht man umsonst unter ben Golb= inschriften bes Granitblocks. Aber, hoch unb gewaltig, wie er basteht, commanbirt er die ganze Stabt, bie hier vom Fluß bis an die blauen Berge, bort bis an's Meer sich malerisch hinbreitet, mit Kirchthürmen, Kuppeln unb rauchenden Fabrikschloten. Da wir nun in bie Stabt zurückkehrten, so fuhren wir längs der Quais am reich bemasteten, bunt bewimpelten und beflaggten Strom hinunter. Das Treiben ist hier sehr lebendig und durch die verhältnißmäßig geringe Breite des Wassers und die Nähe der Häuser und Quais am andern Ufer erhielt Alles ein um so volleres und gedrängteres Aussehen. Hier vergißt man auf einen Augenblick, daß man sich in dem Lande befindet, wo die Menschen zu Tausenden auswandern, während Bodenflächen von einem Umfang und einer Ertragsfähigkeit, die für sie Alle und für mehr ausreichend wären, brach liegen. In den Straßen waren es nun zunächst die Schilder an den Häusern und Läden, die Interesse erregten. Welch' eine Geschichte ist auf diesen Schildern zu lesen! Welch' eine Erzählung von Glanz und Ruhm und Pracht vergangener Tage! Königsnamen zieren Schusterwerkstätten und aus den Mac's und den O's — den Söhnen und Enkeln der alten Clanhäuptlinge — sind Schneider und Tuchhändler geworden. Hier verkaufte ein M'Murrough — ein Sprößling des alten Rebellen von 1536 — „bitter Ale und Spirituosen," dort preis't ein O'Connor, ein Nachkomme des berühmten Offaly-Fürsten, seine Cigarren und seinen Schnupftabak an ... und fröhlich zwischen Beiden hat sich ein Isaak Mac Moses niedergelassen — wer weiß? auch ein Fürstensohn, der auf den Messias hofft und auf die Heimkehr in's gelobte Land und das väterliche Erbe ... Iren und Juden — welche Aehnlichkeit in der Geschichte und den Geschicken Beider! Und doch scheint es mir, als müsse man das Schicksal der Iren ein noch viel herberes nennen. Was immer die Juden gedulbet und gelitten, das haben sie doch als Fremde im fremden Lande gedulbet und gelitten und der schöne Messiasglaube tröstet sie mit der heilig gehaltenen Hoffnung der Heimkehr. Aber die Iren sind Fremde in ihrem eigenen Lande, ihrem eigenen Hause, ihren eigenen Heiligthümern geworden .... sie fühlen sich als Fremde und sprechen die englische Sprache wie Fremde. Es ist ein unangenehmer Dialect, den gewiß auch ein geborner Engländer nicht auf den ersten Wurf verstehen wird. Sie haben Eigenthümlichkeiten der alt-irischen Volkssprache mit hinübergenommen in die Art, wie sie die englische accentuiren und prononciren. Da ist das irische „oi" statt des englischen „ei," „i" statt „e", „sch" statt „s", und vor Allem die ächt celtische Gutturale „ch", die für englische Kehlen das Schiboleth und für englische Ohren nun gar ein Folter- und Marterinstrument ist.

Auf den Nachmittag unternahm ich eine kleine Ausfahrt nach Howth, einem malerisch gelegenen Dörfchen am nördlichen Ende der Bai von Dublin. Das klarste Wetter begünstigte mich, und sobald wir durch die eiserne Hängebrücke hinter der Stadt gefahren waren, gewann ich den ersten freien Blick über die jetzt tiefblau scheinende, in die grünsten Ufer gefaßte Wasserfläche. Zur Rechten blieb die Niederung von Clontarf, deren heldenthümliche Traditionen jetzt gegen den Zauber einer lachenden Sonne nicht aufkommen konnten; dann trat, weit in's Meer hinausgestreckt, die Landzunge von Howth hervor, mit den weißlich schimmernden Häusern und den grünen viel-fach zerrissenen Hügeln dahinter. Den Schlußpunkt des reizenden Bildes, bevor das Auge sich in's weite Blau des Wassers und des Himmels verlor, bildete der Inselhügel Ireland's Eye mit einem alten Wachtthurm an seiner Westspitze. Das ganze Dörflein war in festlicher Bewegung, da in der Bucht eine Regatta stattfand. Bunte Flaggen waren quer über den Hafendamm gezogen und im bläulichem Meer, dicht am Thurm von Ireland's Eye lag das bis in den Fockmast hinauf buntbewimpelte Fahrzeug der Preisrichter. Und nun die bunte Menschenwoge, die hier — am letzten Uferrand — hing! Auf den Hügelkanten, in den Mauerwerken, auf den Dämmen des Hafens und den Brücken standen, saßen, lagen Männer und Frauen, Greise und Kinder und schauten unverwandt auf's Meer nach den Böten, welche — die Segel breit gespannt — im weiten Umkreis um den Inselhügel schwammen. In diesem süßen Nichtsthun des Schauens und Ruhens auf kaum merkbar vorschreitenden Gegenständen läßt sich ein Charakterzug der südlichen Natur nicht verkennen. So lautlos und voll innern Vergnügens liegt nur der Italiener, der Spanier, der Irländer auf dem sonnigen Küstenhang; der Germane trägt die Spannung seines Innern nicht mit solch' lässigem Behagen; er, mit seiner kräftigen Natur, kennt das neapolitanische „Sehen und Sterben" nicht!

Die Bay von Dublin erstreckt sich in einem Halbkreis, dessen beide Endpunkte Kingstown (der eigentliche Hafen von Dublin, da der Hafen der Stadt zu wenig Wasser für große Schiffe und den regelmäßigen Dienst hat) und Howth sind. Das Dörflein Howth zieht sich mit einem Gäßchen den Berg hinan; und ärmlich genug sieht es aus. Ueberall stehen verfallende Hütten oder Häuser, die nicht fertig gebaut sind. Sogar in dem Hôtel „ersten Ranges", in dem wir aßen, — abgesehen von dem in der That ungenießbaren Essen — waren an den Wänden keine Tapeten, waren die Stühle und Bänke nur an den Beinen polirt und die Sitzflächen das reine — oder vielmehr schmutzig gewordene — rohe Holz. Es überkommt den Wanderer in Irland oft genug das Gefühl, als sei es der Menschen ganzes Bemühen, durch ihre Werke und Anlagen den Eindruck zu verderben, den die lieblichste Natur hier ersonnen. Wenn man auf der holperigen Straße vor der Thüre einer dieser elenden Hütten steht, so sieht man — da sie alle nur aus einer Grundflur bestehen — durch das Fenster der Hinterwand sogleich auf das Meer und die Berge von Dublin. Wie nun die Zeit des Sonnenunterganges und des Abendbrothes kam, da stieg ich den Hügel empor, an dessen Abhängen sich das Dorf, wie ein Nest, angeklebt hat. Milchmädchen begegneten mir, ein paar Frauen, die aus den Gerstenfeldern heimkehrten, und Cars mit vorüberfliegenden, lächelnden „Feen". Namentlich sollte ich eines dieser leichten Wägelchen so bald nicht vergessen, auf welchem, so viel ich unterscheiden konnte, ein Vater mit seinen beiden Töchtern saß. Es schienen liebe, fröhliche Mädchen zu sein, diese Beiden; sie erwiderten den Gruß des einsamen Wanderers auf's Artigste, indem sie ein paar Blumen, die sie in den Händen hielten, hinunterwarfen. Eh' ich noch die Blumen aufheben konnte, war der Car schon hinter einer Wendung des Hügels verschwunden.

Von der Höhe des Hügels senkt sich der Pfad nach der anderen Seite über felsige Gründe. Einzelne freundlich weiß glänzende Landhäuser krönen hier seine Spitze und an den Abhängen, auf dürftigen Aeckern, reist einiges Getreide. Als ich nun aus einem dieser Felder aufschaute: da hatte ich unvermuthet den überraschendsten, den seligsten Anblick — vor mir die Bai im Rosenduft der hinter den Aehrenfeldern untergehenden Sonne und die Wicklow-Berge an der Küste ganz aufgelöst wie goldene Rauchwolken, wellig in einander verschwebend. — Mitten in dieser goldenen Abendbeleuchtung begann es auf einmal sacht zu regnen, und die Wolken zogen dahin, geisterhaft schön und groß. Ich stieg zum Strande nieder und setzte mich auf eine alte Feldmauer. Auf grünem Uferhügel in's Meer hinaus stand hier das weiße Leuchthaus. Dort das bläuliche Wasser, die Bai, so weit das Auge reichen

konnte, und Böte darauf mit weißen und mit rothen Segeln und zur
Rechten die Gebirge in einem märchenhaften Goldduft. Von der
Mauer, auf der ich saß, flatterten Möven auf; zwei Dampfer, der
eine nach Ost, der andere nach Nord, wandelten dem offenen Meere
zu — und nun auf einmal über Allem, über dem Meere, den Schiffen,
den Wolken, den Möven ein weitgespannter Regenbogen — die Sonne
versteckt hinter uns, hinter dem Feldhügel. Kein Geräusch, als das
leise unterirdische Rauschen, das Rollen des Meeres, wie über ver=
borgenen Felsen. Ueber den Kornspitzen des Hügels der Sonne letztes
Glühen und Funkeln — das Westgewölk ward leuchtender Nebel —
die Berge rosige Dämmerung — die Farbe des Wassers schillerte aus
Weiß in Blau und Grün hinüber, die Segel erglänzten wie Silber,
das Leuchthaus auf dem grünen, grell bestrahlten Uferfels ward mir
zum Schloß am Meere — und neben dem einen Regenbogen, der mit
kräftigem Roth und Grün auf's Wasser setzte, erschien gedämpft ein
zweiter. — O, wie himmlisch, wie unsagbar schön war dieser Augen=
blick! Und wieder wechselte die Farbe des Meeres — ein breiter Gold=
streifen — der Wind machte sich auf und zog um die Ufer und die Berge
des Strandes weiße Streifen in's Wasser. Der Regenbogen stand noch
immer, aber die weißen Häuschen gegenüber am Strande, die so lustig
gewinkt hatten, waren schon vom Schleier der heraufziehenden Nacht
verhüllt.

So saß ich auf der Mauer von roh übereinander gelegten Steinen
am letzten Unterhügel unter Strüppich und gelben Blumen — und so
rauschte das Korn hinter mir, schlug die Wachtel, sang die niederstei=
gende Lerche, während vor mir die weite See dunkelte, und nur der
vom letzten Abendrothe bespiegelte Theil schimmerte rosig und zwei weiße
Möven schwebten darüber. — In diesem Augenblicke der tiefsten und
ich darf wohl sagen heiligsten Naturstille vernahm ich plötzlich nicht
sehr entfernt von mir den tiefen Seufzer einer Menschenbrust. Fast
erschreckt blickte ich um mich und sah neben einem hohen Distelstrauch,
unter welchem er bis dahin gesessen hatte, einen jungen Mann, der
gleich mir dem erhabenen Naturschauspiel gefolgt zu sein schien. Es
war ein junger Mann von mittler Statur und zartem, höchst beweg=
lichen Gesichtsausdruck. Namentlich waren seine Augen sehr lebhaft
und verriethen einen klaren Geist. Das kleine Individuum hatte krause

Haare und ein blondes Bärtchen, das ihm zwischen der feinen Nase und dem wolgebildeten Munde recht keck saß.

„Ich bin sehr unglücklich,“ sagte das blonde Männchen, nachdem wir uns begrüßt hatten; „ich suche einen Vater mit zwei Töchtern und kann ihn nicht finden!“

„„Das ist nun freilich ein Unglück,““ erwiderte ich, „„besonders wenn die Töchter so anmuthig liebe Wesen sind, als die beiden Mädchen, welche mir vor einer halben Stunde mit ihrem Vater auf der Höhe des Hügels vorübergefahren sind.““ — —

„Was?“ rief der Andre. „Sie haben sie gesehn? O, führen Sie mich den Weg — verlieren wir keine Zeit, eilen wir ihnen nach!“

Vergebens stellte ich dem Aufgeregten vor, daß es auf der Welt doch wol mehr als einen Vater mit zwei Töchtern gäbe — daß ich ferner ja auch noch keineswegs sicher sei, ob jener ältere Herr wirklich der Vater, oder nur der Onkel der beiden Mädchen gewesen sei — mein kleiner Mann schwur, daß das der rechte Vater und die rechten Töchter gewesen seien, und als ich ihm nun gar, nach dem flüchtigen Blick, mit dem ich sie gesehn, eine Beschreibung der drei Personen entwarf — da sagte er, etwas traurig: „ich sehe nur zu gut ein, daß ich mich nicht täusche; aber leider muß ich mir auch den Vorwurf machen, hier zu lange gezögert zu haben, während sie mir rasch entflohen, so daß ich es nun wol aufgeben muß, sie heute noch einzuholen!“ Er sprach das Alles so traurig, daß ich nicht umhin konnte, ihm zu einigem Troste die Blumen zu reichen, die seine Schönen vom Wagen heruntergeworfen hatten. Als er sie sah, rief er aus: „Guter Gott! — das sind ja meine Blumen — meine eigenen Blumen, die ich ihr vor kaum einer Stunde gegeben habe! — Mein Herr,“ fügte er alsdann nach einer Pause hinzu, „da das Schicksal Sie gewissermaßen ohne Ihr Wissen in diesen Handel verflochten hat, so müssen Sie mir gestatten, daß ich Sie zum Vertrauten meiner Geschichte mache.“ Zum Glück war die Geschichte kurz und komisch: John Brittlebank, Esq., Secretair des Königlichen Postamts zu London, hatte vor einem Jahre in irgend einer Abendgesellschaft mit Ball die Bekanntschaft der hübschen Miß Jane Macrie gemacht. Miß Jane — nach Mr. Brittlebanks Beschreibung ein Ausbund aller Schönheit, Tugend und Liebenswürdigkeit — war die Tochter eines reichen Leinenfabrikanten in Belfast und auf kurze Zeit zum Besuch nach London gekommen. Der junge Postsecretair hätte gar zu gern die hübsche Bekanntschaft fortgesetzt; aber leider war das Schicksal dagegen. Er sah sie in London nicht wieder. Was hätte der junge Postsecretair nicht darum gegeben und gethan, sie nur noch einmal wiedersehen zu können! Aber Liebessehnsucht und das Generalpostamt in London — welche Gegensätze! Und traurig begrub er seine süßesten Gedanken in die Briefbeutel und Zeitungsballen, die nach Ostindien und den Colonien gingen; denn nicht einmal diesen letzten Trost hatte ihm das Schicksal gelassen, die Briefe, die Andere geschrieben, nach der Heimath seiner Lieben expediren zu dürfen. Aber den ersten Ferienmonat, der ihm ward, benutzte er zu einer Pilgerfahrt nach Irland — man konnte nicht wissen .... es war doch möglich ... und für einen unglücklich Liebenden gibt es am Ende ja keinen reineren Trost, als denselben Boden zu betreten, der auch den geliebten Gegenstand trägt, dieselbe Luft zu athmen, in die sich der balsamische Duft ihres Hauches gemischt hat ... Und so trat er den Boden und athmete die Luft und fluchte auf das schlechte Essen und die schlechten Menschen in Irland, über die Welt im Allgemeinen und sein Mißgeschick im Besonderen ... als er aber an diesem Nachmittag an das buntbewimpelte Seegestade von Howth trat, da verwandelte sich der schon fertige Fluch in den schmachtendsten Seufzer — denn .... Miß Jane Macrie saß, mitten unter den Menschen, auf einer grünen Rasenbank. Mr. Brittlebank versuchte nun durch die Menschenmenge vorzudringen und mit einer Leutseligkeit, die er bisher nicht einmal selber an sich wahrgenommen, begegnete er den Körben der schreienden Fischweiber oder parirte er die Ellbogen der grobjackigen Matrosen. Seht hier auf's Neue, liebe Leser, was ich immer behauptet habe, obwol mir's oft genug bestritten ward: daß Glück und Liebe gut machen! Aber der „gute" Postsecretair hatte Unglück; das Glück schien vor ihm nur so herum zu irrlichteriren. Denn kaum daß er die liebe Stelle erreicht hatte, so hatte sich auch Miß Jane schon erhoben und ging in Begleitung eines Herrn, der zum Glück weiße Haare hatte, und einer Dame, von der er nur sah, daß sie in der Kleidung das frappante Ebenbild seiner Holden war, einem bereit stehenden Car zu, der sie rasch nach dem Hügel entführte. Wenn die Dreie flogen, so flog Mr. Brittlebank nicht minder, denn irische Cars sind für liebende Herzen und ungeduldige Seelen das beste Vehikel von der Welt; kurz, er erreichte die Drei, als sie, eben auf der Höhe angelangt, im Sonnenglanz den Fußpfad nach der See einschlugen. Mr. Brittlebank folgte ihnen, und er nahm sich zum Verweilen nicht mehr Zeit, als dazu gehört ein paar Heckenrosen und ein Kleeblatt zu pflücken. Mit diesen zarten Zeichen einer poetischen Empfindung stürzte der liebende Postsecretarius seinem geliebten Gegenstande nach, stolperte an einem niederträchtigen Felsblock und lag platt auf der Erde zu den Füßen des laut aufschreienden Mädchens. „Miß Macrie!" rief er, seinen Aerger verbeißend und seinen Schmerz in das süßeste Lächeln verkleidend — „Miß Macrie · — es ist lange, daß ich Sie nicht gesehen habe. Denken Sie noch an den Contretanz, den wir zusammen getanzt haben? Ich habe daran nicht vergessen — hier die Blumen zum Pfande!" Da verwandelte sich der Schreck des schönen Mädchenantlitzes in Staunen —„„ich habe niemals einen Contretanz mit Ihnen getanzt. Ich habe Sie nie gesehn, mein Herr!"" „Was? — Sie wären nicht in London auf jenem Balle gewesen, wo ..." „„Ich bin nie in London gewesen, mein Herr!"" sagte das Mädchen. In diesem Augenblicke aber kehrte sich die andre Dame, die ein wenig voraus war, um, und mit lautem Lachen rief sie: „Ei, Mr. Macrie — ich bin's ja gewesen ... ich ... das ist ja meine Schwester Ellen!" Auch der Herr blieb nun stehn und fragte: „Was gibts denn da, meine Töchter?" Ach — was es da gab, das war traurig und komisch genug. Mr. Brittlebank stand da und sein Auge irrte von der Einen auf die Andre — welche war es? Waren es alle Beide? War es nur die Eine?... In der ganzen Welt konnte Nichts sich ähnlicher sein, als ein Mädchen dem andern. Beide hatten dieselben braunen Augen, dieselben braunen Haare, dieselben zierlichen Näschen, denselben schelmisch verzogenen Mund ... denselben Hut mit demselben Schleier, blaue Kleider, braune Mäntel, gelbe Handschuhe ... und Beide lachten, so laut, so unbarmherzig, so grausam, daß ... ach Gott, eh Mr. Brittlebank zu sich selber kam, waren Jane und Ellen lachend den Hügelweg hinuntergesprungen, und als er, sich langsam von jenem grausamen Gelächter erholend, endlich nachgegangen und am Seestrand angekommen war, da wehten die beiden Schleier schon wieder oben über den Kornfeldern.

Als er die Kornfelder erreicht hatte, da waren die beiden Schleier ver=
schwunden und nur ein paar Wachteln schreckte er auf, die ihm är.
gerlich um den Kopf herumflogen. Er suchte auf der Höhe, — kein
Car, kein Schleier, kein Vater, keine Tochter — Nichts als See,
Möven und Sonnenuntergang. Mr. Brittlebank fühlte sich in tiefster
Seele vom Schicksal gekränkt, und es dauerte lange, ehe sich seine
Kränkung in jenem Seufzer Luft machen konnte, welcher die Ursache
unsrer Bekanntschaft werden sollte. —

Da es tiefe Dämmerung und sehr kühl am Meere geworden war,
so schlug ich dem verwundeten Postsecretair vor, den Heimweg anzu=
treten und bot ihm meine Begleitung an. „Es ist mir einerlei wohin
ich und mit wem ich geh,“ rief dieser aus und folgte. Ich nahm ihm
diese nichts weniger als schmeichelhaften Worte nicht übel; du lieber
Gott, jede Leidenschaft, jeder Kummer hat ja sein eigenes Dictionair!

Da wir nun so in der Dunkelheit dahin schritten, kamen wir bei
einem ungeheuren Felsen vorbei, der durch einen gewaltigen Riß ge=
spalten war. Ganz unten am gähnenden Abgrunde ragte eine Stein=
bildung hervor, die in der zwiefachen Dämmerung des Abends und des
Abgrunds etwas gar grauenhaft Seltsames hatte.

„Das muß“ sagte ich, „wenn mich mein Handbuch und mein
Gedächtniß nicht täuscht, der Puck=Felsen sein. Und da unten der
Gnom ist der versteinerte Rest eines bösen Geistes, der den guten
Sanct Nessan zu plagen pflegte, derweil selbiger dort auf Irland's
Ehe lebte und lehrte. Einmal nun, da der Heilige in dem vielver=
ehrten Buche von Howth las, nahte sich der böse Feind wieder, um
ihn zu versuchen; Sanct Nessan aber schlug ihn mit seinem Buche so
gewaltig auf den Kopf, daß er da grad über's Wasser und in den
Felsen hineingeschleudert wurde, der sich sofort öffnete, um den Bösen
in seinem tiefsten Abgrund aufzunehmen!“

„Der arme Teufel!“ seufzte Mr. Brittlebank, der in der Weich=
heit seines Herzens sogar für das Malheur eines Teufels Sympathie
zu hegen schien.

Unser Weg führte uns zu den steilen Felsen, die auf der anderen
Seite der Halbinsel von Howth die Höhe bilden. Die graue Däm=
merung, die Einsamkeit, das Meeresrauschen von Unten gaben den
Felshäuptern des Binn Eadair einen schauerlichen Charakter. Dazu

schuf sich meine Einbildungskraft eine nicht minder schauerliche Bevölkerung, indem sie die alten Finians — die Nationalhelden des irischen Alterthums, welche an dieser Stelle auf ihrer Fahrt von Afrika herüber gelandet sein sollen — aus ihren Gräbern rief. Einen dieser Felsen bezeichnet die Tradition als den gewaltigen Stuhl, auf welchem Fionn, der Riese der irischen Märchenwelt, saß, als er seine Prophezeihung über den Untergang Irland's schrieb. Am Fuße dieser Felsen befindet sich eins jener altheidnischen mit dem Druidenthum zusammenhängenden Denkmale, welchen der Reisende in allen celtischen Landen noch zahlreich begegnet. Denn diese Granitmassen, von denen man heute kaum begreift, wie sie sich durch Menschenhand nur zu einiger Ordnung und Symmetrie herstellen ließen, boten dem Zelotismus späterer Jahrhunderte siegreich Trotz und lösen sich selbst unter dem nagenden Zahne der Zeit nur langsam aus ihren Fugen. Reicher an altheidnischen und altchristlichen Bauten nebeneinander ist kein Land, als dieses. Wo das erste Christenthum sich nicht grabezu auf die druidischen Grundmauern und Erdhügel angebaut hat, da hat es seine Rundthürme, seine Einsiedeleien, seine Zellen stets in ihre Nähe gestellt; denn kein noch so steiler Fels, kein Thal, noch so einsam und so schauerlich, kein Seegestade, noch so grau und unwegsam, wo das irische Druidenthum seine Spuren nicht hinterlassen hätte. Da sind die Steinbauten Cromlech, der Druidenaltar; Carn, das Heidengrab; die druidischen Cirkel, welche gewöhnlich als moosbewachsene rohe Steinsäulen Cromlech und Carn umschließen; Coirthe, der Denkstein alter Heldengräber, in welche das erste Christenthum seine Kreuze zu hauen pflegte. Da sind ferner die Erdbauten: Dun, der Festungshügel, Rath, das befestigte Dorf, und Mote, der Gerichtshügel aus der Dünenzeit. (Die Engländer nennen ihn Mound.) — Die schon halb zusammengesunkenen Quarzblöcke unter dem Felsen von Howth scheinen ein Cromlech, ein druidischer Opfertisch, gewesen zu sein. Aus der schwarzbraunen Haide und dem mobernden Gestrüpp erheben sich neun kurze, dicke Steinsäulen, in welche die riesige Steintafel, welche sie früher bedeckt haben muß, hineingebrochen ist und die meisten der Stützen aus ihrer weiland aufrechten Stellung in eine Neigung nach Osten zu gedrückt hat. Wie viel Winterstürme, wie viel Alles zerbrechende Kraft schauriger Frühlingsnächte muß nicht an der Zerstörung dieses Riesenwerkes gearbeitet haben, auf deffen Trümmern nun der Tourist des 19. Jahrhunderts — nicht ganz ohne Furcht vor dem Schnupfen! — in schaurig dämmernder Einsamkeit den druidischen Gespenstern und den Nibelungen Irland's, den Finians, Audienz gibt!

Mr. Brittlebank war viel zu sehr mit sich selber beschäftigt gewe= sen, um mich in meiner Zwiesprache mit Geistern zu stören. Endlich aber seufzte er doch wieder und rief: „Ach — wenn ich nur wüßte —“

„„Was wünschen Sie zu wissen, mein Herr?““ fragte ich, erwachend wie aus einem Traume.

„Wenn ich nur wüßte,“ sagte er, „welche von den beiden Mäd= chen ich liebe!“

Das war nun allerdings eine Frage, die ich ihm mit dem besten Willen und den · besten antiquarischen Vorstudien nicht beantworten konnte. Mich aber erinnerte sie zur rechten Zeit, daß es selbst für den wärmsten Touristeneifer gefährlich sei, zu lange auf moderfeuchten Steinen zu sitzen. Ich sprang auf und eilte mit Mr. Brittlebank den Berg hinunter, am Schlosse der alten Normannenfamilie St. Lawrence vorüber, und in's Dörflein zurück. Es war inzwischen Nacht gewor= den. Schon vor dem Dorfe liefen uns Kinder mit schwarzen Haaren und schwarzen Augen, baarfüßig und mit nicht viel mehr als einem Hembe bekleidet entgegen. An den Hüttenthüren lagen Weiber platt auf den Boden gestreckt. Vor dem Thore zu der alten Abtei, deren Grund sich hier bis zum Meere niederdehnt, blieben wir eine Weile stehen. Obwol Abtei genannt, sind diese Ruinen doch nur die Reste einer Kirche, die von einem Ahnen des jetzigen Lord Howth in der ersten Hälfte des 13. Jahrhunderts gegründet wurde. Es ist in seinen Hauptzügen ein Bauwerk aus der anglo=irischen Periode, mit Spitz= bögen, die aus roh geformten viereckigen Pfeilern entspringen. Der nördliche Flügel ist verhältnißmäßig neu, und namentlich ist das Por= tal desselben eine dem anglo=irischen Baustil fremde Erscheinung. Ein Glockenthurm mit drei Oeffnungen erhebt sich über dem westlichen Giebel. Die Glocken sollen noch im Schloß zu Howth aufbewahrt werden. Eine starke Mauer, die die Ruinen umschließt, gibt ihnen ein festungsartiges Ansehen um so mehr, da das Ganze dicht an den Rand eines Felsplateaus gestellt ist, um dessen Fuß das Meer spült. Welch' schöne, selige Bestimmung muß es gewesen sein, hier zu leben!

Aber auch ein Grab noch an dieser Stätte ist schön; und es ist eine der ehrwürdigsten Sitten des irischen Volkes, seine Todten unter den Trümmern heiliger Bauten zu bestatten. So ist denn auch hier der geweihte Grund mit seinen Ruinen der Kirchhof des Dörfleins geworden. Mit dem Staube der Aebte und Ritter mischt sich der Staub alter Matrosen und schöner Fischermädchen und der Thurm, dessen Glockengeläute einst friedebringend über die See entschwebte, neigt seine Reste trauernd über Alle. Und auf der niebren Mauer, die den Gottesacker gegen das Dorf der Lebenden abschließt, sitzen die Kinder, plaudern die Burschen und ihre Mädchen, lehnen die Greise und schauen über den Grund, in dem auch sie bald ruhen werden, auf's Meer hinaus, auf denen sie ihre Jugend froh vertummelt haben. Einer von den Greisen, ein Fischer mit langem, grauen Haar, der schon den halben Tag hier gestanden haben mochte, sprach mit mir. Er sprach sehr schlecht englisch und wußte einige französische Redensarten. Er brachte sie, mir zu Ehren und zum großen Ergötzen der Fischer, die sich um uns versammelt hatten, mehrmals vor; denn er hielt mich für einen Franzosen, da er an meiner Sprache gehört hatte, daß ich kein Engländer sein könne. Für das gemeine Volk in Irland gibt es, außer ihnen selbst, nur noch zwei Nationen auf der Welt: die englische und die französische, von denen sie die eine lieben und die andre hassen. Mein alter Fischer machte mir viele Complimente über „meine" Nation und „meinen" Kaiser und die Anderen, die herumstanden und bei denen mein Freund eine Art von Orakel zu sein schien, stimmten bedeutsam ein. Er war jetzt 81 Jahre alt und erzählte mir, daß er im großen Kriege auf einem Spionirschiff gedient habe, das an der französischen Küste kreuzte. Er sei nach Cherbourg gekommen und habe den großen Kaiser und später habe er auch den großen Washington gesehen. Dort der Thurm auf der Höhe über dem Kirchhofe sei in der französischen Zeit gebaut und als Signalthurm gebraucht worden, da man eine französische Invasion befürchtet habe. „Aber", fügte er hinzu, da er zu besorgen schien, daß mich diese Rüstungen gegen mein mir octroyirtes Vaterland verstimmen könnten, „aber das haben ja Alles die Engländer gethan; wir sind „fond of the Frenchs", wir sind den Franzosen sehr gut!" „Ja, das sind wir", riefen alle Umstehenden und gaben mir zum Abschied die Hand und schüttelten die meinige treuher-

zig. Um Mr. Brittlebank hatte sich Keiner bekümmert; sei es, weil er
theilnahmlos, vielleicht noch mit der Lösung seiner Frage beschäftigt,
dagestanden hatte, oder weil sie selber für ihn, als einen Engländer,
keine Sympathien empfanden.

Im Dorfe ging es inzwischen sehr lustig her. Sieger und Besiegte von
der Regatta des Nachmittages hatten ihren Frieden mit einander gemacht,
und sangen, sprangen, tanzten und tranken um die Wette. Auch die Hütten,
strohgedeckte Lehmmauern, sahen jetzt, da sie beleuchtet waren, höchst malerisch auf ihren Felsen am Meer aus. Die Hütte umschließt einen
kleinen viereckigen Raum mit Lehmboden, und darüber steht oben zu-
gespitzt das nackte Strohdach, welches nach Unten weder verdeckt, noch
verklebt ist. An der einen Breiteseite der Heerd mit dem Torffeuer,
das Alles grell beleuchtet, ein paar Holzschemel, ein Schrank mit
Gläsern, Tellern und Messern; unter dem Fenster — ein Loch mit einer
blinden Scheibe von grünem Glas — ein Tisch; gegenüber an der
andren Längenwand der Armstuhl für den Hausvater, ein Bett für die
ganze Familie — Küche, Keller, Kammer, Stube und Ruhestatt zugleich: das ist so ungefähr eine Hütte im Osten von Irland. Unten
im Dorf, im Wirthshaus, da war nun gar ein großer Lärm. Da
wurde auf der Fiedel gekratzt und der Dudelsack wurde geblasen, und
gesungen ward und gesprungen, und getrunken und geflucht und geschrieen. In der Stube vorn, im offenen Fenster saß der betrunkene
Fiedler und er thrannisirte die ganze Gesellschaft. Wenn er mitten in
seinem Hopser auf einmal in einen andren Tact überging, so war das
seine Sache; und wenn er einem Mädchen, das draußen vor dem
Fenster stand, schiefe Gesichter schnitt, so war das auch seine Sache;
und wenn er nun gar seinen Fiedelbogen nahm, und anstatt über die
Saiten zu streichen, einen Burschen damit schlug, der ihn angeblich
geärgert hatte, so war das erst recht seine Sache. Kurz, er war der
Despot, und die Leute mußten tanzen, wie er es wollte. Die Melodieen selbst waren offenbar alt-nationale; sie hatten ganz den schwung-
haften Fortschritt und den wehmüthig grellen Schluß des irischen
Volksgesangs. Aber was ein betrunkner Fiedler aus irischen National-
Melodien machen kann, das kann sich selbst die kühnste Phantasie nicht
vorstellen! Das Zimmer war sehr eng und an den Wänden saßen
die Zuschauer und tranken Whiskey mit warmem Wasser oder aßen

weiße Mehlkuchen, die ein Weib, welches sich mit seinem Korbe auf einem Tisch niedergelassen hatte, feil hielt. Der Raum für die Tänzer war auf ein Minimum beschränkt. Zum Glück bedarf der irische Jig nicht vielen Raumes. Es ist das nicht ganz ein Tanz in unsrem Verstande des Wortes, da sich bei uns nicht leicht Jemand, am Wenigsten das junge Volk, Genuß von dieser Art des Vergnügens versprechen wird, wofern es sich nicht selber mit drehen und schwenken darf. Die Natur des irischen Tanzes ist nicht sinnlich wie die des unsrigen; oder sie ist vielmehr von einer feineren Sinnlichkeit. Der Tanz wird hier als eine Kunst betrachtet, wobei dem Zuschauer das Vergnügen und den Ausübenden außer der Transpiration, in die sie gerathen, nur die Ehre zu Theil wird.

Es tanzte immer nur ein Paar, bestehend entweder aus zwei Mädchen und einem Burschen, oder zwei Burschen und einem Mädchen; im westlichen Irland habe ich es sogar sehr oft gesehen, daß nur ein Bursche, umringt von dem Beifall spendenden Haufen, Viertelstunden lang allein tanzte. Unsre Tänzer bewegten sich nicht von der Stelle. Sie trippelten immer auf einem Flecke herum, sie zitterten am ganzen Leibe und waren dabei so ernst und feierlich gestimmt, daß sie keine Miene verzogen. Sie tanzten sich allmälig in eine solche Hitze hinein, daß ihnen der Schweiß über die Stirn lief. Der ganze Körper und jedes Kleidungsstück schien zu zappeln, und endlich, da sie denn im buchstäblichen Sinne des Wortes kein Glied am Leibe mehr rühren konnten, endeten sie — unter dem lauten Applaus der gespannt zuschauenden Versammlung — mit einem Sprung an die Erde, und schlotterten alsdann zum Fiedler, um ihm eine Threepence zu geben, worüber dieser jedoch — da er eine Sixpence erwartet hatte — seine schlechten Witze und boshaft kritischen Bemerkungen machte. Dann kam ein Bergschotte mit Federbarett, Kilt, Tartan und Dudelsack. Kaum hatte er vor der Thüre die ersten schnarrenden Töne desselben erklingen lassen, so traten ein paar betrunkene Weiber aus dem Hause und umarmten ihn und küßten ihn und führten den braunen, kleinen, stämmigen, nichts weniger als hübschen Kerl im Triumph in das hintere Zimmer des Wirthshauses. Hier saßen auf zwei Bankreihen an niedren Tischen hintereinander Schiffsleute und Fischer und alte Weiber. Der Hochländer stellte sich in den Hintergrund und blies in die Pfeife, während er die

Balgſtäbe unter beiden Armen hielt und auf- und zubrückte; die beiden betrunkenen Weiber hatten ſich indeſſen einen jungen Burſchen von
kaum 18 Jahren geholt und fingen an mit ihm in dem engen
Zwiſchenraum zwiſchen beiden Bankreihen den Jig zu tanzen. Ich
ſetzte mich unter den übrigen Zuſchauern nieder und auch Mr. Brittlebank nahm ſeinen Sitz; aber länger konnte er doch ſeinen Unwillen
nicht verbergen. „Ein ſchmutziges Land!“ rief er — „ein ganz ge-
meines Land! Nichts als Saufen und Tanzen und Schreien — und
dabei der dritte Mann ein Bettler und Jedermann ein Lump!
Thackeray ſchildert ſie viel zu gut; Thackeray iſt ein Dichter. Ich bin
kein Dichter; ich werde an den Editor der „Times“ ſchreiben!“ —
Nichts ſchien mir natürlicher, als daß mein guter Poſtſecretarius kein
Dichter ſei; aber wie ein Menſch, welcher Liebe fühlt, ſo ganz unge-
bührlich auf ein Land ſchimpfen könne, welches doch die Heimath des
geliebten Gegenſtandes iſt — das ſchien mir weniger natürlich. Auch
mußte Mr. Brittlebank etwas Aehnliches empfinden; denn er verfiel
in tiefes Nachdenken und rief endlich: „Miß Jane werde ich nun wol
nicht wiederſehn!“ — „Warum nicht?“ entgegnete ich. „Wenn, wie
mir ſcheint, Mr. Macrie mit ſeinen Töchtern auf einer Vergnügungs-
reiſe begriffen iſt, ſo ſcheint mir Nichts wahrſcheinlicher, als daß Sie
ihnen recht bald wieder begegnen werden.“ — „Wenn ich nur mehr
Zeit hätte“, verſetzte Mr. Brittlebank — „eine Woche habe ich nun
ſo vergeudet, und in drei Wochen muß ich wieder im Generalpoſtamte
zu London ſein. Das nichtswürdige Generalpoſtamt!“ — Mein guter
Freund war wirklich in keiner beſondren Laune; Irland ſchmutzig und
gemein, das Generalpoſtamt nichtswürdig — was war da zu machen?
Mr. Brittlebank wollte keinen Zuſpruch annehmen, er wehrte ſich mit
Händen und mit Füßen dagegen und nach einer Weile trennten wir
uns. Ich habe ihn in Dublin nicht wieder geſehen.

———————

Eine durchaus angenehme Pflicht blieb mir in Dublin noch zu
erfüllen. Ich hatte einen Freund noch nicht geſehen, von dem ich
wußte, daß er zur Zeit in Dublin ſich aufhalte. Mr. Tupper — ein
ſo braver, engliſcher Jüngling, als je einer Roaſtbeef gekaut und Ale

getrunken hat — war mein Zimmernachbar in Heidelberg gewesen und befand sich nun im vierzehnten Semester seiner „Lehrjahre" im Trinity-College, nachdem sein Vater — ein reicher Londoner Handelsherr — gefunden hatte, daß die lustigen Herren von Magdalen-College, Cambridge, nicht minder störend auf die juristischen Bestrebungen seines Herrn Sohnes einwirkten, als es ehedem die romantische Gegend und der billige Wein von Heidelberg gethan. An einem schönen Morgen nahm ich denn meinen Weg nach den ehrwürdigen Gebäuden des Trinity-College, indem ich daran dachte, wie es meinem Freunde wol hier ergehen möchte, wo die Naturumgebung nicht minder romantisch als in Heidelberg ist, und die Herren Studiosen Alles in Allem auch wol nicht weniger lustig als in Cambridge sein werden. Hinter dem Vorbau des Collegs öffnen sich sogleich breite, stille, reinliche Höfe, aus deren Mitte sich ein stattliches Thurmgebäude erhebt. Die großen Vacanzen hatten just begonnen, und die weiten Räume nahmen sich ziemlich leer aus. Zu meiner gerechten Freude erfuhr ich jedoch sogleich von dem wachthabenden Pedellen, daß Mr. Tupper nicht verreist, sondern hier geblieben und „jetzt" sehr fleißig sei. Das Ganze machte mir den Eindruck einer Festung — hinter mir war das Thor zugefallen, und dicke Mauern schieden mich von dem Lärm und den Straßen der anderen Menschen. Ueber mir wölbten sich die Thorhallen — vor mir schlossen alterthümliche Gebäude den Aspect. Und eine Burg ist Trinity-College immerdar gewesen: eine Burg für die Freiheit und die Ehre der Wissenschaft und der Forschung! Mitten in den Fluthen der Revolutionen und Contrerevolutionen, des Irrthums, der Leidenschaft, des Fanatismus hat es der stillen Beschaulichkeit gelehrter Männer stets ein sicheres Asyl geboten. — Ein schon bejahrtes Individuum mit ziemlich verschlagenem Gesicht und einem Costüm, das mehr durch Zufall, als durch Wahl sein Eigenthum zu sein schien, hatte bis dahin auf dem Boden gelegen und sich von der Morgensonne bescheinen lassen. „Steh' auf, Patrick!" rief der Pedell — „hast nun lang' genug geschlafen, Patrick ... mach' Dich auf und suche Mr. Tupper!" Patrick stand auf; er rieb sich die Augen, gähnte und brummte: „Lang' genug? So? Sind drei Stunden lang' genug? Vor fünf Uhr Morgens habe ich mich nicht schlafen gelegt ... lang' genug! so, so!" ... Dann trollte er ab. Am rechten Fuß trug er einen hohen Stiefel, in dessen

Schäften die Fetzen einer braunen Hose steckten, am linken Fuß dagegen trug er einen Pantoffel, der einstmals von Glasperlen und Goldfäden herrlich geschimmert haben mußte. Sein Frack war von himmelblauer Farbe, aber im Kampfe mit Fettschüsseln und Porterflaschen und Straßendreck hatte er viel irdische Flecken erhalten. Das beneidens= wertheste Schicksal war dem rechten Frackzipfel geworden: er war hin= gegangen, um nie wiederzukehren, er hatte sich von dem sündigen Rocke losgerissen und ließ nun den Blick auf die schauerlich durchlöcherte Hälfte jenes Hosentheils frei, welcher Löcher am allerwenigsten verträgt, während der linke Frackzipfel sich melancholisch um die andere Hälfte bewegte. Patrick ging, und der Pedell benutzte die Frist bis zur Wiederkehr desselben, um den Fremden sich zu verpflichten. Er führte mich in eine Kapelle, ein würdiges, im hochkirchlichen Sinne streng einfaches Gewölbe; und aus der Kapelle in möglichster Eile in das Refectorium, das durch die Solidität seiner Bänke und Tische alles mögliche Vertrauen zu der Solidität dessen erweckte, was um die mit= tägliche Stunde hier so und so viel hungrige Fellows, Schollars, Grabuaten und Untergrabuaten versammelt. So rasch als möglich suchte der gute Pedell meine Bewunderung für die Kanzel, welche sich in einer Ecke des Speisesaales fand, zu wecken und zu befriedigen. „Seht, mein Herr," sagte er mit einer Stimme, der ich den Kampf wol anmerkte, den in diesem Augenblick die edle Cicerone=Natur in seinem Busen mit den etwas weniger edlen Motiven zu bestehen hatte, welche ihn die zu rasche Ankunft Mr. Tupper's fürchten ließ, — „seht, das ist die Kanzel, in welcher der Vorsitzende den Segen vor dem Essen und das Gratias nach demselben spricht — seht, sie ist wie ein Weinkelch geformt — hier der Fuß, hier der Becher mit Weinlaub umflochten — Alles aus Holz geschnitzt, sehr kunstreich ..."

Ich war kaum näher getreten, um die in der That sehr zierliche und bedeutungsreiche Arbeit zu betrachten, als er schon mit den Schlüsseln rasselte und seine Absicht zu erkennen gab, mich nun in die Küche zu füh= ren. Mit diesem Manne hätte ich die Reise um die Welt in vierundzwan= zig Stunden gemacht! — In diesem Augenblick jedoch, wo ich, meinem Führer folgend, vor die Thür getreten war, ließ sich vom Ende des Hofes eine Stimme vernehmen, die mir im fröhlichsten Tone guten Morgen und Willkommen wünschte. Heranschritt eine seltsam costümirte

Gestalt: ein langer schwarzer Mantel flatterte ihm beim Gehen in der Morgenluft nach, und auf dem Kopfe saß, dem hintern Theil desselben eng angepaßt, eine Art von schwarzem Tuchhelm, oben mit einem breiten, viereckigen Deckel abschließend, der nach vorn die Stirn noch beschattete.

„Holla, mein Freund!" rief ich — „bist Du's wirklich?... Aber in welch' sonderbarem Aufzuge muß ich Dich sehn? Hast Du Dich zur Theologie bekehrt? Willst Du predigen?"...

„Ha, ha, ha!" lachte Mr. Tupper — „das ist unser Studir-habit... siehst Du, das gibt der ganzen Erscheinung so eine Art von Würdigkeit und gelehrtem Anstand — es fehlt Einem nichts als Puder und Perrücke, um sich selber wie einer jener Väter vorzukommen, deren Portraits in Lebensgröße unsere Hallen schmücken. Aber zum Teufel jetzt mit Puder, Perrücken und allen Vätern... komm' mit auf meine Stube, wir feiern das Wiedersehn... wir plaudern von Heidelberg, von den drei Kronen, von der Hirschgasse und dem rothen Schiffer... Patrick — heda — Patrick!"

Patrick hatte sich schon lange wieder auf den Boden gestreckt, wo er — beide Augen gegen das malitiöse Spiel der Morgensonne mit beiden Armen bedeckend — aufs Neue in den Schlaf der Gerechten gesunken zu sein schien. Wenigstens gab er keine Antwort. — „Jetzt keine Feier!" bat ich, da ich meines Freundes Leidenschaft für Früh-stücken aus dem Stegreif kannte — „jetzt nicht, heut Abend — laß uns die kurze Zeit, die uns vom Morgen noch übrig geblieben, zu einem Gange durch die Räume benutzen, in denen ich meinen guten Freund so angenehm situirt sehe." Dieser Entschluß schien den Be-theiligten nichts weniger als angenehm; der Pedell verlor sich mit einem gar resignirten Gesicht unter dem Schatten des Portals und Tupper, mein würdiger Freund, sagte mit einem tiefen Seufzer: „nun, dann wollen wir unsere Wanderung beginnen!" Offenbar galt dieser Seufzer dem ersten Raume, den wir betraten. Es war der Examin-ationssaal; und genug beseufzenswerthe Erinnerungen mochten vor dem Blicke des schwarzbemäntelten Studiosen auftauchen, indem er die hölzernen Tische betrachtete und die Namen, die so viele Unglückselige in der Angst ihres Herzens hineingeschnitten hatten. Die Wände sind mit den Portraits der Berühmtheiten von Trinity-College geschmückt;

ben Ehrenplatz nimmt das Bild der Gründerin ein, der „allergnädigsten Königin" Elisabeth. „Sieht sie mit ihrer Perrücke und der steifen Halskrause nicht wie ein verkleideter Magister aus? Ich liebe die Frauen nicht, die lateinische Verse machen können!" Zum Glück für meinen Freund gehört das Scandiren lateinischer Verse nicht mehr zu den Toilettenkünsten unserer Damen; er würde sonst oft genug in Verlegenheit gekommen sein! So wenig behaglich sich Mr. Tupper in der dumpfen Stille des akademischen Purgatoriums zu fühlen schien: so frisch und fröhlich athmete er auf, da wir nun zusammen wieder an die klare Luft und Sonne hinaustraten. „Gott sei Dank!" sprach er mehr für sich, als für mich — „wohin sollen wir nun — in die Küche oder in die Bibliothek?" — Bei so beschränkter Wahl entschied ich mich zunächst für die Bibliothek. Nachdem wir über den Hofraum geschritten waren, nahm uns im Erdgeschoß des Bibliothekgebäudes eine stattliche Halle auf, deren grün verhängte Tische Cataloge trugen, und deren Wände an beiden Längeseiten Marmorbüsten auf schwarzen Postamenten schmückten. Da stand Francis Bacon, der Philosoph der Antichambre und des Parquets, mit lockenbedecktem Haupt, coquettem Henry-Quatre und dreifältig garnirter Halskrause; da stand der edle, gottesfürchtige Milton, — Shakespeare mit dem göttlich kühnen, liebreizenden Gesicht, — der ernste, denkende Burke mit feinen Lippen und geschlossenem Munde, — Newton mit dem schmalen, faltenreichen, ehrwürdigen Kopfe, — Locke, der freie Denker mit nacktem Hals und hoher, vom Haar fast entblößter Stirne und Goldsmith mit mächtig gebautem Scheitel. Am meisten in der ganzen Reihe fesselte mich Swift's Bildsäule. Ich stand ihm wie einem alten Bekannten gegenüber, wie einem Manne, dessen Leidensgeschichte man kennt und dessen Vertrauen uns in den Stand gesetzt hat, auf seinem Gesichte zu lesen. Swift's Gesicht ist voll und kräftig, — es ist der adäquate Ausdruck seiner Seele. Die Nase ist stark, um die großen Augen sind die Brauen buschig zusammengezogen, um die Nasenwinkel ist ein verächtlicher Zug in's Gesicht markirt, und auf dem feinen Mund, auf den schönen aufgeworfenen, zierlichen Lippen liegt ein unausgesprochenes Wort des souveränen Stolzes. Nichts von Liebe ist in diesem Gesichte — Alles darin ist Kraft, Genußsucht, Hochmuth. Es ist das Gesicht des Doctors Swift, der den Hof der Königin

Anna, das Toryministerium, ganz London drei Jahre lang terrorisirt hat; das Gesicht des Dechanten von St. Patrick, der Vanessa getödtet und Stella verloren hat, wird etwas anders ausgesehen haben!

Aus diesem Vorsaal stiegen wir in die oberen Räume des Gebäudes empor, zunächst in das nicht sehr prächtige, aber trauliche und höchst gemüthliche Lesezimmer und darauf in das Manuscripten=Cabinet, dessen Schränke reich sind an Schätzen für irische Geschichte, Kunst und Alterthümer; da ist das für die eigenthümliche Kunst der Iren so wichtige Buch von Kells, da sind vor Allem die „Brehon=Laws", d. h. die glossirten Gesetzbücher der alt-nationalen Richter von Irland. Doch würde ich in Verlegenheit sein, wem ich aus diesem reichen Vorrathe von literarischen Denkmälern, die dem Forscher alle gleich wichtig sind, Einzelnes hervorheben sollte; wogegen ich der eigenthümlichen Art gedenken will, wie die alten Iren bedeutende Schriftwerke aufzubewahren pflegten. Sie bedienten sich dazu metallener Büchsen von viereckiger Form mit bald mehr, bald weniger kostbar verziertem Deckel; ein solcher Behälter wird ein Cumthach genannt. Von ganz besonderer Pracht ist der Cumthach, in welchem „das grüne heilige Buch" steckt, ein alter Evangelist, geschrieben von dem heiligen Dimma, Sohn von Nathi, um das Jahr 620, und überhaupt eines der ältesten Manuscripte, das man kennt. Der Cumthach, in welchem diese vergilbten Pergamentblätter mit den abgeblaßten Bildern ein Leben von 12 Jahrhunderten geführt haben, ist von Silber. Auf dem Deckel ist ein Kreuz gebildet, dessen Mitte ein weißer Bergkrystall bezeichnet. Die Ecken sind mit blauen Steinen in silbernen Fassungen verziert. Auf der Rückseite des Kastens befindet sich in erhabener Arbeit die Darstellung der Kreuzigung. Die inneren Felder zwischen den Balken des Crucifixes sind auf's Kunstreichste verziert, je zwei mit den der irischen Kunst eigenthümlichen Spiralen, je zwei mit kleineren Kreuzen.

Bei meinem ausgesprochenen lebhafteren Interesse für Swift wurden mir nun verschiedene schriftliche Reliquien dieses Mannes vorgelegt. Unter Anderem eine kurze Autobiographie, eine Rede „über die brüderliche Liebe", geschrieben und gepredigt in der Kathedrale des heiligen Petrick 1717, und ein Brief, den er 1733 an eine Mrs. Swanton gerichtet hat. Dieser Dame war ihre Tochter entführt worden und in ihrer Muth= und Rathlosigkeit wandte sie sich an den Dechanten.

Die Gemüthsart desselben muß um diese Zeit schon sehr bitter und zum Bösen geneigt gewesen sein; er räth zu keinem versöhnenden Schritt, er verlangt, daß man die Entführte ein zweites und drittes Mal auffordern solle, in das Haus ihrer Mutter zurückzukehren, und wenn sie der Aufforderung keine Folge leiste, so solle diese die Kinder ihrer Tochter („wenn sie deren bekommt!") nicht mehr anerkennen, als die Kinder eines öffentlichen Mädchens oder einer Bettlerin . . . . Einen sehr wichtigen Bestandtheil der Bibliothek bildet die Fagel'sche Sammlung, die reichhaltigste an Pamphleten aus den Niederlanden zur Zeit des Aufstandes gegen die Spanier. Die Sammlung ist zu Anfange dieses Jahrhunderts aus dem Nachlaß Fagel's, eines holländischen Rechtsgelehrten, für 10,000 £. erworben worden. Die Bibliothek von Trinity-College mag Alles in Allem an 111,000 Bücher und 1500 Manuscripte besitzen. Der jährliche Zuwachs besteht in 1500 Bänden.

Die Universität selbst ist immens reich, sie ist die reichste im vereinigten Königreich. Ihr jährliches Einkommen beläuft sich auf 64,000 £, von welchen allein 30,000 £. durch Eintritts- und Collegiengelder, Diplomgebühren ꝛc. aufgebracht werden. Die übrigen 34,000 £. kommen aus den Interessen, welche die dem Colleg gehörigen Grundstücke abwerfen. Die Corporation besteht aus einem Provost, sieben Senior Fellows, achtundzwanzig Junior Fellows und siebenzig Schollars, welche sämmtlich besoldet sind. Die eigentlichen Regenten dieser Respublica literaria sind der durch die Könige bestellte Provost — in unserem Sinne etwa Prorector — und die sieben Senior Fellows, von denen der Erstere ein jährliches Einkommen von 4,000 £. hat, während die sieben Anderen unter sich 13,000 £. theilen und durch Collegiengelder in der Regel auf 2000 £. Jeder gesteigert werden. In der Handhabung des rein wissenschaftlichen Regiments theilen sich die sieben Allmächtigen mit den achtundzwanzig Junioren und den Docenten in die verschiedenen Zweige der Wissenschaften und Künste. Eine Vacanz unter den Fellows von beiderlei Gestalt wird durch einen Rath, dessen Vorsitzender der Provost ist, nach einer strengen viertägigen Examination in Metaphysik, Mathematik, Naturphilosophie, Ethik, Geschichte, Chronologie, Latein, Griechisch und Hebräisch besetzt. Sie behalten ihre Stellung auf Lebenszeit und befinden sich alle leiblich wohl, gedeihen an Geist und Leib, besonders seitdem anno 1840 das obiöse Gesetz aufgehoben worden ist, welches diese würdigen Männer zum freudelosen Stand des Cölibats verurtheilte. Die Schollars werden aus der Zahl der Untergraduaten erwählt; die Prüfung ist hier minder hart, da natürlich auch das Einkommen minder lockend ist. Griechisch und Latein sind die einzigen Schranken, durch welche sich der Untergraduat zum Scholaren empor zu arbeiten hat. Sie behalten ihre Stelle bis zu der Zeit, wo sie den Grad eines Magisters der freien Künste zu erwerben im Stande sind; gewöhnlich fünf Jahre. Aus der Masse der Studirenden wird nach einem Examen in Griechisch und Latein eine beträchtliche Anzahl zu Gunsten der reich dotirten Stipendien unter den Namen eines Fellow=Commoners, Pensionärs und Sizars zugelassen, welche letzte Classe auf die Zahl von 30 Mitgliedern beschränkt ist und zum Theil aus Collegienfonds unterhalten wird. Edelleute, Söhne der Edelleute und Baronets haben das Privelegium, eine Separatclasse mit besonderen Vortheilen zu bilden, wofür sie freilich besondere Abgaben zu entrichten haben. Der gewöhnliche Lehrcursus umfaßt eine Zeit von vier Jahren, in denen nach einander Mathematik, Logik, Natur=Philosophie und Astronomie und zuletzt Ethik gelehrt wird. Neben diesem regelmäßigen Studiengang, der sich, wie ersichtlich, auf die Humaniora beschränkt, existiren noch, in Verbindung mit dem Colleg, eine Bildungsanstalt für Mediziner und eine andere für Ingenieure, und außer der Bibliothek besitzt das Colleg noch einen sehr reich ausgestatteten botanischen Garten und ein Museum für irische Alterthümer, mit dessen Besuch ich mich einigermaßen dafür entschädigen mußte, daß die viel bedeutendere Sammlung der Königlichen Akademie während meines Aufenthaltes in Dublin geschlossen war.

. Neben mancherlei alten Waffenstücken, Trinkhörnern und Ell=Knochen war mir das interessanteste Stück eine alte Harfe, die mit Recht sehr heilig gehalten wird. Es ist die Harfe des letzten Monarchen von Irland, des sagenberühmten Brian Boru, der in der Schlacht von Clontarf, anno 1014 von dänischer Hand und dänischem Schwerte fiel. Mit diesem Könige, dessen Tod der Bauer des Westens noch heut in irischen Liedern beklagt, zerfiel das Reich; und als sein Sohn Donogh, nachdem er seinen Bruder Teige erschlagen, nach Rom floh, da nahm er unter den Regalien seines Vaters, neben Krone und Scepter, auch diese Harfe mit sich und schenkte sie dem Pabst, um

Absolution und Segen von ihm zu empfangen ... Harfenspiel, Bru-
dermord und päbstlicher Ablaß sind die traurigen, unabläsfig wieder-
kehrenden Ingredienzien der Geschichte von Irland gewesen und geblieben ... Brian Boru's Harfe verstaubte im Vatican, bis der Pabst
sie, als ein Zeichen seiner Gnade, dem ersten Earl von Clanricarde
sandte, in dessen Familie sie bis zum Anfang des letzten Jahrhunderts
blieb. Dann gelangte sie, nach verschiedenem Wechsel ihrer Eigenthümer, im Jahre 1782 an ihre jetzige Stätte, wo sie einem National-
Heiligthum gleich geachtet wird. Man sieht dieser Harfe die achthun-
dert Jahre an, die sie gelebt hat. Das untere Ende ist abgebrochen
und aus Stein wieder hergestellt worden. Der Bügel von Eichenholz
ist mit seltsamen Figuren und Emblemen geschmückt — da habt Ihr
die „blutige Hand", dies beliebte Attribut der irischen Helden, die Wolfshunde der alten Finianspoesie, Kleeblätter und Silberzierrath, der aber
vor Alter schwarz geworden ist. In dem obern Arm sitzt wieder der
von der alt-irischen Kunst so gern zur Verzierung angewandte große
weiße Bergkrystall in Silberfassung. So steht sie nun da — ohne
Leben, ohne Klang, ohne Saiten — die älteste Harfe, die ich in Irland gesehen habe, und — die einzige: denn ausgestorben ist die süße
Kunst der Saiten in Erin, das einst ihre sonnige Heimath gewesen....

> Die Harfe, die durch Tara's Hall
> Einst klang mit hellem Ton,
> Sie hängt nun stumm an Tara's Wall,
> Als ob die Seel' entflohn.
> Vorüber mit der Tage Flug
> Ging Stolz und Ruhm und Ehr', —
> Die Brust, die einst so mächtig schlug,
> Fühlt keinen Herzschlag mehr!   (Th. Moore.)

Mr. Tupper, mein Freund, der bis hierher ein ehrfurchtsvolles
Schweigen beobachtet hatte, wurde wieder ganz Leben und Beredtsam-
keit, da wir uns nun endlich nach der Küche begaben, aus welcher die
Insassen von Trinity-College, die unverheiratheten Fellows und Sti-
pendiaten, ihre weltliche Nahrung beziehen. „Fürchte Dich nicht!"
sagte Mr. Tupper, „ich führe Dich in keine Hexenküche!" Er ging
voran, und nachdem wir über einige breite und reinliche Stufen nie-
dergestiegen waren, befanden wir uns in einem hohen, sanft erhellten,

sehr comfortablen Raume, der voll der lieblichsten Gerüche war. Vor
dem riesigen Kohlenfeuer im Hintergrunde rollten schon die Ketten, in
welchen die Ochsenkeulen geröstet werden sollten; und von der
angenehmen Gluth in mäßiger Entfernung beleuchtet, war der
Koch in seiner weißen Montur auf einem Schemelchen sanft entschlafen.
„Heissa! Junge!" rief Mr. Tupper, „laß den Braten nicht anbren-
nen!..." Der arme Junge fuhr in Todesängsten aus seinem Traum
empor. „Wo? Wo?" rief er, indem er noch halb schlaftrunken um-
herfuhr; jedoch gab er sich bald zufrieden, da er Mr. Tupper lachen
sah und die leeren Ketten vor dem Feuer erblickte. Inzwischen hatten
sich auch schon sämmtliche Küchenmägde um den Guten versammelt, mit
denen er, in Anbetracht ihres wichtigen Postens am alabemischen Feuer-
heerd, auf dem collegialischsten Fuße zu stehn schien. „Siehst Du",
rief er mir mit einem Gefühle zu, das halb von eigenster Begeisterung und halb vom Scheine des ruhig fortbrennenden Kohlenfeuers
glühte — „hier bist Du in des göttlichen Sängers wahrhafter Welt —
wir da oben lesen wol den Homer und suchen ihn auch halbwegs zu
verstehen — aber über das Abstractum, die Idee und das Lexicon
bringen wir's doch nie hinaus. Hier unten ist Realität, Leben und
Wahrheit — hier siehst Du die ganze Colonie der Phäaken um Dich —
hier siehst Du die schleppfüßigen Widder — hier die breitgehörnten
Stiere — hier die „rosenfingrige" Peggy, unser braunes Küchenmam-
selchen, und dorten dreht immer am Heerd sich der Spieß"....
Peggy, deren „Rosenfinger" eben ein Täubchen abgeschlachtet hatten,
machte sich von der corbialen Umarmung des prächtigen Homer-Inter-
preten los und schrie: „Ei, Mr. Tupper, Ihr seid ja in gewaltig guter
Laune!" Das war er; von seinen Küchenhusaren umringt, stand er wie
ein Feldherr vor der Schlacht, und sein Auge schweifte siegestrunken
von den Rinderkeulen zu den Hammelskeulen. „Daß Ihr mir nur
heute Euer Möglichstes thut!" rief er alsdann den versammelten Phäa-
len von Trinity-College zu — „hier ist ein werther Gast aus fernen
Landen und .. Erin go bragh — Erin für immer!" — Mit diesen
Worten zog er mich aus der Bratenatmosphäre wieder empor in die
goldene Frische des Sommermorgens; und ich hatte genug zu thun,
mich gegen die Tafelfreuden zu wehren, die er mir so eifrig zugedacht hatte. „Was!" rief er entrüstet aus, „Du wolltest mir den

Schmerz, ja die Schande machen, heut Mittag nicht im Refectorium mein Gast zu sein? Bedenke doch, daß Du im gerühmten Lande der Gastfreundschaft weilest, und bedenke, welche Vorwürfe man mir mit Recht machen wird, sobald man erfährt, daß ein deutscher Commilitone sich hier befindet, welcher anderwärts speiset, als im Refectorium des Collegs zur heiligen Dreifaltigkeit!" Als ich ihn endlich überzeugt hatte, daß die mir für Dublin zugemessene Zeit zu beschränkt sei, um sie, wenn auch in noch so liebenswürdiger Gesellschaft zu vertafeln, und daß er mir die Freude, seine Genossen kennen zu lernen, wol auch noch am Abend verschaffen könne: so ging er eine Weile schweigsam und ärgerlich hinter mir drein, bis er auf einmal wieder lebhaft vorschritt, meinen Arm ergriff und ausrief: „Halt! mir fällt Etwas ein!" — Wir gingen über Carlile-Brücke und ehe ich mich's versah, traten wir in das britte oder vierte Haus rechts, Sackvillestreet. Es war ein sehr freundlicher, heller Conditoreiladen, in dem wir uns hier befanden; und sehr freundliche, helläugige Mädchen hinter dem Ladentisch begrüßten meinen würdigen Freund, als er eintrat und dem einen derselben ein bedeutendes Wort in's Ohr flüsterte. Nicht lange, so trat die Angeredete hervor und setzte vor einem Jeden ein Tellerchen nieder, auf welchem . . . . . ein Berliner Pfannkuchen lag.

„Was sagst Du nun?" rief mein Freund und sein Gesicht strahlte, wie es vor dem Kohlenfeuer im Trinity-College gestrahlt hatte.

„Ich verstumme!" war meine Antwort.

„Und was würde Frau Thiele aus der „goldenen Kette" in Heidelberg sagen, wenn — — —" das Uebrige verlor sich als dumpfes Gemurmel in den süßen Eingeweiden des Backwerks, das mein Freund an die Zähne geführt. „Von Dir aber hoffe und erwarte ich", fuhr er fort, als er wieder Athem schöpfen konnte, „daß Du es, in Deine Heimath zurückgekehrt — laut und vernehmbar verkünden wirst: — „Mr. Tupper ist es gewesen, der Berliner Pfannkuchen auf der Smaragdinsel eingeführt hat!" — Welche Pflicht der Dankbarkeit ich denn zum Nutzen aller meiner reisenden Nachfolger auf der grünen Insel hiermit gern abtrage. —

In einer gehobenen Stimmung und viel redseliger als früher verließ mein Freund den Laden und behaglich wandelten wir auf's Neue in das Straßenleben Dublin's hinaus. Man sieht es der Stadt,

zumal in demjenigen ihrer Theile, die nicht, wie z. B. einige der Vor-
städter, uralt sind, daß sie zu einer gewissen Zeit von London aus
colonisirt worden sind; da gibt es einen Temple Bar, eine Fleet-
Street, ein Drury-Lane, ein King William-Hanover- und Brunswick-
Street, ganz wie in London, wenn sie auch freilich weder so stattlich,
noch so volkreich sind. Auch ein Pettycoat-Lane gibt es hier; aber da
muß ich nun gestehen, daß das Pettycoat-Lane von London nur wie
eine schlechte Copie von dem Petticoat-Lane in Dublin aussieht. Freilich ist jenes ja auch nur eine Pflanzstätte, die von Irland, der
Heimath des Trödels und der Lumpen, aus bevölkert und belebt wird.
Ich will nicht sagen, daß die Lumpen von Dublin viel reinlicher,
schöner und anmuthiger wären, als es die von London sind; aber es
sind — so zu sagen — idealere Lumpen. Jenes sind prosaische,
ekelhafte, grauenerregende Lumpen; Strümpfe, die von den Füßen
einer im Themsekoth gefundenen Leiche heruntergerissen sind — Hals-
tuch und Mütze, die ein Betrunkener unter den schwarzen Bögen von
Adelphi verloren — verschossene Seidenröcke, in denen jüngst noch eine
im Spital verstorbene Heldin von Argyle geglänzt hat. — Seidenröcke gibt es nicht in Pettycoat-Lane von Dublin .... Das Volk von
Irland kennt das Laster nicht, das in Seide lebt, bis es eines Tages
halbnackt im Straßendreck verendet, oder — als bußfertige Sünderin
in die comfortablen Zellen und nußbaumschattigen Gärten des Mag-
dalenen-Refuge von St. James oder Colney-Hatch eingeht ... die
Lumpen in Dublin sind von anderer Façon ... Diese Friesjacke —
die, bei Lichte besehen, freilich mehr Loch als Jacke ist — hat ein altes
Bettelweib aus Finglas bis an ihr Lebensende getragen, und aus
ihrem Nachlaß ist sie — was soll ich sagen? — für einen Penny in
die Hände des Trödlers übergegangen; aber das alte Bettelweib aus
Finglas ist eine gar berühmte Wunderthäterin gewesen, die Ziegen
und Kinder mit gleicher Unfehlbarkeit kurirte und von der man sogar
wissen wollte, daß sie mit den Feen, die unter dem Cromlech von Howth
wohnen, vertrauten Verkehr gehabt hat. — Diese Stiefeln — sie sind
nicht drei Groschen werth — — — aber ein Bauer aus Antrim, ein
Nachkomme der fürstlichen O'Neill's, hat sie getragen, die Schäfte
sind an den Dornen zerschliffen, unter denen die Rebellen von Dum-
drum sich verborgen, und das Sohlleder ist in den Sümpfen stecken

geblieben, auf welchen die letzten Galloglassen verbluteten . . . Und
nun der Tröbler selbst . . . er sieht nicht aus, als ob er sich seines
schmutzigen Krams schämte. Er steht mit dem Bewußtsein einer eblen
That unter seinen im Morgenwinde flatternden Fetzen . . . Irland's
Schlösser und Abteien liegen in Ruinen, Irland's Krone wird von
Rost und Moder zerfressen, Irland's Königsmantel, Irland's Fahnen
sind in tausend Fetzen zerrissen . . . und er — er handelt mit den
Fetzen, dem Moder, dem Rost. — Er trägt Irland's Reliquien auf den
Markt; er ist, in seinem Sinne, auch ein Märtyrer! Und wenn der Luftzug die mottenfräßigen Uniformen und die roth gewordenen Stiefel-
schäfte über dem Schilde ein Weniges emporhebt, so leset Ihr seinen
Namen, und Ihr seht, daß er ein O'Donnell ist, und wer kann es
Euch wehren, diesen Lumpenfürsten einen Augenblick mit Wehmuth zu
betrachten? — — Ich denke nicht zu übertreiben, wenn ich sage, daß
ich wol durch zwanzig solcher Straßen gegangen bin, die — eng wie
sie waren — von Oben bis Unten ganz voll alter Kleider hingen;
namentlich erinnere ich mich, daß die Fußbekleidungen jeder Art, Farbe
und Gestalt nebst Hemden und Tüchern an Stangen aus den Dach-
fenstern niederbaumelten und solcher Weise den seltsamsten Baldachin bildeten, in dessen Schatten je Menschen gewandelt sind.

Aus dieser Welt von Lumpen, die denn freilich, da das Ding gar
nicht enden wollte, auch für mich ihre Romantik verlor, trat ich
nach fast einstündiger Wanderung wieder in breitere und rein-
lichere Straßen hinaus, wo ich dann aber plötzlich vor einer neuen
Erscheinung stehen bleiben sollte, die der Hauptstadt von Irland nicht
weniger eigenthümlich ist, als der Lumpenmarkt, wenn auch von strikt
entgegengesetzter Seite. Ich meine die Monstershophs, Riesenläden,
die in ihrer Ausdehnung eine halbe Straße einnehmen und in ihrer
inneren Einrichtung und Anlage selbst in London nichts Aehnliches
haben. Zehn oder zwölf gewaltige Schaufenster, oft von der Höhe
zweier Stockwerke, kehren sich der Straße zu und stellen dem Vorüber-
gehenden Gegenstände dar, die unter sich in gar keinem Zusammenhange
stehen und in dieser Vereinigung in der ganzen Welt nicht wieder gefunden werden. Das erste Schaufenster macht Euch glauben, Ihr
ständet vor einem Möbelmagazin. In gefälliger Zimmerdecoration, vor
herabhängenden Tapetenstoffen, strecken Sammetdivans, schwellende

Plüschefessel und Rollstühle ihre wolgepolsterten Arme dem müden Her=
zen, das draußen vor den Spiegelscheiben klopft, entgegen, während
ein seidenbedecktes Ehebett im rechten Hintergrund und eine sanft schau=
kelnde Wiege im linken den Aspekt in ein glückliches Familienleben er=
öffnen. Das zweite Fenster jedoch führt Euch sogleich in andere Re=
gionen — denn die ganze Kunst des Schuhmachens, von der Liliputhülse
des Kinderfußes und dem reizenden Tanzschuh bis zum hartbesohlten,
knieumschließenden Feld= und Jagdstiefel ist hier aufgeboten, um Euch
zu zeigen, wie weite und oft schwierige Wege noch zu durchwandeln
sind, ehe über Euer Haupt als heiß begehrter Preis — — — jenes
feinbebänderte Pantöffelchen schwebt! — Die folgenden sieben Fenster
gleichen den sieben Paradiesen der alt=irischen Mythe; denn Alles, was
diese den Helden verheißen, das sind jene bereit den Frauen zu ge=
währen: Schönheit, Liebeszauber, ewige Jugend, Reinheit der Seele
und des Leibes, unaufhörliche Wonne und himmlische Ruhe in goldenen
Schaalen ..... Ballroben, Gürtel und Schleier, Patchouly und
Jockey Club, Seife und Fleckwasser, Tüllhauben und Hüte à la Pari-
sienne, neusilberne Theetöpfe und Bratenschüsseln von Britannia=Me=
tall ..... Die drei übrigen Fenster enthalten in bunter Reihe was
für das Leben sonst noch angenehm und nützlich ist: Papiermaché=Tische,
lackirte Feuerschaufeln und Strohbesen. Kurz Schiller's „Lied von der
Glocke" kann das Bild von den wechselnden Bedürfnissen, Freuden und
Leiden des menschlichen Lebens nicht vollendeter illustriren, als es die
zwölf Schaufenster eines Dubliner Monstershops thun; denn damit ich
des effectvollen Schlusses nicht vergesse: das letzte Fenster war ganz in
Schwarz gefaßt, und schwarze Bänder, schwarze Mützen, schwarze
Kleider und Handschuhe deuteten an, daß hier auch für den letzten Fall
gesorgt sei, in welchen menschliche Bedürftigkeit uns versetzen könnte. —
Solcher Monstershops giebt es in Dublin etwa sechs, und die Zeit
ihrer ersten Begründung fällt kurz nach der großen Hungersnoth von
1847, so daß der ursprüngliche Plan gewesen zu scheint, einer
möglichst großen Anzahl von Arbeitern und Arbeitskräften, die, auf sich
allein gestützt, nicht hinreichendes Capital besaßen, um die Concurrenz,
die sie sich gegenseitig machten, ertragen zu können, durch Association
unter einander und Verbindung mit einem ausreichenden Betriebscapi-
pital, in den Händen des Unternehmers, Arbeit und Lohn zu versichern.

Diese Art von Associationen ist, wie der Erfolg zeigt, in Dublin vollständig geglückt; ja sie hat zur Nachahmung in andren Städten des
Landes angeregt und ich erinnere mich, daß ich während meines Aufenthaltes in Limmerick Gelegenheit hatte, der Eröffnung eines ähnlichen
Riesenladens, die unter großen Feierlichkeiten geschah, beizuwohnen.
In einem dieser Läden, die ich in Dublin besuchte, waren — abgesehen
von den außer dem Hause für das Etablissement Arbeitenden — in
den inneren Räumen allein vierhundert Personen beschäftigt, darunter
dreißig Putzmacherinnen, die nur für gelegentlich kleinere Ausbesserun-
gen, Aenderungen und dergleichen zu sorgen hatten. Die Theilnahme
des Publikums erschien außerordentlich lebhaft. Lange Wagenreihen
hielten vor den Portalen dieser Läden, und wenn diese mit ihren hohen
Wölbungen an die Arkaden von London oder die Passagen in Paris
erinnerten, so nahm sich das Menschengedränge, das — aus allen
Schichten der Gesellschaft zusammengesetzt und in allen denkbaren
Costümen, — aus der einen Thür in die andere und von Halle zu Halle
unter den buntesten und verschiedenartigsten Gegenständen dahinwogte,
nicht weniger anziehend und malerisch aus, so wie es denn dem Character
des Dubliner Straßenlebens an dieser Stelle und für einen Moment
eine heitere Stimmung verlieh. —

Und in dieser Stimmung schied denn nun auch mein guter Freund
auf einige Zeit von mir, um mich einer Betrachtung der St. Patrick's-
Kathedrale zu überlassen, während er sich an den Fleischtöpfen von
Trinity-College zu ergötzen gedachte. Er versprach mir am spätern
Nachmittage einige seiner Freunde zuzuführen, um alsdann gemeinsam
Weiteres zu überlegen. —

Ich erfreute mich in diesem Augenblicke der Einsamkeit doppelt,
da mich nach der Kathedrale mehr Sehnsucht als Neugierde hinzog.
Die Kirche und die Dekanei des heiligen Patrick sind ja die Räume gewesen, in denen Swift, nachdem mit Stella sein letzter Stern untergegangen war, den Rest seines Lebens in trüber Einsamkeit, in jener
tiefen Nacht verbrachte, die zuletzt mit ihren wohlthätigen Schleier sein
gepeinigtes Gemüth, seinen gequälten Geist für immer verhüllte. Die
Kathedrale des heiligen Patrick ist alt und grau, einzelne von den
Strebepfeilern sind aus ganz roh behauenen Steinen aufgeführt. Es
ist eine stille, einsame Gegend, wo sie mit ihrem spitzen Thurme

aus der Umgebung niedriger Häuser sich erhebt. Die Kathedrale ist
in der Grundform eines Kreuzes gebaut, das aus dem Schiffe, den
Transepten, dem Chor und einer Capelle gebildet wird. Diese Räume
stammen in ihren ältesten Theilen aus dem Jahre 1190, in Folge einer
Feuersbrunst wurden andere Theile derselben im Jahre 1370 erneut,
und aus dieser Zeit datirt auch der große Thurm, dessen Granitspitze
freilich erst im vorigen Jahrhundert hinzugefügt worden ist, wie man
sogleich erkennt. Die Kathedrale des heiligen Patrick stammt demnach
in ihren Haupttheilen aus der Periode der anglo-irischen Baukunst,
und ihr vorwiegender Stil ist die frühere Gothik. Ohne sich an Größe
oder Pracht mit vielen ähnlichen Bauwerken in Irland oder anderswo
messen zu können, ist sie doch immer ein sehr keusches und schönes
Gebäude. — Der Platz, auf welchem sie steht, trug schon Jahrhunderte
früher einen Kirchenbau und er erscheint noch heute dadurch geweiht,
daß der Brunnen des heiligen Patrick sich in seinem Umkreise befindet.
Sobald sich das ehrwürdige Portal mir eröffnet hatte, befand ich mich
in einem Seitenschiffe, einem befremdlichen Denkmale gegenüber. Auf
einer in die Wand gehefteten Marmortafel war ein weibliches Wesen
mit einem lieblich träumenden Gesichte dargestellt, es neigte sich graziös zur Seite und legte das Ohr, um zu lauschen, an eine hohe ver-
schlossene Pforte. Der Sohn des Küsters, welcher mich führte, sagte
mir, die Dargestellte solle die Gräfin Elisabeth Donneragh sein, und die
Skulptur gründe sich darauf, daß man von dieser Dame erzähle, sie
sei von einer unbezähmlichen Begierde erfaßt worden, die Geheimnisse
der Freimaurerkunst zu erfahren. Sie sei deßwegen in ihren Bruder,
der zu dem geheimen Orden gehörte, gedrungen, ja sie habe ihn be-
schworen, ihr doch nur wenigstens Etwas zu verrathen; dieser aber,
getreu seinem abgelegten Gelübde, habe sie mit Ernst und Strenge ab-
gewiesen. Da sei sie ihm denn einstmals, als dieser sich in die Versammlung seiner Brüder begab, heimlich nachgeschlichen, und es sei ihr
gelungen, sich hinter einer verborgenen Thür zur Zeugin alles Dessen
zu machen, was im Innern der Loge mit großer Feierlichkeit vorge-
nommen wurde. Das Schicksal aber wollte es, daß man die Unglückliche entdeckte und nun sogleich vor die, in einen Gerichtshof verwandelte
Loge führte, wo der Meister vom Stuhle mit großem Schrecken in der
Schuldigen seine eigene Schwester erkannte. „Da wurde denn", sagte

der Sohn des Küsters mit feierlichem Ernst, „die Lady zum Tode ver-
urtheilt; aber weil alle Männer die große Schönheit, die große Jugend und den unschuldigen Bruder der Verurtheilten bedauerten, so
sannen sie auf ein Mittel, welches ihre Wissenschaft von der geheimen
Kunst unschädlich mache, ohne daß das Grab ihr Schweigen auferlege für
immer. Und nach längerer Berathung entschlossen sich die Männer,
die Lady in ihren Bund aufzunehmen, damit man sie durch einen Eid
binden könne, das als Geheimniß zu bewahren, was sie gegen den
Willen der Versammelten erfahren hatte. So geschah es und Elisabeth
Biscounteß Donneragh ward aufgenommen und sie war die erste und
die einzige Freimauerin, von der die Geschichte dieses Ordens zu berichten weiß!“ — Wie viel oder wie wenig an dieser Geschichte wahr
ist, konnte ich an Ort und Stelle nicht ermitteln; so wie ich mir auch
nicht vollständig klar darüber werden konnte, ob dieser Marmor eine
symbolische Gedenktafel oder ein Grabstein gewesen sein mag.

Sodann schritten wir durch die dämmrige Halle zu einem eisernen
Gatterthor weiter, welches den Eingang zum Brunnen des heiligen
Patrick verschließt. Mein Geleitsmann hob sogleich, nachdem wir eingetreten waren, einen viereckigen Eisendeckel aus dem Boden und ließ
mich in das Dunkel hinuntersehen, woher es mir kühl und fast schauerlich
entgegenhauchte. „Aus diesem Brunnen nun“, sagte der junge Mann,
„hat der Heilige den ersten Christenkönig von Irland, Mach Eorchid
getauft.“ Er ließ mich eine Weile betrachtend und nachdenkend da-
stehn, worauf er sich dann bescheiden zur Erde neigte, um die Eisen-
platte wieder in ihre Stelle zu fügen. Ein Weniges lebhafter und
mannigfaltiger wurde die Aussicht, da wir nun in den Chor wandelten
und von den Wänden, von geschnitztem Balkenwerke herab, die vergoldeten Helme, die kurzen Schwerter, die Wappen und Fahnen der lebenden Ritter vom Orden des heiligen Patrick uns ruhig entgegenschauten.
Braun gebohnte Bänke schließen sich an die Wände, und sehr zierliche
Spitzbögen vollenden nach Oben den heiteren Anblick. Ernster, heiliger und alterthümlicher öffnet sich nun von hier aus das Längenschiff,
das man — im Vergleich mit dem reicheren Chor — wol die Halle der
Todten nennen dürfte. Zwischen breiteren Spitzbögen, die auf massi-
veren Pfeilern ruhen, hängt hier das Gewaffen der todten Ritter von
St. Patrick auf dem monotonen Grunde der weißen Kalkmauern, und

in dieser Halle, unter den Quadern, auf welchen wir standen, ruht Einer, den man wol auch einen todten Ritter von St. Patrick nennen darf — Jonathan Swift und neben ihm Hesther Johnson — Staub in Staub — und so auf Ewig vereint.... auf Ewig? und so?... Friede ihrer Asche! — Fahnen und Wappen treffen sich nicht über der Ruhestätte dieser ärmsten Märtyrer der Liebe und des Lebens; aber neben dem zweiten Pfeiler, rechts von dem Hauptportal, erblickt Ihr ein weißes Täfelchen, von Schilfblättern und Oelzweigen umschlungen.... und oben, wo sich Beide treffen, einen scheußlich verzerrten Todtenkopf.... Der Plan ist von Swift erfunden, und die Inschrift, die dem Stein eingegraben, hat Swift verfaßt. „Hier ruhen die sterblichen Reste von Mrs. Hesther Johnson, der Welt besser bekannt unter dem Namen Stella, unter welchem sie in den Schriften des Dr. Jonathan Swift, Decans dieser Cathedrale, gefeiert worden ist. — Sie war ein Weib von außerordentlicher Begabtheit und Vollendung an Leib, Seele und Betragen, mit Recht bewundert und verehrt von Allen, die sie kannten, wegen ihrer mannigfachen großen Eigenschaften sowol, als auch wegen der Vollendung, die Natur und Bildung ihr gleichmäßig verliehen. Sie starb am 27. Januar 1727 im 46. Jahre ihres Lebens und sie hat 1000 £. vermacht zur Bestellung eines Caplans an dem Hospital, welches Dr. Steevens in dieser Stadt begründet." — Dicht neben diesem Gedenkstein befindet sich ein andrer, ein schwarzer Marmor mit Goldinschrift. Auch diese Inschrift hat Swift verfaßt, sie ist in markigem Latein gegeben und lautet zu Deutsch wie folgt:

Hier ruht der Leib
Jonathan Swift's, so der heiligen Gottesgelahrtheit Doctor,
und dieser Cathedral-Kirche
Decanus gewesen.
Hier kann der Aufruhr des Zornes
Das Herz fortan nicht verwunden.
Geh' nun, o Wand'rer,
Und eifre nach, wenn Du kannst,
Dem strengen Kämpfer für Freiheit des Mannes.
Er starb 1745
In des Octobers 19. Tage,
In seines Lebens 78. Jahre.

Und der Wanderer ging . . . . Neben der Kirche ist der Gottesacker. Auf einem der Gräber im aufgeschossenen Grase stand ich und
sah über die hohe Mauer zu dem viereckigen, düsteren Haus mit den
breiten, verschlossenen Fenstern empor, in welchem Swift mit dem Blick
auf die Kathedrale und die Gräber lebte, litt und starb. —

Da ich nun endlich zu meinem Jaunting-Car zurückkehrte, da hatte
sich um denselben mancherlei Volks, Müßiggänger, Kinder, alte Weiber
versammelt, die mir wie Bettler erschienen, obgleich mein Kutscher
grade nicht aussah, als ob er viel zu verschenken hätte; denn sein
Costüm war von der seltsamsten Form und Couleur, und das Einzige,
was einige Verwandtschaft in das sonst so Zusammenhanglose brachte,
war, daß es durchaus aus Lumpen und Lappen zusammengesetzt war.
Da hing an einem ehemals grün gewesenen Leibrock ein ehemals braun
gewesener rechter Aermel, aber nicht so fest, um nicht oben einen Hemd-
fetzen durchblicken, noch von solcher Integrität, um es nicht am nackten
Ellbogen zum Vorschein kommen zu lassen, daß das Hemd über demselben schon ein Ende habe. Der linke Aermel hatte dagegen überhaupt nicht zu einem Leibrock, sondern zu einem Mantel gehört, und
was oben wie ein Leibrock aussah, das verlor sich unten in allerlei
Fetzen und Fäden von sehr phantastischen Umrissen. Und so ging es
fort — der rechte Stiefel paßte nicht zum linken, und wenn man es
recht ehrlich sagen wollte, so paßte weder der rechte noch der linke zu
den Füßen, an denen sie sich befanden, und sie erinnerten in jedem Be-
tracht lebhaft an jenes historische, aus einem Tanzschuh und einem
Reiterstiefel bestehenden Paar, welches der Kellner vom „goldenen
Lamm" zu Wien, dem ungeduldig harrenden Fremden bringt, und
als dieser ärgerlich wird, gleichfalls ein wenig außer Fassung ruft:
„ja, schaun's gnädiger Herr, i weiß net, was des heut für a Zustand
is . . . brunten steht just noch so a Paar G'stiefel . . ." Mein also
gestiefelter Kutscher befand sich denn auch, da ich näher kam, in hef-
tigem Streit mit dem Bettlerhaufen, der ihn umgab. Er war offenbar
bemüht, sie fortzutreiben, damit ich bei meiner Ankunft nicht übermäßig
belästigt werden möchte. Aber sein, in diesem Sinne menschenfreund-
liches Bemühen wurde ihm schlecht belohnt. Schon aus der Entfernung
erblickte ich ein altes Weib, das mit emporgehobener Krücke vorgetreten
war und dabei schrie: „Es soll Nichts von Euch übrig bleiben, als

die Freude der Armen, daß Ihr von der Erde weggefegt seid!" Der
Kutscher hatte eben den braunen Aermel und seine Peitsche erhoben,
um der Alten für ihren Gruß zu danken, als ich herankam, worauf
sich dann alsobald der Belagerungszustand in den glücklichsten Frieden
aufzulösen schien. „Schönes Wetter heut, mein Herr, — Gott sei
Dank!" riefen Alle und gruppirten sich um mich. Heranhinkte eins
von den alten Weibern und sagte: „Schenkt mir Etwas, edler Herr,
damit die jungen Damen Euch auch lieben!" — Heran kam eine andere und sagte: „Ew. Gnaden wollen geruhen mir einen Penny für ein
Glas Whiskey zu schenken..." Aber meine Gnade ngeruhten der Bettlerin zu bemerken, daß ich für Whiskey Nichts zu verschenken gedächte,
worauf sie fortfuhr: „Nun dann schenkt mir Etwas für die Liebe
Gottes!" — Und als nun auch das Weib mit der Krücke, die Freundin
meines Kutschers, herangekommen und ihren Penny empfangen hatte,
da erhob sie ihre Hand wie zum Segen und sprach mit vielem Pathos:
„Mögen diese milden, braunen, guten Augen niemals Etwas sehen,
was sie betrübt!"... Meinen „milden, braunen, guten" Augen war
noch niemals etwas so Gutes und Schönes gewünscht worden; und ich
muß gestehen, daß es da, wo die Sprache des täglichen Lebens, wo
jeder Gruß, jeder Dank, jeder Fluch in seiner Art ein Gedicht ist und
sogar die Bettelei in poetischen Formen betrieben wird: daß es da eine
wehmüthige Freude ist, zu geben, so lange die dürftigen Kupferstücke
nur reichen wollen ... denn leider ist des Bettelns kein Ende in
Dublin und außer Dublin.

Mein Kutscher indeß, den das Alles sehr in tiefster Seele zu
kränken schien, gab seinem Pferde die Peitschenhiebe, die er der fluchen-
den Bettlerin zugedacht hatte, und mit einem verächtlichen Blicke auf
diese jagte er mit mir davon, während die Segenswünsche der dahinten zurückbleibenden Bettler mir noch eine Weile nachschallten.
Mein Kutscher entführte mich zu einem hochgelegenen, traurigen Theile
der Stadt, zu den sogenannten Liberties, deren frühere, noch stellen-
weise sichtbare Pracht auf's Mitleiderregendste mit dem Zustande con-
trastirt, in denen sie und ihre Bewohner sich heutzutage befinden. Ehedem, im Genusse vielfacher Privilegien und „Freiheiten", enthielt dieser
hochgelegene District eine Bevölkerung von etwa vierzigtausend Seelen,
die sich durch den höchst erfolgreichen Betrieb der Seiden= und Wollen=

manufactur nährte, welche von französischen Protestanten, die nach Auf-
hebung des Edicts von Nantes ihr Vaterland flohen, hierher gebracht
worden war. Vermögende Handelsherren aus London gesellten sich
bald hinzu, und in kurzer Zeit wohnte Alles, was reich und angesehen
in Dublin war, in diesen Straßen. Dreitausend vierhundert Webestühle für Wolle, zwölfhundert für Seide waren in Thätigkeit, bis die
französische Revolution von 1791 dieser segensreichen Manufactur den
ersten, und die irische Revolution von 1798 ihr den letzten Stoß versetzte ... seitdem stehen die Webestühle still, seitdem sind die Reichen
hinuntergezogen in die Niederungen am Meer, und seitdem zerfallen
die schönen Steinhäuser, die sie einst bewohnten. Ausgebrochen sind
die Mauern und leer die noch immer stattlichen Portale — eingesunken
sind die Dächer, und Bretterverschläge, statt der Fenster, hängen in
den steinernen Fassungen — Schmutzhaufen haben sich vor den Thüren
aufgehäuft und in den ausgetretenen Schwellen steht morastiges Wasser.
In diesen Dunsthöhlen wohnen die elendesten und bejammernswerthesten
Arbeiter, die man sich denken kann — oft zu Hunderten liegen sie in
einem Hause zusammen auf dem kahlen Boden. Und oft stiegen von
ihren Hügeln lumpenbehängte Massen in die Niederungen der Stadt
hinunter — mit der Wildheit des Hungers in ihren Augen, mit den
bleichen Gesichtern und den schmutzigen Haaren glichen sie einer fremden Horde. Aber der Shopkeeper von Sackvillestreet kannte sie und
ihm ward nicht wohl dabei, wenn er die Masse dahinziehen sah. „Das
sind die Leute aus den Liberties," sagte er, indem er die Schalter
seines Magazins schloß — denn wenn die Leute aus den Liberties
kamen, dann gab es Aufruhr, Empörung und Straßenkrawall. Glück-
licherweise sind sie in letzter Zeit seltener, immer seltener gekommen;
und seit die Königin Victoria regiert, sind sie ganz ausgeblieben. —

So ging es nach einem vielfach bewegten Tag auf den Abend,
und wenn die Luft mir überhaupt wegen ihrer Reinheit und Milde
wohlgethan hatte, so wurde sie nun erst wahrhaft erquickend. Denn
zugleich mit der untergehenden Sonne kommt die frische Brise vom
Meer über Dublin und dann erfüllt — selbst nach den wärmsten
Sommertagen — augenblickliche Kühle die Straßen und Häuser. Kaum
war ich in mein Hôtel zurückgekehrt, so langte auch schon Mr. Tupper
mit zwei Freunden an, die er mir vorstellte, und deren Einer, ein

liebenswürdiger Jüngling von anmuthigem Aeußern, ein Nachkomme des großen Abbison war.

„Nun aber laßt uns keine Zeit verlieren," rief Mr. Tupper, der sich zum Maitre de Plaisir aufwarf — „heut ist der letzte Tag des Donnybrook=Marktes, und es würde unverzeihlich sein, wenn wir unserm deutschen Freunde nicht die Gelegenheit gäben, den irischen Flegel in seiner ganzen Glorie zu sehen!"

Rasch sprangen wir auf ein Car und in der vergnüglichsten Laune fuhren wir in's Kühle hinaus. Durch lange Straßen ging es dahin. Sie schienen menschenleer; denn Alles wogte hinaus in das Freie. Nur die Dienstmädchen, die man daheim gelassen zu haben schien, um des Hauses zu hüten, sahen aus den offenen Fenstern, und warfen den Vorüberfahrenden lebhafte Grüße und Kußhände zu. Draußen, sobald die Chaussée erreicht war, ward nun das Treiben erst recht unterhaltend. Wagen an Wagen rollte, Pferd an Pferd trabte da hinunter und Alles war in eine mächtige Staubwolke gehüllt, deren Ende man nicht absah, der aber die untergehende Sonne, welche blutroth hineinflammte, die wunderlichsten Farben und Formen lieh. Alles schien in einem Gluthstrom mehr zu schwimmen, als zu fahren; Alles schien, von der Erde abgelöst, in einer feenhaften Wolke zu schweben. Aber „festgewurzelt in der Erden" standen auf beiden Seiten des Weges alle zehn Schritte sich zwei Constabler gegenüber, die uns denn rechtzeitig erinnerten, daß unser Ausflug an gewissen Stellen doch auch noch seine irdischen Endpunkte habe. Ja, je weiter wir uns vorwärts bewegten, je romantischer die Wolke, je bunter das Gewühl und je toller unser Kutscher wurde, desto größer wurde auch die An= zahl der Bewaffneten zu beiden Seiten. Da wir nun zuletzt hielten, und, aus unsrer Wolke und aus unsrem Wagen steigend, in das Dörf= lein Donnybrook kamen, da wandelten schon die Betrunkenen bei= derlei Geschlechts vielverheißend herum und suchten sich auf ihre Weise den neu Ankommenden liebenswürdig zu machen. Die Häuschen des Dorfes waren schon erleuchtet und es ging in allen hoch her; in den unteren Geschossen wurde getrunken, gesungen, geküßt und geliebt, ge= flucht und geprügelt, in den oberen wurde getanzt. Auffallend war auch in und vor diesen Localen die Menge der Constabler und Sol= baten. Am Ende des Dorfes nun liegt ein ummauerter, weiter Rasen=

platz — das ist erst die rechte Stätte für diese berühmteste oder
besser berüchtigste aller Volkslustbarkeiten in Irland, den Markt von
Donnybrook, welcher, seit uralten Zeiten alljährlich hier in den letzten
Tagen des August abgehalten wird. Es kamen hier die blutigsten
Prügeleien, die hartnäckigsten Raufereien, die meisten accidentiellen
Todtschläge in Irland und dem ganzen vereinigten Königreich vor.
Darum suchte die Regierung der Sache schon lange ein Ende zu
machen. Man glaubte, die Gerechtsame zur Abhaltung des Marktes
sei mit dem Grundstück hinter der Mauer verbunden; man kaufte
das Grundstück und schloß die Thüren in der Mauer. Aber da stand
ein Anwalt des Volkes auf und bewies, daß die Gerechtsame mit dem
Grund und Boden nicht verbunden sei, und die Regierung mußte
das Pförtlein wieder öffnen und der Skandal begann auf's Neue und
dauert noch heute fort. Englische Rothröcke, das Gewehr geschultert
und geladen, patrouilliren auf dem Markt, berittene Gensd'armerie steht
auf Posten vor den Mauern desselben, und die ganze Chaussée, über
eine halbe Stunde lang, bis nach Dublin hinauf, ist auf beiden Seiten
dichter mit Männern von der Polizei, als mit Häusern besetzt.
Als wir durch die schmale Eingangsthür in den ummauerten,
zertretenen Rasenplatz, auf welchem der Markt abgehalten wird, hinunterschritten, umgab uns sogleich ein unbeschreibliches Gewühl
von Männern, Frauen, Kindern, Tönen und Gerüchen aller Art;
und tausend Lichtlein blitzten uns nach der Dämmrung, in der
wir uns noch eben befunden hatten, gar munter entgegen. Vorn an
die Mauer war ein Eselchen angebunden, in dessen Schatten drei alte
Weiber lagen und aus kurzen, schmutzigen Thonpfeifchen in schweigen-
dem Behagen schmauchten. Dann drängten wir uns in eine lange
Zeltgasse hinein, in welcher Porcellan- und Glaswaaren der aller-
schlechtesten Sorte im Scheine qualmender Oellampen herrlich leuchteten und vom versammelten Volke eifrig angestaunt und wol noch eifriger begehrt wurden. Dazwischen waren Spieltische aufgestellt, um
welche sich die Haufen so dicht zusammengedrückt hatten, daß es schwer
ward, am köstlichen Anblicke Theil zu haben. Das Spiel ward auf
einem Tisch betrieben, welcher ringsum mit allerlei hübschen Dingen ausgestattet war, die freilich im besten Falle den Penny nicht werth
waren, mit dem man hier gegen die glänzenden Chancen eines Milch-

topfes oder einer Zuckerdose hazardirte. In der Mitte des bemalten Tisches drehte sich ein Zeiger, welchen der Inhaber dieses Etablissements in Bewegung setzte, sobald der Einsatz gezahlt war. Die Nummer, auf welche der Zeiger, sobald er stehen blieb, wies, hatte gewonnen. Nun mußte es sich leider so treffen, daß der Zeiger niemals auf die Nummern wies, die mit einem Kupferstück besetzt waren. Denn der Jüngling — welcher auf einem umgestürzten Kasten hoch über den Wechselfällen seines Spieltisches thronte — versetzte den Zeiger nicht nur in Bewegung, sondern er wußte ihn auch zur passenden Zeit in Ruhe zu versetzen, worauf er dann die Kupfermünzen einstrich und in den Sack warf, den er um die Hüften festgeschnallt am Leibe trug. Da es uns gelüstete, auch für unsern Theil die Fortuna von Donnybrook-Fair zu versuchen, so erboten wir uns zu dem dreifachen Einsatz, wofern uns der Eigenthümer verspräche, seine Hand ganz aus dem Spiele zu lassen. Der Jüngling hatte einen harten Kampf zwischen Gewinnsucht und Selbstverleugnung zu bestehen — allein er beendete ihn etwas rascher, obwol auf dieselbe Weise, wie dieß in den meisten Fällen des menschlichen Lebens zu geschehen pflegt. Wir setzten ein und ließen den Zeiger frei spielen; und da er nun seine letzten Schwankungen machte, da sahen wir wol, welchen Zwang sich unser guter Bankhalter anthun mußte, um ihm nun nicht doch noch einen heimlichen Stoß zu geben .... aber schon war es zu spät, der Zeiger stand und Mr. Tupper hatte ein Paar Strumpfbänder gewonnen von rothem Zeug mit blauen Glasperlen. Indem er sie nun in Empfang nahm und hoch über sein Haupt schwenkte, rief er mit lauter Stimme: „Wer will sie haben?" Sogleich stürmte eine Schaar von Frauen und Mädchen heran, die sich in den zärtlichsten Ausdrücken von der Welt um die Strumpfbänder bewarben. Aber immer größer ward die Concurrenz; denn auch von den benachbarten Tischen, wo aus einer Brausewassermaschine ein ganzes Heer durstiger Lehrjungen und schmutziger Straßenfeger mit einem Getränke erquickt wurde, das zur Erhöhung seiner natürlichen Reize jedes Mal mit einem Tropfen sogenannten Himbeersaftes roth gefärbt ward — drängten sich nun Verschiedene herzu. „Lieber, schöner Herr, — ich!" — „Junger, edler Herr — nein ich!" .... „Mein vornehmster Herr...." „Nein ich, Eure Gnaden ...." Keiner aber von Allen war eifriger, als eine reizend hübsche Person, die nicht älter sein konnte, als 17 Jahre. Es war eine Art von wilder Schönheit, die irgendwo in der Gosse geboren und erzogen sein mochte, denn sie war eben so schön und feurig, als schmutzig und zerlumpt. Mit großer Kraft wußte sie sich aus der Mitte des Haufens nach Vorn vorzuarbeiten, wobei sie die nackten Arme in die Höhe hob, so daß sie über den dunklen Haaren der Umgebenden voll und üppig in der lauen Dämmrung, die sie umfing, erschienen. Als sie so vor uns stand — ganz glühend von Eifer und Anstrengung, die Wangen dunkelroth, die schwarzen Augen voll Leidenschaft, die schwarzen Haare wild zerstreut um den Nacken, da sagte Mr. Tupper: „Aber liebes Kind, was willst denn Du mit Strumpfbändern, Du hast ja keine Strümpfe an!"

„Ei, lieber Herr," stieß das Mädchen, dessen Busen hörbar arbeitete, in kurzen Sätzen heraus — „am Sonntag ... wenn ich ... in die Kirche ... gehe ... hab' ich auch wol ... Schuh' und Strümpfe ...."

„Aber der Kaufpreis ist ein Kuß, liebes Kind" — sagte Mr. Tupper, indem er seine rothen Strumpfbänder mit den blauen Glasperlen auf's Neue emporschwenkte. Das arme Kind kam offenbar in die größte Verlegenheit — es sah nieder, wandte sich um und schien mit ihren Freundinnen Rath zu pflegen. — Diese kicherten, flüsterten und drängten sie endlich vor, indem sie sie in die Seite stießen. — Mr. Tupper benutzte den Augenblick und drückte auf die Lippen des wilden, schönen Geschöpfes einen Kuß, der so laut war, daß er das Dröhnen des fernen Dudelsacks und alles Gesumm und Gewirbel um uns her übertönte. Doch kaum war er nun im Begriff seiner Schönen die Strumpfbänder auszuhändigen, als auf einmal aus einer andren Gruppe, die um den Gewinnst eines halben oder eines ganzen Pint bittren Ales — je nach dem Einsatz — mit Pfeilen geschossen hatte, ein junger, kräftiger Bursche herandrängte, welcher — dem Anschein nach — mit ganz besonderm Glücke concurrirt haben mußte; denn er hatte offenbar schon viele ganze und halbe Pints getrunken, er konnte kaum noch auf seinen Beinen stehen, was ihn aber nicht verhinderte, laut zu schreien und zu fluchen. „Mord und Todtschlag!" schrie er, „wer hat meine Nelly geküßt?" Dabei warf er seinen Bogen auf die Erde, riß einem der Umstehenden einen Shilelah, den Nationalknotenstock Irlands, aus der Hand und schwang ihn wild über seinem Haupte. „Ich sage, wer hat meine Nelly geküßt?" schrie er auf's Neue, indem er mit seinem Shilelah auf den Boden schlug, daß die Erde aufstäubte. Mir ward Angst, da ich den Rasenden auf Nelly zutaumeln sah; er packte sie in den Arm, daß das arme Kind laut aufschrie, und rief: „Wer hat Dich geküßt?" So stellte ich mir einen Wilden aus den Urwäldern Amerika's vor. Meine Freunde jedoch kannten diese Art von irischer Raserei besser als ich. „Was unterstehst Du Dich, Du besoffener Schlingel", donnerte Mr. Tupper ihm entgegen, „hier einen solchen Aufruhr zu machen? Was willst Du — heraus damit — was willst Du?" Der irische Held verstummte für einen Augenblick — dann nach einer Pause rief er, aber so leise, daß man es kaum noch hören konnte: „Euch todtschlagen will ich — Euch und jeden Engländer!" Seine Kameraden, denen diese letztere politische Abschweifung gefährlich zu sein schien, umringten ihn von allen Seiten, hielten ihm Arme und Beine fest und suchten ihn fortzuschaffen. Als er sich auf diese Weise gesichert und zugleich der Möglichkeit überhoben sah, angreifend vorzuschreiten, da wuchs ihm der Muth wieder, und mit Armen und Beinen zappelnd, und mit dem Shilelah um sich herum fuchtelnd, rief er: „Wer hat meine Nelly geküßt? zeigt mir den Schurken, den Engländer, und ich will ihn vor Euren Augen todtschlagen!" — Inzwischen waren Bewaffnete herangekommen, der Haufen löste sich auf und wir konnten weiter schreiten.

„Da hast Du nun", sagte Mr. Tupper, „das Prototyp dieses Volkes. Schreihälse und Renommisten, so lange sie sich sicher wissen, elende Feiglinge und Ausreisser, wenn's Ernst wird; und so sind sie Alle."

„Vergessen Sie nicht!" wandte sich ein Andrer aus unsrer Gesellschaft, der sich bisher bescheiden zurückgehalten hatte, nun aber sehr eifrig und bestimmt hervortrat, an mich, „vergessen Sie nicht, daß unser guter Tupper ein Engländer ist und seine ganze Kenntniß des irischen Volkes aus den Leitartikeln der „Times" gewonnen hat. Und wenn es ein Blatt giebt, dessen irische Politik darin zu bestehn scheint, daß man die Gehässigkeit zwischen beiden Nationen mit Schadenfreude nähren müsse, so ist es die „Times;" ihr war mehrfach in bedeutenden Momenten die Gelegenheit gegeben, versöhnend zu wirken; aber sie benutzte sie nur, um den Haß noch größer zu machen. Ich kenne das irische Volk — ich bin selbst von irischen Eltern geboren . . . und bin stolz, daß ich es sagen darf! — Wenn die Iren nicht mehr das ritterliche Volk sind, das sie gewesen, so ist das die Schuld der Engländer, die sie zu dem gemacht, was sie heute sind. Es ist nicht Recht, eine Nation für das verantwortlich zu machen, was sie durch die Schuld oder die Fehler einer andern geworden!"

„Pst, liebster O'Keane — keinen neuen Disput über unser altes Thema", sagte Mr. Tupper gutmüthig, indem er seinen Arm um die Schulder des etwas kleinern, dunkelhaarigen Freundes schlang. Dieser aber machte sich langsam aus der Umarmung los und folgte uns Uebrigen, anscheinend verstimmt, in einiger Entfernung nach. — Den Hintergrund dieser nächtlichen Scenen bildeten von riesigen Pechfackeln dunkelflammig beleuchtet die Schaubuden — das Massacre von Cawn-pore, ein Affen=, ein Hundetheater, und ein Menschentheater, das nicht viel besser war. Neben den Acteurs, die sich auf dem Bretterverschlag sehen ließen, erschien der Dudelsackpfeifer von Howth in seinem Berg-schottenkostüm, und ein großer Liebling des Volkes mußte er sein; denn mitten in seiner musikalischen Beschäftigung kam alle Augenblicke Je-mand heran, der ihn umhalste, caressirte und mit ihm herumtanzte, wobei dann sein Instrument nicht eben die reinsten Töne hören ließ. Der Eintrittspreis war ein halber Penny; wir fühlten uns versucht, der von den buntbefiederten Acteurs kreischend angepriesenen Aufführung beizuwohnen, und stiegen über den Bretterverschlag in die dunsterfüllte, übelriechende Bude hinunter. Die treppenförmig übereinander auf= steigenden Bänke waren ganz von zerlumpten Männern, Frauen und Kindern besetzt, die allerlei Schabernack mit uns trieben, indem wir uns durch sie nach Vorn zudrängten -- bald fühlten wir uns am Rocke festgehalten, bald nahm man uns Hut oder Stock und wir mußten froh sein, wenn wir diesen und ähnlichen Scherzen dadurch entgingen, daß wir gute Miene zum bösen Spiele machten. In der Ecke, dicht an der Bühne, saß eine alte Frau, die steinharte, grüne Aepfel und Honigfladen feil bot, und die Rauchwolken ihres glimmen-den Thonpfeifchens auf's Theater blies; die Helden und Heldinnen con-versirten auf's Gemüthlichste mit dem Publikum, und der Geist, der bis dahin draußen auf der Tribüne gestanden und geschmaucht hatte, kam jetzt eilends durch die Zuschauerreihen heruntergeschritten, arbeitete sich mit Elbogenstößen durch die Masse, ging hinter die Vorhänge und stieg in der nächsten Minute aus dem Grabe empor, wobei man das noch dampfende Pfeifchen in der Tasche seines Wammses erblickte. Das Stück hatte seine regelmäßigen fünf Akte; zum Glück jedoch dauerte jeder Akt nicht viel länger als zwei oder drei Minuten, worauf denn, nach Beendigung der Tragödie, der Tyrann und seine Tochter, die Nonne gewordene Prinzessin, der schlaue böse Rath und der gemüthliche Liebhaber von der Bühne herabstiegen und in feierlicher Prozession auf die Tribüne hinauszogen, wo sie zum Klange des Dudelsacks einen irischen Rundtanz, eine Art von Contretanz, den berühmten „achthändigen Riel", der nicht minder national und charakteristisch als der „Jig" ist, auszuführen begannen. Wir hatten uns dem Exodus angeschlossen und gelangten auf diese Weise glücklich in's Freie. Beim Heraustreten wurden wir wunderbar durch den Glanz der Lichter und den vollen Schein des Mondes überrascht, zumal die frische Nachtluft unsre Lebensgeister neu zu erwecken schien, nachdem wir aus jener Dunsthöhle, in der sich das irische Volk ergötzte, herausgestiegen waren. Wir schritten an den Tanzzelten hinunter, wo beim Schall einer Fiedel oder eines Dudelsacks und beim Schein einer Oellampe Alles recht munter und guter Dinge zu sein schien. Das Parquet dieser Locale bildete ein viereckiges Brett, das auf dem Rasen lag; und indem die zwei oder drei Tänzer sich auf demselben abzappelten, ging der Musikant begleitend um das Brett herum. An einem Tischchen im Hintergrunde saß ein halbes Dutzend betrunkener Zechbrüder und sangen aus heiseren Kehlen das „Lied vom Shilelah"

Und kehrt er heim Abends mit wackelndem Schopf
Sein Herz voll von Whiskey*), voll Beulen den Kopf
Von dem Zweig des Shilelah und Shamrock**) so grün!
Da trifft er sein Mädchen, die voll Sittsamkeit
Indem sie ihn festhält: „Geh fort, Pabby!" schreit.
Drauf geht es zum Priester und neun Monde d'rauf
Da schreit schon ein Knäblein: nun Vater, wolauf
Mit dem Zweig von Shilelah und Shamrock so grün?"

---

*) Whiskey, der Nationalschnaps von Irland, populär wie unser „Kümmel."

**) Shamrock, das Kleeblatt, das Emblem Irlands, wie die Rose das von England und die Distel das von Schottland.

Mittlerweile war auch ein Sänger aufgetreten, der seinen Gesang eigenhändig mit einer Fiedel begleitete. Sein Lied war mehr von der wehmüthigen Sorte und schien dem versammelten Haufen wol zu gefallen; denn nicht selten stimmte — bei besonders ergreifenden Stellen — der ganze Chorus mit ein. Das Lied war durchaus von heimathlicher Natur, es war auf dem Boden gewachsen, darauf wir in diesem Augenblicke standen. Es feierte den einstigen Glanz vom Donnybrook=Fair und beklagte den jetzigen Verfall desselben. Ich erinnre mich noch einer Strophe, zu welcher die ganze ehrenwerthe Versammlung ringsum mit Stimmen und Tönen, die gewaltig nach Whiskey rochen, Chorus machte:

Solch' Schwingen und Schwenken
Auf Tischen und Bänken,
Solch' Gliederverenken
Und Trinken und Zechen
Und Prügeln und Stechen
Und Liebeversprechen
Und heimlich Umschlingen,
Und Tanzen und Springen
Und Fiedeln und Singen.
  Gibt's heute nicht mehr!
  Gibt's heute nicht mehr!
  Gibt's heute nicht mehr!
  Ullulala! och!

Aber noch war das traurige „Ullulala! och" nicht verklungen, als aus einem der Zelte heraus ein entsetzliches Geschrei sich vernehmen ließ. Wie sich sogleich darthat, hatte daselbst ein betrunkener Bursche sein Messer gegen einen Kameraden, der sich in keinem bessern Zustande befand, gezogen, und schon waren die Hände derjenigen, die sich bemühten sie zu trennen, vom reichlich strömenden Blute des Verwundeten überflossen, als eine Patrouille der Rothröcke mit Musketen heranzog, um die Uebelthäter zu verhaften, die sich für den Donnybrook-Fair von heut etwas zu gloriös benommen hatten. Die alten Weiber und das Gesindel, welche sich eben noch an dem Liede vom „Trinken und Zechen und Prügeln und Stechen" begeistert hatten, murrten ein Weniges über schlechte Zeiten und englische Tyrannei — leise, freilich recht leise! — und Mr. Tupper, der unter den Aufgeregten auch Nelly mit den

Strumpfbändern und ihrem Galan mit dem Shilelah bemerkte, mahnte zum Aufbruch. Er meinte, jetzt sei wol die Stunde gekommen, wo es dem Unschuldigen passiren könne mit dem Schuldigen zu leiden; und wenn auch das deutsche Publikum viel von seinen Autoren zu verlangen gewohnt sei, so könne es doch wol nicht erwarten, daß sich dieselben zu seinem größeren Amüsement prügeln ließen.. — und da wir Alle gegen solche Gründe Nichts einzuwenden hatten, bestiegen wir draußen den ersten Car, und durch die lange, lange Staubwolke, in die nunmehr der Mond schien, kehrten wir nach Dublin zurück. —

Als wir vor dem großen Thor von Trinity=College hielten, da war dieses bereits verschlossen. Nach einigem Pochen erschien Paddy, schlaftrunken. „Hast Du schon wieder geschlafen?" rief ihm Mr. Tupper entgegen. „Das Leben dieses Menschen besteht aus Trinken und Schlafen..." „Und Eure Gnaden sorgen dafür, daß das Eine mehr oder öfter geschieht, als das Andre", war die lakonische Antwort.

Inzwischen waren wir in den Collegienhof getreten und der Mond beleuchtete Paddy's liebliche Gestalt. „Sieh Dir das Individuum an," sagte mein Freund; „wovon er lebt, das wissen nur die Götter, die oft das erhabene Schauspiel genießen, ihnen mit unsren Hunden um die Knochen kämpfen zu sehen, die Peggy fortwirft. Seine Schlaf= stätte ist dort der geschützte Winkel unter dem Thorbogen, sein Kopf= kissen ist ein gutes Gewissen und seine Decke, je nach Tages= und Jahreszeit der Sonnen= und der Mondenschein. Als freies Genie hat er sich hier angesiedelt und Neigung macht ihn zum Diener. Wenn Charles Dickens ihn kennte, er würde ihn dem Hausknecht von Swan's Inn als guten Cammeraden beigeben; und wenn die Stiefelwichser von Heidelberg von seiner Existenz wüßten, sie würden ihn zum Ehren= mitglied ihrer Zunft ernennen!" „Mr. Tupper ist sehr verschwende= risch mit seinem Lobe; ich wollte er wäre es auch mit seinen Six= pences," sagte Paddy höchst trocken und zündete die Kerze an, die auf einer Bank im Innern des Gebäudes stand, in welches wir nun ge= treten waren. — Die Wohnungen der Herren Studenten, soviel ihrer auf den Höfen von Trinity=College eingerichtet sind, haben etwas sehr Gemüthliches und Comfortables. Jeder Student hat sein hübsches, geräumiges Wohnzimmer, worin seine kleine Bibliothek mit den gold= blitzenden Bänden aufgestellt ist, worin er arbeitet, raucht und Clavier

spielt; ferner hat er sein „pantry", seine Speisekammer mit den Vor-
räthen für das Frühstück, mit Tassen, Tellern, Messern, Gabeln
und — sehr vielen Bierkrügen; endlich das Dressing=room zum Waschen und Anziehen und das Schlafzimmer mit der Garderobe, in
welcher regelmäßig auch das eigenthümliche Costüm bemerkbar ist,
welches die Studenten tragen, der schwarze Mantel und die schwarze
Kappe beim Collegienbesuch, der weiße Leinenmantel beim Kirchen=
gang. Eine solche Wohnung ist im Allgemeinen nicht sehr theuer, und
diejenigen, welche in oben angegebener Weise das Stipendiaten=Examen
unternehmen und bestehen, haben die Benutzung derselben gar ohne
Entgelt. — Vergleiche man doch einmal diese zwar alterthümlichen,
aber eben durch das Alterthümliche, das sie auszeichnet, einen gewissen
Ernst im Bewohner nährenden Räume, mit den schmutzigen Spelun-
ken, in denen der deutsche Student, namentlich der kleineren „patri-
archalischen" Universitäten seinen Schläger, seine Collegienhefte und seinen
Bierkrug durcheinanderwirft! In diesen Räumen wohnt — einerlei
ob ihn die Zukunft in die Krankenzimmer der leidenden Menschheit,
auf die Kanzel, die Tribüne oder in das Parlament führen wird — der
englische Gentleman; in jenen sitzt, trotz Schläger und Bierkrug, doch
schon der — deutsche Philister! —

Wir begaben uns in das Zimmer des jungen Herrn, den ich
meinen Lesern als Nachkomme des großen Addison schon vorgestellt
habe. Das Bild seines berühmten Vorfahrs hing in einer stattlichen
Goldfassung über seinem Arbeitstisch; so daß das freie Gesicht, von der
Allongeperrücke umwallt, ernst und mild, wie es seine Weise stets gewesen, auf den jungen, liebenswürdigen Scholaren herniederblickte. Aber
auch sonst war das Zimmer, in welchem wir uns befanden, ausgezeichnet: Oliver Goldsmith, der Gutmüthigste, der Treuherzigste, in
gewissem Sinne der Edelste der Englischen Humoristen, hatte darin gewohnt, als er Stipendiat des Trinity=College war — etwas wie hundert Jahre vor dieser Zeit. Oliver Goldsmith ist ein Kind des irischen Bodens — nicht des irischen Volkes; seine Eltern sind Engländer gewesen, sein Vater war Pfarrer zuerst von Pallasmore, dann
von Lissoy — „ohne Zweifel der gute Doctor Primrose, den wir Alle
kennen." — Es ist noch nicht lange, da zeigte man in diesem Zimmer
eine Fensterscheibe — der Hagel oder ein ungeschickter Student hat sie

zerſchlagen — in welche Oliver Goldſmith ſeinen Namen mit einem
Diamanten hineingeſchnitten hatte. „Wem hat der Diamant wol ge=
hört? Gewiß nicht dem jungen Studioſen, der nur eine armſelige
Figur an jenem Platze der Gelehrſamkeit machte. Er war müßig,
mutterlos und verſeſſen auf Vergnügen: er lernte ſeinen Weg zum
Pfandhaus frühzeitig. Er ſchrieb Balladen, ſagt man, für die Straßen=
ſänger, die ihm eine Krone für ein Gedicht zahlten; und ſein Vergnü=
gen war, ſich Nachts hinauszuſtehlen und ſeine Verſe ſingen zu hören.
Er ward von ſeinem Lehrer gezüchtigt, weil er einen Tanz in ſeinen
Räumen gab, und nahm ſich die Ohrfeige ſo ſehr zu Herzen, daß er
ſeine Sachen aufpackte, ſeine Bücher und kleines Eigenthum verpfän=
dete und von Colleg und Familie verſchwand. Man glaubte, er ſei
nach Amerika gegangen — aber er ging nach London, und nach
Jahren voll harten Kampfes, Vergeſſenheit und Armuth, das Herz ſo
ſehnſüchtig zur Heimath hingewandt, als es heftig nach Wechſel
verlangt hatte, da ſie ihn noch beſchützte: ſo ſchreibt er ein Buch und
ein Gedicht, voll heimatlicher Erinnerungen und Gefühle — er malt
die Freunde und Schauplätze ſeiner Jugend und bevölkert Auburn,
das verlaſſene Dorf, und Wakefield mit den Geſtalten von Liſſoy.“
(Thackeray, English Humourists.)

Addiſon und Goldſmith waren die Penaten jenes Abends und wer
glaubt es dem Reiſenden nicht, daß er unter dem Schutze ſolcher
Geiſter und in der Mitte ſolcher Freunde ſich äußerſt behaglich fühlte
und dem Kommenden mit einer gewiſſen Freudigkeit entgegenſah?
Paddy hatte den Tiſch raſch gedeckt — allerlei Speiſen und Getränke
erſchienen, und zu dem Mond, der ſeine Strahlen durch die halbge=
ſchloſſenen Gitter warf, verbreitete nun auch die blaue Flamme der
Theemaſchine eine traut=heimliche Helle über den Tiſch, bis denn auch
der Keſſel ſelber ſein altes, gern belauſchtes Lied erſt leiſe und rhap=
ſodiſch, darauf immer heftiger und leidenſchaftlicher begann und zuletzt
in jenes lyriſche Gleichmaß der Bewegung überging, das dann leider!
nur ſein Ende zu ſignaliſiren pflegt. — Ich fühlte, ſeit ich mit ihm
zuerſt zuſammen geweſen, eine große Zuneigung zu Mr. O’Keane. Er
war ſo ſtill, ſo voll Liebe und Antheil und ſo traurig. „Er denkt
gewiß an Kathlin O’Flaherty, die ſchöne Maid von Letterfrack!“ —
ſagte Mr. Tupper; aber, tief erröthend, ſprach O’Keane: „ich bitte

Dich, suche Dir für Ernst und Scherz einen andren Gegenstand, als mich!" — Meine unausgesprochene Zuneigung schien er zu erwidern. „Sie werden auf Ihren Wanderungen auch nach Limerick gelangen — ich möchte Ihnen wol, wenn es Ihnen beliebt, ein paar Zeilen an meine Eltern mitgeben, die in der Nähe dieser Stadt begütert sind!" „Nein, — das thu' ich, das thu' ich!" rief nun Freund Tupper ganz aufgeregt, — „ich bitte Dich, theurer O'Keane, erlaube mir, daß ich es thue ... ich bitte Dich!" O'Keane lächelte und Tupper setzte sich an seinen Schreibtisch und beschrieb mit sichtbarem Eifer ein Blatt und gab ihm die Form eines Briefes. „Da," sagte er, „aber zeig's Keinem!" „Ich wußte wol," kicherte Addison's Urenkel, „ich wußte wol, daß er nicht an O'Keane's Eltern schreiben würde ..." „An wen denn?" fragte Mr. Tupper höchst unbefangen ... „aber nun zum Thee, meine Herrn!"

Es war spät, als wir uns trennten. Meine Freunde gaben mir, mit tausend Segenswünschen für meine fernere Reise, das Geleit bis an den Thorweg. Da lag eine unförmlich zusammengerollte Masse, die einen plumpen Schatten in das Mondlicht warf. Es war Pabby, der seine gewohnte Schlafstätte eingenommen hatte. Als das Thor zwischen mir und meinen zurückkehrenden Freunden zugefallen war, nahm ich Mr. Tupper's Brief und las die Aufschrift: „Miß Nora O'Keane. Castle Connell. Limerick."

Die Wicklow-Berge.

Morgenstill war Dublin, da ich es verließ. Und nicht ohne eine gewisse Befangenheit sollte ich es verlassen. Ein angenehmer Kreis hatte sich mir freundlich eröffnet und mir fehlte nicht viel, so hätte ich mich in häuslicher Weise gemüthlich fühlen können. Nun aber mußte Alles, was so schön begonnen hatte, wieder aufgegeben werden, als sei es nie gewesen. Neue Freunde müssen erworben werden, an neue Gegenstände muß sich das Auge, das Herz erst gewöhnen. Morgen gilt es, sie zu vergessen. Wie viel holdselige Erinnerungen ruhen dahinten! Wie viel geliebte Augen, wie viel liebende Herzen, wie viel verstandene Seelen! Ein Schleier bedeckt sie; oft, in einsamen Stunden der Nacht, wenn du ihn leicht emporhebst, stehst du wie vor einer andren Welt. Tausend Schatten tauchen empor, und in solcher Fülle von Schönheit, Liebe und Verlangen hast du doch nicht ein Wesen, das du körperhaft an's Herz drücken könntest. Glücklich wer in stiller Beschränkung lieben und leben darf; das Reisen ist ein trauriges Geschäft! —

Morgenstill war Dublin, da ich es verließ. Die Stimmung der Natur war die reinste, die seligste, und der einsame Wanderer sollte die Nachwirkung bald glücklich empfinden. Denn kaum hatte sich der Eisenbahnzug aus der bretternen Halle entfernt, so stiegen zur Rechten die Wicklow-Berge schöngegipfelt empor, grüne Bergkegel belebten den Vordergrund, während anmuthige Hügelwellen sich bläulich, wie Gewölk, im Horizont verloren. Zur Linken, tief unter uns, aber dicht an die steinernen Felsen heran, die die Fahrstraße kreuzen, wogte das grüne Meer von Irland, und Sonnenglanz wob sich in sein Wellengeträusel. Auch Dörfer und Städtlein, die friedlich von der Landseite herantraten, fehlten nicht. Unter breitbelaubten Baumgruppen erschien nun mit seinem gothischen Kirchthurm, in der Einbucht unter den Hügeln, das freundliche Städtchen Bray. Nicht ohne Bedacht ist es so genannt; Bray, die Prächtige — und prächtig ist es wol auch, in einem dieser baumdunklen Gärten des zwiefachen Glücks sich zu freuen, das hier die Verschränkung der Felder mit den gilbenden Garbenbündeln des Herbstes andeutet, und dort der unbegrenzte Blick auf das offene Meer auf ahnungsvolle Weise in's Unendliche erweitert.

Sogleich hinter Bray bringt der Eisenbahnzug in die gewaltigen Massen der Uferfelsen, und indem die feuchte, dumpfe Nacht des aus= gehöhlten Urgesteins mehrfach mit dem plötzlichen Rosenlicht des frühen Morgens und dem aufblitzenden Meer wechselt, hat sich der verwe= gene Dampfwagen, dicht am Rand der Klippen hin, um das Vorgebirge Bray=Head gearbeitet, und langsam niedergleitend, rollt er nun auf dem Uferkies, an der flachen See gefahrlos dahin. Aber neue Ueber= raschung bietet schon wieder die unermüdliche Ferne. Hinter einem malerisch gelagerten Dorfe steigt ein spitzgegipfelter Felsen empor, den die Milde des Climas, die befruchtende Feuchtigkeit der Atmosphäre durchaus mit rothblühender Haide bekleidet hat. Lilaschattirungen weben sich reichlich in den grünen Moosboden, und auf eine gewisse Ferne verwandelt die Sonne dies Farbenspiel in den duftigsten Purpur= schimmer; der gegen das dunklere Blau der Berglinien am Horizont, gegen das schillernde Gold der Wasserseite reizend und lieblich ab= sticht. —

In Wicklow nun, nach etwa zweistündiger Fahrt, gedachte ich zu verweilen. Wicklow, welches der Grafschaft den Namen giebt, liegt sehr günstig hinter einer Felsenbank, die den besten natürlichen Hafen bildet. Ein Fluß, der sich wol zur Binnenschifffahrt eignet, mündet in dieses geschlossene Seebecken. Aber trotz dieser mannigfachen Vor= theile herrscht Todtenstille im Hafen. Einige kleine Schiffe und Flöße lagen wol da; aber mehr um das Bedauerliche dieser Regungslosigkeit zu erhöhen, als es zu verscheuchen. Eine alte Brücke mit ergrauten Pfeilern führt über den erwähnten Fluß, und das Städtchen zieht sich einen sanften Hügel hinan, dessen Höhe die Kathedrale mit einem sauber gebildeten Thurme glücklich abschließt. In dem Wirthshaus, dessen Fenster mir diesen Anblick gewährten, brachte man mir zur Un=

terhaltung, bis das Frühstück bereitet sein möchte, ein korpulentes Buch, auf dessen steife Blätter der poetisch gestimmte Sohn des Wirthes allerlei Verse, Bilder und Zeitungsberichte in bunter Reihenfolge aufgeklebt hatte. Es fehlte nicht an Strophen erotischen und patriotischen Inhalts, die dem Gefühle des aufkeimenden Jünglings alle Ehre machten, wiewol sie sich im nüchternen Zustande nicht grade als sehr genießbar erwiesen. Doch schien unser Sammler auch für ethnographische Bestrebungen und Völkerstudien Sinn und Neigung zu besitzen. Nach verschiedenen Trachten= und Costümbildern erschien ein Mann in weitem grünem Oberrock mit weißem Pelz= und gelbem Schnürenbesatz, langen Manschetten, schwarzer, hoher Binde und rothen Hosen. Der Mann war — wie die Unterschrift besagte, — ein Preuße!

Nach einem „substantiellen" Frühstück und herzlichem Abschied von meinem Freunde, dem Preußen, hing ich mein Ränzel um und schritt nun wohlgemuth landein dem Gebirge zu.

> Welch' ein Leben, das dem des Sängers gleicht?
> Der wandernde Sänger, er schweift so leicht
> Wie die Hochlandslerche, die über ihm singt —
> Und gleich der Lerche, die jubelnd sich schwingt,
> Wohin er kommt und wohin er geht:
> Die Luft melodisch weht!
> Ihm ist die Welt ein blumiger Grund,
> Wo die Feen tanzen im Mondlicht rund,
> Und wenn der Rasen nun gilbt und dorrt,
> Sucht die Elfenschaar einen grüneren Ort;
> Und verklingt die Lust in dem eigenen Haus,
> So fliegt der Sänger hinaus!
>
> (Thomas Moore.)

Durch eine dichte Buchenallee ging mein Weg. Heiliges Dunkel verbreitete sich von Oben um mich, während zu beiden Seiten sich fruchtbares Land mit Acker und Wiese hinunterdehnte. Alles, was sich hier übersehen ließ und viel mehr noch war das Eigenthum eines großen Grundherrn, des Mr. Tighe. Die Grafschaft Wicklow ist der Garten von Irland genannt. Hier stehen noch Wälder in ihrer alten Pracht. Sonst sind sie im ganzen übrigen Irland, das einst so schön von ehrwürdigen Hainen beschattet war, verschwunden und nackte, glattkahle Bergrücken, die nur noch durch ihre malerischen Formen und

Gruppen den Blick gewinnen, umschließen in nahen oder weiten Ringen den Gesichtskreis. Die Irländer haben in Bezug darauf ein altes Sprüchwort:

Irland war unter dem Pflug dreimal;
Dreimal war es bewaldet, und dreimal war es kahl.

Zuerst waren es die englischen Könige und darauf die irischen Großen, welche auf so unverantwortliche Weise mit dem schönen Wald der grünen Insel wirthschafteten, daß heut nur noch seine letzten Reste in Wicklow zu sehen, zu bewundern sind. So gab z. B. Jacob I. (unterm 18. März 1616) einem Engländer, einem gewissen Richard Milton, das Patent „Bäume in Irland zu fällen, zu Pipenstäben, Oxhoftstäben, Faßdauben und andern Holzwaaren, und selbiges auf die Dauer von 21 Jahren auszuführen." Man kann sich denken, wie ein Engländer von diesem Patent Gebrauch gemacht haben wird! Dies ist nur ein Beispiel von vielen, die sich vor und nach dieser Zeit auf-führen ließen. (Boate, Natural History.)

Earl Strafford, der berühmte und unglückliche Lord-Lieutenant von Irland unter Karl I., der gleich ihm auf dem Schaffot endete, hieb den berühmtesten Wald Irlands, den Wald von Shilelah nieder, den er den uralten Eigenthümern desselben entriß, weil — „sie unfähig waren geschriebene Rechtstitel für ihr Eigenthum aufzuweisen." Mit den Eichen von Shilelah wurden die Westminsterhalle in London und die große Bibliothek in Paris gedeckt; auf irischen Eichenstämmen ruhen die Häuser von Amsterdam. 1731 waren noch 2150 Eichen übrig geblieben, von denen 1737 noch 1540 und 1780 noch . . . 38 standen. (Hayes, Practical Treatise on Planting.)

In einem andern Schriftsteller (Swift, Draper's Letter's) findet sich, aus der Mitte des vorigen Jahrhunderts, Folgendes: „Gefesselt vom Glanz des englischen Hofes zogen es irische Herren von Rang und Reichthum vor in London, wo Tausende sie übertrafen und Mil-lionen sie nicht beachteten, ganz ohne Macht, Stellung, Einfluß, Ehre, Ansehen oder Auszeichnung zu leben, während ihre Abwesenheit von Irland dazu beitrug, daß dies Königreich sich entvölkerte, viele Theile dessel-ben wild und uncultivirt blieben, viele ländliche Sitze und Anpflanzungen ruinirt und alle Wälder niedergehauen wurden, um die Ausgaben in England zu decken." Und wie liederlich die weltlichen und geiſtlichen Großen mit dem Holze ſchalteten, mag aus folgender Stelle hervorgehen, die von dem ſchon angeführten Hayes im Jahre 1794 niedergeſchrieben wurde: „Es thut mir weh", ſagt dieſer Mann, „bekennen zu müſſen, daß ich die Fällung von nahezu zweihundert Acker ſchönen, herrlichen Eichenſtandes, in einem romantiſchen Thale, an den See=Ufern von Glendalough im Zeitraume von 24 Jahren — dreimal habe mit anſehen müſſen. Der Erlös bei jedem Verkaufe brachte den jeweiligen Erzbiſchöfen nicht mehr als 100 L. St., und wie ich berichtet worden bin, betrug er nur 50 L. St. oder 5 Schill. per Acker für Unterholz, welches doch, wenn man es die richtige Anzahl von Jahren gehegt hätte, 30 L. St. für den Acker oder Alles in Allem 6000 L. St., anſtatt 50 L. St., eingebracht haben würde."

So legten Feind und Freund die Axt an die herrlichſte, ſtolzeſte Zierde des vom Himmel ſo reich geſegneten Eilandes und holzten ſo lange, bis Nichts mehr zu holzen war, und wie unter Trümmern hehrer Bauten der Vorzeit wandelt man jetzt unter den letzten Bäumen von Irland in den Wäldern der Grafſchaft Wicklow. Und wie über alle Beſchreibung ſchön und lieblich muß dieſe Inſel geweſen ſein, da das Ganze noch ein Garten war, wie das Land, das ich heute durchwandelte! Wie in ein Feenland glaubte ich mich verſetzt — ſübliche Fülle, Farbenpracht, Wolgeruch umrauſchte, ja berauſchte mich. Ueppig über die Mauer wucherte der Lorbeer, und das mit Blüthen reich überſäete Fuchſiageſträuch leuchtete durch die breiteren ſaftigen Blätter. Die Bäume zuſammen hingen ſchwerer und voller in Laub und der Epheu, der ſie bis in die Wipfel bekränzt, ſcheint ſein eigenes, reiches Leben zu heben. Dann kommen die durchſichtig gefiederten Eibenbäume, die vom leiſeſten Lufthauch bewegten Bäume der Sage und des Märchens im Celtenland; dann der Ahorn mit den ſich ſchon färbenden Beeren, dann die immergrüne iriſche Eiche mit glänzenden Blättern, die Linde dann, die hier zu ſeltener Majeſtät erwächſt, mit ſäulenartigem Stamme und dem mannigfaltig gegliederten Aſtwerk, über welches das volle duftſchwere Laub wie ein Moſcheenbach niederwallt. Wie man nun höher ſteigt, am Fuße des Bergplateaus erſcheint die Fichte, und ihr Rauſchen iſt es, das uns melodiſch begleitet, ihr Harzduft, der uns die Bruſt füllt und weitet und durch ihr ſchimmerndes ſonne=

6*

trunknes Grün sieht man oben den blauen Himmel und unten in selig weiter Ferne das blaue Meer. —

Solches ist die Herrlichkeit des alt=irischen Waldes; von seinen ökonomischen Vortheilen zu sprechen steht mir an dieser Stelle nicht wol an. Nur andeutend wiederholen will ich, was ich dorten mehrfach vernommen. Die Nähe des Weltmeeres, die Dünste, die es aushaucht, die Stürme, die es entsendet, werden durch das dichtbelaubte Gehölz des Waldes zu wolthätigen, den Boden ringsum befruchtenden Einflüssen niedergeschlagen, während wo der scharfsalzige Meerwind, der feuchte Seenebel frei wirthschaftet, das Wachsthum gehemmt, der Boden gar in seiner eigenen Feuchtigkeit ertränkt wird. Die Fläche versumpft, die Haide wird Morast; und während wir hier unter dem schirmenden Laubdach von Wicklow ein köstlich schönes Land in fast ewigem Grün erblicken, sehn wir fern im „wilden Westen“ an der ungeschützten Meeresküste die irischen Sümpfe, „the Irish bogs“, die durch ihren traurigen Zustand, sowie durch das Elend Derer, die sie bewohnen, das Mitleid der ganzen Welt erregt haben. —

Einige wohlgebaute Dörfer, die einsam aber schön am Rande des Ge- hölzes lagen, waren rüstig durchschritten worden; manch' einzelnes Haus, von der Waldschlucht umschlossen, aber auf dem dunklen Hintergrunde mit den Fuchstabüschen, die seine Wände hoch hinauf zierten, lebhaft leuchteud, — manch' stilles Gehöft an einem Wässerchen in der Tiefe hatte den Wandersmann zu sinnendem Verweilen aufgehalten. Unmerklich war der Weg gestiegen und unmerklich war eine höhere Region erreicht worden. Ein düstrer Fichtenwald bezeichnete für eine weite Strecke das Aufhören des Waldes; wie ein letzter vorgeschobener Posten stand er da und schaute auf eine dürre Fläche, die so breit und so weit daliegt, als der Blick reicht. Alles wurde nun anders. Wo war mein schönes Zauberland geblieben? Wo mein schöner Wald in seiner wunderbaren Fülle, seiner Pracht? Einsam, tonlos lag die Haide da und die Sonne brannte; röthlichblau schienen die Berge im Umkreis. Je näher man kam, desto nackter erschienen sie. Nur an einigen Stellen hatte sich ein Wald= Fragment dürftig erhalten; entweder am Fuße, in der Mitte, oder auf dem Kamme, das Andre sah kahl und trostlos aus. Und die Formen dieser Berge sind so weich, so mannigfaltig, so melodisch! Aber es wird einsam, wenn man sich ihnen nähert. Der Weg ist breit, gut und fest. Ich bin an diesem Tage wol 15 englische Meilen gewandert, aber ich kam nur — seit ich den Fichtenwald hinter mir hatte — durch drei kleine, elende Dörfer, es sind mir höchstens vier Karren und keine zwanzig Menschen begegnet. Und wie trugen sich diese Menschen! Wenn ich in Dublin keine Karrentreiber gesehen hätte, so sah ich hier überhaupt Niemanden, weder einen Bauern noch eine Bäuerin, nicht Groß noch Klein, die einen anständigen Rock, eine ordentliche Hose, Mantel, Kleid, Schuh am Leibe gehabt hätten. Alles ist zerrissen, Alles hängt in Lappen am Leibe und gleicht einem Kleidungsstücke nicht mehr; die Fetzen, die nur lose an einander hängen, sind oft so transparent, daß man die nackten Beine hindurchsieht . . . . . Hättet Ihr Euren Wald nicht umgehauen! —

Mitten auf der Haide, an einsam erhabener Stelle machte ich Halt. Unter einem Brombeerstrauch, der mir seinen spärlichen Schatten streute, setzte ich mich auf den erhitzten Boden. Die Berge waren nun schon nicht mehr ferne. Ihre Formen, die ich in ihren schwachen Contouren schon lange geahnt hatte, traten in scharfen Umrissen heraus. Sie waren konisch gestaltet; wie eine Hügelheerde hatten sie sich um einen bedeutenden Gipfel im Mittelpunkte gesammelt, welcher oben spitz zulaufend, mit breiten und mächtigen Seitenflächen nach der Ebene zu sich absenkte. Es war still und ruhig auf dieser Höhe, die Wolken zogen und warfen ihren Wechselschatten auf das bläuliche Gebirge und in Sonne, die sie noch greller machte, lag die Haide. Dann kamen dünne, dürre Wiesen am Abhange und spärliche Felder, aber stattliches Vieh weidete in dem Grunde, den fruchtbaren Schluchten: fette, glänzende Kühe und Ochsen von prächtigem Braun und Schwarz. Der Hirt, mit einer Flinte bewaffnet, saß in der Ferne am Abhang, sein Hund stand neben ihm. Unter dunklen Tannenbäumen hier auf der Höhe ein Schulhaus, dort im Grunde ein paar ärmliche Hütten mit Strohdach . . . . . sonst Nichts, meilenweit Nichts. Den schloßartigen Sitz des Grundherrn, dem diese Haide und diese kümmerlichen Hütten und dieser Hirt und die Heerde gehört, konnte man von hieraus nicht erblicken, der lag wol auch im besseren Lande, jenseits der Fichten. Mir indessen waren die schweren Augenlider gesunken und ein Traum leicht und flüchtig wie Feengewebe umhuschte mich. Soll ich Euch erzählen, was ich geträumt habe? . . . . . O nein, — wer faßt das zusammen, was die lieben, unsichtbaren Hände so golden dahin streun — wer entwirrt das, was sie so neckisch, so holdselig in einander schlingen? Du fühlst Dich schwebend — Du wandelst zuletzt ..... am Strande des Meeres, den du wol kennst, denn bekannte Veranden mit bunten Teppichdächern beschatten die Höhe — und ein bekanntes, liebliches Wesen hebt eben den leichten Fuß, vom fächelnden Winde keusch ent= hüllt, die Stufen hinab .... der blaue Schleier weht .... das dunkle Haar löst sich .... o, daß Du sie in den Armen könntest auffangen, die zarte, die kindliche Mädchengestalt .... aber sie zerrinnt in Haide= duft, in Mittagsluft .... und — ach! — Du bist erwacht!

„Ein schöner, warmer Tag heut! der heiligen Jungfrau sei Dank!"

Ich fuhr auf — ein irisch Mädchen zog vorbei. Sie hatte einen großen Strohhut auf und schwere Stiefeln an den Füßen. Sie konnte nicht viel älter sein als sechszehn Jahre. Sie saß auf einem schwer= bepackten Esel; ihre Füße mit den schweren Stiefeln hingen an der Seite herunter. Mit ihren dunkelblauen Augen hatte sie mich gegrüßt.

„Schönes Wetter — Gott sei Dank!" erwiderte ich, erwachend. „Wohin mein gutes Kind?"

„Auf die Berghaide, wo die Hütte meines Vaters steht!"

„Wie heißt Du denn, liebe Kleine?"

„Isabell heiß' ich, Fred Macleod's, des Schulmeisters Tochter."

„Da wohnst Du wol im Schulhaus dort, in der Ferne, unter den dunklen Tannen?"

Isabell sah mich lächelnd mit den großen Augen an. „Ei", sagte sie, „wir werden doch wol nicht in der Schule wohnen, Herr! Ist das Sitte in England, Herr? Hier nicht. Unsere Hütte steht halb= weges zwischen hier und dem Schulhaus, dort auf der Haide."

„Kannst Du mir denn wol sagen, wo der nächste Weg zur Teu= felsschlucht ist?"

„Zur Teufelsschlucht wollt Ihr, Herr? — O, die ist gar nicht weit von unsrer Hütte. Ihr thätet am Besten, wenn Ihr mit mir ginget, mein Vater würde Euch alsdann gern in die Schlucht hinunter= führen."

„Willst Du nicht, ehe wir weiter zieh'n, einen Tropfen von mei= nem Whiskey nehmen?"

„O ja, recht gern, wenn Ihr mir Euer Fläschlein geben wollt", sagte das Mädchen und that einen für seine Jahre recht wackern Zug. Dann gab sie mir mein Lederfläschchen zurück und wir setzten uns in Bewegung, sie auf dem Esel, ich nebenher. Und so gingen wir über die sonnige Haide dahin; Niemand begegnete uns. Nur, wenn wir nicht sprachen oder lachten, hörten wir über uns, hoch in der Sonne, die Berglerche singen.

„Wie nennt Ihr denn nun jene Gebirge?" fragte ich über eine Weile mein Mädchen, indem ich auf die zugespitzten Berghäupter wies, die immer schärfer und purpurner aus der blauen Mittagsatmosphäre heraustraten.

„Die Engländer nennen sie „Zuckerhüte", sagte das Mädchen auf dem Esel, „wir nennen sie „die goldenen Speere", weil sie immer noch in der untergehenden Sonne leuchten und blitzen, wenn diese schon längst hinter dem Haiderand versunken ist und Alles in Dunkelheit liegt, die Schluchten dort, die Weiden, die Hütten und wir selber. O, dann funkeln sie noch immer, und es ist ein wahres Wunder anzusehn!" —

Dann war wieder Alles still, und wir zogen schweigend unseres Weges. Er senkte sich, stieg dann steil an, und da wir nun die Hochebene wieder erreicht hatten, erblickten wir auf der Mitte der Berghaide eine rohe Masse Mauerwerks, die ziemlich traurig in der sonnebeglänzten Einöde lag.

„Da wohnen wir!" sagte Isabell. Sie wies mit der rechten Hand lang hinüber, dann, als sie dieselbe sinken ließ, klopfte sie den Hals ihres alten Esels, der bei der angenehmen Berührung die Ohren spitzte und mit dem Schwänzchen wedelte. „Ja, ja, Grauthier, bald sind wir da; dann steigt Isabell ab, und nimmt Dir die schweren Körbe herunter und Du kannst Dich in den Graben legen — Grauthier, halloh!"

Das mannigfache Gemäuer, das einem verlassenen, zerstörten Dorfe glich, war erreicht. Die Hüttenform war noch zu erkennen, aber das machte den Anblick noch schauerlicher. Ein ausgestorben Dorf in der glühenden Mittagshitze, hoch im Gebirge — und fern das leise Summen der Bienen, die tausend dumpfen verworrenen Stimmen der Mittagsschwüle.... Aber kein Mensch zu sehen noch zu hören; die Steinhaufen lagen da, Ruinen mit den Spuren der Fenster, der Thüren, ja der Feuerstellen, die noch schwarz von den letzten Kohlenresten waren. Auf dem Boden wuchs hohes Gras und Alles war dem Einsturz nahe. Erst am Ende des zerfallenen Dorfes standen zwei niedrige, erbärmliche Hütten, Lehmwände mit Strohdach, aus deffen Fugen bläulicher Dampf in die Mittagsluft entquoll.

„Isabell, mein Mädchen, wo sind wir denn hier?" fragte ich.

„Vor Fred Macleod, des Schulmeisters Hütte; dort wohnen wir!"

„Und diese Steinwälle hier?"

„Ach, da haben vierzehn Familien gewohnt, es sind noch keine vier Jahre zurück; aber Mr. Swing, der Grundherr, hat sie fortgejagt, weil sie den Zins nicht bezahlt haben."

„Und wo sind denn nun diese vierzehn Familien?"

„About the country," erwiderte Isabell ganz harmlos — „über's Land verstreut."

Indessen waren wir vor den beiden noch bewohnten Hütten angelangt. Isabell stieg vom Esel und zog ihn über die Düngergrube zum Eingang hinter sich her. Sie öffnete die Thür, die, nur leise angelehnt, halb morsch schon in den Angeln hing. Ein dunstiger Qualm schlug mir betäubend entgegen. Vor dem in schlechter Luft schlecht brennenden Feuer stand eine noch rüstige Frau, auf einer Holzbank lag ein alter Mann ausgestreckt, den Kopf auf einem Heubündel.

„Schöner Tag heut — der heiligen Jungfrau sei Dank!" sagte Isabell, die eingetreten war; der Esel trat gleichfalls hinter ihr ein. „Großvater, Mutter, hier ist ein fremder Herr. Wo ist der Vater? Er führte den fremden Herrn wol in die Teufelsschlucht hinunter."

„Tretet doch ein", sagte die Mutter, die sich vom Heerd abgewandt und eben dem Esel, deffen Schnauze sich dem Heubündel in aller Unschuld genähert hatte, eine gewaltige Maulschelle gegeben hatte. „Cead mille feuilte — tausendmal willkommen, mein Herr, tretet doch ein!"

Ich dankte der Guten, theilte aber mit, daß ich große Eile habe, und gern so bald als möglich in der Teufelsschlucht sein möchte.

„Der Vater ist nicht da, und wird auch vor dem Abend nicht wiederkommen", sagte der alte Mann, der sich bei diesen Worten vom Heubündel erhob (bei welcher Gelegenheit sich die Eselschnauze wieder in Bewegung setzte, aber leider! wieder nur, um sich an einer schmerzlichen Erfahrung reicher, in den Ruhestand zurückzuziehen); „wenn Ihr's mit dem Großvater versuchen wollt, so führe ich Euch, so gut meine alten Knochen es vermögen."

Gern war ich mit diesem Anerbieten zufrieden; nur das Mittags= brod, das eben fertig geworden, wollte der Alte erst verzehren.

„Ja", sagte die Mutter, „setzt Euch heran und nehmet Theil an unsrem Mittagsbrod. Wo für drei gekocht wird, da kann man für viere decken; wir haben Kartoffeln und Hammelfett mit Thymian, auch Haferbrod und etwas Whiskey — also kommt!"

Welch' ein Barbar muß ich in den Augen der guten, gastfreien Frau gewesen sein, Hammelfett mit Thymian verschmähen zu können! Mit einem wunderlichen Blick sah sie mich an, da ich sagte, ich wolle lieber draußen erwarten, bis der Alte gegessen habe, und dann sogleich den Weg antreten. Der Esel, das Heubündel, das Torffeuer, der Qualm, der Hammelfettdunst und verschiedener andrer Dunst bei 22° Reaumur im Schatten wurden mir zu viel, und während die Drei sich mit großem Behagen an's Essen begaben, und ein heimlicher Blick des Esels mir beim Hinausgehen zu verstehen gab, daß er nun auch schon mit dem Gegenstand seiner hartnäckigen Neigung zurecht kommen werde, begab ich mich in das verlassene Haidedorf hinaus.

Hier, auf niedergestürztem Heerdstück, das von aufrecht stehender Giebelwand noch genugsam beschattet wird, bitte ich den Leser eine Weile neben mir zu rasten. Nicht die weitbesonnte Haide, die unab= sehbar sich ausstreckt, bis wo die goldenen Speere ihr ein Ziel stecken, will ich ihm zeigen; weiter hinaus, in entfernte Jahrtausende möcht' ich seinen Blick, seine Aufmerksamkeit entführen. Andeutend möcht' ich ihm erklären, warum die dreie mit ihrem Esel in einem so unerträg= lich dunstigen Lehmloche sitzen; warum die Hütten von vierzehn Fami= lien zu Trümmern zerfielen, auf die der Regen schlägt, die Sonne brennt, der einsame Wanderer sich niederläßt; warum hier die Haide so weit, so traurig sich ausdehnt, ohne Versuch, sie in den Bereich des schaffenden, Alles benutzenden Lebens zu ziehn, ohne Menschen, die den Versuch anstellen möchten. Zeigen möcht' ich meinem Freund, dem Leser, wie das herrlichste der Länder, das liebenswürdigste der Völker ver= kommen und vergehen kann, wenn es an der steten Sorgfalt fehlt, die von Tag zu Tag freudig, ernst und entsagend die nächste Pflicht erfüllt. Das Nächste ist der Keim des Fernsten; die letzten Schicksale eines Volkes sind die nothwendigen Folgen seiner Anfänge. Dann treten Druck und Zwang von Außen hinzu; die Macht der Verhältnisse stellt sich dem freien Willen entgegen, die Tyrannei greift mit eiserner Faust an die Heiligthümer und zerbricht sie — Trümmer bedecken das Land, und „an Babels Strömen" sitzt das Volk und weint, wenn es an Zion denkt. Im Leben und in der Geschichte hat nur die Prosa Recht; wo im Geschäfts- und Völkerleben romantische Schwärmerei und nüchterner Verstand mit einander kämpfen, da siegt der nüchterne Verstand. Hätte Irland nicht gesündigt, so hätte England niemals seine Geißel werden können; aber hätte England seit sechs Jahrhunderten mit Milde gehandelt, wie seit etwa drei Decennien, so wäre Irland heut seine blühendste Provinz, anstatt die Schädelstätte seiner besten Männer und das Grab seiner edelsten Kräfte. Schuld und Strafe sind auf beiden Seiten gleich vertheilt. Denn Irlands Armuth, das sprüchwörtlich gewordene Elend seines Volkes hat einen inneren Grund, wie es einen äußeren hat; und der innere Grund datirt ausder Urzeit, wo in Britannien noch celtische Monarchen regierten, wo der Druidenpriester im Steinzirkel von Stonehenge noch Menschenopfer brachte und an der Küste von Kent kein Angle, kein Sachse je gelandet war.

Wird der Leser nicht ermüden, wenn ich ihm von dem eigenthümlichen Erbrecht der alten Iren, von dem mit wahrscheinlich anglo-normannischen Namen so genannten Gavelkind spreche? Diesem Recht zufolge succedirten die Söhne des Erblassers, ohne Unterschied ob sie eheliche waren oder uneheliche, in den gesammten beweglichen und unbeweglichen Nachlaß desselben, nur die Töchter waren von der Erbfolge ausgeschlossen. Dieses die gesellschaftliche Sicherheit aufhebende und den nationalen Wohlstand vernichtende Institut wurde noch gefährlicher dadurch, daß die Landesvertheilung, welche jedesmal den Besitzstand durchaus veränderte, nicht blos beim Todesfall eines Grundbesitzers, sondern auch dann Statt fand, wenn ein neuer Häuptling zur Macht gelangte, wenn ein neues Mitglied in den Clan-Verband aufgenommen oder ein andres, welches zu demselben gehört und dem Häuptling mißfallen hatte, aus demselben ausgestoßen wurde. „Jeder wohnte in seinem Gebiete, so lange es ihm gefiel. Bei seiner Ansiedelung legte er sich des Häuptlings Namen bei, seine Besitzungen aber gingen nicht auf feine Erben über, sondern bei seinem Tode oder wenn er den Stamm verließ, erfolgte eine neue Theilung des Gesammteigenthums unter alle Glieder des Stammes." (Lindau, Geschichte Irlands. 35.) So war die Rechtsunsicherheit rechtlich constituirt und sie mußte auf den materiellen Zustand des Volkes um so viel zerstörender einwirken, als selbst wenn jene oben genannten Ursachen derselben nicht eingetreten waren, ein festes Recht am besessenen Land doch immer nur dem Clan-Häuptling und dessen erwähltem Nachfolger, dem Roydama, zustand. Ihre Clan-Verwandten waren sämmtlich nur Pächter auf Wohlverhalten und unter diesen, dem rechtlichen Grade nach, standen die Betages, factisch eine Art von Sclaven, die wie (etwa die Römischen glebae adscripti) mit dem Boden, auf dem sie saßen, dergestalt verwachsen waren, daß sie mit demselben, sei es durch Kauf, Pacht oder Erbgang dem neuen Erwerber übertragen wurden.

Der Grund der irischen Armuth und des daraus folgenden Elends besteht also darin, daß die Iren niemals ein wahres Eigenthum an dem Boden, auf dem sie saßen, und darum auch eigentlich nie ein wahres Erbrecht hatten. „Während die germanischen Völkerschaften bewegliches Eigenthum in unbewegliches verwandelten, es stetig vererbten und im Laufe der Zeit durch Anfälle vergrößerten, so hörten die celtischen Völkerschaften nicht auf zu theilen und das Getheilte auf's Neue zu theilen; und dieß Gesetz der Gleichheit und gleichen Theilung ist der Ruin der genannten Race gewesen." (Michelet, Geschichte von Frankreich I, 4.) So wenig der Beduine an der Wüste, der Kirgise an der Steppe die er durchschweift, ein Eigenthum hat: so wenig hatte auch der Ire ein Eigenthum an seinem Lande. Ihr Verhältniß zum Lande war nicht sowol in seinen Tendenzen, als vielmehr in seinen Erscheinungsformen und Resultaten ein nomadenhaftes. „Ihre Wohnungen waren reine Feldlager. Anstatt fester und dauernder Häuser, die nicht blos die unentbehrliche Basis eines materiellen Wohlseins, sondern auch die erste Bedingung alles rechtlich geordneten Zusammenlebens sind, sehen wir den Celten unter Strohhürden und Torfdächern hausen, die man über Nacht aufrichten und ohne Schmerz oder Verlust verlassen konnte, wenn die Neutheilung des Districts jeden Bewohner zwang, sich einen neuen Wohnsitz zu suchen." (Sir Francis

Palgrave.) Diese Worte sind, denk' ich, ein guter Commentar zu
Isabell's: „about the country."

Wir wissen nun, warum es diesen 14 Familien so leicht fällt,
Wohnungen verfallen zu sehen, die sie doch selber gebaut, und Heerd-
stätten zu verlassen, an denen sie doch gewiß viele glückliche und gute
Stunden verlebt haben. Aber wir wissen noch nicht, wie Mr. Swing,
der doch ein Engländer ist, dazu kommt, diese Leute aus ihren Hütten
zu vertreiben, deren Vorfahren Clanhäuptlinge und Fürsten dieses
Landes gewesen sind, zur Zeit, wo die seinen sich in den Marschen
des Nordseestrandes und auf den friesischen Inseln von Eicheln und
Rüben näherten.

Es fragt sich, wie ein bedeutendes Volk, das einst der Herr in
einem reichen, blühenden Lande gewesen, zum Sclaven auf dem ihm
entrißnen, mit Blut und Asche gedüngten Boden hat werden können?
Die Antwort liegt nicht fern. Denn indem wir uns aus der privat-
rechtlichen Sphäre in die höhere des Völkerrechts begeben, sind wir
genöthigt, an dem vorhin Gesagten unmittelbar anzuknüpfen. So wie
die Iren niemals rechtes Eigenthum an dem Grund und Boden hatten,
auf dem sie saßen, so ist auch Irland niemals ein rechter Staat gewesen. Der Zustand Irlands von den ersten Zeiten an, über welche
uns die Annalen und poetischen Ueberlieferungen annähernd Kunde
geben, bis zur Zeit der anglo-normannischen Invasion, über welche
englische Chronisten getreulich berichten, gleicht ungefähr dem des
deutschen Reiches. Die Extreme zweier in sich durchaus verschiedener
Principe brachten ziemlich dieselben Folgen hervor. Der starre Eigen-
thumsbegriff des deutschen Rechts, welcher dem Grundstück Persönlichkeit, ja Individualität verleiht, scheint mit der Staatsidee nicht mehr
verträglich, als es der nomadenhafte Besitz ist, über den sich die alt-
irische Rechtsanschauung nicht erhebt. Es ist daher ein Irrthum, wenn
man von dem alten Irland als von einem Staat, ja selbst einem
Königreich spricht. Es war seit unvordenklicher Zeit in mehrere kleine,
in sich und unter sich zusammenhangslose Königreiche zerrissen, von
denen eins mit dem andren in unablässiger Fehde lag; die zwar
einen Monarchen, den sogenannten Oberkönig, dem Namen nach
anerkannten, so eine Art von deutschem Kaiser, welcher aber über
sein eignes kleines Gebiet hinaus selten die geringste Macht besaß und

ber zur Zeit der dänischen Invasion (Anfang des 9. Jahrhunderts) auch
diesen Schatten von Gewalt beinahe schon verloren hatte. Keiner von
diesen verschiedenen kleinen „Königen" — im Grunde waren sie
Nichts als Clan-Häuptlinge — hatte die Macht, die Uebrigen in's
Feld zu rufen, oder sie durch Verträge zu binden. Der Nachfolger
respectirte die Handlungen und Versprechungen seines Vorgängers nicht;
es gab kein Recht, als das der Stärke, kein Gesetz, als das der
Gewalt.

Daß in einem solchen an Anarchie gränzenden Zustand der Dinge
nicht die Stellung und Würde, sondern allein die Persönlichkeit
des Oberkönigs entscheidenden Einfluß üben konnte, leuchtet ein. Solange die Clan-Zwistigkeiten sich noch an einander müde hetzen konnten, ohne
Gefahr von Außen, solange ward dieser Mangel noch nicht in seinem
ganzen Gewicht empfunden; aber als nun an der Küste von Antrim
das erste Dänenschiff erschien, da fing das Land an zu fühlen, was
ihm fehle. Schon ging es in jähem Sturz dem Ende zu — da erstand in Brian Boru noch einmal ein Mann, der als der beste König
Irland's in der Geschichte lebt, als der edelste und heldenmüthigste in
Liedern gefeiert wird, welche der irische Bauer noch heute singt. —
Seine Harfe haben wir gesehen — „sie hängt nun stumm an Tara's
Wall"; — Kincora, den Ort, wo sein Palast stand, werden wir sehen;
einsam, öde liegt er da, umspült von den traurigen Wellen des Lough
Dearg im Westen von Irland. —

> Gedenket der Thaten des tapferen Brian (spr. Brain),
> Ob hin auch die Zeiten, so hehr,
> Ob er selber auch todt, vom blutigen Rain
> Heimkehrt nach Kincora nicht mehr.
> Dahin ist der Stern, der mit leuchtendem Strahl
> So hell aus dem Schlachtgewühl stieg —
> Doch genug seines Ruhms blieb auf jeglichem Stahl,
> Uns zu leuchten zu Freiheit und Sieg!
>
> (Th. Moore.)

Dahin — dahin! — Wie Abendroth steht seine Zeit am Himmel
der fernen Jahrhunderte, und nachdem er mit dem Crucifix an den
Lippen, im Schlachtgewühl von Clontarf (1014) gestorben, da löscht
das Abendroth aus und hinein geht's in die lange, lange Nacht, und
um die zwölfte Stunde — von Dermot, einem irischen, wegen un-

glücklicher Liebe zum Verräther gewordnen Fürsten gerufen, erschienen in der Bay von Bannow die ersten Normannen (1170) .... und das Volk von Irland hörte auf frei, hörte auf selbstständig zu sein ... Kämpfe folgten, die an Grausamkeit ihres Gleichen in der Geschichte nicht haben ... eine lange Bartholomäusnacht, die sechs Jahrhunderte dauerte ... Laßt uns den Schleier dieser Nacht nicht heben!

Sechs Jahrhunderte, und keine Beruhigung, keine Versöhnung! ... Wollt Ihr hören, was Einer der erhabensten Dichter Englands, der Shakespeare ebenbürtige Edmund Spenser sagt? Spenser, Secretair des Lord-Deputirten von Irland (in den achtziger Jahren des 16. Jahrhunderts), da er auf den ihm vom Staat geschenkten Besitzungen des geächteten Desmond in Munster und im Schlosse Kilcolman, das man dem flüchtigen Clan-Häuptling entrissen, seine unsterbliche „Faery Queen" dichtete, schrieb mit derselben Hand, die eben noch die melodischen Strophen des ewigen Gedichts geschrieben hatte, folgende Worte: „Das Ende wird, ich versichre es Euch, sehr kurz und rascher erreicht sein, als man in einer so großen Verwirrung aller Zustände hoffen möchte. Obwol Keiner von ihnen (den irischen Eingeborenen) durch's Schwert fallen oder von einem Soldaten erschlagen werden soll, so werden sie doch, indem man sie selber vom Ackerbau und ihr Vieh von der Weide entfernt hält, durch so harten Zwang sich rasch aufzehren und einander verschlingen. Den Beweis dafür sah ich genugsam klar in den letzten Kriegen in Munster; denn ungeachtet dieses Land sehr reich und gesegnet war, voll Korn und Vieh, so daß man hätte glauben sollen, sie wären im Stande gewesen, es lange auszuhalten, so waren sie doch — ehe ein Jahr und ein halbes vergangen, — in ein solches Elend gestürzt, daß es ein Herz von Stein hätte rühren müssen. Aus jedem Winkel der Wälder und Schluchten kamen sie auf ihren Händen hervorgekrochen, da ihre Beine sie nicht mehr zu tragen vermochten. Sie sahen aus wie Skelette, sie sprachen wie Geister, die aus ihrem Grabe rufen. Sie nährten sich vom Aase des gefallnen Viehs und waren glücklich, wenn sie solches fanden; ja, bald auch verzehrten sie einander, indem sie die Leichname aus dem Grabe herausscharrten. Und wenn sie gar einen Büschel Wasserkresse oder Klee fanden, so war das ein Fest für sie. Aber da es allmälig auch an allem Diesem zu fehlen anfing, so starben sie endlich selber hin, daß bald Niemand mehr übrig und ein volkreicher, gesegneter Landstrich bald leer war von Menschen und Thieren. Und doch kamen nur sehr Wenige durch's Schwert und die Meisten durch die fürchterliche Hungersnoth um, an der sie selber Schuld gewesen" ... Solch' eine „fürchterliche Hungersnoth", künstlich hergestellt, empfiehlt Spenser zur vollständigen und gründlichen Säuberung des Landes. „Und wahrlich" so schließt er, denn die gute, wehmüthige Natur des Dichters kann sich am Ende nicht mehr verläugnen, — „und wahrlich, es ist doch ein herrliches, ein süßes Land, wie kein zweites unter dem Himmel, mit rauschenden Strömen voller Fische, mit köstlichen Seen und lieblichen Eilanden darin — mit hohen Wäldern voll Bauholz für Häuser und Schiffe, und so gelegen, daß jeder Fürst von hier aus Herr des Meeres, Herr der Welt werden könnte — mit guten Häfen, mit sicheren Buchten, die sich nach England öffnen, als wollten sie uns einladen zu kommen, zu sehen, wie viel Vortreffliches dieses Land zu bieten hat ..." (Spenser, View of the State of Ireland.)

Wenn man von Dublin nach Cork fährt, links von der Eisenbahn, die das Land durchschneidet, erblickt man in weiter Ferne den letzten epheubedeckten Thurm des Schlosses Kilcolman. „Schloß Kilcolman ist nun eine Ruine; seine Zinnen liegen am Boden, aber der Grund wird dem Verehrer des Dichters ewig denkwürdig sein." (Chambers's, Cyclopaedia.) Wird er es dem weniger sein, der in die Geschicke Irlands sinnend versunken ist? ....

Anderthalb Jahrhunderte später, als der trauernde Genius Irlands fragte: „Hüter, ist die Nacht bald hin?" da erwiderte eine Seele, die von Freiheit und Begeisterung glühte: „Ich bekenne, es macht mir eine tiefe Freude, wenn ich von vielen Todesfällen in irgend einer Grafschaft, einem Kirchspiel oder Dorf höre, wo die Eingeborenen gezwungen sind, für eine schmutzige Hütte und zwei Reihen Kartoffeln den dreifachen Werth zu bezahlen — elende Menschen, die geboren sind, um zu stehlen oder zu betteln, und für welche der Tod das Beste wäre, was man ihnen und ihrem Lande wünschen könnte .... (Swift, Draper's Letters.)

Endlich in unsren Tagen scheint die lange Nacht sich lichten zu wollen. Nicht länger Sieger und Besiegte, nicht länger Herren und Sclaven: gleichberechtigte Unterthanen einer Krone sollen die Bewohner

Irlands fein. Mögen noch hier und da revolutionäre Ausbrüche das
Land durchzucken; mögen noch Antipathien oft und laut genug sich aus-
sprechen: die Gefahr vermindert sich, indem die milde Vorsorge, das
unverkennbare Wohlwollen der Regierung sich steigert. Entkräftet
von ewig nutzlosen Kämpfen, durch die massenhafte Emigration und
die letzte Hungersnoth (1847) von seinen unruhigsten Elementen gesäubert, scheint Irland in diesem Augenblicke mehr geneigt als je, den
wahrhaftig liebevollen Absichten England's freundlich und vertrauensvoll
entgegenzukommen. Chronisch gewordene und eingewurzelte Uebel lassen
sich nicht so ohne Weiteres heilen; der Haß zwischen beiden Stämmen,
zwischen beiden Religionen, der Jahrhunderte lang genährt und gesteigert wurde, läßt sich in Decennien nicht in das Gegentheil verwandeln. Aber das mit Liebe begonnene Werk der Versöhnung wird und
muß zu einem heilsam schönen Ende führen. Der Handel schwingt sich
in neuer, ungeahnt großartiger Weise auf; dem Ackerbau sowie dem
Interesse der Ackerbau=Treibenden kehrt sich die eifrige Sorgfalt der
Grundbesitzer zu; an der Volksbildung wird mit Umsicht gearbeitet,
und die Armenpflege mit ihren „workhouses" und „poor rates" hat
schon die glücklichsten Resultate geliefert.

Hier zwar sitz' ich noch auf den Hüttentrümmern von 14 ver-
jagten Familien, — aber ward Rom an einem Tage gebaut? Es
gilt den Neubau eines gebrochenen Volkslebens — und es wird gelingen, wenn die Bauherren in Liebe und Ernst nicht ermüden. Nicht
die Restauration der irischen Nationalität, — sie ist unmöglich, weil die
irische Nationalität keine Lebenskraft mehr besitzt und als solche nur
noch der Geschichte, der Wissenschaft und der Poesie angehört; aber
die Restauration des irischen Volkes als Theil des großen englischen
Volkes, die Interessen des Einen aufgehend in den Interessen des Andern, das Eine theilnehmend an der Cultur und den Segnungen des
Andern, Emancipation von irischen Schwärmereien und englischen
Vorurtheilen: das ist das Ziel, das zwar noch in weiter, weiter Ferne
steht, aber das einzig und allein den Anfang jener neuen guten
Zeit bezeichnet, deren Morgendämmerung unter der Regierung der
königlichen Victoria leise, aber unverkennbar begonnen! —

Endlich trat der alte Mann aus der Hüttenthür und näherte sich
den Steinen, auf welchen ich saß. Er trug einen braunen, abgeschab-
ten Frießrock, der nicht wol zu der Hitze paßte, die über der Haide
brütete, und eine Leinenhose, die nicht wol zu dem Frießrock paßte;
Luftlöcher befanden sich freilich in beiden Kleidungsstücken und ein
grauer, grober Filzhut beschattete das weiße, spärliche Haar und das
gefurchte Antlitz des Alten.

„Hier bin ich nun, mein Herr", sagte er, „wenn's Euch beliebt,
so will ich Euch führen. Mein Sohn wäre wol ein besserer Führer
und ein unterhaltenderer; aber er kommt nicht vor Nacht heim."

„Euer Sohn ist Schulmeister?" fragte ich, indem ich mich erhob
und an der Seite des Alten, den eingestürzten Mauern vorbei, den
Fahrweg wieder zu erreichen suchte.

„Schulmeister!" — erwiderte dieser und blieb stehen, um zu
diesem bedeutenden Ausruf Athem zu schöpfen — „ja, das wollt' ich
meinen! Und was für ein Schulmeister! Ein Schulmeister nach der
neuen Mode!"

„Gibt's denn auch Schulmeister nach der alten Mode?" war
meine Frage.

„Nun ja, — freilich .... recht sehr nach der alten Mode, obgleich die Meisten jetzt ausgestorben sind. Die Wenigen, die noch
leben, sind alt, sechszig, siebenzig Jahr, und nicht Allen geht es so
gut, als es mir geht, dem heiligen Patrick sei Dank!"

„So seid Ihr wol Einer von diesen alten Schulmeistern?"

„Ja, mein Herr, und Vieles hab' ich erlebt, wovon unsre Kinder
keinen Begriff mehr haben. Ich habe noch zu den Zeiten des Penal
Code gelebt; und schlimme Zeiten waren das — Gott schütze Irland!
Da war der arme Katholik übel d'ran, — Ihr glaubt's nicht, wenn
ich es Euch so sage. Er war von Allem ausgeschlossen, woran andere
Menschen Theil haben, von Parlament und Wahlen, vom Land- und
Seedienst, von Gutsbesitz, Amt und Würde. Ja, nicht einmal jedes
Handwerk durfte er üben und schwere Zölle lasteten auf ihm, von
denen der Engländer frei war. Keinem Katholiken war es erlaubt,
öffentlich Schule zu halten, ja nicht einmal im Hause durfte er lehren;
wir sollten unsre Kinder in die Charter Schools schicken, wo englische
Lehrer und Geistliche sie vom Glauben unsrer Väter abtrünnig zu

machen und zu bekehren suchten. Englische Sprache und protestantische Religion sollten unsre armen Kinder lernen; und es gab Grundherren genug, die es von ihren Pachtbauern verlangten, daß sie ihre Kinder in die Charter-Schulen schicken sollten. Aber sie thaten es nicht, und wenn man sie vertrieb, so suchten sie Unterkommen bei milderen Herren oder starben in den Sümpfen, der heiligen Jungfrau zu Ehren. Wir aber, die wir die Schulmeister waren, wir mußten heimlich in den Hütten unsre Kinder um uns versammeln, um ihnen die Grundbegriffe unsrer heiligen Religion und die Gebete unsrer heiligen Kirche beizubringen; und da's uns in den Hütten leicht zu eng und zu dunkel ward, so setzten wir uns, wenn es das Wetter nur einigermaßen erlaubte, in's Freie, unter die Hecken. Da saßen wir nun heimlich an abgelegenen Orten, damit kein Land-Constabler uns entdeckte, und wenn nun doch Einer in der Ferne sichtbar wurde — wie stoben wir da auseinander — und flohen, Lehrer und Schüler und Schülerinnen, so rasch wir konnten. Der heiligen Jungfrau sei Dank! — Die Zeiten der Heckenschulmeister sind vorbei und seit dreißig Jahren hat Alles einen andern Anschein und neue Gestalt gewonnen. Und wie glücklich bin ich, daß ich an meinem eignen Sohne den Segen der bessren Zeit erleben soll. In Dublin, in der Musterschule, hat er gelernt; und ich sage Euch, er ist ein sehr gelehrter Mann geworden, der nicht blos lesen, schreiben und rechnen kann, sondern er nennt Euch die Könige von England her, als ob er sie alle gekannt hätte, und von Städten und Flüssen und Bergen, tausend Meilen weit, erzählt er Euch die wunderlichsten Geschichten. Aber er wird für seine Gelehrsamkeit auch gut belohnt; er hat jährlich ein Einkommen von vierzig Pfund, dazu das Ackerland um unsere Hütte und etwas Torfgrund. So leben wir Alle recht glücklich, und wenn ich von den Heckenschulen spreche, so sieht mich Isabell an und lacht, wiewol ihre Mutter selbst noch unter der Hecke gesessen. Dort oben unter den dunklen Bäumen ist das neue Schulhaus gebaut, und es ist ein schönes, helles Gebäude, voll guter reiner Luft, ein wahres Schloß, und eine Lust, darin zu sitzen."

„Und in welcher Sprache unterrichtet Euer Sohn seine Schüler? Geschieht dies noch in der irischen Sprache?"

„Ach nein," erwiderte der Alte traurig, „das ist ewig verboten gewesen. Die Kinder. müssen Englisch lesen und Englisch schreiben

lernen. Aber der heilige Vater in Rom hat gesagt, daß man auch
auf Englisch zu Gott und den Heiligen beten könnte; und so muß es
denn wol auch wahr sein. Es gibt nur wenig steinalte Leute noch,
die Irisch sprechen können und Irisch sprechen, wenn sie unter sich sind.
Die Sprache unsrer Väter ist hier ausgestorben; und Alles, was unsre
Kinder noch davon wissen, ist ein Wort, oder ein Gruß."

In solchen Gesprächen waren wir bei den dunklen Bäumen angekommen, in deren Schatten das Schulhaus lag. Es war verschlossen, aber die Fenster waren halb in die Höhe geschoben, so daß
man den kühlen, schattigen Innenraum, die reinlich gehaltenen Bänke,
die Wände mit den Tabellen „aller Könige von England" und Karten
„von Städten, Flüssen und Bergen, tausend Meilen weit", überblicken
konnte. Nicht weit davon, bisher von den Bäumen verdeckt gewesen,
stand ein andres schmuckloses Gebäude mit weißen Kaltwänden, hohen
Fenstern und einem Holzkreuz auf dem Schieferdache, das von gebrochenen Sonnenstrahlen angeglüht war.

„Das ist die Kapelle," sagte der Alte, „in welcher der gute Vater
Dominik — die heilige Jungfrau segne ihn! — alle Sonntage Morgens
Messe liest!" —

Wie eine Oase in der sonneglühenden Steppe standen die paar
Bäume da und unter den Bäumen die beiden leeren Gebäude mit den
weißen Wänden, in denen Gott wohnt! —

Ueber einsame, weite Wiesen ging unser Weg. Der Hirt mit
der Flinte hatte sich erhoben und trieb, in der Ferne, seine Heerde
von der Hügelseite heran. Sein Hund stand, da er uns vorüberwan-
deln sah, still, spitzte die Ohren, bellte. Sonst kein Laut. Am Ein-
gange der bewaldeten Schlucht, die uns in ihre feuchte Waldtiefe bald
aufnehmen sollte, machten wir Rast. Der Blick war in die grüne
Wildniß unter uns gekehrt.

Ich lag im wehenden Riedgras. Niederführte ein wilder, ver-
wachsener Baumgang, aus der Tiefe herauf nickten die Bäume und
über mir in der Höhe rauschten die knorrigen Birken. Die Fichte
neigte ihr düsteres Haupt, der Eichbaum schaukelte seine starken Zweige
und dazwischen munter wiegte sich die Staude mit den leuchtenden
Vogelbeeren auf und nieder. Nun auf einmal, wie durch ein Wunder,
war ich dem Sonnenbrand enthoben; keine farblose Steppe mehr, keine

zerfallnen Hütten, kein Elend mehr — unten die schattige, blaudunkle Tiefe, oben die leichten Wolken, der Sonnenschein, das Waldesrauschen, — und drüben an den Hügeln gelbe Felder und weit dahinter sonneüberflogene, ferne Berge ... O Insel der Heiligen! O Land der Wunder!

Der Alte lud nun zum Weiterschreiten ein. Er stieg nieder, stets voran; ihm war der Weg bekannt, er hatte ihn seit seiner Kindheit gewandelt — nun bald achtundsiebenzig Jahre. Er wird ihn nicht lange mehr wandeln. Er biegt die in einander geschlungenen Gesträuche auseinander; er wird nicht böse, wenn ihm die Zweige in's Gesicht schlagen. Er schont das Laub, er scheut sich, es abzubrechen. Ein Blatt, das ihm in der Hand geblieben, nimmt er in den Mund. — Windbrüche lagen über unsrem Waldpfad; umgestürzte Bäume, halbzerschmetterte Birken, im Sturze noch von üppigem Epheu umwunden und gehalten. Guter Greis der irischen Haide, so wird auch Dich bald Pflanzenleben umwinden und halten! — Dann, sobald wir uns vorsichtig von Stein zu Stein niedergelassen hatten, nahm uns die feuchte Niederung auf. Aus allen Felsen strömt Wasser, es rauscht, rinnt und rieselt überall und im Grunde, nicht übervoll gesammelt, tanzt das silberklare, eiskalte Bächlein über schimmerndes Felsgestein, über wucherndes Grün, über hin- und herwogendes Schlingkraut. Hohe, grüne Berge in Sonne getaucht, stehen eng um sein beschattetes Bett. Wo nun die Schlucht sich enger mit gewaltigen Granitblöcken zusammenschließt, stieg ich zu einem Felsen empor, dem Wasserfall näher und lauschte seinem Sturz und ließ mir die heiße Stirne bestäuben. Hier, aus einer Steinrinne, von ewig frischgrünem Birkengesträuch umschaukelt, schießt der silberne Sprudel auf das grünschwarze Urgestein nieder, von da — ungesehen — eine Weile unter dem Felsen fort, bis das Wasser wieder lustig über die Quarzblöcke zusammenquillt, und von Stein zu Stein, wie von Stufe zu Stufe im Waldpalast graziös, silberfüßig niederhüpft. Zwischen den spitzen, colossal übereinandergethürmten Felsen zu beiden Seiten grünt und schwankt das üppigste Niederholz, der Stamm saugt Leben aus der Brust des Felsens, die Blätter tränkt die umherstäubende Frische. Und nieder zuckt das Wasser in einen dunklen Kessel und von da wieder über Gestein, über schwankende Halme und Zweige in einen zweiten Kessel, aus welchem es alsdann seinen Weg um die Felsen herum in die Schlucht sucht. Im Hintergrund schließt sie sich mit hellgrünem Birkenstand und darüber, den Berg hinauf, mit dunklem Tannenschlag.

Auf den Steinen, tief unten, im Wasser herum, sprangen, wie die Elfen dieser Schlucht, kleine, schwarzäugige Mädchen mit nackten Füßchen und blauen Kleidern. Wie lieblich erschienen diese holden Geschöpfe, die auf einmal neue Bewegung in das unveränderliche Dahinleben der Natur zu bringen schienen. Die blauen Gewänder flatterten, die weißen Beinchen leuchteten, und wenn sie mit den Füßchen prüfend das vorüberziehende Wasser berührten, so zischte es, durch so anmuthigen Widerstand aufgehalten, nach beiden Seiten empor. Mein Alter war sehr schweigsam gewesen, seit wir die Schlucht betreten hatten. Die bewegte Ruhe dieses Waldheiligthums schien seine ganze Seele zu lösen. Er sprach nicht. Nun, da er die Kinder sah, rief er hinunter: „Was macht Ihr da, liebe Kinder?"

„Wir baden, Vater Macleod, wir baden!" antworteten sie herauf.

Dann hüpften sie weiter, Vater Macleod sah ihnen wiederum schweigend nach und Alles war still, wie vorher. Nur das Rauschen der Wasser, das Wehen der Bäume über mir, der Halme und Gesträuche um mich ... Alles was ich sah, was ich hörte und empfand, machte den erquickendsten, sommernachmittäglichsten Eindruck auf mich. Es schimmerte schon so Etwas, wie Herbstsonne; ja, wie gilbendes, buntes Laub. Und um das Silberhaar des ruhenden Greises spielte die Abendsonne. Wohin sind die blauen Gewänder entflattert? Es will Herbst werden — es will Abend werden — und Du ruhst am sprudelnden Quell und kannst Dich nicht trennen ... Fließe, fließe ... noch manchen Wandrer wirst du erquicken, wenn der Greis nicht mehr ist, wenn ich selber nicht mehr bin, wenn die kleinen Engel im blauen Gewande längst schon erfahren, was Lieben, was Leiden heißt ... fließe, fließe! —

„Warum aber nennt Ihr dieses so holdselige Waldthal die Schlucht des Teufels?" fragte ich.

„Sie ist nicht immer so, wie Ihr sie heut am späten Sommernachmittag in sanftem Sonnenschein seht", erwiderte der Greis, der sich nun auch erhoben hatte. „Zuweilen nach starkem Regen, zumal in den dunklen Nächten des Frühjahrs, schwillt dieser Bach

und tritt über seine schmalen Ufer, über die hohen Felsen hinaus und
wühlt den Boden um. Und der Sturm kommt dazu und knickt die
Zweige und entwurzelt die Bäume und mäht sie über den Weg hin.
Dann ist es wild genug und schauerlich hier unten, und wir hören
den Lärm von fern, den Sturz der Gewässer, das Tosen des Wald=
sturms und seltsames Aechzen und Stöhnen dazwischen und gellend
Gelächter und Angstruf ... und wolltet Ihr mir in der Nacht von
Bealtaine, das ist in der ersten Mainacht, einen Scheffel voll Guineen
geben, ich würde nicht hinuntergehn. Denn der Teufel treibt sein Spiel
allda in jener Nacht, und wehe der Christenseele, die sich in seine Reviere
wagt! Auch in der Nacht von Allerheiligen möcht' ich mich nicht hinun=
terwagen."

Er wies auf die abenteuerlich geformten, seltsam verschobenen
Felsklötze umher — „das werden lauter Gesichter mit feurigen Käter=
augen in der Bealtaine=Nacht —" er wies auf die umgestürzten, ver=
dorrt über einander liegenden Bäume, deren Wurzeln ghomenhaft in die
Luft ragten — „die Phukas reiten und wippen sich darauf..."

Dann kletterten wir an einer sehr steilen, hohen Felswand mit
einer dünnen Erd= und noch dünneren Begitationsschicht empor. Jeden
Augenblick löste sich eine Scholle unter unsern Füßen ab und kollerte
hinter uns in die Tiefe zurück und schlug dumpf in das lärmende
Wasser. Auch manche Staude, an der wir uns im Emporsteigen hielten,
drohte nachzugeben. — Endlich waren wir oben. Die Schlucht unter
uns war wieder von ihren grünen Bäumen ganz zugedeckt; sie war
mit Fels und Wasser und Dämmerkühle wie ein Märchen verschwunden
und wir standen wieder auf der Höhe der einsamen, sonnebedeckten
Haide. — Als wir uns der Fahrstraße und den Tannen nahten, hörten
wir, von der Capelle herüber, das sanfte Geläut eines Glöckleins. Es
war Sonnabend=Nachmittag.

„Das ist mein Sohn", sagte der Alte. „Er läutet die Vesper=
glocke." Der Alte nahm den Hut vom Haupte und betete. Nicht
weit davon, am Hügel, stand der Hirt, das unbedeckte Haupt auf den
Flintenlauf gelehnt. Ganz in der Ferne, auf den Steintrümmern des
verlassenen Dorfes, stand eine Mädchengestalt; die Erscheinung war
ganz von Strahlen umflossen, und ihre Umrisse zeichneten sich scharf auf
dem dämmernden Blau des östlichen Himmels. Neben ihr, die Vorder=

beine hoch auf den Steinen, stand ein Esel. Sie hatte die Hände
gefaltet und sah eine Weile nieder. Dann hob sie den Kopf, deckte
das Auge gegen die blendende Sonne mit der Hand und sah in die
Ferne. Es war Isabell. Der Alte gab mir die Rechte zum Abschied;
er wünschte mir glückliche Reise. Auch ihm, im Herzen, wünschte ich
glückliche Reise. Ich konnte mich von dem Gedanken nicht befreien,
daß er nun bald wol diesen Tannen, dieser Capelle, dieser Haide Lebe-
bewol sagen müßte... Er war so alt, er sah so ahnungsvoll nach
Oben und hatte doch Alles so lieb, was ihn hier Unten umgab...
So ging ich, und das Geläute der Vesperglocke gab mir durch's sonnige
Haide= und Hügelland lang noch das Geleite.

Nun war ich wieder lange Zeit allein; keine menschliche Seele begegnete mir, kein Wagen, kein Dorf, weder nah noch fern. Endlich,
nach einer Stunde, erschien in einsamer Niederung eine Hütte. Sie
sah behaglich aus, wenigstens nach allen den andern, die ich heut schon
gesehen hatte. Ich trat ein. Es war Niemand darin, als ein junges
Frauenzimmer; sie stand mir mit dem Rücken zugekehrt und war nicht
wenig verwirrt, als ich hereinkam. Aber da sie munter und hübsch
war, so fanden wir uns bald zurecht. Sie gab mir Milch und erzählte mir, indessen ich trank, daß sie erst ein Jahr verheirathet sei.
Es war schon ziemlich dunkel in der tief im Gebirge liegenden Hütte;
im Hintergrunde brannte ein Feuer, darüber hing ein Kessel mit
siedenden Kartoffeln.

„Der Mann kommt bald von der Arbeit heim, dann wird er
hungrig sein." Sorgsames, liebes Weibchen! „Der Mann ist ein
Maurer, und fleißig ist er und der beste Mann in Irland. — Dieses
Haus gehört nicht uns; wir haben es nur gepachtet. Mr. Swing ist
unser Grundherr."

„Mr. Swing? Reicht der bis hier hinunter? Wartet nur, er wird
Euch auch einmal vertreiben!"

„O nein!" ruft das liebe Weibchen, „Mr. Swing ist ein guter
Herr. Das habe ich wol sagen hören, daß man ewig unter ihm
wohnen kann, wenn man nur fleißig ist, den Grund umher bestellt,
den Zins bezahlt."

Ihnen schien es wol zu gehen, dem Maurer und seiner Frau
Meisterin. Es war Alles reinlich und wenn auch nur ein Stuhl und

eine festgenagelte Bank vorhanden war, so machte doch das ganze Innere dieser Hütte nicht den ärmlichen Eindruck, wie die übrigen Hütten, die ich bisher in Irland gesehn. Das Ehebett, durch eine der halb offnenen Stubenthüren gesehen, erschien sogar ganz stattlich und einladend. In meinem Eifer, Alles zu betrachten, zu prüfen, was sich mir im fremden Lande Fremdes darstellte, war ich arglos im Begriff die Kammer zu betreten.

„Nicht über diese Schwelle!" rief das junge Weib, indem sie sich mir leidenschaftlich entgegenstürzte. Dabei überflammte das Roth des auflodernden Herdfeuers ihr bewegtes Gesicht.

Seht Ihr, wie hier das irische Weib vor seinem Heiligthum steht? Ja, das letzte Heiligthum ist gerettet; der englische Feind hat es nicht zerstören können. Thron und Altäre sind gestürzt; das Heiligthum, in welchem die Liebe keusch und rein wohnt, ist stehen geblieben. Und wohin den Iren das flüchtige Schicksal treibt, ob in die finsteren Ur= wälder jenseits der Atlantis, ob in die schmutzigsten Winkel der City von London — wo er weilt, da richtet er auch dies Heiligthum auf. „O rühret, rühret nicht daran!" — Ich legte ein Silberstück auf die Bank für die Milch und wollte mich entfernen.

„Nehmt Euer Silber, fremder Herr," sagte das Weib, „wer in unsrer Hütte Milch oder Brod sucht, der ist willkommen, aber wir verkaufen unsre Freundschaft nicht."

Ich konnte dem Weibe Nichts abschlagen, ich raffte das Geldstück ein, als hätt' ich eine Sünde gethan, indem ich es ihr angeboten.

„Aber kann ich Euch denn mit gar Nichts danken, liebes Frauchen?"

„Ihr habt da eine Feldflasche, habt Ihr Whiskey drin?"

„Freilich und vom allerbesten. Versucht doch selber."

Das muntre, hübsche, erst ein Jahr verheirathete Weibchen nahm die Flasche und versuchte, bis nichts mehr zu versuchen blieb. Dann gab sie mir die Flasche zurück, reichte mir die Hand und wünschte mir glückliche Reise.

Gegenüber, auf der Höhe, stand eine andere Hütte, sie war in den Berg hineingebaut. Die offene Flur zeigte Etwas, wie einen Kramladen. Vor der Thür stand eine irische Schönheit von brillanten Formen. Ein Mädchen in schwarzem, knappem Mieder; mit langen schwarzen Haaren und funkelnden Augen. Ich näherte mich, sie verschwand.

Als ich nun in den Laden trat, erschien ihre Mutter. In dem Laden war nicht viel zu haben: Schuhwichse, Thee, Brod, Schwefelhölzer. Wo war nur das Mädchen im schwarzen Mieder? Ha, ha, ha! klang's auf einmal aus der Ecke. Sie hatte sich da versteckt und coquettirte mit ihren schwarzen Augen zwischen zwei großen Mehlsäcken hervor.

„Bei uns ist es Sitte," rief ich, „daß man jedes Mädchen küßt, dem man so auf der Wandrung begegnet!"

„Bei uns auch," kicherte die Schöne; „doch muß man das Mäd= chen erst haben!" Dabei hatte sie sich graziös um den Mehlsack ge= schwungen, und ich hatte Mühe genug, sie zu fangen. Die Mutter stand dabei, beide Arme in die Seite gestemmt und lächelte vergnügt zu dem harmlosen Spiel. Mit einer Büchse voll Schwefelhölzer, von denen jedes einzelne einem mäßigen Spazierstock an Dicke glich, verließ ich den Kramladen der irischen Haide und ging in's Thal hinunter, oft rückwärts schauend nach dem schwarzen Mädchen, das lange noch auf der Höhe sichtbar blieb.

Die Dämmerung begann, eine lange, schöne Dämmerung. Von hier ab erschien mir die Gegend belebter und reicher. Die Berge, hier vom Abendroth überflammt, dort schon in bläuliches Dunkel getaucht, treten zu beiden Seiten näher zusammen, und durch die Tiefe zwischen beiden läuft der Anamoe=Fluß und Wiesengrün bekleidet seine Ufer. Wo das Wiesenthal sich erweitert, steht in fruchtbaren Gründen das protestantische Pfarrgehöft ... Welch' klarer, sanfter Sommerabend= friede ringsum! Weiße Tauben, röthlich noch angestrahlt, umflattern das in Grün versteckte Dach .... je zuweilen schlägt ein Hund an — nicht ungastlich rauhe Töne ..... vielleicht steht jetzt des Pfarrers blondhaariges Töchterlein vor ihm, er springt an ihr hinauf, sie halb unwillig, daß seine gutmüthig plumpe Tatze ihr blaues Kleid beschmutze, wehrt ihn ab, indessen er ihr die schmale, feine Hand leckt .... Dort, wo das Fenster von Abendgold glüht .... das ganze Fenster scheint selbst zu Gold geworden, es spiegelt so! — dort sitzt der Pfarrherr vielleicht über Luther's Bibel .... Abendroth und Luther's Bibel — gibt es Herrlicheres in der Welt? .... Gegenüber die Höhe ist schon ganz verdunkelt. Von dem schwarzen, kahlen Berghintergrund heben sich zwei weiße, kahle, nackte Gebäude ab. — Das eine ist die Kapelle, das andere die Wohnung des Capellans, des katholischen Priesters.

Armer Mann, wie einsam Du da oben sitzest! Kein Abendbroth, keine Taube, kein Töchterlein . . . . das einzige weibliche Geschöpf in Deiner einsamen Stube ist das Bild der Schmerzensreichen, das über Deinem Tische hängt und vielleicht die Züge eines Wesens trägt, das Du ehedem — da du noch ein Kind warst und lieben durftest — geliebt hast! —

Hier führt eine breite Brücke über den Anamoe=Fluß und zerstreut umher liegen die Hütten des Dörfleins Anamoe. Auf der Höhe desselben befindet sich das Wirthshaus. Viele Stimmen hörte ich da drin; rauhes Gelächter, Gläserklirren. Ich gedachte mir mein Fläschlein füllen zu lassen; so trat ich ein. Kaum daß ich die Thür geöffnet, so schlug mir ein unbeschreiblicher Dunst und Qualm entgegen. Der Raum war eng, ganz voll bärtiger Männer und Alle rauchten den schlechtesten Tabak. Sie waren wol eben, nach der Samstagslöhnung, von der Arbeit heimgekehrt; die Meisten schienen zum Maurerhandwerk zu gehören, denn sie trugen Hammer und Kelle bei sich. Ich sah das freilich erst nach und nach; denn zuerst bewegte sich in dem unburchdringlichen Qualme Alles unentwirrbar vor mir. Nirgends war ein Plätzchen gelassen, sich niederzusetzen; ja, ich bemerkte, daß man sich geflissentlich breit machte, und auf leere Sitze die Füße streckte, damit sie der Fremde nicht benutzen könne. So stand ich rathlos und verwirrt da.

„Wir wollen keinen Engländer unter uns! Dieß ist ein irisch' Wirthshaus! Kein Engländer hat hier Etwas zu suchen!" Das murmelten die bärtigen Männer.

„Ist das irische Gastfreundschaft?" rief ich, als ich mich so behandelt sah.

„Dem Engländer keine Gastfreundschaft! Er hat sie um uns nicht verdient!" murrten sie weiter.

„So gönnt mir nur Raum, an die Barre zu kommen. Wirth, füllt mir mein Fläschchen mit Whiskey!"

Der Wirth regte keine Hand, die Männer bewegten sich nicht von der Stelle. Und dort unter den Bärtigen mit Hammer und Kelle — vielleicht der dort, der mir so trotzig den Weg versperrte und nicht leiden wollte, daß der Wirth mir die Flasche fülle — stand der Mann, dessen munteres, hübsches Weibchen sie mir vor kaum einer Stunde leer getrunken! — Ich schwieg davon und enteilte.

Die Sonne war nun ganz niedergegangen, und die östlichen
Berge hinter mir — denn ich ging dem Abendroth entgegen — standen
mit gloriös verklärten Häuptern, während vor mir in den Schluchten
des Gebirges die blaue, kühle Dämmerung begann. Aber einsam und
still blieb es noch immer, kein Glockengeläute, den nahenden Sonntag
zu begrüßen, kein Singen, kein Freudengeschrei. Nur einsames, fernes
Hundegebell und bei dieser Einsamkeit, dieser tiefen Bergesstille die
Landschaft so ungemein lieblich. Hier nun zieht der Fluß erweitert
durch flache Wiesenthäler. Etwas Waldung ist hier und da zu erblicken; umgestürzte Bäume liegen am Ufer und scheinen da zu verfaulen.
Dann kommt das Dorf Laragh, schwarzhaarige Mädchen mit nackten
Füßen und Männer in abgerissenen Röcken treten an die Thür, starren mich an und lachen hinter mir her. Ueber die fernen Wiesen,
durch die Dämmerung, schimmern einige freundliche Häuser hervor —
dort wohnt der „Gentleman" d. h. der Grundherr, dort der „Dachter"
d. h. der Doctor, — auf jenem Gipfel die protestantische Kirche, auf
jenem andern die Capelle — (in ganz Irland heißt das protestantische
Gotteshaus: „the church", die Kirche, das katholische „the chapel",
die Capelle; es ist eben der Unterschied, den man in England zwischen
der Kirche und dem Bethaus der Dissenters macht). Nun weht es dem
Wanderer wunderbar kühl und frisch entgegen; ein Nachthauch, wie
Märchenluft, steigt empor. Es öffnet sich das Gebirge, und tief und
dunkel in ihm, ganz eingeschlossen, liegt das Thal von Glendalough,
das Thal der Sagen, Märchen und Wunder, der frommen Mönche,
der grauen Klostervorzeit — Nacht bedeckt es, aber freundlich und hell
schimmern die Fenster des Gasthauses, das den müden Wanderer in
seine comfortablen Räume aufnimmt . . . . „Willkommen in Glendalough!"
sagt der Wirth und schüttelt mir die Hand. Willkommen in Glendalough, in der Schlucht der beiden Seen!

Die Fenster meines kleinen Zimmers gingen hinunter nach der
Thalseite, nach den sie begrenzenden Bergen, nach den Seen. Doch
sah ich noch Nichts; ich ahnte die Umrisse kaum, indem der Himmel
aus der blauen Dämmerung der Sommernacht in jenes matte Silber-
grün hinüberspielte, das den aufgehenden Mond zu verkünden pflegt.
Sobald ich die Fenster öffnete — und ich that es gleich — wehte
Frische herauf, wie von sanft gekräuseltem Wasserspiegel. Und nun in

dieſes Land der Dämmerung, wie zog's mich unwiderſtehlich hinein!
Ein Stück Welt — der unſren ganz fremd, in die unſre hineinragend
wie eine unheimliche Erſcheinung — liegt da; ein Jahrtauſend einge-
ſchlummert, träumend auf mooſigen Ruinen, unter feucht rauſchendem
Ufergeſträuch ... Der Schleier der Sommernacht bedeckt dieſen ſtehen
gebliebenen Reſt einer untergegangenen Welt. Bald wird der Mond
kommen und mit ſilbernen Fingern den Schleier lüften. Holdſelige
Luna! Du kennſt dieſe Welt! Gedenkſt Du noch an jene Nacht —
jene Nacht vor tauſend Jahren — wo Du durch's Bogenfenſter dem
frommen Mönch in die Zelle ſchauteſt? Er ſaß an einem Eichentiſch
und war über einen Pergamentſtreifen gebückt; mit einem Farbenſtift
arbeitete er an einem Initialbuchſtaben. — „Sage Aaron und ſeinen
Söhnen, daß ſie ſich enthalten von dem Heiligen und meinen heiligen
Namen nicht entheiligen; denn ich bin der Herr.“ ... Er legte den
Stift nieder, er ſenkte das Haupt in die Hand. Er dachte an ein
fernes, ſonniges Land, von dem er geleſen; an das Land mit der
ewigen Stadt, mit den ſchimmernden Geſtaden, an denen Horaz geſun-
gen, mit den dunklen Orangenhainen, in denen Virgil, der Zauberer,
geträumt ... „Werde ich das Land ſehen?“ fragte er mit einem
Seufzer. Da, holdſelige Luna, haſt Du ſanft ihm die Thräne der
Sehnſucht aus den Wimpern gelöſt, haſt Du freundlich ihn ange-
lächelt; und heut, wenn Du die Gräber der Medicis im fernen Tos-
cana beſuchſt, ſchauſt Du wol auch auf ein einſam Biſchofsgrab in
Feſulae. „Donatus, Episcopus Feſulenſis † A. D. 860.“ —
Es iſt der Mönch von Glendalough, der in jenem Grabe ſchlummert. — Holdſelige Luna, komme!

Ich begab mich hinunter. Im Hofraum war noch einiges Leben.
Roſſe wieherten in den Ställen und ſtampften, Hundegebell, fröhliches
Lachen einiger Mägde und Knechte. Ich überſchritt eine ſchmale, hölzerne Brücke; unter mir ſchäumte das Waſſer dahin. Dann ward
Alles ſtill, ein Raſenhügel lag vor mir und langſam erſtieg ich ihn,
klopfenden Herzens. Langſam lichtete ſich mein Pfad, ſanfte Helle,
von Oben umſtrömte mich: die dunkle Welt um mich trat auf einmal
mit leuchtenden Umriſſen in die lauliche Athmoſphäre. Und da nun
der Gipfel erklommen war, — ſiehe, da ſtand der Mond voll und
golden über den Gebirgsreihen, die ich heute am Tage durchwandert.

Er zittert durch die Hütte, in welcher Isabell schlummert. Er funkelt in dem Wasserfall der Teufelsschlucht. Er gießt seinen mildesten Segen um das Ehebett von Anamoe. Und auch hier, um mich, verbreitete sich sanfte Klarheit. Auf beiden Seiten sah ich mich von hohen Gebirgsrücken eingefaßt; Wald war nur spärlich da, den Hintergrund schloß in dämmernder Mondesferne eine dunkle hohe Wand. Ich sah im Becken des Thales einen Schimmer wie von breiten Wasserspiegeln, aber erkennbar ward nur ein rauschender Bach, der sich von dort abzulösen schien und funkelnd durch Wiesenniederungen heranfloß und sich auf der andern Seite des Hügels unter dunklen überhängenden Bäumen murmelnd verlor. Das Wirthshaus lag auf den Wiesen, unten dicht am jenseitigen Gebirge. Einzelne seiner Fenster schimmerten. Dieser Schimmer war das Einzige, was mich an die Welt erinnerte, die ich unter mir verlassen hatte. Ich fühlte mich frei von ihr, wie schwebend. Mein ganzes Leben in diesem Lande glich einem Leben in anderen Regionen, in ausgestorbenen Heiligthümern, auf Feenhügeln und Inseln, die nur bei Abendroth zuweilen aus blauem Ozean auftauchen.

Und nun stand ich wieder auf Trümmern. Hier im Thal vor mir, wo ich eine weite Strecke voll Ruinen erblickte, unsicher vom Scheine des Mondes erhellt, und auf dem mondenklaren Nachthimmel wie eine hohe schwarze schauerliche Säule den Rundthurm — hier hat einst eine schöne, prächtige, volkreiche Stadt gestanden. Zuerst vor dreizehnhundert Jahren, erhob sich hier ein Kloster, das Kevin, der strenge Heilige, im finstern Schatten dieses Gebirges errichtet. Einhundert und zwanzig Jahre alt ward der heilige Mann und sein gottgefälliges Werk sah er herrlich emporblühn. Der Ruf seiner Heiligkeit erfüllte das Land und zog die beschaulichen Seelen jener frühen Zeit heran. Zelle an Zelle, Haus reihte sich an Haus, Thürme, Capellen, Kirchen krönten die sanften Hügel, und berühmt war bald die Stadt der Zwei-Seen-Schlucht, die Stadt von Glendalough.

Bürger des Himmels waren die Bewohner dieser Stadt; fromme Mönche saßen hier, und Schüler — oft aus königlichem Blute — bevölkerten die gewölbten Hallen oder wandelten mit ihren ehrwürdigen Lehrern in schattigen Höfen. Die Barden sangen ihre halb heidnischen halb christlichen Lieder von Oisin und dem heiligen Patrick, und kunstgeübte Hände bemalten das Pargament mit jenen freundlich bedeutungsvollen Initialen, deren Goldschimmer und Farbenfrische auf dem schon halb vermoderten Grunde wir noch heute ehrfurchtsvoll bewundern. Das war die goldene Zeit Irlands, die gefeierte, die, wie alles Schöne, für Ewig dahin. Heilig war zu jener Zeit das Land — „die Schule des Westens, der stille Wohnsitz des Friedens, der Frömmigkeit, der Literatur" (Dr. Johnson). Nicht Irland war damals der Name der Insel, Scotia — bis zu der Zeit, wo Colonisten diesen Namen auf das damals Alban, das Land der „Alpen", der hohen Gebirge, genannte Schottland übertrugen — hieß es bei den Heiden und Insula Sanctorum bei der damals noch kleinen Gemeinde der Christen. Denn „fast kein Winkel des Landes ward gefunden, kein Ort auf der Insel, noch so entfernt, der mit vollkommenen Mönchen oder Einsieblern (perfectis monachis aut monialibus) nicht erfüllt gewesen wäre, so daß Hubernia in der ganzen Welt mit dem besondren Namen die Insel der Heiligen genannt wurde." (Jocelinus, Vita S. Patrici c. 174.)

Irlands Beruf war es damals, die dunkle Welt zu erleuchten. Das griechische Kaiserthum, der letzte verkümmernde Rest der antiken Welt, begann schon bei mühsam erhaltenem äußeren Scheine die vernichtenden Stöße des Muhamedanismus zu empfinden; der Bischof von Rom hatte erst langsam angefangen, sein Terrain den Heiden, seine Autorität den fränkischen Königen abzuzwingen. Europa zitterte vor den arabischen Fanatikern; die rohen Angelsachsen bequemten sich nur mit Wiederstreben zur Taufe. Um jene Zeit erging der Ruf an Irland, und Irland gehorchte ihm wie ein getreuer Diener. Kurz war sein Beruf, aber darum nicht minder hehr, und undankbar würde der Genius der Geschichte sein, könnte er desselben jemals vergessen. Aber der Genius der Geschichte kann nicht undankbar sein; in stiller Rührung erzählt er uns, wie die Männer von Irland die Wälder des Continents durchzogen als apostolische Wandrer; die Klöster von Luxeuil in Burgund, von Pavia, St. Gallen und Würzburg, die sie gegründet, nennt er uns, und weiter führt er uns aus der wilden Rhön zur andern Seite der Alpen in das blühende Gefilde Toskanas. Erkennt Ihr den Mann der dorten am Fenster des Klosters steht, vom Glanze der untergehenden Sonne umwoben? Den Bischofsmantel und die Mütze trägt er — erreicht ist, was sein heißester Wunsch gewesen. Aber um diese Stunde, wenn die Sonne untergeht, steht er oft am

Fenster, das gegen Abend sieht. Dann überkommt ihn eine stille, tiefe
Sehnsucht .... wenn das weißglühende Rad der Sonne nun rollend
sich umschwingt, wenn es den Rand der Gebirge nun flammend berührt — dann beginnt in seiner Brust das Lied des Heimwehs zu
klingen, und seine Lippen stammeln es leise nach: „Finibus occiduis
describitur optima tellus .....“

> Fern an den Grenzen des Abends wird uns ein Eiland beschrieben,
> Das, so selig wie keins, Scotia von Alters genannt.
> Reich an Gold und Gestein, an allen Schätzen, an Schönheit
> Ist der Boden und mild ist die Sonne, die Luft.
> Früchte reifen und Milch giebt die Heerde, Honig die Biene,
> Und die Kunst, die er übt, schützt hier mit Waffen der Mann.
> Niemals tobten hier Bären, nie trug der schottische Boden
> In dem Dunkel des Hains rasende Brut der-Leu'n.
> Gifte schaden hier Keinem, noch kriecht im Grase die Schlange
> Noch im verwünschten Teich krächzt der geschwätzige Frosch.
> Hier verdienen allein die Stämme der Schotten zu wohnen —
> Männer im Kriege bewährt, Männer im Frieden berühmt!

Diese Distichen — in denen die Schönheit und alle Wunder
Irlands in rührender Gläubigkeit beschrieben sind — blieben das ganze
Mittelalter hindurch populär. Und der Mann, der sie in der Sehnsucht seines Herzens gedichtet, den kennt Ihr ... Es ist der Mönch
von Glendalough, der einstmals da unten gewohnt ...

Die schöne Stadt ist längst zusammengebrochen, mehrere Male
schon, 1020 durch Feuer, 1177 durch Wasser zerstört, ward sie
immer wieder mit unermüdlicher Zähigkeit aufgebaut. Bis im Jahre
1398 die englischen Eroberer sie ein für allemal bis auf den Boden
niederbrannten. Da ist sie nicht wieder aufgebaut worden, und Alles
was von ihr übrig geblieben, sind sieben Kirchen ... sieben verwitterte,
halb schon zu Staub gewordene Ruinen, die hier im Thale, dort in
den Schluchten, dort auf dem Berge verstreut sind. Die Thränen
kommen dem Iren in die Augen, wenn er von den sieben Kirchen von
Glendalough spricht. Es ist sein Jerusalem — es ist „der Kirchhof
von Irland,“ wie es im Buch von Ballymote heißt.

Nur wenige Menschen wohnen am Eingang dieser Todtenstadt.
Wenige Trümmer von Hütten ausgestorbener oder verjagter Familien
sind dazwischen verstreut. Aber viel frische Gräber. Denn gern bettet

hier und überall auf der Insel der Heiligen der Ire seine Todten unter
Trümmern. Im Leben hat man ihn aus seinen Heiligthümern ver=
stoßen; nun sucht er im Tode unter ihren modernden Resten sein Lager.
Und oft kommen Leichenzüge, die einen Heimgegangenen hier zu seinen
Vätern versammeln; oft alte Männer, alte Mütterchen, die vor einem
zerbrochenen Heiligenbilde unter dem Eibenbaum niederknieen und beten.
Und traurig, vom Morgen bis Abend, schwankt der lange Schatten des
hohen Rundthurms über ihnen. —

Dann ging ich den Hügel hinab. Eine Mauer trennt ihn von dem
Kirchhof. Ich kletterte empor und sprang nieder; ich stand auf einem
Grabe. Ich war unter Leichensteinen. Dicht vor mir der höchste, der
gewaltigste, den ich je gesehen — der Leichenstein dieser ganzen unter=
gegangenen Welt, der Rundthurm, und um seine zerrissenen Dachkanten
das ewige Diadem — die Sterne des Wagens. Mich aber überkam
ein Schauder... Die Todten stiegen herauf. Das schlummernde
Jahrtausend hatte sich im Schlaf geregt, mir war, ich hätte es ge=
weckt. Leise stahl ich mich fort — leise, unter die weich rauschenden
Bäume der Außenseite; und das strömende Wasser der Tiefe sang meine
bewegte Seele zur Ruhe.

Mein Herr, der souveräne Wärter und Tyrann des kleinen Gast=
hauses stand vor der Thüre. „Ho, Sir!" rief er, indem ich mich
nahte. „Euer Steak ist ganz weich geworden, und auf die Fische gebe
ich auch nicht mehr viel. Warum seid Ihr so lange fortgeblieben?"

Sollte ich ihm von meiner Zwiesprach mit Geistern erzählen?
Ich ließ ihn schmälen — da er ja eigentlich ganz recht hatte — und
trat, von ihm geführt, in das Gastzimmer ein. Das Lampenlicht, der
erträgliche Comfort des kleinen Gasthofs im Gebirge that mir wol.
Es thut wol, sich noch eine Weile als Bürger dieser festen Welt zu
fühlen, nachdem man auf Gräbern, an der Pforte des Traumlandes
gesessen. Wie groß sollte aber mein Erstaunen sein, als ich am oberen
Ende des Tisches, an dessen unterem mein Herr, der Wärter und
Tyrann, das weichgewordene Steak und die Fische aufgetragen hatte,
einen alten Herrn mit steifer weißer Cravatte und einem vergoldeten
Nasenklemmer und zwei junge Damen sah, die mich freundlich begrüßten,
nachdem ich mein Compliment gemacht. Unser Erstaunen war groß;

wir hatten uns im Leben schon einmal gesehen, wir waren alte Bekannte,
so zu sagen gute Freunde; — aber wo? wie? wer? das waren jetzt
die Fragen, die sich Jeder stillschweigend vorlegte und nach seiner Art
zu beantworten suchte. Der alte Herr saß mit dem feierlichen Anstand
eines Präsidenten am obern Ende des Tisches. Er hatte eine große
Karte von Irland vor sich liegen, in welche er mit einem Rothstift
Linien und Striche zog. Dabei rauchte er eine Cigarre, die ihm alle
Minuten ausging, und die er alsdann mit einem Fidibus wieder an-
zündete, welchen er jedesmal zum sichtbaren Verdruß des Wärters noch
brennend auf den Boden warf. Zu seinen beiden Seiten saßen sich
die jungen Damen gegenüber. Zwei junge Damen — beide hübsch,
beide braunäugig, braunlockig, stumpfnäsig, schelmisch, in blauen, hoch-
anschließenden Kleidern, — beide höchstens achtzehn oder so ... kurz
das schönste Zwillingspaar, das ich in meinem Leben gesehen. Ich
konnte mir's nicht möglich denken, sich in die eine zu verlieben, ohne
gleichzeitig auch in die andere verliebt zu sein. Ich ... aber mein
Herr, der Wärter, ließ mir nicht Zeit zu fernerem Bedenken; er stand
da, in jeder Hand einen Zinndeckel, den er von den Schüsseln gehoben,
und meinte, wenn ich nun nicht anfinge zu essen, so könne er für Nichts
mehr garantiren.

Ich setzte mich. Die hübschen Zwillinge am oberen Ende bückten
sich auf den Tisch nieder; die Eine heftete Blumen in eine Art von
Album, die Andere schrieb einen Brief; aber alle Augenblicke sahen
sie auf und lächelten sich verstohlen an. Es waren muntere, holde
Geschöpfe. Sie gaben sich die größte Mühe ernsthaft zu sein; aber
sie konnten es nicht durchsetzen. Ich saß wie auf Kohlen. Ich hätte
so gern nur eine Minute ruhig nachdenken mögen; aber der Wärter
ließ es nicht dazu kommen; er hatte sich neben meinen Stuhl aufge-
pflanzt und duldete nicht, daß ich eine Pause machte. Er war von
höchst unduldsamer Natur, und außerdem warf der Gentleman am
obern Ende des Tisches so viel brennende Fidibusse auf die Erde!
Ich sah's dem Wärter wol an, daß er auf eine Auskunft sann; er
setzte den linken Fuß vor, den rechten Fuß vor — er trat gleichsam
symbolisch das brennende Papier aus, er räusperte sich. Er war
offenbar in der größten Verlegenheit. Nicht besser schien es in diesem
Augenblicke dem Gentleman mit der Karte zu gehen. Er suchte bereits

seit einer Viertelstunde einen Namen auf der Karte; und als die beiden
Mädchen zum letzten Male gelacht hatten, da sagte er ihnen, jedesmal
wenn sie lachten, verlöre er die Spur wieder. Sie möchten sich doch
ernsthaft verhalten; das sähe für so junge Mädchen, wie sie wären,
auch viel besser aus. Sie bissen sich in die Lippen und versuchten
ernsthaft zu sein; aber grausam war's, so hübschen Mädchen das Lachen
zu verbieten, — das sah ich wol ein. In diesem Augenblicke stieg ein
Gedanke in mir auf. Wenn Sie es wären? Sie — der Vater mit
den beiden Töchtern . . .

„Mr. Macrie!" rief ich, indem ich zum großen Erstaunen des
Wärters Messer und Gabel niederlegte und mich erhob. Der Gentleman sah auf — eben würde er den Namen ganz gewiß gefunden haben,
wenn ich ihn nicht gestört hätte. Auch war ihm die Cigarre wieder
ausgegangen, und als er den brennenden Fidibus, mit dem er sie angezündet, auf den Boden geworfen hatte, da benutzte der Wärter den
Moment allgemeiner Bewegung, um ihn mit einem animosen Fußtritt
heimlich auszutreten und die Asche der übrigen bei Seite zu scharren.

„Mr. Macrie!" wiederholte ich, indem ich mich gegen den Gentleman verneigte — „Miß Jane — Miß Ellen . . ."

Der Gentleman reichte mir vorab die linke Hand und entschul-
bigte sich damit, daß er die rechte nicht von der Karte entfernen könne,
aus Furcht, die Spur zu verlieren. Alsbann sagte er, ich sei ganz
willkommen; auch sei ihm, als habe er mich schon gesehen, nur wisse
er nicht wo; und er hätte mit dem Nachdenken so lange warten wollen,
bis er den Namen auf der Karte gefunden haben würde; Miß Jane
und Miß Ellen aber sagten, sie wüßten, wo sie mich gesehen hätten,
sie hätten mich auf dem Hügel von Howth gesehen — und sie hätten
mir Blumen zugeworfen, sagten die Mädchen. Und ich hätte diese
Blumen einem Mr. Brittlebank gegeben, sagte ich. Da lachte das
eine von den beiden Mädchen — es war das erste Mal, daß sie wieder
gelacht hatte, seit der Vater es ihr verboten; die andere aber ward
roth, über und über.

„Miß Jane!" sagte ich, — „Sie sind Miß Jane! Ach, hätte
doch Mr. Brittlebank das sehen können!"

„Was sehen können?" fragte sie etwas piquirt, indem die Andere
fröhlich weiter lachte.

„Das sehen können," — sprach ich, „das — daß Sie roth geworden sind!"...

„Sie sind ganz willkommen," sagte Mr. Macrie, „nur bitte ich Sie, so lange nicht mit mir sprechen zu wollen, bis ich den Namen gefunden habe, es wird nicht lange mehr dauern."

Ich war dem guten Herrn für seine Erlaubniß sehr verbunden, gab dem Wärter ein Zeichen, abzutragen und setzte mich zu den beiden Mädchen. Kaum hatten wir unser Geplauder begonnen — und laut und lustig war es, das weiß Gott! — da sah Mr. Macrie auf und sagte, wir möchten doch nicht so laut sprechen, es störe ihn so sehr; er würde sonst heute Abend gar nicht fertig werden. Wir schwiegen; aber wir sahen uns an und bissen uns auf die Lippen, und da wir fortwährend in der größten Gefahr schwebten, unser Bestes herauszulachen, so gab Miß Ellen den Brief, den sie angefangen hatte, ihrer Schwester, Miß Jane, und Miß Jane gab ihn mir, obwol Miß Ellen ihr einen finstern Blick zuwarf, den ersten finstern Blick, den ich an ihr bemerkt hatte; er dauerte aber auch nicht lange.

„Theurer Will," las ich — „hier sind wir, hier in Glendalough. Papa studirt die Karte und hat uns verboten zu lachen. Jane bringt ihre Blumen in Ordnung und denkt an —" der Gedankenstrich, der hier folgte, war etwas lang und bedenklich gerathen — „ich denke an Dich, und wollte, Du wärest hier; dann gingen wir wol noch vor die Thür, unter die Bäume. Der Mond scheint so schön. — In diesem Augenblick deckt der Wärter den Tisch und sagt, es sei für einen jungen Herrn, der eben angekommen. Papa sagt, er solle nicht sprechen; das passe sich nicht für einen Wärter, wenn er sähe, daß ein Gentleman studire ... Wer der junge Herr nur sein mag! Ich hätte den Wärter so gern gefragt, wie er aussieht; aber ich darf ja nicht sprechen. Wenn er nur der — wäre," — der Gedankenstrich sah grade so lang und bedenklich aus, wie der obere; sie schienen von derselben Familie zu sein. „Der — Du weißt ... Da kommt der junge Herr. Arme Jane, er ist es doch nicht; aber wir haben ihn schon gesehen, an jenem Abend, wo —" Gedankenstrich von der bekannten Physiognomie ... „an jenem Abend ist er uns begegnet. Eben hat uns Papa wieder verboten zu lachen ... hahaha ... so will ich denn hier auf dem Papiere lachen — ich weiß, Du hast mir das niemals

8*

verboten ... und wenn Du es mir verbötest, so würde ich Dir nicht folgen, Dir nicht, Will ..." Der Brief war zu Ende.

„Wer ist Will?" flüsterte ich ganz leise über den Tisch hinüber.

„Ellen's Verlobter," flüsterte Jane zurück.

„Und der ... der mit dem Gedankenstrich?"

„Mr. ..." begann Ellen. — Husch! Der Vater richtete sich in die Höhe.

„Wie gesagt, mein Herr, Sie sind ganz willkommen," sagte er, „ganz willkommen," indem er einen dicken rothen Strich über die Karte zog. „Hier ist der Name — nun können wir auch trinken. Wärter, vier Glas Punch!"

„Sehr wol, mein Herr," erwiderte der Wärter, der bei Gelegenheit des Tischabräumens auch den Fidibusbecher weggetragen hatte.

„Aber recht heiß, Wärter, recht heiß. Und die Fidibusse — wo sind die Fidibusse, Wärter?"

Der Wärter sagte, er könne sie nicht finden; und Mr. Macrie sagte, dann werde er Saunder's Newspapers zu Fidibussen zerreißen, worauf der Wärter den Fidibusbecher aus einer dunklen Schrankecke hervornahm und auf den Tisch setzte, daß die Lampen zitterten und alle sich ansahen.

„Nehmt Euch in Acht, daß Ihr die Lampen nicht umwerft, Wärter," sagte Mr. Macrie.

„Ich danke Ihnen, Sir", sagte der Wärter, „ich werde mich in Acht nehmen." Dann kam das heiße Wasser, man goß Whiskey in die Gläser. — Mr. Macrie behauptete, starker Punch passe sich nicht für so junge Mädchen, wie sie wären, gab jeder Tochter einen Theelöffel Whiskey und nahm sich den Rest. Und so waren wir Alle „meist glücklich."

Nachdem Mr. Macrie seinen Punch umgerührt und seine Cigarre wieder angezündet hatte, theilte er mir mit, daß er Leinwandfabrikant aus Belfast und irischer Alterthumsforscher sei, daß er alle Jahre um diese Zeit eine Reise durch Irland unternehme, um diesen oder jenen Gegenstand von antiquarischem Interesse zu studiren, von diesem oder jenem Kunden, welcher in der Nähe wohne, restirende Gelder einzutreiben und womöglich neue Geschäftsverbindungen anzuknüpfen. Auf dieser Reise habe er seine beiden Töchter mitgenommen, um ihren

Sinn für Alterthümer zu wecken. Bei dem Worte: „Alterthümer" kicherten die hübschen, jungen Geschöpfe und bespiegelten ihre Gesichtchen in den dünnen Whiskeypunsch. —

Nach einer Pause fragte Mr. Macrie, ob ich auch Leinwandhändler sei? Ich weiß nicht, wie er zu der Frage kam. Nachdem ich mein Bedauern ausgedrückt hatte, diesem Zweige der Geschäftsthätigkeit nicht anzugehören, erklärte ich, daß ich ein Deutscher sei, worauf Mr. Macrie „Sieh! sieh! sieh!" sagte. Alsdann fragte er seine Töchter, ob sie schon einen Deutschen gesehen hätten? und Jane sagte ja, sie habe schon einen Deutschen gesehen. In London nämlich sei ein solch' kleiner, häßlicher und schmutziger Mann jeden Morgen mit alten Röcken und alten Hosen über dem Arm am Hause des Onkels vorbeigegangen und habe „jlau! jlau! jlau!" geschrieen.

Eh' ich noch Zeit hatte, gegen meinen Londoner Adoptivbruder zu protestiren, hatte Mr. Macrie seiner Tochter Ellen schon geheißen sich von den Deutschen zu merken, daß sie ein Volk seien..." hier entstand eine Pause, weil die Cigarre wieder ausgegangen war — „ein Volk, welches in der Gegend der Nordsee wohnt. Sie reden mehrere Sprachen, worunter preußisch die verbreitetste ist. Sie sind sehr gelehrt und können Alle gut singen."

„Ach! lassen Sie uns ein Lied hören!" rief Ellen und warf die Feder hin, — Ellen war nämlich vom Vater dazu ausersehen worden, das wissenschaftliche Reisetagebuch zu führen.

„Ja, ein Lied!" stimmte Jane ein.

Ich hatte Mühe, den Mädchen begreiflich zu machen, daß ich nicht singen könnte; Mr. Macrie habe eine zu gute Meinung von der Stimme des deutschen Volkes, und thue dadurch mir selber großes Unrecht.

„Sie sind sehr gelehrt und können Alle gut singen!" wiederholte Mr. Macrie, ohne sich irre machen zu lassen.

„Dann sprechen sie doch wenigstens ein bischen preußisch — ich liebe so sehr, fremde Sprachen zu hören!" sagte Ellen. Dagegen ließ sich Nichts sagen; ich sprach „ein bischen preußisch," und die Mädchen wollten sich todt darüber lachen. Das sei die wunderlichste Sprache von der Welt, meinten sie, und gewiß recht schwer zu begreifen. Mittlerweile hatten wir unsre Gläser bis auf die Reste geleert und

Mr. Macrie lud mich ein, am andern Morgen mit ihnen zu frühstücken und dann gemeinsam die Ruinen dieses Thales zu besichtigen. Wir erhoben uns, schüttelten uns die Hände und wünschten uns Alle eine gute Nacht — und ich zweifle nicht, daß wir sie Alle auch hatten.

Ich wenigstens fühlte mich ausnehmend frisch und heiter, da mich andern Tages in der thauigen Morgenfrühe die Sonne weckte. Es war ein köstlicher Sonntagsmorgen. Reine Bergluft strömte in das Fenster, sobald ich es emporgeschoben hatte. Einsam lag das Thal vor mir. Gegenüber der Berg — der rauschende Fluß — der Kirchhof, dessen Grabsteine nun in der Morgensonne leuchteten. — Der Rundthurm, selbst noch in diesem goldnen Schimmer eine ernste, dunkle, fast unheimliche Erscheinung, eine Geisterburg! Und in der Ferne das Funkeln der Seen — denn das war es, was mir gestern Abend im Mondschein so eigenthümlich geblitzt und geschimmert hatte — grüne Waldreste den Berg hinan, und die blaudunkle Schlucht, die mit tiefem Morgenschatten das Bild in weiter Ferne schloß.

Sonntagsstille. — Kein Lüftchen rührte sich; kein Vogel sang, kein Läubchen rauschte, keine Glocke läutete, und die goldene Morgensonne lächelte auf dies Thal voll Ruinen, wie auf das Antlitz eines Todten. Ich erstieg den Hügel von gestern Abend. Wilde, nackte, felsige und dunkle Gebirge lagen vor mir. Durch breite, weite Felsenthore sah ich die Thäler von Glendasson und Glendalough mit den beiden Seen. Im Vordergrund hatte ich die Ruinen der sieben Kirchen; und im Mittelpunkt des einsam-schauerlichen Bildes erhob sich der schwarze Rundthurm auf dem glänzenden Hintergrund der beiden Wasserspiegel.

Ich mußte ihn immer ansehen diesen Thurm, er war mir so räthselhaft. — Auf mäßiger Anhöhe steht er — einhundert zehn Fuß hoch — mit zusammengebrochener Eingangsthüre, mit vier kleinen Fenstern, mit zwei Lichtspalten hoch oben am Dach, aus Granit gebaut, Schieferplatten zwischen die Blöcke gefügt. — Das konisch gestaltete Dach ist vor funfzig Jahren heruntergestürzt. — Dunkle, geheimnißvolle Vorstellungen waren lange mit diesen Rundthürmen verknüpft, denen der Wanderer so oft begegnet, wenn er am Strande der Seen von Irland oder an der einsamen Meeresküste schweift. Die Phönizier sollten in diesen schauerlichen Thürmen dem Moloch ihre Kinder geschlachtet haben; Tempel sollten es gewesen sein, in denen das heilige

Feuer brannte, Heiligthümer des Buddhadienstes. Der Druidenpriester sollte jeden Morgen auf das Dach gestiegen sein, um den Sonnenaufgang zu erwarten, und beim ersten Strahl desselben nach allen vier Weltgegenden sein „Baal, Baal, Baal!" ausgerufen haben. Sternwarten, Bußzellen ... dann wieder Festungsthürme der Dänen, Kriegsburgen, die sie im eroberten Lande aufgerichtet. Nichts von alle dem; die tiefen, allgemein bewunderten Forschungen des Dr. George Petrie, die ihm eine Stelle unter den ersten irischen Antiquaren angewiesen, haben Folgendes ergeben: Die Rundthürme finden sich stets nur in der Nähe alter Kirchenbauten, stets in einem Zusammenhange mit denselben. Ihr architektonischer Stil trägt keine Züge oder Eigenthümlichkeiten an sich, die man nicht auch an den alten Kirchenresten fände, mit denen sie örtlich zusammenhängen. An verschiedenen derselben sind christliche Sinnbilder erkenntlich; andere entfalten im Detail einen architektonischen Stil, der allgemein als von christlichem Ursprung anerkannt ist. Daher sind die Rundthürme als christliche und kirchliche Gebäude anzusehen, die in dem Zeitraume zwischen dem fünften und dem dreizehnten Jahrhundert errichtet worden; und ihre Bestimmung war, den Mönchen zugleich als Glockenthürme und befestigte Plätze zu dienen, in welchen sie die für den Kirchendienst geheiligten Utensilien, Bücher, Reliquien und andere Werthsachen aufbewahrten und in die sich die Geistlichen, denen sie gehörten, in Fällen eines unvermutheten räuberischen Ueberfalls zurückziehen konnten. Wahrscheinlich wurden sie zu ähnlichen Zwecken auch, so oft die Gelegenheit es erforderte, als Leucht= und Wachtthürme benutzt.

Also Baudenkmale des frühesten Christenthums. So steht Ihr da, ehrwürdigen Reste! Die Stadt, über die Ihr einst emporgeragt, ist längst von der Erde verschwunden — die Menschen alle dahin — und keine Spur mehr von ihnen — Alles todt, traurig, wüste. Nur Gräber und moosige Grabesplatten ... Auf einem der Gräber lag, in der warmen Morgensonne ausgestreckt, ein Mann, den ich bisher nicht bemerkt hatte, trotzdem die blauen Wölkchen seines kleinen Thonpfeifchens lustig genug in die Luft wirbelten. Er erhob sich, als ich ihm nahte.

„Ein schöner Sonntag heute, Gott sei Dank!" sagte er.

„Sei Dank!" wiederholte ich.

„Sind Eure Herrlichkeit aus Dublin?" fragte der Mann.

„Keine Herrlichkeit," sagte ich, „und nicht aus Dublin, ein schlichter Wandersmann aus fernen Landen!"

„Dann kennt Ihr mich auch nicht," sprach er ein wenig traurig, und wie mir schien, mehr für sich, als für mich. „Ihr kennt Miles Doyle nicht. Wäret Ihr aus Dublin, Ihr würdet mich kennen. Jedes irische Kind in Dublin kennt mich. Habt Ihr von Dr. Wilde, von Dr. Stoke, von Dr. Graves gehört? O, sie kennen mich Alle, die irischen Gelehrten; ich habe mit ihnen die alten Grabsteine hier herum gesucht und die Erde davon gekratzt, daß sie die Oghams lesen konnten, die darauf stehen. Und zeigt doch das grüne Buch, das Ihr in der Hand habt. Seht, es ist Black's „pittoresker Tourist von Irland." Mr. Black kennt mich auch wol; ich habe ihm Alles gesagt, was er über Glendalough geschrieben hat. Nun sagt, wie weit von hier seid Ihr denn zu Hause?"

„Tausend Meilen weit!"

„Tausend Meilen weit? Beim heiligen Patrick! das ist weit. Seid denn willkommen, Herr, in Glendalough. Miles Doyle wird Euch führen."

„Gut," sagte ich, „doch geht mit mir erst in's Wirthshaus zurück; laßt mich erst mein Frühstück nehmen; dann treten wir unsere Wanderung an."

Wir gingen zum Wirthshaus zurück. Ein prächtiger Kerl war mein neuer Freund, das muß ich heut noch sagen. Sein braunes Gesicht ward von schwarzem Haar und schwarzem Bart noch mehr verdunkelt; in seinen graublauen Augen lag neben aller Schlauheit doch auch ein gut' Theil von Treuherzigkeit. So wie ich den Mann sah, auf den ersten Blick, hätte ich mich nicht gegraut, in der Nacht mit ihm auf der einsamsten Haide allein zu sein. Er trug ein rothgestreiftes Hemde, über der Brust halb offen, einen breiten, sehr groben Strohhut und einen Friesrock, der vielleicht bessere Zeiten gesehen hatte; denn alt war er, sehr alt; Knöpfe gab es nicht mehr, aber Knopflöcher genug, und andere Löcher auch, am Aermel, und ausgeschlitzte Taschen.

„'s ist mein Sonntagsrock, Herr!" sagte er, da er meine Blicke verstand. „Wir Irländer sind ein armes Volk, und müssen die Röcke tragen, die die Engländer verschleißt haben. Gott segne uns!“ —

Ueber der Oberlippe hatte er eine gewaltige Schmarre, die seinem Gesicht etwas schelmisch Verzogenes gab.

„Woher die Schramme, Miles?“ fragte ich.

„Ein Pferd hat mich dahingeschlagen. — Schrammen genug noch am ganzen Leibe — Gott sei Dank! daß sie nicht alle Welt zu sehen braucht. Hier am Oberarm eine Schußwunde, hier in den Lenden Schrot. — Zerschossen und zerschlagen — und doch immer den Kopf hoch. Immer noch der alte Miles Doyle, so lang' es Gott gefällt!“

„Seid Ihr denn in der Bataille gewesen?“

„Gott verhüte das!“ sagte Miles Doyle, der vor diesem Ge= danken sich sehr zu entsetzen schien. „Bei der Wilddieberei hab' ich's weg gekriegt — auf nächste Woche bin ich wieder vor den Gerichtshof geladen. Und ich laß es doch nicht, bis sie mich todtgeschossen haben. Und Jagd machen sie auf mich — das weiß der Himmel. Werden mich auch todtschießen. Dann hat's freilich ein Ende; nicht eher, das sag' ich Euch.“

„Aber es ist doch Wahnsinn, daß Ihr so in Euer Verderben rennt, Miles!“

„Wahnsinn ist's, aber besser so, als verhungern. Miles Doyle will doch auch einmal Fleisch essen. Und sein Weib und sein Kind können doch auch nicht vom Fasten leben. Für mich ist gesorgt, so lange ich mein Leben und meine Flinte habe. Gott schütze sie, wenn ich nicht mehr bin.“

„Wohnt Ihr hier in dem Thale?“

„Nein, drei Meilen weiter, im Gebirge, auf der Höhe von Anamoe.“

„Anamoe!“ rief ich — „seid Ihr der Maurer mit dem jungen Weibchen?“

„Das ist mein Nachbar, Herr. Meine Hütte steht gegenüber, auf der Anhöhe...“

„Der Kramladen?... die dicke Frau?... das hübsche, schwarze Mädchen?...“

„Das ist mein Weib und mein Kind und mein Laden,“ sagte Miles Doyle. „Aber woher wißt denn Ihr das, junger Herr?“

„Ei, ich bin gestern oben gewesen und habe mir Schwefelhölzer gekauft."

„Das waret Ihr, junger Herr, Ihr? — Willkommen, willkommen! Mein Weib und mein Kind haben den ganzen Abend von Euch ge=sprochen. — Das waret Ihr — —" sagte er, indem er meine beiden Hände faßte und mir mit dem Ausdruck des innigsten Wolwollens in's Gesicht sah. „Ach, ach, ach!" — fuhr er dann fort — „warum habe ich das nicht gewußt! Ich hätte sonst die Minnie mit heruntergebracht."

„So schickt doch einen Boten hinauf und läßt ihr sagen, sie soll kommen. Thut es, lieber Miles — ich bitte Euch."

Er stand in Gedanken. „Es ist schon zu spät," erwiderte er langsam, „sie ist schon fort nach Woodenbridge, da ist heut Pattern, der Tag des heiligen Schutzpatrones von Woodenbridge — da geht's heut hoch her, es wird getanzt und gesungen und ist eine wahre Lust für irische Leute — ich hab's dem Mädchen nicht abschlagen wollen. Da ist sie hinunter mit der Mutter. Ach, ach, ach — daß sie nicht hier ist! Ein prächtig' Mädel, meine Minnie! Habt Ihr die schwarze Sammetjacke gesehen, die sie trägt? Vor acht Tagen, auch auf den Sonntag, ist sie mit mir hier unten gewesen. Wir hatten eine vor=nehme Gesellschaft von Herren und Damen zu führen. Mein Mädel, die Minnie, immer voran, bald oben, bald unten; und die Herren konnten sich gar nicht satt an ihr sehen. Das arme Ding! ein Röcklein trug sie, das war schlecht genug, und über der Brust nichts als ein altes Tuch, das meine Frau schon getragen, als noch kein Gedanke an Minnie war. Sagte einer von den Herren: „Wie stattlich müßte das Kind aussehen, wenn man ihr ordentlich' Zeug gäbe!" Gesagt, gethan. Als wir in's Wirthshaus zurückgekehrt waren, rief eine von den Damen mein Kind zu sich auf's Zimmer. „Hier, mein Liebchen," sagte sie, „hast Du ein Sammetmieder. Trag' es immer, wenn Du Dich recht schön machen willst; und denk' an mich, wenn Du es trägst." Dann küßte sie meinen Liebling auf die Stirne, und ich bekam obendrein noch zwei blanke halbe Kronen. — Ach, wenn Minnie doch hier unten wäre!" —

„Wie weit ist es denn von hier nach Woodenbridge?"

„Drei Stunden fahrt Ihr, lieber Herr!"

„Und wie lange wird Euer Weib und Minnie dort sein?"

„Bis der Mond aufgeht.“

„Gut,“ sagte ich, „ich werde Minnie wiedersehen. Ich fahre heut Nachmittag nach Woodenbridge.“

„Gott segne Euch dafür, junger Herr,“ rief Miles in sichtbarer Freude . . . „Gott segne Euch!“ Wie wird sich Minnie, mein Kind, freuen . . . Und das sage ich Euch: daß Ihr sie mir dies Mal nicht wieder fortlaßt ungeküßt — und denkt Euch dabei, daß Vater und Mutter Euch küssen, weil Ihr so gut seid!“ —

Als ich mit Miles Doyle in das Gastzimmer eintrat, saß Mr. Macrie, weiß und steif um den Hals, mit seinen beiden Töchtern schon am Frühstückstisch. Die Mädchen sahen reizender aus, als je; sie hatten hellgraue, eng anschließende Kleider an, und jede an der Brust eine Rose. Sie sahen aus wie Genien des Frühlings; ich hätte sie mir denken können, Arm in Arm schwebend, in dem blauen Maienhimmel, und selig auf uns herniederlächelnd. Und wenn sie nun zuletzt sich herabgesenkt hätten, — welche von Beiden hätte man sich wünschen mögen? Ich weiß es nicht; ich freute mich nur, an Mr. Brittlebank's Stelle nicht zu sein. Mr. Macrie sah nicht aus, wie der Vater von zwei Frühlingsgeistern, wenigstens in diesem Augenblick nicht. Er war verdrießlich, daß ich sie hatte so lange warten lassen; hungrig war er auch und offenbar hatte mein ehrenwerther Freund, der Wärter, gleichfalls gegen mich conspirirt, und — der Fibibusse von gestern Abend großmüthig vergessend — mit Mr. Macrie gemein= schaftliche Sache gemacht. Man empfing mich von dieser Seite mit empfindlichem Mißtrauen, und das Wolwollen stieg nicht, als sogleich hinter mir mein braver Miles Doyle erschien, den ich der Gesellschaft als unseren Führer für den heutigen Ausflug präsentirte.

„Lump!“ sagte der Wärter, „Lump! Und obendrein ein Wilddieb!“

„Führer?“ fragte Mr. Macrie. „Wozu Führer? Was diese Leute wissen, findet man in Black's pittoreskem Tourist.“ —

„Weil diese Leute es ihm mitgetheilt,“ warf Miles bescheiden ein.

„In Mr. und Mrs. Hall malerischem Irland . . .“

„Die das aufgeschrieben haben, was diese Leute ihnen gesagt,“ murmelte Miles.

„Lump!“ sagte der Wärter.

„Kurz, was diese Leute wissen, weiß ich auch!“ rief Mr. Macrie,

der offenbar eifersüchtig auf den armen Miles war und ihn fort=
während vom Kopf bis zu Fuß gemustert hatte.

„Und obendrein ein Wilddieb!" setzte der Wärter mit seinem
bittersten Geflüster hinzu.

Aber Miles hatte ihn gehört. „Wart' nur, Du englischer Hallunke,"
sprach er vor sich hin — „wenn ich Dich …" Er schwieg; aber
später erfuhr ich, daß der Wärter ein Engländer und ganz specieller
Feind von Miles war; daß er einen anderen Führer protegire, der
ihm von jedem Verdienst Procente gab, und daß er Miles hasse, weil
dieser ihm die Procente verweigere. Hätten mir die beiden Hellgrauen
mit der Rose an der Brust nicht tapfer beigestanden, so wäre ich
gewiß in der Minorität geblieben; so aber ward unser Candidat durch=
gesetzt, Mr. Macrie ließ seinen Neid an dem Schinken mit Eiern aus,
den ihm Jane mit vollendeter Grazie vorgelegt hatte, und der englische
Feind, der Wärter, hatte den unerhörten Gram, noch eine Tasse und
einen Teller für den Lump, den Wilddieb, hereintragen zu müssen, der
sein Frühstück in der Kaminecke mit großem Appetit und vielen
höhnischen Seitenblicken verzehrte. —

Alsdann brachen wir auf. Miles Doyle hielt sich stets zu den
beiden Mädchen und mir; Mr. Macrie hatte vollauf mit sich selber
zu thun. Er trug an der einen Seite ein Teleskop im ledernen
Futteral, an der anderen ein Trinkgeschirr; in der rechten Hand Black's
„pittoresken Touristen" und in der linken die große Karte von Irland
mit den rothen Strichen. Er bekümmerte sich wenig um uns; nur
zuweilen hieß er uns einen Augenblick verweilen; er müsse sich Etwas
in seiner Karte anstreichen. — Wir gingen auf dem Wege unter der
Höhe mit dem Rundthurm dahin — sein Schatten streifte uns, indem
wir vorübergingen. Ein Schatten, tausend Jahre alt, auf den Rosen
an Ellen's und Jane's Brust! — Melancholisch genug erschien Alles,
obwol die helle Sonne darüber schien. Zur Linken unter uns blieb
der erste See — der „untere See" — zurück; wir traten in ein dürres
Haferfeld ein — mehr Steine, als Haferkörner, wenn man hätte ehrlich
zählen können. Das erste Wunder des heiligen Kevin, des Schutz=
patrons, auf den sich fast Alles bezieht, was uns in diesem düstern
Thale gezeigt ward, sollte uns erzählt werden. Ein altes Steinkreuz,
dessen Ecken und Kanten von Sturm und Regen zernagt und zerfressen

waren, stand auf dem dürren Grunde, von halb vertrockneten Aehren spärlich umweht. Miles machte uns auf vier große Löcher an der einen, auf vier kleinere Löcher an der andern Seite des Kreuzes aufmerksam. Alsdann erzählte er: „Meine edlen Leute — seht, dieses Kreuz steht zum Andenken an Garabh Duff, den Pferdedieb, den St. Kevin hier erschlug, weil er ihn belogen hatte. Da kam einmal — es mögen nun ungefähr dreizehnhundert Jahre her sein — dieser Garabh Duff am See hergeritten auf einer schönen, schwarzen Stute und führte das Füllen an der Hand beiher. Begegnet ihm hier auf dem Haferfeld St. Kevin — Gott segne ihn! — und fragt: „Wie kommst Du an das schöne Thier, Garabh?" „Oh," sagte Garabh, „das habe ich drüben gekauft!" „Du Dieb!" rief St. Kevin — „das ist eine Lüge." „Oh," sagte Garabh, „beim Pantoffel unseres heiligen Vaters in Rom, das ist wahr, was ich Euch gesagt habe!" „Du bist ein Meineidiger und ein Dieb," sagte St. Kevin, „und ich will ein Beispiel aus Dir machen, bis an der Welt Ende! Du mußt sterben und in's Fegefeuer hinunter!" Und nachdem sie noch einige Worte gewechselt, erschlug er ihn auf dieser Stelle und richtete zum Andenken an ihn dies Kreuz hier auf, mit den Hufspuren der Stute auf dieser Seite und des Fohlen auf der anderen. Aber begraben hat der Heilige den Lügner nicht hier, sondern in seinem eigenen Kirchhof, am Rundthurm. Das werd' ich Euch später noch zeigen!

„Du bist selbst ein Lügner!" rief Mr. Macrie aus, nachdem er lange, mit großem Bedacht und großem Eifer in seinem pittoresken Tourist gesucht hatte. „Black sagt kein Wort davon!"

„Seht Ihr, edler Herr," erwiderte der Führer, „daß der arme Miles doch mancherlei weiß, wovon Mr. Black nichts erzählt?"

„Wenn man sich nur darauf verlassen könnte, daß es wahr wäre!" wandte der kritische Leinwandhändler von Belfast ein.

„So wahr, als ich auf das Heil meiner Seele hoffe, edler Herr!" versetzte Miles.

„So könnet Ihr's Euch merken, meine Töchter! Ellen, vergiß nicht, diese Geschichte heut Abend in's Tagebuch zu schreiben." —

Wir schritten weiter und gelangten an den Rand des oberen Sees. Wir setzten uns auf ein umgestürztes Boot und Miles Doyle streckte sich platt auf den Grasboden. Um uns herum, im Grase, hatte sich eine seltsame Gruppe gelagert: Irische Jungen mit frischen, länglich schmalen Gesichtern, graublauen Augen, nackten Füßen, zerlumpt, das Hemd durch die Hose hängend, das blonde Haar, unter verdrücktem Filzhute, über die Stirne herunterfallend. Irische Mädchen — mit schönen, unregelmäßigen Gesichtern, dunklen Augen voll südlicher Leidenschaft, in einem Anzug, der mit seinen vielen Fetzen und Lappen gleichfalls mehr malerisch als regelrecht war; Schuhe und Strümpfe waren gar nicht vorhanden. Unter einem Gebüsch saß ein älteres Weib in gelblichem Rock, mit kohlenschwarzen Augen und verwildertem Haar um das braune Gesicht. Es war mir, als ob ich unter Zigeunern säße. Etwas Eichenwald zog sich grün, glänzend und frisch links am Keme-Derry-Berg hinauf; der Berg gegenüber, Derry-Ban, stand kahl und nackt in blendender Sonne. Das Wasser vor uns schillerte in einem Gemisch von dem Licht der Sonne und dem Schatten, den die kühnen, über den Eichenhügel emporsteigenden Felsenhäupter warfen. Im Hintergrund traten kahle Gebirge und Steinhügel an den verdunkelten See. Dabei war es wunderbar still um uns und über uns. Der See rührte sich nicht, kein Windeshauch bewegte die spärliche Vegetation oder die Blätter der Eichen. Was mich am meisten wunderte, war, daß auch die Luft ganz so todtenstill blieb, wie es der Wald und der See waren. Auch die Lerche, die auf der einsamsten Haide noch meine Begleiterin gewesen, war hier verschwunden. Umsonst schaute ich in den tiefblauen Himmel empor — nur kleine Wölkchen hier und dort — aber sonst Alles leblos, todt und still.

„Ja," sagte Miles Doyle, der sich nun halb emporrichtete, nachdem er mit unserer Erlaubniß und unserem Tabak sein Pfeifchen gestopft und angebrannt hatte, „ja, seit dreizehnhundert Jahren hat über diesem See und über diesem Thal keine Lerche mehr gesungen. Ich will Euch erzählen warum." Die ganze Gesellschaft rückte näher zusammen, auch das Weib in gelbem Rock trat aus dem Gebüsch heran, um eine Geschichte zu hören, die sie — Gott weiß, wie viele tausend Male schon gehört hatte! Und Miles begann: „Die Leute, welche die Stadt erbauten, die einst hier um die sieben Kirchen gestanden hat, thaten das Gelübde, jeden Morgen ihre Arbeit anzufangen, sobald die Lerche sie weckte — denn Glocken gab es damals noch nicht — und nicht eher zu rasten, als bis das Lamm sich zur Ruhe legte. Sie hielten ihr Gelübde und wurden zuletzt so schwach von aller Arbeit, daß Viele von ihnen starben. Da hatte der gute Heilige Mitleid mit den Arbeitsleuten, und erhob seine Hand und verbot den Lerchen, jemals wieder über den Seen von Glendalough zu singen. Da sind die Lerchen betrübt weggeflogen und seit dreizehnhundert Jahren hat man hier keine Lerche mehr singen hören, obwol kaum hundert Schritte jenseits der Thalschlucht so viel Lerchen herumfliegen und jubiliren, als irgendwo in Irland."

"Das ist wahr," sagte der gelehrte Herr von Belfast, "das steht in Black's Tourist. Meine Töchter, das ist wahr. Ich habe mir's roth angestrichen." Also auch der gute Black war vor dem Rothstift Mr. Macrie's nicht sicher! —

Inzwischen war von der Bergseite her ein kräftiger Mann gekommen, mit breitem Krämpenhut und blauem Sonntagsrock.

"Gilly, mein Junge, mach' rasch!" rief ihm Miles entgegen. "Wir warten schon lange auf Dich!"

Gilly, der Bootsmann, machte ein kleines Fahrzeug flott, und wir stiegen ein, die Mädchen voran, denen ich, dann Miles und zuletzt Mr. Macrie folgte, nachdem er sich genau erkundigt hatte, wie tief der See sei, und ob auch noch kein Unglücksfall auf demselben vorgefallen wäre?

"Ein Unglücksfall wol — aber es ist schon dreizehnhundert Jahre her, seit er sich zugetragen. Gilly, fahr' zu, ich werde derweil erzählen." Indem wir nun über das unergründlich tiefe, schwarzgrüne, todtenstille Wasser dahinglitten, sahen wir an den Felsen hoch, unter den Büschen dahin, hart am Abhange die irischen Jungen und Mädchen laufen, kriechen und springen. Die ganze Gesellschaft hatte sich in Bewegung gesetzt und gab uns lachend und schreiend das Geleite. Mit ihren bunten Kleidern, die grell durch die grünen Zweige leuchteten, flogen sie wie eine Gnomenschaar über uns dahin, und Miles Doyle erzählte. "Als der heilige Kevin noch jung war — etwa zwanzig Jahre oder so — da verliebte sich ein reizendes, junges Mädchen von siebzehn Jahren, Namens Kathlin in ihn so leidenschaftlich, daß sie nicht mehr ohne seinen Anblick leben konnte. Sie erbat Nichts von ihm, als nur seinen Schatten sehen zu dürfen; sie wollte nicht einmal seine Stimme, sondern nur das Echo derselben hören. Sie versprach ihm, stets zu seinen Füßen zu liegen, für seine und ihre Sünden Buße thun und noch im Gebet ihrer eigenen Seele zum Heile der seinen vergessen zu wollen. Der Heilige jedoch wies sie von sich, und um aller Versuchung zu entgehn, floh er vor ihr. Aber sein Versteck mochte noch so heimlich und verborgen sein, Kathlin fand es aus und flehte zum Heiligen, er möge sie nicht verstoßen. Zuletzt kam er in dies Thal, wo dazumal noch kein einziger Mensch je gewohnt hatte. Hoch dort auf dem Felsen Lugduff, den Ihr jenseits vom Eichenwald kahl und steil über dem See hängen seht, fand er eine Höhle, in der er sich verbarg. Aber auch hierher folgte ihm während der Nacht die Liebende, obwol der Pfad dahin nur mit Lebensgefahr beschritten werden konnte; und als er des Morgens auf seinem harten Felsenlager erwachte, ruhte das blaue Auge der unglücklichen Kathlin traurig und verweint auf ihm. Da erhob sich der Heilige, und mit einem Stoß schleuderte er das liebende Mädchen von der Felswand hinunter in den See — und hier, meine edlen Leute, sind wir an der Stelle, wo Kathlin gestorben."

Wir hielten am Fuße des Lugduff. Einige tausend Fuß hoch steigt der kahle, graue Felsen über dem düstern See empor; in einer Höhe von ungefähr dreißig Fuß über dem letztern ward uns ein schwarzes, viereckiges Loch gezeigt — „St. Kevin's Bett;" sagte Miles Doyle, „dort hat der Heilige sich verborgen — dort, vom Rand hinunter Kathlin gestoßen." In diesem Augenblick erschien das alte, braune Weib im gelben Rock vor der Oeffnung der Höhle, und ringsherum am gefährlichen Felsenhang gruppirten sich die Kinder. „Seht Ihr dort oben das Weib? das ist Kathlin!" sagte Miles Doyle.

Das Weib beugte sich über die Klippe und grinzte zu Doyle's Worten vergnüglich herunter. So viel sah ich, daß der Heilge an dieser Kathlin nicht zum Sünder geworden wäre, weder so, noch so. Gilly band das Boot fest, und Miles, indem er ausstieg und den steilen Felspfad emporwies, lud uns ein, zu folgen.

Bis hierher hatte Mr. Macrie geschwiegen; halb mit Mißtrauen, halb mit Furcht, vor etwa drohender Wassersgefahr, hatte er den Erzählungen zugehört. Nun aber richtete er sich mit der Miene und dem Ton eines beleidigten Löwen in die Höhe. „Unverschämter!" schrie er, „wie kannst Du verlangen, daß ein Gentleman diesen Weg hinaufklettert?" Dann, sich langsam von seiner ersten Aufregung — denn offenbar zitterte er schon bei dem bloßen Gedanken — erholend, fügte er mit gedämpfter Stimme hinzu: „Ich glaube der Weg ist ein klein wenig gefährlich!" — Der Weg ist ein klein wenig gefährlich; Mr. Macrie hatte Recht. Er steigt fast senkrecht von Vorsprung zu Vorsprung; ein Fehltritt und der Abenteurer würde rücklings in die Fluth stürzen und rettungslos verloren sein. Allein Kathlin winkte und Miles redete zu; ich liebe die Abenteuer, wenn sie nicht ganz hoffnungslos sind, und so stieg ich aus und kletterte hinter Miles her. Da, wo der Weg schwindelnd steil zu werden beginnt, stand Kathlin und streckte mir von Oben die braune, dürre Hand entgegen, Miles stützte von Unten und so mit einem Satz schwang ich mich empor und saß in St. Kevins Bett. Vom Wasser herauf scholl fröhliches Bravorufen — umschauen konnt' ich mich nicht; aber ich wußte wol, daß es die fröhlichen Stimmen der beiden Mädchen im Boote waren. Ich kroch in das schwarze Felsloch hinein und setzte mich dann gekrümmt nieder. Der ganze Umfang desselben konnte etwa vier Quadratfuß sein. Es ist in den harten Fels hineingearbeitet — ob ein Werk der Menschenhand oder der Natur läßt sich kaum sagen. Die Steinwände sind rauh; aber viele Wanderer haben ihren Namen hineingekratzt. Das ist die Decoration dieser Höhle; und sie ist nicht ganz werthlos, diese Decoration. Ein großes, wolerhaltenes „W. S." deutet dem Pilger an, daß auch Walter Scott hier gesessen — gebückt, wie er selber — und daß er es nicht verschmäht habe, den Namen, den so manches ewige Buch trägt, auch am harten Fels von Glendalough zu verewigen. O Ewigkeit des Menschenruhms! Was wol länger dauern wird, jene Bücher oder dieser Fels? . . .

Im Hintergrund des lichtlosen Raumes ist eine viereckige Einbucht zu fühlen — „da lag der heilige Kopf beim Schlafen" — nach vorn führen zwei natürliche Stufen nieder, und jäh abschüssig von der letzten geht es unmittelbar in die Tiefe des Sees hinunter. Regungslos lag das Wasser; und durch die breite Spalte der Oeffnung sah ich gegenüber den grünlichen Steinhügel und die Felsen. Das war Alles. Nur zuweilen mit ihren graublauen Augen, das schwarze Haar hinter das Ohr gestrichen, lugte das gelbröckige Weib herein. Sie stand auf dem letzten Felsrand, ein leiser Stoß — und sie war für ewig ver-

schwunden. Der Gedanke, daß dieser Stoß in meine Hand gegeben
sei, quälte mich entsetzlich. Meine Hand zuckte. Ich bat das Weib
um Gotteswillen, sie möge sich entfernen. Sie entfernte sich und ich
folgte ihr. Zitternd folgte ich ihr; ganz anders, als beim Hinauf-
steigen, und ich muß recht bleich ausgesehen haben, als ich wieder unten
im Boote angelangt war. Die Mädchen empfingen mich mit lautem
Halloh, aber sie wurden ganz still, als sie mich so bleich sahen. Auch
ich schwieg. Aber Mr. Macrie sagte, er hätte nie gedacht, daß dies
deutsche Volk so gut klettern könnte, und Ellen sollte sich's heut Abend
im Reisetagebuch merken, fügte er hinzu.

Gilly band das Boot los, legte die Ruder aus und bald waren wir
wieder mitten im See. Wir Alle saßen still nebeneinander, nur der Tact
des Ruders tönte monoton, Schlag auf Schlag. Miles stand aufrecht im Boot. Ueber eine Weile sagte er, St. Kevin müsse kein
rechter Irishman gewesen sein; ein rechter Irishman hätte noch niemals
ein schönes Mädchen aus dem Bette geworfen. Gilly lachte; aber Mr.
Macrie sagte, er solle sich künftighin solch' zweideutiger Bemerkungen
nicht wieder bedienen. Es passe sich überhaupt nicht für einen Führer,
Witze zu machen. Dann war wieder Alles still, bis auf den Ruderschlag. Nach längerer Pause fragte Miles, ob er uns das Gedicht
sagen solle, welches Tommy Moore auf diesem See gemacht? „My
bonnie Tommy Moore — Gott sei seiner Seele gnädig — ich habe ihn
selber noch gekannt, wie er hier an den Seen langsam hinging, oder
dorten im Walde auf den Steinen saß." Wir baten ihn, das Gedicht
vorzutragen, und er begann zum Tacte des Ruderschlages:

Zu dem See, deff' finstrer Hang
Nie vernimmt der Lerche Sang,
Wo der Fels steht, steil und kahl,
Einstmals sich Sanct Kevin stahl.
„Hier," so sprach er ruhevoll,
„Nie ein Weib mich finden soll!"
Ach! Du Heiliger, fromm und gut,
Weißt nicht, was die Liebe thut.

Kathlin's Aug' war's, das er floh.
Ach, dies Auge strahlte so!

Und sie liebt' ihn, treu und ächt,
Wünscht' sich ihn, und dacht' es recht.
Wo er weilte, fern und nah —
Husch! ihr leichter Fuß war da.
Ost und West — wohin er flieht:
Stets ihr glühend' Aug' er sieht!

Auf die Klippe, schaumbenetzt,
Legt er sich und schläft zuletzt.
Träumt vom Himmel, fürchtet nicht
Hier zu schau'n ihr hold' Gesicht.
Aber Erd' und Himmel weicht
Vor der Lieb', die dieser gleicht.
Und, da er gerettet scheint,
Sitzt Kathlin bei ihm und weint.

Furchtlos folgt' sie seinem Pfad
Zu dem öden Felsgestad';
Und beim ersten Morgenschein
Trifft ihr Blick ihn, engelrein.
Ach! die Heiligkeit macht hart,
Er springt auf — sein Auge starrt —
Und mit fester, roher Hand
Stößt er sie vom Felsenrand.

Glendalough! — Dein finstrer See,
Hat begraben Kathlin's Weh.
Und der Heilige — ach, mit Gram
Fühlt' zu spät, was er sich nahm.
Da er „Fried' der Seele" sprach,
Klingt's wie Melodie rings nach;
Und ihr Geist, von Duft umwebt,
Lächelnd über'm Wasser schwebt. —

Er schwebte lächelnd über'm Wasser. Durch eine Felsöffnung
fiel der Sonnenschein auf den finstern See, und golden schimmerte er
eine Weile. Wir fuhren am Eichenwald an und stiegen auf bequemem
Erdpfad unter schattigen Bäumen bergan. Die Vegetation war auf
dieser Seite des Berges sehr üppig. Hohe Farren umrauschten uns

9*

und schwer belaubte Eichen; der ganze Zauber der sonnebeglänzten Waldeinsamkeit umgab uns. So erreichten wir auf einem bewaldeten Bergvorsprung über dem See die Einsiedelei des heiligen Kevin. Wenige Ueberreste einer alten, runden Mauer, mit hohem Moos und Halmen dicht bewachsen, stehen an dieser Stelle. Der Eingang zeichnet sich noch durch eine Erdstufe und einen runden Einschnitt im Rasenboden aus. Durch eine Baumlichtung ging der Blick in's Freie — auf den oberen See zur Linken, auf eine Wiesenniederung und auf den unteren See, den Lough-na-Peiste, den See des Ungeheuers, auf den Kirchhof, den Rundthurm, die Ruinen, die Felsreihen im Hintergrund. Die Gesellschaft streckte sich in's Gras; ich suchte mir in dem alten Gemäuer einen alten Eichbaum, auf dessen Wurzeln ich mich niedersetzte. Vor mir stand ein Steinkreuz, von ewigem Alter; seine Ecken waren zerstoßen und zerwettert, das Ganze halb schon in Erde versunken.

Steinkreuze, gleich diesem, bilden neben den specifisch sogenannten irischen Kirchen und dem, regelmäßig von ihnen getrennten, aber doch in der Nähe derselben befindlichen Rundthurm (irisch cloigtheach, Glockenhaus) die Charakterzüge der altchristlichen Baukunst in Irland, deren Zeit man vom fünften Jahrhundert bis zur anglo-normannischen Invasion rechnet. Die ältesten dieser Steinkreuze, wie sie die Gräber der frühesten irischen Heiligen bezeichnen, unterscheiden sich dem Umriß nach wenig von den Steinpfeilern der Heidenzeit. Nur ein Kreuz pflegt in die Vorderfläche eingehauen zu sein, entweder schlichtweg oder in einen Ring — das Symbol der Ewigkeit — gefaßt. Das Christenthum grub seine Kreuze in diese heidnischen Pfeilersteine, wie es seine Ostern in das druidische Frühlingsfest Samhin pflanzte und dem heiligen Johannes die Feuer widmete, die schon Jahrtausende vorher der in ihren Sommerwendepunkt tretenden Sonne gelodert hatten. Erst allmälig und viel später, in der Zeit vom 9. bis 12. Jahrhundert, welche überhaupt die Glanzperiode der christlichen Kunst in Irland bildet, entwickelt sich die Pracht der berühmt gewordenen Steinkreuze mit ihren reichen, biblische Scenen darstellenden Sculpturen und ihren zierlichen Spirallinien. Als die vollendetsten Muster dieser Art gelten die Steinkreuze von Monasterboice (bei Drogheda, im nördlichen Irland) und Clonmacnoise (am Lough Derg, Limerick), mit denen sich diejenigen von Glendalough allerdings nicht messen können. Diese

stammen offenbar noch aus der Zeit vor dem 9. Jahrhundert, wo
die Grundformen wol, nicht aber auch das künstlerische Detail schon
entwickelt war; und schmucklos, grau und ehrwürdig, von Wind und
Regen zerbrochen und zerwaschen stehen sie da unter den andern
Trümmern von Glendalough.

Und ein solch' ewig altes Steinkreuz war es, vor welchem ich
jetzt sinnend dasaß; und weit hatte ich mich verloren in die fernen
Reiche des Gedankens, an seine letzten Grenzen, und Jane's muntre
Stimme war es, die mich wieder zurückrief, und sie fragte mich neckisch,
woran ich so lange gedacht habe? Sie glaubte mir nicht, als ich ihr
sagte: an Steinkreuze; sie schüttelte das Köpfchen und meinte, es gäbe
wol süßere Dinge, an die man denken möge, wenn man unter einem
Baum im Walde säße. Auch Mr. Macrie war lebhaft geworden; er
war in einen antiquarischen Streit mit Miles Doyle gerathen. Er
machte nämlich gegen jede Bemerkung des Führers Opposition und
behauptete, es sei kein wahres Wort daran; alsdann sah er in seinem
pittoresken Touristen nach und schwieg, wenn er Miles Doyle's Bemerkungen darin fand; wenn er sie aber nicht darin fand, so machte
er einen ungeheuren Lärm. Ueberhaupt passe es sich nicht für einen
Führer, sagte Mr. Macrie, daß er so viel spreche und so viel dabei
rauche, das sei nicht bloß gegen den Anstand, sondern störe auch den
Fremden in seinen Gedanken. Der arme Miles! Nicht witzig sein,
nicht sprechen, nicht rauchen ... Er war in übler Laune; und als ich
zurückkam, raunte er mir unmuthig zu, Mr. Macrie müsse doch gar
ein gewaltiger Mann sein, und es wundere ihn nur, wie er bei seinen
vielen Gedanken und seinem vielen Anstand zu einem Paar so hübscher
Töchter gekommen sei.

Dann verließen wir die Zelle des heiligen Kevin und etwas tiefer,
unten am Berge, in stiller grüner Wildniß erreichten wir Righ-
Fearth, das Königsgrab. Von der Kirche, die ehedem hier gestanden,
ist nur noch die westliche Mauer mit der Pforte übrig geblieben.
Diese Pforte, nach Art der altirischen Baukunst, unten breiter als
oben, hat sich vortrefflich gehalten. Breite, feste Steine liegen ohne
vielen Mörtel übereinander, und ein breiter, scharfbehauener Deckstein
schließt sie nach Oben ab. Aus dem Gemäuer über dem Eingang ist
ein Bäumchen gewachsen, das sich dem Eintretenden grüßend entgegen-

neigt. Viele Steinkreuze, halb erhalten, liegen am Boden; andere stehen noch darin. Inwendig ist Alles Ruine; Steinböcke liegen durch= einander, dazwischen die halbrunden Fensterbögen, grau und dicht be= moost, daß man kaum den Stein darunter zu erkennen vermag. Stein= ringe mit verwickelten Schlangen — Symbole des christlichen Glau= bens, Symbole der Ewigkeit, unter Schutt; Sockel der Steinkreuze, umhergestreut; aus der Oeffnung, in welche einst das Kreuz gefugt war, sind Bäume gewachsen. Ueber den Trümmern der Kirche, über den Gräbern der Heiligen predigt die Natur ihr ewiges Evangelium. Die Natur ist das Erste; wir beten, wir hoffen, wir glauben, daß sie nicht das Letzte sei; aber wir wissen es nicht. - -

Hinter der Kirche in der tiefsten Waldeinsamkeit schlafen die Mac Tule's, die alten Könige von Wicklow. Schlingpflanzen, Eichenwurzeln, Nesselgestrüpp sind so dicht über ihren Gräbern zusammengewachsen, daß die Hand und der Fuß Mühe haben, hindurch zu bringen. Die schaffende Natur selber hat sich als Wächter vor diese Gräber gestellt; nicht Frevelmuth, noch Stammeshaß wird jemals die Ruhe der todten Könige von Irland stören. Ihr „Monument" ist verschwunden; die Führer selbst haben es zu kleinen Stücken zerhauen und an die Frem= den verkauft. Miles Doyle hat es nicht gethan; Miles Doyle hätte das nicht thun können. Er schießt dem englischen Grundherrn das Wild weg, aber die Grabsteine seiner alten Könige verkauft er nicht.

Viele Steine und Kreuzreste liegen noch umhergestreut. Wenn diese Steine reden könnten! Jeder hat seine lange Geschichte von Jahrtausenden zu erzählen! Scheinen sie nicht träg' und stumm da zu liegen? Ach, sie dürfen nicht reden! Die Natur, die grauenvolle, despotische Göttin des Weltenlaufs will nicht, daß sie reden. „Was wollt Ihr von meinen Todten reden? Eure Sprache ist zu gewaltig für das lebende Geschlecht! Ihr sollt nicht reden; Ihr sollt schweigen!" Mit ellenhohem Moder und Moos schließt sie ihnen die Lippen. — — Aber in einem Grund, abseits, vor einem vollständig in die Erde ge= sunkenen Kreuze, liegt eine Grabesplatte. Miles Doyle kniet nieder und kratzt mit einem Holzsplitter das Moos aus den seltsamen Ein= schnitten der Steinfläche. Eine schwer zu entziffernde gaelische In= schrift wird sichtbar. Der letzte Laut jener verschollenen Geistersprache klingt aus dem Königsgrab ... „Jesus Christ — Milc Deach feuch corp ro Mac Mibuil" ... „Betrachte den Ruheplatz der Leiche des Königs Mac Tule, der da starb in Jesus Christ 1010" ... Das ist Alles, und bald genug wird Nichts mehr sein.

Jenseits der Gräber — in paradiesischer Ferne — voll freund= lichen, ahnungsreichen Lebens, schweift der Blick über Wiesengründe mit gelben und rothen Blumen — Kelche voll himmlischen Thaues — mit flüsternbem Farrenkraut — flüsternb von Ewigkeit und Auferstehung — mit golben-grünem Gebüsch — das Grün unsterblicher Hoffnung ver= klärt vom Golbe der Sonne ... und hoch barüber der blaue, stille, tiefselige Sonntagshimmel, in welchem Gott wohnt. — Am andern Ende der Wiese, die wir durchschritten, beugte sich Miles nieder. Er brach eine blaue Glockenblume, deren oberer Rand schon in's Röth= liche welkte. —

„Das ist ein Feenbecher; die Feen haben letzte Nacht baraus ge= trunken. Darum sind die Blätter am Rande so geröthet."

Ich gab Ellen die Blume, und Ellen küßte den Kelch und sagte, sie wolle die Feenblume zum Andenken an biesen schönen Tag heilig halten.

An die Wiese schloß sich auf's Neue Wald und Hügel. Sogleich beim Eintritt in den Wald quoll ein Rauschen durch's Grüne und aus der bunklen Tiefe herauf. Unser Pfad leitete an der Hügelseite nieder und der Wasserfall sprühte uns Kühlung entgegen. Unter Buchen stürzt hier in vollem Strubel das gesammelte Wasser der Berge her= vor, oben ein breiter, weißer Silberstreifen, bann hinter den Felsen ver= borgen, durch eine Spalte keck und jugendmuthig hinunterbringend, wiederum eine Weile hinter Vorsprüngen verdeckt, bis es zuletzt aus einem schwarzen Kessel silbern in ein klares, meergrünes Becken nieder= plätschert und nun siegreich lebensfroh weiter rauscht, so klar, so durch= sichtig, daß man die Farben der Steine und Kiesel barunter erkennen mag. Und so über buntes, glattabschüssiges Felsgeschiebe von ewig feuchten, ewig grünen Zweigen bekränzt, geht der Waldbach breit in die Tiefe, in den See. Aber er verliert sich nicht barin; der See entläßt ihn und als ein gesättigter Fluß wandert er weiter in's blü= hende Flachland hinaus, und im lieblichsten Thale werden wir uns wiedersehen, lieblicher Avon=Mör! ...

Jetzt noch, in einem moosigen Eichenstamm, der sich über das

stürzende Waſſer beugt, hing ich über ihm — frei in der Luft, wie
ein Vogel — ein Lebender, unter den Heiligen und Einſiedlern und
todten Königen von Glendalough, auf dem herrlichſten Platz in der
Einſamkeit, umrauſcht von den Bäumen über mir, vom Waſſer unter
mir — und neben mir ſaßen die ſchönen Töchter der Einſamkeit, die
Sage und ihre blonde Schweſter, das Märchen!... Die heidniſchen
Helden, die Finians und die chriſtlichen Heiligen tauchen herauf;
kanoniſche Wunderthaten und dämmernde Bilder aus dem Feenreich
weben ſich in einander. Zum erſten Male tritt Finn Mac Cul, der
altiriſche Nationalheld, der wahre „Erigena“ — denn der Fingal der
ſchottiſchen Hochlande iſt nur eine Copie von ihm — in ſeiner eigent⸗
lichen Heimath vor uns auf.

„Seht Ihr dort den viereckigen Einſchnitt im Gebirge?“ fragte
Miles Doyle. „Wir nennen ihn die Schlucht des Rieſen, zum An⸗
denken an Finn Mac Cul, den Rieſen. — Es mögen nun wol drei⸗
zehnhundert Jahre her ſein, da ging Finn eines Tages in dieſen
Bergen und begegnete einem Freunde und Kameraden, der aus der
Schlacht zurückkehrte. Wie ging's in der Schlacht? fragte Finn.
Schlecht, ſagte der Andre, wir ſind geſchlagen worden. Oh! Mord
und Todtſchlag — ſagte Finn, wäre ich doch bei Euch geweſen! Ich
will Dir zeigen, wie ich's gemacht hätte! — Da nahm er ſein Schwert
und hieb ein Stück aus dem Gebirge heraus und ließ es in's Thal
niederrollen. So hätte ich's gemacht! ſagte er.“

Dann zeigte uns Miles Doyle den unteren See, den See des
Ungeheuers, Lough⸗na⸗Peiſte, deſſen Spiegel klar durch die Bäume ge⸗
ſehen ward. In dieſem See habe ſich, nachdem St. Patrick die böſen
Geiſter und giftigen Thiere durch ſein Wort aus Irland vertrieben,
die letzte Schlange verborgen gehalten. Es ſei ein garſtiges Ungeheuer
geweſen und Niemand habe ihr Etwas anhaben können, zweihundert
Jahre lang. Da habe ſie zuletzt der heilige Kevin mit ſeinem Wolfs⸗
hund getödtet. Auch dieſe Geſchichte war dreizehnhundert Jahre alt.
Unter dreizehnhundert that es Miles nicht; wobei es ihm ſonſt ganz
gleichgültig war, ob Heiden oder Chriſten als Acteurs erſchienen. Seit
der Zeit aber, ſchloß er, ſeien keine Schlangen mehr in Irland, ja,
wenn man ſie aus fremden Ländern hereinbrächte, ſo müßten ſie

sterben, sobald sie den Boden Erin's berührt; und die wenigen Frösche, die es noch gäbe, dürften nicht schreien, wie sie anderwärts thäten.

Wir traten aus dem Wald heraus und schritten an der Seite des Baches zum untern See fort. Wie traurig war nun auf einmal Alles geworden! Der Kirchhof, mit seinen Kirchen und dem Rundthurm und den Gräbern — und nackte Steinberge ringsum lagen in greller Mittagssonne vor uns. Kein Schatten, außer dem, welchen der hohe Rundthurm warf; kein Grün, außer dem, welches die Trümmer umwob. Nicht mehr gespenstisch und geisterhaft, wie gestern Abend im Mondschein; aber traurig, unendlich melancholisch erschien mir die Stätte. Wie die Säule des Pompejus in der Wüste von Alexandria, stand der Rundthurm da in der ungeheuren Stille der Mittagshitze; wir selber waren wie Nomaden, die eben die Oasis verlassen. Bevor wir den Grund betraten, machte Miles Doyle uns auf einen Stein aufmerksam, welcher nicht fern vom Ufer des Baches lag. Es war ein uralter Granitblock, mit einer becherartigen Höhlung an seiner Oberfläche.

„Diesen Stein nennen wir den Hinden-Stein," sagte Miles. „Da lebte einst, vor dreizehnhundert Jahren und in St. Kevin's Tagen, ein armer Mann, dem seine Frau im Wochenbett gestorben war und einen Säugling hinterlassen hatte, mit dem der arme Mann in der weiten Welt nichts anzufangen wußte. Da saß er einmal auf diesem Stein hier und hatte seinen Säugling auf den Armen und war sehr traurig; das arme Ding war dem Verschmachten nahe. „Heiliger Kevin!" rief er, „wenn Du mir nicht hilfst, so muß mein armes Kind sterben." Indem stand schon der Heilige vor ihm und sagte: „ich kann Dir nicht helfen; aber der, der die Lilien auf dem Felde kleidet, der kann helfen. Steh' auf und sieh Dir den Stein an, auf welchem Du gesessen." Und da er sich den Stein ansah, da war ein Loch, wie eine Trinkschaale darin. „Nun," sagte der Heilige, „sollst Du jeden Morgen nach der Frühmesse zu diesem Stein kommen und sollst Dein Kind tränken!" Und jeden Morgen, wenn er kam, sah er eine Hindin aus dem Walde nahen, welche die Schaale im Stein mit Milch füllte; das Kind trank, gedieh, wuchs und ward, da die Zeit gekommen war, ein frommer Mönch und treuer Diener des heiligen Kevin."

Das Wunder des heiligen Mannes geleitete uns auf den Grund

hinüber, wo bereinst seine Stadt gestanden. Wir schritten über eine Anzahl großer, in den Fluß gelegten Steine — Mr. Macrie hatte sich vorher erst genau informirt, ob hier auch noch kein Unglück passirt sei — und standen nun unter dem letzten Thorbogen des „Caiseals," der Ringmauer von Glendalough. Er ist in den letzten Jahren sehr zusammengesunken; wer weiß, wie lange er noch stehen wird. Er hat die Halbbogenform des 9. Jahrhunderts. Ein roher, aber sehr alter Steinwall läuft nach beiden Seiten von ihm aus und umgiebt die Stätte. Man fühlte sich in einer fernen Zeit; wehmutsvoll schaute sie aus den dunklen Eingängen und Fensterhöhlungen — und o wie traurig sahen Ellen's und Jane's Augen d'rein, als sich der große Rundthurm in ihnen bespiegelte; und wie schüchtern traten ihre Füßchen, die sonst so munter durch's Leben trippelten, auf die Gräber umher! Stimmen, die sie nie vernommen, riefen ihnen zu, daß es ein Reich gebe, in welchem Jugend und Schönheit kein Recht habe. — Woher kamen diese Stimmen? Kamen sie aus der Tiefe? Kamen sie aus der Höhe? Sie sahen sich so zaghaft um. Ihnen bangte vor diesem Reiche; ihr Herz war ja noch so voll halberblühter Wünsche und drängender Sehnsucht — und das Alles sollte Nichts sein? Zuletzt gaben sie sich die Hand und folgten so, lieblich vereint, dem voranschreitenden Führer.

Auch Mr. Macrie folgte ohne jeglichen Widerspruch. Vor dem Thorweg zur Kirche unsrer lieben Frau hielten wir. Vortrefflich erhalten steht dieser Eingang da; Epheu schlingt sich um seinen Architrav und die Sonne flicht ihre goldenen Blüthen in den Todtenkranz. Die Wände bestehen aus ungeheuer großen übereinander gefügten Steinen. Das Innere ist kahl, das Dach ist verschwunden. Nebenan steht eine andere Kirche, die Kirche von St. Peter und Paul. Die Thüre in der westlichen Wand, sowie die Fenster sind mit flachen Halbbögen überwölbt. Das Giebeldach hat sich vollständig erhalten, und über seinem westlichen Ende hebt sich ein kleiner Rundthurm mit konischer Bedeckung — vielleicht das älteste Beispiel dieser Art. Dem Eingang gegenüber findet sich ein viereckiger Aufbau — der letzte Rest der Treppe, die in den Glockenthurm führte. Der obere Theil eines Stein-kreuzes mit dem Ring lag daselbst zwischen den übrigen Steinen. Der kleine Rundthurm sieht aus der Ferne einem Schornstein nicht unähnlich; weswegen der irische Bauer diese Ruine „die Küche des heiligen Kevin" nennt. Dichter Moderwuchs bedeckt das Dach, und manch' zartes Bäumchen ist daraus emporgewachsen. So hoch hinauf steigt die Natur, um ihre grünen Siegesfahnen zu schwingen! —

Nicht das sehenswürdigste, aber das mit seinen epheubedeckten Ruinen, den Beschauer am tiefsten ergreifende Gebäude betraten wir nun. Es ist die Kathedrale, der Domhnach mor — einst der Dom, die Hauptkirche von Glendalough. Er ist gänzlich zerstört und zerfallen, und nur die Mauerstücke, hier mehr, dort weniger an ihre einstige Bestimmung erinnernd, deuten den ehemaligen Umfang noch an. Der Boden ist vom Unkraut bedeckt, zwischen dem einige Grabesplatten sichtbar sind. Eine derselben ward von Miles gesäubert. Der einst viereckig behauene Stein hatte sich im Laufe der Jahrhunderte abgerundet; vielfache Risse und Sprünge hatten ihn gebrochen, aber doch war noch die Verzierung erkennbar, welche ein Kreuz darstellte mit rosettenförmigen Ringen in der Mitte und an den Ecken. Als Inschrift trug er folgende Züge:

OR̃ DO DJARMAJT

„Bete für Diarmait." — Das Wort erging auch an uns; ich weiß nicht, was die Anderen thaten, aber ich sah, daß Miles sich kreuzte, als er die Inschrift las, und die Lippen leise bewegte. —

Kein Mensch hatte sich bisher zwischen den Trümmern sehen lassen; Niemand war uns begegnet. Die Sonne, der Epheu und wir waren das einzig Lebendige, was sich hier im Reiche der Todten bewegte. Als wir nun aber aus der Cathedrale heraustraten, sahen wir vor dem Steinkreuz, nicht weit von St. Kevin's Küche, ein junges Weib knieend hingestreckt und, mit dem Kopf in beiden Händen, auf den Steinsockel gebeugt. Sie ließ sich von unsern Schritten nicht aufstören und wir gingen leis' an ihr vorbei. Miles aber schien anders darüber zu denken, und „Ho!" rief er — „Ho! Betsy! was gibt es?" Betsy sah auf; ihr Gesicht war ganz verweint und verwirrt. „Ach!" schluchzte sie, „mein Mann ist so krank! so krank! so krank!" Dann beugte sie sich wieder auf's Steinkreuz nieder. „Seid Ihr denn schon beim Dachter (Doctor) gewesen?" fragte Miles.

„Ja, Miles!" sagte das arme Weib. „Aber der Dachter von Laragh ist über Land gefahren und kommt nicht vor Abend zurück, und eh' er zu uns hinauf in's Gebirge kommt kann es Morgen werden. — „Ach!" rief sie unter Thränen, „wenn die heilige Jungfrau helfen wollte! wenn die heilige Jungfrau helfen wollte!" Und in mir klang es: „Bete für Diarmait!" —

Miles kreuzte sich und sprach ein leises Gebet. — Wir thaten für die Arme ein kleines Sümmchen zusammen und ließen es ihr durch Miles überreichen. —

Dann gingen wir weiter. Grab an Grab, und Platte an Platte; wer auf diesem Kirchhof begraben ist, der wird am Tage des jüngsten Gerichts selig. Der heilige Kevin hat sich für seine Todten die ewige Seligkeit vom Himmel erbeten. Die Erde von diesem Kirchhof schützt gegen mannigfache Krankheit; wer den Stein, der hier unter dem Kreuz liegt, zwischen die Lippen nimmt und dreimal mit demselben ohne still zu stehen, um den Kirchhof herumläuft, wird niemals mehr Zahnweh bekommen. —

Zuletzt standen wir unter dem großen Rundthurm — dem alten, grauen König dieser Trümmerwelt — ein König ohne Krone — denn sein Dach ist fort — ein König ohne Unterthanen — ach, ein recht einsamer, verlassener, alter König. Schweigsam und ernst schaut er auf den kleinen Rundthurm von St. Kevin's Küche hinunter. Er sieht aus wie der Vater, und jener wie der Sohn — ein „Bäby-Rundthurm", meinte Ellen, — aber ein Bäby mit graubemoostem Haupt, und lange, ewig alte Halme hängen ihm am Bart herum. Und doch sagt der französische Dichter „die Todten werden niemals alt ..." Ach, die Todten von Glendalough sind entsetzlich alt; sie sehen so müde aus, als möchten sie noch einmal sterben! Und auch auf uns drückte die Müdigkeit und die Mittagsschwüle, die sich breit auf nacktes Gebirge, dunkle Seen und baumlose Thalschluchten niedersenkte. Es brütete wie Moder um uns her. Wir setzten uns am Rundthurm nieder; wir traten dann hinein. Kalte Kellerluft blies die Erhitzten an; der Wind — den man braußen nicht empfunden hatte, so warm und weich war er — rumorte in der hohlen Säule wie in einer Röhre herum und bei dem plötzlichen

Dunkel, das die Eintretenden umfing, klangen die Töne wild und spuk-
haft genug. Es war, als wenn Geister darin auf= und niedertanzten
und dabei kicherten und lachten und zankten und schrieen und auf einmal
alle zusammen einen langen, langen, herzzerreißenden Wehruf ausstießen.
„Ach, warum sind wir hier gefangen? Wir waren jung wie Ihr, und
liebenswürdig wie Ihr, und fühlten Sehnsucht, Hoffnung, Lust und
Wonne wie Ihr — warum ist das nun Alles vorbei? Warum sollen
wir die Sonne nicht mehr sehen, den Tag nicht mehr empfinden, die
Nacht nicht mehr genießen? Warum sind wir vor tausend Jahren gewesen? Warum sind wir nicht heute? Warum sind wir hier gefangen?
Warum — warum — warum —?" Ein schauerliches „Warum?" durch-
scholl den ganzen, dunklen Rundthurm; jeder Stein schien „Warum?"
zu fragen. Ja sogar Mr. Macrie fragte „Warum?" Er war nämlich aus Furcht vor „Lebensgefahr" und Schnupfen nicht mit in das
alte baufällige Gemäuer gegangen, sondern hatte es vorgezogen, sich
draußen „antiquarisch" zu beschäftigen. Seine Beschäftigung schien
weder sehr tief, noch sehr breit zu sein; denn alsobald stand er vor der
Thüre des Thurmes und „Warum" rief er hinein, „laßt Ihr mich
hier draußen so lang allein stehen? Es ist nicht anständig, meine
Töchter," sagte er, „daß Ihr Euren Vater so lang allein stehen laßt!"
Der komische Alte hatte sich dem Anschein nach bei seiner antiquarischen Beschäftigung draußen gelangweilt, oder es war ihm unter den
Gräbern und Kreuzen in der Einsamkeit unheimlich geworden, und er
ließ nun seinen Groll an den Töchtern aus, da Miles Doyle nicht
gleich zur Hand war. Dieser war ein Streckchen voraus geeilt und
winkte uns, zu folgen. Er zeigte uns ein viereckiges, mit niederm Gras
und Moos ausgewachsenes Loch in der Erde.

„Hier liegt Garabh Duff, der Pferdedieb, begraben," sagte Miles.
„Erinnert Ihr Euch noch an Garabh Duff, den St. Kevin nicht weit
vom obern See erschlagen, wo das Kreuz mit den Pferdehufen steht?"
„Wol," sagte Garabh Duff, „wenn ich denn einmal sterben muß, heiliger
Vater, so will ich auch sterben; aber eine Bitte gewähre mir, heiliger
Vater, begrabe mich auf Deinem eigenen Kirchhof, damit ich dereinst
selig werde; und laß ein Loch in meinem Grabe, da will ich die Hand
hindurch stecken, wenn ein Pferdedieb vorübergeht, und will ihn in's
Bein kneipen, damit er an mich denkt und an Dich, heiliger Vater!"

„Bloß Pferbediebe — Wildbiebe nicht?" fragte Mr. Macrie.

„Wildbiebe nicht, Gott sei Dank —" erwiderte Miles, der mit
einem Fuß in das Loch trat, um es dem Geisterarm Garabh Duff's
recht leicht zu machen, wenn er ja Lust haben sollte, ihn zu kneipen.
Aber der Geisterarm kam nicht und Miles sagte: „Wildbiebe nicht —
Gott sei Dank!" —

Nun verließen wir die dürre Gräberstätte und gelangten bald in
feuchtere Niederungen, die mit Gras bewachsen waren und gegen das
Ende — wo sie an die Landstraße stießen — sogar wieder etwas
dunklen Wald zeigten. Es war ein Fichtenhain, und sein kräftiger
Harzduft strömte uns belebend entgegen. Im heiligen Dunkel dieses
schattigen Gehölzes stehn die Trümmer des Klosters, und prächtige,
imposante Trümmer sind es. Schöne Säulen stehn hier mit reichver-
zierten Capitälern; Epheu, Farrenkraut und glänzender Lorbeer um-
wuchern mit italienischer Fülle und Pracht die Architrave, und hohe,
schlanke Bergeschen wachsen aus den Mauern. Wilde Brombeersträuche
mit ihren bunkelroth reifenden Früchten leuchteten durch das mildere
Grün — und wie in einem reichen Gartenpalast wandelt man auf
diesen Trümmern. Wolerhaltene Eckpilaster lugen mit reizenden natio-
nalgaelischen Verzierungen aus dem grünen Epheuschleier hervor; —
phantastische Köpfe mit Schlangenhaaren treten hervor — zwei Raben
schnäbeln sich — allerlei seltsames Gethier wird sichtbar — zwischen
Brennesseln und Glockenblumen liegen Steine aller Art und Formen,
Sockel, Pilaster, Gesimse, Kreuzesarme bunt und ordnungslos durcheinander. Und jeder Stein, der hier liegt, hat die schönsten Verzierungen, — Linien und Bogen, in altirischer Weise wunderbar mannigfaltig in einander geschlungen. Niemand — wenn nicht dann und
wann ein verirrter Alterthumsforscher — hebt diese Steine auf; Niemand schichtet sie, ordnet sie, versucht es sie zusammenzufügen. Aber
die Zeit wird und muß kommen, wo man mit diesen Steinen ebenso
sorgfältig umgeht, wie mit den Steinen des römischen, des griechischen,
des assyrischen Alterthums. Das Celtenthum steht wie ein kymmerischer
Nebel am Anfang der neuen Geschichte. Die Sonne hat ihn nicht
gelöst und in duftige Klarheit nach Oben verflattern lassen; dumpf,
eigensinnig, verhärtet, hat er sich in den baskischen Schluchten der
Pyrenäen, in den dunkelsten Thälern der bretonischen Küste, auf den

Hörnern der walisischen Hochgebirge, über den irischen Mooren und den schottischen Haiden festgesetzt. Aber wir müssen hindurch — wir oder unsere Kinder — das Celtenthum ist noch immer unser Räthsel — wir müssen es lösen. Die Zeit wird kommen, wo man der Steine von Irland bedarf; aber wenn die Zeit gekommen ist, werden dann die Steine unter den Brennesseln noch zu finden sein? —

Ein roher Wall umgibt auch hier die Ruinen; jenseits derselben dehnt sich die Bergwiese und gibt ihnen einen milden, versöhnungsreichen Hintergrund. Schaafe weideten daselbst, und ein Füllen tummelte sich lustig zwischen den friedlichen Bürgern der grünen Einsamkeit. —

Die letzte der Kirchen, die uns noch zu besuchen übrig war, liegt dicht unter der Landstraße, die von Laragh hier vorüberführt. Es war die Epheukirche, vielleicht das besterhaltene Muster der altchristlichen Bauten in Irland. Der viereckige Eingang, der Chorbogen, die Fenster mit Halbbögen oder dreieckigem Abschluß — kurz alle charakteristischen Züge des alten Stils finden sich hier in vortrefflichem Zustande. Aber zugleich hat auch das üppigste Pflanzenleben Alles gethan, um diesen schönen Rest einer schönen Zeit malerisch zu schmücken und zu beleben. Ganz in Epheu versteckt, gleicht er nun einem Tempel, in welchem die Natur ihren Gottesdienst feiert. Vogelbeerbäume schwanken aus der Mauer, wie Candelaber hängen die Zweige nieder, und als rothe Flammen darin leuchten die Beeren in der Sonne des Nachmittags. Auf die Eingangspforte haben sich die dicken Wurzeln darüber rauschender Bäume gelegt, und wie mit starken Armen halten sie die zerbröckelnden Steine fest. Was will der Mensch in diesem Heiligthum? Als Glöckner steigt der Wind in die höchsten Bäume und läßt ihre Wipfel klingend zusammenschlagen.

So war nun unser Werk gethan und wir konnten gehn; und wir gingen, bis wir an einen Sumpf kamen, der zwischen dem Wald und der Landstraße lag. Drüben war unsre Welt — wir sahen die Hütten von Laragh, wir sahen wieder Menschen; aber der Sumpf lag dazwischen. Mr. Macrie heulte und zeterte, daß Miles Doyle ein hinterlistiger Mensch sei, der ihn immer absichtlich in Lebensgefahr führe. Miles Doyle sagte, da lägen ja dicke Steine genug im flachen Sumpfbett; man könne bequem von einem auf den andern springen.

„Springen?" schrie Mr. Macrie, den ich so aufgeregt noch nicht gesehen hatte. „Springen? Wer soll springen? Ich soll springen? Unanständiger Mensch — ich soll springen?" Inzwischen waren die beiden Mädchen an meiner Hand schon über die Lache gehüpft; das Wasser hatte von ihren zarten Füßchen kaum den Staub hinweggeküßt. Wenn Steine fühlen könnten, so würden sie über die Anmuth entzückt gewesen sein, mit welcher Jane und Ellen sie getreten. Manches Männerherz hätte Etwas darum gegeben, von so hübschen Füßen also getreten zu werden; aber Mr. Macrie irrte noch am jenseitigen Ufer, wie eine verlorene Seele am Acheron irrt. Und Miles Doyle war ein boshafter Charon. Mit ausgesuchter Malice rechnete er ihm vor, wie viele Fuß tief man im Schlamm versinken müßte, wenn man einen Fehltritt thäte. Dann lud er den biedern Mann ein, nur recht muthig zu sein und herzhaft zuzuschreiten; aber die Steine seien feucht, sagte er, und er solle sich ja in Acht nehmen, an der abschüffigen Seite nicht hinunterzugleiten. Mr. Macrie gerieth in krampfhafte Extase.

„O, wenn ich ein Jüngling wäre!" rief er. — „O, wenn ich kein Vater wäre! O, wenn ich keine Töchter hätte! O, wenn ich keine Frau hätte! O, wenn ich für mein Leben assecurirt hätte! O, o, o!"

Zuletzt fragte Miles, ob er ihn hinübertragen solle. Mr. Macrie war sehr mißtrauisch.

„O, er wird mich in's Wasser werfen!" rief er. Miles sagte, er werde ihn nicht in's Wasser werfen.

„O, er ist ein Bösewich — er lacht! O, wenn ich kein Vater wäre, o, wenn ich keine Töchter hätte — o — o, willst Du schwören, daß Du mich nicht in's Wasser werfen wirst?" Miles hob seine Hand auf und schwur beim heiligen Patrick.

„O, er schwört falsch — er lacht! O, ich will Dir fünf Schillinge geben, wenn Du mich nicht in's Wasser wirfst." Miles beugte seinen Rücken und Mr. Macrie bestieg ihn. Mr. Macrie saß wie ein Held. Die rechte Hand hatte sich in Miles Doyle's Haaren festgewühlt, mit der linken hatte er den Backenbart desselben krampfhaft gefaßt, und Miles umschlang ihn außerdem noch mit beiden Armen. So trabte er mit ihm durch den Sumpf, während Mr. Macrie mit geschlossenen Augen „O, o, o!" rief.

Als er auf dem andern Ufer wolbehalten angekommen war, behauptete er, er sei einer großen Lebensgefahr glücklich entronnen, und darauf gab er seinen Töchtern das heilige Versprechen, sich nie wieder muthwillig in Lebensgefahr zu stürzen.

„O, meine Töchter!" sagte er, „nun wollen wir zu Mittag essen!"

Wir eilten dem Wirthshaus zu. Der Wärter stand nicht mehr in der Thür; es waren viele Sonntagsgäste gekommen, und da gab's zu thun und zu laufen, aus der Küche in das Speisezimmer, treppauf, treppab; er hatte keine Zeit mehr, dem guten Miles Doyle Grobheiten zu sagen, oder mir Vorwürfe zu machen, oder Mr. Macrie die Fibibusse wegzunehmen. Er hatte kaum Zeit uns anzuhören, da wir unser Mittagsessen verlangten. Er sagte, „gleich, gleich!" und wir begaben uns auf eine Weile in unsre Gemächer. Von meinem Fenster aus übersah ich nun noch einmal Alles, was ich heute durchwandert. Es war mir nicht fremd mehr, — der Ort, wo ich einen schönen Traum, einen erhebenden Gedanken, eine beseligende Empfindung gehabt habe, ist mir nicht länger fremd. Mit Leben von meinem Leben habe ich ihn belebt und mir gewonnen. So stand ich und überschaute die grausig bedeutende Stätte, die neue Provinz meines Reiches. Und, als ob sie mich grüßend anerkennen wollte: während den ganzen Tag lang Todesschweigen in ihr und über ihr geherrscht hatte — in diesem Augenblicke begann aus weiter, duftverhüllter Ferne ein Waldhorn zu tönen, und in seine Klänge versunken, stand ich da — der arme Poet ein reicher, glücklicher König!

Von den Bergen, über die Wiesen
Klingt von Ferne Hörnerschall.
Aus den grünen Schluchten des Riesen
Weht mir herüber der Widerhall.

O wie rauscht's in den nahen Bäumen —
Wie die sonnigen Wolken wehn —
Von dem Felsen die Quellen schäumen,
Und es funkeln die blauen Seen.

Und die Blätter der Bäume funkeln
Und darüber das himmlische Blau —
Unter den Fichten, den alten, dunkeln,
Liegt der Kirchen zerfallener Bau.

Königsgräber und Klosterzellen,
Und des Thurmes schauerlich Rund —
Unter den leise wogenden Wellen
Blitzen die Steine auf sonnigem Grund.

Lorbeerbüsche kränzen die Mauern,
Reicher Epheu umschlingt den Baum;
Und aus Wonne und heiligen Schauern
Webt sich mir ein rosiger Traum.

Laßt mich träumen! das tägliche Leben
Schwindet dahin und ich werde frei —
Dem entfesselten Blicke schweben
Selig schöne Gestalten vorbei.

Liebliche Wesen, freundliche Schatten,
Priester und Elfen in bunten Reih'n,
Wie dort über die Bergesmatten
Wolken wandeln und Sonnenschein.

Und so ruh' ich, vom Zauber umschlungen,
Auf der Vorzeit geweihtem Ort —
Ferne das Horn ist lange verklungen,
Aber im Herzen — da bebt es fort!

Als ich später vor die Hausthür trat, saß Miles Doyle auf einer Holzbank vor derselben. Er schmauchte sein Pfeifchen und sah dabei sinnend zu Boden. Er erhob sich, da ich nahte, und sah mich ungemein zärtlich an.

„Grüßt mir die Minnie", sagte er — „und mein altes dickes Weib auch — ich zweifle nicht daran, daß Ihr sie noch in Woodenbridge trefft — wollt', daß ich mit Euch hinunterfahren könnte — aber der arme Miles muß auf Posten sein. Vielleicht giebt's hier heut' noch Fremde und Verdienst." —

Ich versprach ihm, die Grüße zu bestellen.

„Ach, Ihr seid so gut, junger Herr!" sagte er. — Ich wußte nicht, inwiefern ich dieses Lob verdiente, und es entstand eine Pause. „So gut, junger Herr!" — sagte Miles — dann sah er mich mit seinem pfiffigsten Blick an, und endlich rückte er mit einer Frage heraus, die ihm, dem Anschein nach, schon lange auf dem Herzen gelegen hatte. „Junger Herr," sagte er — „Ihr habt Euch so mancherlei von dem, was ich in meiner Dummheit gesagt habe, gemerkt — so mancherlei Zeichnungen und Abschriften in Euer Notizbuch gemacht ... Ihr wollt ganz gewiß ... verzeiht mir die Frage — ganz gewiß in der Sprache Eures Volkes ein Buch über unser Land schreiben, wie es die Herren von Dublin und Mr. Black gethan haben?"

„Vielleicht," erwiderte ich — „aber was weiter?"

„Nun, dann wollte ich Euch gebeten haben, junger Herr, weil Ihr doch so gut seid, den armen Miles Doyle, den Führer von Glenbalough, nicht zu vergessen!"

Guter Miles! ich h a b e Dich nicht vergessen! Du stehst in diesem Augenblick — während ein deutsches Aprilgestöber um meine Fenster wirbelt — vor mir, in der schönen Nachmittagssonne von Glenbalough! Mit Deinem zerrissenen Rock, Deinem breiten Strohhut, Deiner Schmarre über der Lippe, Deiner Tabackspfeife, Deinen grauen, klugen Augen und Deinem wehmüthig guten Gesicht stehst Du vor mir; und wenn einer meiner werthen Leser, eine meiner schönen Leserinnen nach Glenbalough in den Bergen von Wicklow kommen sollte ... des sei gewiß, guter Miles, sie werden nach Dir fragen und Dich zum Führer nehmen, wenn auch der Wärter sagen würde, Du seist ein Wilddieb und ein Lump! — Darauf fragte er mich, ob ich denn nicht selber wieder einmal hierher kommen würde?

„Ja," sagte ich — „dereinst, wenn ich erst meinen lieben Schatz geheirathet habe, und wenn ich mit ihm auf Reisen geh, um ihm alle die Orte zu zeigen, wo ich sein gedenkend glücklich war — dann werde ich auch nach Glenbalough kommen!"

„Eine von den Beiden?" fragte Miles, indem er in das Haus deutete.

„Nein, lieber Freund — mein Mädel muß d e u t s c h sein! Eben so hold, so anmuthig, so gut wie jene — aber deutsch und mir noch tausendmal lieber!"

Da nahm Miles Doyle den Strohut ab und „Heil Eurem jungen Weib!" rief er. „Ich werde sie auf meinem Rücken in St. Kevin's Bett tragen, und der Heilige wird sie segnen!" Es ist hier nämlich der Glaube des Volkes, daß jede Frau, die in St. Kevin's Bett gesessen, ihrem Manne die schönsten Kinder schenken werde. —

10*

Dann gaben wir uns die Hand zum Abschied, und ich sah ihn nicht wieder. Es fand sich eine Gesellschaft, die sich ihn zum Führer ersah, und auch wir bekamen, nachdem der Wärter noch verschiedene Male „gleich, gleich!" gesagt hatte, unser Mittagsessen und nach Beendigung desselben einen Car, an welchem das eine Trittbrett zerbrochen war. Wegen „drohender Lebensgefahr" zog Mr. Macrie vor, den Sitz auf dieser Seite seiner Tochter Jane und mir zu überlassen, während er und Ellen sich auf die andere begaben. Und so, gegen Abend, mit der sinkenden Sonne, fuhren wir aus dem Wirthshaus von Glenbalough ab und tiefer in das Gebirge hinein. Wir nahten uns einem reich bewaldeten und besser bevölkerten Striche desselben, und wir empfanden die Nähe des volleren Lebens sogleich. Abendluft, durch das Aroma kräftig athmender Wälder gewürzt, strömte uns freier entgegen; und wo wir durch ein Dorf kamen, da hatten sich bunte Gruppen am Wege versammelt. Die Kinder mit ihren nackten, zarten Füßchen, ihren rundlich vollen, braunen Beinchen in den kurzen zerfetzten Röckchen sehen aus wie Murillo'sche Engelchen und haben auch ebenso vielen Humor in den vollen Gesichterchen. Die Mädchen, die in der Thüre stehn, oder von der Wiese herunter uns nachschauen und grüßen und winken und Kußhände zuwerfen, sind nicht schön, aber sie scheinen ungemein leidenschaftlich und sind ungemein reizend. Sie haben schwarze Augen und wissen sie zu gebrauchen. Sie sind coquett, wie die Französinnen; aber ihre Coquetterie ist natürlicher und viel unschuldiger. Sie coquettiren ohne Absicht, sie wollen Keinen glücklich und Keinen unglücklich damit machen; — wunderliche Mädchen! —

Etwas Dem Aehnliches glaubte ich in der Landschaft zu entdecken. Die Natur ist hier sehr milde, aber nicht grade sehr freigebig; sie schenkt dem Lande mehr Zierrath als Reichthum. Von wogenden Kornfeldern, von stattlichen Obstgärten habe ich keine Erinnerung; desto herrlicher steht mir noch der Wald vor Augen. Es ist, als ob der Wald, in den kurzen Strecken, die ihm noch gelassen worden, all' seine Schätze verschwenderisch ausgestreut habe. Bäume von solcher Pracht und Ueppigkeit habe ich nie gesehn; das Dunkel ihrer Gänge hatte uns bald umschlossen. Ueber die Mauer glänzte der Lorbeer, die wilde Kastanie rauschte, der glänzend befiederte Lärchenbaum wehte im Winde, die Fichte, die Tanne, die stolze Buche, die kräftige Eiche, die Linde —

Alles wucherte in schöner Fülle nebeneinander und der Epheu schlang sich um Alles. Er schlingt sich um die Mauern und schlingt sich um die Thürme, um stille Pachterwohnungen und prächtige Edelsitze, um die Ruinen der Hütten, um die Ruinen der Kirchen, um alle Bäume — er schlingt sich um sich selber — die ganze Natur, als ob jedes Einzelne nicht genug an dem habe, was ihm eigenthümlich verliehen, kleidet sich in Epheu. Ist das nicht auch ein bischen coquett von der Natur? —

Und also ging's durch das Clara=Thal. Uns zur Linken, unter den Bäumen, plätscherte ein muntres, helles Wasser. „Joihoh!" rief's uns hinauf — „ich komme weit her! weit her! kennt Ihr mich nicht mehr? joihoh!" Ich erkannte das muntre Gewässer am silbernen Klang und Fall seiner Wellen. „Bist Du nicht der Wasserfall vom Königsgrab? Hab' ich mich nicht heut Morgen über Dir auf schwankendem Baumast gewiegt? Haben wir uns nicht versprochen, uns heut' noch einmal wiederzusehn. Lieblicher Avon=Môr?" „Joihoh!" klang's von unten — „ich bin's! ich bin's! Joihoh!" Dann mit frischem Gemurmel verlor sich's unter den Bäumen in der Tiefe. Und obenhin, frei wie Vogelflug ging unsre Reise. Wie trabte unser Schwarzer! Wie rasselte unser Car mit dem zerbrochenen Trittbrett! Wie sauste es bergauf, bergunter — und wie warf unser lustiger Kutscher Berg=, Fluß= und Dörfernamen nach Rechts und Links — wie viel „alte" Geschichten wußte er im Fluge zu erzählen — und wie schrie Mr. Macrie, daß der heutige Tag nicht ohne ein großes Unglück zu Ende gehen könne und daß der Kutscher besser thäte, das Pferd fest im Zügel zu halten, als alte Geschichten zu erzählen. Und vorbei flog auf leichtem Car manch' schwarzäugig liebliches Kind des Landes, und die Berge flogen vorbei, und die Sonne ging tiefer, und der Himmel goß seinen reinsten Abendfrieden über uns und alle Welt. Auch die Lerchen waren wieder da, und sie jubelten und tirelirten über uns in der blauen Luft und stiegen auf und nieder.

Nun war der Wald an dieser Stelle zu Ende und wir traten in den weiten, offenen Umkreis der Gebirge. Die scharfgezackte Kette von Glendalough, der Lugduff und der Lugnaquilla, füllte mit purpurblauer Masse den Westen; die Sonne hatte über ihnen dichten, feurigen Duft versammelt, und gegenüber, im fernen Osten, leuchteten die

goldenen Speere. Und indem nun die Sonne auf den Rand der Lug=
naquillaberge stieß, hinter denen sie bald verschwinden sollte, und in=
dem der schwere Goldduft sich in durchsichtiges Lichtgewölf löste, dessen
Schimmer uns noch lange erfreuen sollte: da ward gen Norden eine
feine, blaue Wellenlinie sichtbar.

„Seht Ihr dorten die Berge?" sagte unser Kutscher, der sich auf
seinem Sitze umwendete und mit dem Stil seiner Peitsche nordwärts
wies. „Es muß klares Wetter sein, wenn man dieses Gebirge sehn
soll — es liegt wol funfzig Meilen von hier und heißt Slieve-na
mban-fionn, das ist: das Gebirge der Frauen Fionn's.
Schöner wie heut' hab' ich's nie gesehn; und wenn's Euch Allen recht
ist, so will ich Euch eine alte Geschichte davon erzählen."

Uns, das heißt den beiden Mädchen und mir, war es recht; uns
war Alles recht, was die holde Dämmerstunde beleben konnte; aber
Mr. Macrie dachte in diesem Punkte anders, und erst nachdem er sich
überzeugt hatte, daß Zügel und Pferd im besten Zustande und der
Weg, soweit man sehn konnte, eben und sicher war, gab er dem
Kutscher die Erlaubniß zu erzählen und dieser begann mit der Frage,
ob wir schon Etwas von dem Riesen Fionn oder Finn gehört hätten?
Als wir ihm mitgetheilt hatten, daß wir erst an diesem Morgen dicht
an der „Schlucht des Riesen" in Glendalough gestanden, fuhr er fort:
„Nun, so will ich Euch eine Liebesgeschichte von Finn, dem Riesen,
erzählen."

„Liebesgeschichte?" interpellirte Mr. Macrie, mit einem besorgten
Blick auf seine Zwillinge. „Doch nicht zweideutig, Kutscher? He,
Kutscher?"

„Durchaus nicht —" erwiderte dieser; „im Gegentheil, sehr
rührend. Also hört. Finn hatte in seinen jungen Jahren den schön=
sten Edeldamen seiner Zeit den Hof gemacht, und sie hatten sich alle,
so zu sagen, in ihn verliebt. Er hatte ein großes Herz, versteht sich —
ein Riese muß wol ein großes Herz haben, und es gab nicht so viel
Schönheiten im ganzen Lande, als darin Platz gefunden hätten. Mit
den Frauen war das etwas Anderes. Jede Frau, und wäre sie noch
so schön, noch so jung, noch so liebevoll gewesen, hätte mit solch'
einem Riesen überhin genug gehabt; und außerdem, wißt Ihr, sind
die Frauen alle mit einander sehr neidisch und sehr eifersüchtig."

„So," sagte Ellen — „wissen wir das? Ei, Sir Kutscher — ist das ganz gewiß?"

„Sehr neidisch und sehr eifersüchtig," wiederholte dieser, ohne sich irre machen zu lassen — „wenigstens zur Zeit Finn's. Jede von den schönen Damen redete sich natürlich ein, daß sie die Einzige und Auserwählte sei, und daß ihr die Andern nur als lästige Nebenbuhlerinnen im Wege ständen, und daraus entstand ein Haß, und ein Streit und eine Verwirrung unter den heirathslustigen Frauen Irlands, daß es unfehlbar zu einem Weiberkriege gekommen sein würde, wenn Finn nicht auf Mittel gesonnen hätte, ihn zu verhüten. Demgemäß ließ er durch einen Herold im ganzen Lande verkünden, daß er alle seine schönen Bewerberinnen gleich bewundre und gleich liebe, und daß er für seinen Theil auch nicht abgeneigt sei, sie Alle zu heirathen, wenn er nur nicht fürchten müßte, daß sie sich übel vertragen würden. Deshalb lege er die Entscheidung, welche von ihnen er heirathen werde, in ihre ... Hände nicht, Gott bewahre! sie würden sich sonst die Augen auskratzen und die Haare ausraufen; er lege sie in ihre kleinen, hübschen Füße. Welche von ihnen am Geschwindesten laufen könne, die sollte seine Gemahlin werden. Slieve-na mban, jenes Gebirge, das Ihr dort hinten noch in der Dämmrung schwach unterscheiden könnt, sollte der Platz des Wettrennens sein, und Finn selbst wollte auf der Spitze des Berges stehn, um die glückliche Siegerin zu empfangen und laut zu verkünden. Am festgesetzten Tage versammelten sich die schönen Jungfrauen von Irland, und es waren ihrer mehr denn fünfhundert aus allen Theilen der grünen Insel zusammengekommen. Fünfhundert hübsche Mädchen! Hurrah, ich hätte dabei sein mögen!

„Unter der Menge von Frauenzimmern war jedoch Eine, die dem Riesen lieber war als alle Andren; sie hatte so schöne Augen — o, und sie hatte so schöne Lippen — o, und so kleine, kleine Füße! Diese Jungfrau hieß Graine, und sie war die einzige Tochter des großen Königs von Irland Cormac Uffaba. Und dieser flüsterte er, bevor der Wettlauf begann, einen Rath zu, wie sie über ihre Nebenbuhlerinnen siegen könne. Sie solle sich nämlich nicht gleich Anfangs erschöpfen, sondern ganz langsam und gemächlich gehn, dann würde sie am Sichersten zum Ziele kommen. Graine that, was Finn ihr gerathen. In den ersten Augenblicken ward sie zwar von allen Uebrigen zurückgelassen; denn diese thaten ihr Möglichstes und wandten ihre äußerste Kraft an, die Höhe mit einem Mal zu gewinnen. Aber die Anstrengung war zu gewaltig für sie; erschöpft, und über und über glühend, sanken sie, Eine nach der Andren hin. Die ganze Haide war wie mit aufgeblühten Rosen bestreut; und die Prinzessin, welche die Letzte gewesen, schritt frisch und lächelnd und triumphirend an ihnen vorbei. Einige, durch dies Lächeln gekränkt, machten wol noch den Versuch, sich zu erheben, aber umsonst — keine drei Schritte weiter, sanken sie wieder zusammen, elender als zuvor. Und Graine allein, mit vollem Athem und lieblicher Röthe auf den Wangen, erreichte die Spitze des Berges, wo Finn ihrer harrte und sie als Siegerin in seine Arme schloß. Und so ward Graine das Weib Finn's und die Mutter Oisin's, des größten Barden auf der ganzen Welt.

„Aber nicht lange sollte das Glück währen; Graine ward treulos, und Diarmaid O'Duibhne, der beste Freund ihres Gemahles, entführte sie demselben. Die Treulose und ihr Entführer flohen in die Wälder und bauten sich in einem dunklen Forst ein Haus „Graine's Bett" genannt, in welchem sie nicht entdeckt werden konnten. Finn beschloß sich zu rächen, und veranstaltete zu diesem Zwecke ein großes Jagen in dem Forste, in welchem Graine und ihr Geliebter verborgen lebten. Finn und seine Helden erfüllten das Dunkel des Waldes mit ihrem Jagdgeschrei und dem Gebell ihrer Wolfshunde. Als Diarmaid das hörte, da konnte er der Jagdlust nicht widerstehn, trotzdem Graine ihn warnte. Diarmaid ging und gesellte sich zu den Jägern. Ein großer Eber ward erlegt, dessen Fangzähne heimlich vergiftet worden waren. Als Finn nun seinen treulosen Freund erblickte, machte er gar nicht, als ob Etwas zwischen ihnen vorgefallen sei, und hieß ihn, die Fangzähne des gefällten Ebers ausbrechen. Doch kaum hatte Diarmaid dieselben nur berührt, so starb er augenblicklich von dem fürchterlichen Gift, das daran saß.

„Graine blieb hülflos zurück; kurze Zeit nach dem Tode Diarmaid's brachte sie einen Sohn auf die Welt, dessen Vater er gewesen, und um ihr Elend voll zu machen, stürzte nun obendrein auch noch ihre Hütte zusammen. Sie suchte darauf nach einem Versteck und fand ein solches in einem hohlen Baum. Da indessen die Höhlung für sie und ihren Sohn nicht groß genug war, so suchte sie einen Holzhauer

im Walde und bat ihn, mit seiner Art nachhelfen zu wollen. Als
dieser gethan, wie Graine ihn geheißen, sagte sie, er solle sich einmal
in die Höhlung legen, damit man sehen könne, ob sie nun auch groß
genug sei; und als der Arglose sich nun wirklich hineinlegte, da ergriff
sie dessen Art und hieb ihm den Kopf ab, damit er nicht verrathen
möge, wo Graine sich verborgen. Darauf lebte sie in dem hohlen
Baume, ohne daß ein menschliches Wesen von ihr wußte, und sie
nährte ihren Sohn mit Wurzeln und Waldfrüchten. Da kam immer
heimlicher Weise, wenn sie fort war, ein Wolf, und raubte ihr die ge-
sammelten Vorräthe, bis Graine eines Tages ihrem Sohne sagte, sie
könne ihn nicht länger mehr erhalten, wenn er sich nicht selber Speise
suche oder wenigstens doch den Dieb fange. Als der Wolf darauf
wiederkam, da packte das Kind ihn am Nacken, und ihn nahezu er-
würgend, hielt es ihn so lange fest, bis die Mutter zurückkehrte. Da
sagte die Mutter, nun sei er stark genug, um in die Welt zu ziehn,
und nahm ihn fortan immer mit sich, wenn sie ausging.

„Als er nun funfzehn Jahre alt geworden, da bekam die Mutter große
Sehnsucht, ihren ersten Geliebten einmal wieder zu sehn; sie machte
sich deshalb mit ihrem Sohn auf den Weg und sagte ihm, sie gehe
nach dem Schlosse, um daselbst die großen Spiele mit anzusehn. Sie
war verkleidet, so daß Niemand sie erkennen konnte. Als sie an-
langten, da begann der Knabe am Kampfspiel Theil zu nehmen und
trug über Alle, selbst die ältesten Krieger, den Preis davon. Zuletzt
argwöhnte die Mutter — und zwar mit Recht, — daß man sie doch
erkannt haben möge, und heimlich begab sie sich mit ihrem Sohne auf
den Heimweg. Aber nicht lange, so hörten sie auch schon das Geschrei der Verfolger, und Graine sank ohnmächtig und entkräftet nieder.
Da nahm sie der Sohn auf seine Schultern, faßte ihre Beine mit
beiden Händen, und flüchtete so mit unvergleichlicher Schnelligkeit durch
den Wald. Aber als er nun an der Baumhöhle angekommen war,
und seine Mutter absetzen wollte: da sah er, daß die Baumzweige
von ihrem Körper Stück nach Stück abgerissen hatten, und daß von
seiner Mutter Nichts übrig geblieben war, als die Beine, die er in
der Hand hielt!"

„Sieh, sieh!" sagte Mr. Macrie, den die Geschichte ungemein
erheitert hatte, „Nichts als die Beine! Sieh, sieh — eine capitale

Geschichte. — Kutscher, wie heißt der Ort da vor uns, den Berg hinauf?"

„Rathdrum! Sir!" sagte der Kutscher.

„Rathdrum — sieh! sieh! Was gibt es denn hierbei zu bemerken?" Er schlug den pittoresken Touristen, in welchem er unaufhörlich seine Finger hatte, auf und trug vor: „das Pferd jedoch, wenn es von Glendalough gekommen ist, sollte einen Trank von Mehl und Wasser haben und der Reisende die Erfrischung nehmen, die ihm am Meisten gefällt..." gut, gut, das sollt Ihr haben... Kutscher, welche Erfrischung gefällt Dir am Meisten?"

„Ein Glas Schibbin (Schnapps) gefällt dem irischen Mann immer am Meisten," sagte dieser.

„Was — Schibbin... immer Schibbin! Immer aufregende Getränke. Das Pferd könnte wild werden und dergleichen. Kein Schibbin sag' ich; der pittoreske Tourist sagt auch Nichts von Schibbin. Nimm einen Trank von Mehl und Wasser und gib dem Pferd Bier zu saufen... wollt' ich sagen, umgekehrt — Bier zu trinken und Wasser zu saufen — aber keinen Schibbin, Kutscher!"

Der Kutscher sagte, „gut, Sir!" — und langsam näherten wir uns dem Städtchen. Eine Straße zieht sich tief unten am Berg hin, eine andre führt über die Höhe in's Land hinaus. Diese Straße fuhren wir. Rathdrum hat einst bessere Zeiten gehabt. Es war berühmt wegen seiner Flanellfabriken. Noch steht auf der Höhe, über dem Marktplatz, ein weit sichtbares, stattliches Gebäude mit einer mächtigen Kuppel; es ist die Flanellhalle. Sie steht leer; und unter ihr, auf dem Marktplatz von Rathdrum, liegt eine lange Reihe zerfallener und verlassener Hütten und Ruinen, und aus der Mitte derselben erhebt sich das Polizeigebäude. Ein echt irisches Städtebild; und dabei sieht Rathdrum doch noch viel besser aus, als manche andre Stadt in Irland. Die benachbarten Kupferminen ersetzen für einen gewissen Theil den Ausfall der Flanellfabrikation; und die Lage des Städtleins ist reizend. Auf den Thürschwellen und Fensterbänken der dämmernden engen Gasse, die den Berg holperig hinaufführt, saßen die hübschen Irinnen und ließen sich von ihren „lads" die Cour machen; sie grüßten die Vorüberfahrenden freundlich und erwiderten jede Kußhand auf's Eifrigste. Alle sahen sich nach uns um und lächelten; nur die hohe

Polizei von Rathbrum stelzte jetzt steif und vornehm an uns vorbei. Keines Blickes, keines Grußes wurden wir gewürdigt; die hohe Polizei ist ein kosmopolitischer Grobian und sieht sich nach Keinem um, den sie nicht arretiren oder chicaniren darf. — Vor dem Wirthshaus ward gehalten, und mit frischen Kräften, nachdem sich Pferd und Kutscher vorschriftsmäßig erquickt hatten, ging's in die Sommerabendkühle hinaus.

Wie soll ich dich nun schildern, selige Stunde, die du in meinem Wanderleben, soweit ich es mit schwärmendem Blick überschaue, eine der seligsten bist? Soll ich alle Gefühle zurückrufen, die damals so still, so leicht durch meine Seele wallten wie die Goldwolken über mir durch den Himmel? Wird es mir gelingen, jene Bilder zu erneuern, die dazumal mein trunkner Blick in sich sog und an deren Ewigkeit er glaubte?... Ach, es ist Nichts ewig in uns, als die Sehnsucht — alles Andre ist vergänglich — die Farben erblassen, die Formen zer= rinnen, die ganze Erscheinung löst sich in lieblichen Duft auf. Nicht in Worten, nicht in Farben wirst Du solch' eine Landschaft malen; denn es gibt Stimmungen in der Landschaft, die nur in Tönen sich schildern lassen, und kaum in seinem glücklichsten Augenblick gelingt es dem Dichter. Solch' eine Musik der Landschaft zieht durch meine Seele, wenn ich dein gedenke, süßes Thal von Avoca! Und ich wüßte wol ein Lied, das so schön ist, wie du bist — und wenn ich es still, in tiefer Nacht mir singe, dann stehst du vor mir, wie du damals vor mir standest, im letzten Abendroth, im ersten Mondenschein — du süßes Thal von Avoca!

Kein Thal in der Welt, das so lieblich mir scheint,
Als das Thal wo der Strom mit dem Strom sich vereint —
O, verwehn muß die Sehnsucht, die warm mich durchglüht,
Eh' der Duft jenes Thals mir im Herzen verblüht.

Nicht war's die Natur und ihr reicheres Blühn,
Nicht des Wassers Cristall und das frischere Grün —
Nicht der sanftere Reiz von Strom und von Wald...
Ach, mich hielt eine süßere, schönre Gewalt.

Die Freunde, mit denen ich einst hier gelacht,
Die waren's, die theuer dies Thal mir gemacht;
Die gefühlt, wie die Welt dann erst reizend sich malt,
Wenn verklärt aus dem Blicke Geliebter sie strahlt.

Süßes Thal von Avoca! Welch' Dasein voll Lust,
Könnt' ich leben in dir an befreundeter Brust —
Wenn die Stürme verweht, wenn die Schmerzen verweint —
Herz an Herz — wie der Strom dort dem Strom sich vereint!

Dies Lied und der Geist dessen, der es gesungen, da er, einsam wie ich einst dies Thal hat durchwandert — umschwebt mich, so oft ich an jenen Abend gedenke. Es wird dann klar und kühl in meiner Seele, wie es an jenem Abend war; und mit zitternder Stimme wiederhole ich: „wenn die Stürme verweht, wenn die Schmerzen verweint" — aber leise, ganz leise, wie damals — daß es Niemand höre, wie meine Stimme zittert. —

Das Thal von Avoca beginnt sogleich hinter Rathdrum. Sanfte Hügel und Wiesen und Gehöfte mit stillen, weißen Mauern, über welche die Kaiserkrone schaut, liegen im Vordergrund, und dahinter liegt dunkelgrüner Wald und fern das Gebirge. Zwei Ströme — ich muß sie wol so nennen, weil sie so gar rauschend dahinflossen — belebten nun zu beiden Seiten die dämmernde Ferne. Hatten wir uns von Glendalough immer am linken Ufer des Avon-môr gehalten, so wandten wir uns jetzt, wo sich die Straße senkte, dem andern Wasser, dem Avon-beg zu. Weicher wurde die Landschaft, immer weicher, jede schärfere Markirung verlor sich. Der Duft der Gebirge von Finn's Frauen war lange verschwunden, — der fünfzackige Craik, bisher uns zur Linken, die goldenen Speere, die so treulich das letzte Licht bis zu seinem gänzlichen Verlöschen bewahrt hatten, verdämmerten in weiter Ferne, und die uns so lange zur Rechten gestanden hatten — o, wie weit und selig war die Schau! — im verglimmenden Purpur des Abends die Lugnaquilla-Berge — Alles dahin, und nur der säuselnde Wald an den Hügeln, die rauschenden Wasser im Thale, die blaue Dämmerkühle war uns geblieben.

Langsam rollte das Wägelchen mit der Gesellschaft voran und in mäßiger Entfernung folgte ich auf einsamen Wegen nach. Ich ging, wo einst, vor mehr als funfzig Jahren Thomas Moore gegangen war; ich blieb stehn, wo einst, vor mehr als funfzig Jahren, Thomas Moore stehn geblieben war — hier, wo die Wasser sich treffen, auf der Brücke des hochberühmten Meeting of the Waters, wo er sein schönstes Lied gesungen. Ueber dem Tannenwald hinter mir zitterten noch die letzten Purpurwölkchen im sanftesten Blau; gegenüber wiegten sich die dunklen Kastanien und über die hellgrüne Wiese heran schimmerten die weißen Häuschen des Dorfes. Ich lehnte mich auf's Brückengeländer.

Unter mir rauschte der Avon=beg, und die röthlichen Wolken spiegelten sich in seinen silbernen Wellen. Hinter einer prachtvollen dunkelkronigen Linde kommt der Avon=môr hervor, und hinter dem Kies, der an die hellgrüne Wiese sich schließt, fließen die Wasser zusammen, um vereint als „Avoca" das Meer zu suchen. Und darüber steigt eine schöne Hügelkette empor mit reichem, üppigem Walde, und aus dem krausen Grün ragt Castle Howard, die Normannenburg mit Zinnen und Thürmen und wehenden Flaggen. Ein weicher Wind bewegte Busch, Baum und Wasser — der Mensch verstummte und die ganze Natur schien einen Ton zu denken. Der Avon=môr und der Avon=beg schienen ihn zu rauschen, die dunklen Kastanien, die hellgrüne Wiese, der Hügelwald ihn zu flüstern, und mir auf der Lippe lag er, wie der sterbende Akkord einer schönen, großen Symphonie —

Wenn die Stürme verweht, wenn die Schmerzen verweint —
Herz an Herz — wie der Strom dort dem Strom sich vereint.

Und nun, wo das letzte Purpurgewölk verglommen, stieg über den Abhängen des Waldhügels der mattgelbe Mond in voller Scheibe empor, und seine ersten Strahlen zitterten in den Wassern des Avoca!

Alles war still gewesen; kein menschlicher Laut hatte sich in die feierliche Sprache der Sommernacht gemischt. Nun aber, da ich mich zuletzt doch der Gesellschaft wieder nähern mußte, hörte ich Mr. Macrie wirthschaften, und auch der Kutscher trug sein Bestes zur Unterhaltung bei.

„Wißt Ihr es," schrie mir der erstgenannte Biedermann entgegen, „wißt Ihr es, daß hier die Stelle ist, wo Thomas Moore Esq. seinen berühmten „speech" bei den „Meeting of the Waters" gehalten hat?" *)

*) Es ist nicht gut möglich, diesen ächt irischen Witz anders, als annähernd wiederzugeben. „Meeting of the Waters" heißt wörtlich: „die Versammlung der Wasser" und „speech" heißt die „Rede," die man bei einer Versammlung hält.

„Und daß dort auf dem Connery=Gebirge," überschrie ihn
der zweitgenannte Biedermann, der Kutscher, „der Motty=Stein liegt?
Kommt, seht hier an dem Stil meiner Peitsche hinunter — das ist
der Felsen, dort. Und derselbe kommt jedes Mal am ersten Maimorgen
herunter, um sich in dem Meeting of the Waters zu baden und hier
dem Stein unter dem Lindenbaum einen Besuch abzustatten. Zu der
Zeit ist eine heilsame Kraft im Wasser, und wer so glücklich ist, das
Herunterrollen mit anzusehn und sich gleich danach im Wasser badet,
wird von jeder Krankheit befreit."

Mr. Macrie zuckte mitleidig mit den Achseln und sah mich dabei
an. „Ein Kutscher!" sagte er alsdann, während dieser sich Mühe
gab den beiden Mädchen den Motty=Stein zu zeigen. „Man muß
einen Kutscher auch einmal reden lassen! Aber es gibt doch fürwahr
recht einfältige Kutscher in Irland!"

Alsdann bestiegen wir unsren Car wieder, und der „einfältige"
Kutscher voraus ließ sein Pferdchen munter durch den herrlichen Abend
dahintraben. Breit und still, im vereinten Bette floß uns zur Rechten
der Avoca, und dichte Bäume, durch deren Kronen der Mond auf uns
niederzitterte, bekränzten seine Ufer. Wie lieblich erschien nun im neuen
Zauber das Thal! Der duftigste Schatten füllte die Tiefen; aber
schillernder Mondenglanz wiegte sich auf den Eichenblättern, glitt strah=
lend am knorrigen Stamme nieder und zeichnete in die ziehenden Wellen
des Stroms sein wandelndes Bildniß. Und in das Flüstern des Waldes,
das Rauschen des Wassers mischten sich nun auch viel fröhliche Men=
schenstimmen; immer mehr belebte sich der Weg mit lachenden Mädchen
und singenden Burschen, die von dem „pattern" zu Woodenbridge
heimkehrten. Beim Anblick so viel lustiger Gesichter glaubten wir unsren
Kutscher trösten zu müssen, daß er heut' in Ausübung seiner Berufs=
pflichten der festlichen Freude entbehrt habe.

„Ha," sagte er, „so viele Schillinge hat gar keine Christenseele
in Irland, als Gelegenheit, sie auf lustigen Patterns los zu werden;
kein Sonntag, wo nicht im Umkreis von 12 Meilen dreimal so viele
Patterns sind."

„Woher in aller Welt nehmt Ihr denn so viele Heilige, als zu
all' diesen Namenstagen nothwendig sind?"

„Woher, lieber Herr? — das weiß ich nicht, lieber Herr. Ich

weiß nur, daß sie da sind, und daß wir für uns und unsre Kinder und Kindeskinder und alle Ewigkeit genug haben. Wir haben hier auf unsrer grünen Insel — Gott segne sie! — dreitausend Heilige, gebenedeite Heilige, Herr, und große Wunderthäter." —

„Und wie feiert Ihr diese Patterns?" fragte ich weiter.

„Wie Ihr seht, Herr: mit Trinken, Liebemachen und jeder Art von Unfug." —

Der Kutscher hatte Recht; ich sah das. Beispiele der drei Gattungen gingen im leuchtenden Mondenschein vor uns herum. Einige von den Vorüberwandelnden hatten sich auf das Strenggläubigste betrunken und konnten zu Ehren des Heiligen auf keinem Beine mehr stehn; Andre hatten sich den süßen Neigungen ihres Herzens überlassen, und wandelten Arm in Arm mit ihren „sweethearts" daher, ja nicht selten ward unser Pferdchen zum Stehen gebracht, weil eine ganze Schwadron Liebender, Arm in Arm, gleichsam eine Schlachtordnung verliebter Wesen heranrückte, und nur auf vielfaches Zureden unsres Kutschers öffneten sie auf einen Augenblick die Barrière ihrer Arme und Seelen, um uns durchzulassen. Die Schaar der Unfugtreibenden im Allgemeinen, — denn ich kann nicht sagen, ob die Betrunkenen und Verliebten, Jeder auf seine besondre Weise nicht nebenbei auch noch Unfug trieben — umschwärmte die beiden andern Gruppen, neckte die Einen, hetzte die Andern und prügelte sich gegenseitig und schrie und fluchte dabei. Lärm und Prügelei gab es genug; und das süße Thal des Avoca fing auf einmal an, sehr nach Whiskey und dem Schillelah zu riechen. Ich sah mich immer nach meiner Minnie im schwarzen Sammtmieder um; konnte sie aber nicht entdecken, so viel schwarzäugige Mädchen auch im Mondenschein vorüberzogen.

Die Pracht der Landschaft wuchs von Schritt zu Schritt; Hügel umfingen uns auf's Neue, und gewaltige Bäume rauschten uns zu Häupten, während in der Tiefe silbern glitzernd der Avoca durch Laubgehänge dahinmurmelte. Mit einer scharfen Biegung wandten wir uns zuletzt um den Hügel und rollten nun in den Hof des Gasthauses von Wooden=Bridge ein.

Dieses Gasthaus war für dies Mal der Herd des ganzen Unfugs, man kann sich denken, wie laut es hier herging. Freilich nur in den unteren Räumen, da man die oberen für bessere Gäste reservirt hatte.

Die gute Wirthin schien auch auf das gemeine Volk und sein Pattern nicht viel zu geben; „wenn's zehn Uhr ist, müssen sie fort" — sagte sie, „die Musik hab' ich schon um neun Uhr fortgeschickt, sonst säßen sie mir bis morgen früh da herum."

In einem ziemlich großen, aber nicht viel mehr als mannshohen Zimmer, das voll der schlechtesten Gerüche und des unerträglichsten Dunstes war, saßen die Verehrer des Patrons von Woodenbridge um eine trübe brennende Thranlampe. Der aufsteigende Qualm des „Shag," den sie aus schmutzigen Thonpfeifen rauchten, lagerte sich in undurchdringlichen Schichten über ihren Häuptern. Ihrer zehn oder zwölf tranken aus einem Glase; von Unmäßigkeit war nichts zu bemerken. Musik, wie gesagt, hatten sie nicht mehr; singen sollten sie auch nicht mehr, hatte die Wirthin gesagt. Der Wärter sagte mir, an diesen Leuten sei nicht das Mindeste zu verdienen; sie könnten Nichts vertragen, sie wären gleich betrunken. Auf meine Veranlassung indessen ward ihnen die Erlaubniß gegeben, noch ein Lied singen zu dürfen; dann aber sei es unwiderruflich vorbei. Ich stand in der offnen Thüre.

„Joe," riefen ein paar alte Kerle, die am Ende des Zimmers um ein halbgefülltes Whiskeyglas saßen. „Joe, Du sollst singen!"

Joe sagte, er müsse eilen, sein Mädchen einzuholen, welches schon draußen auf ihn warte; er habe keinen Augenblick mehr zu verziehen. Aber die Andren wollten davon Nichts wissen. Das Mädchen könne warten, meinten sie, und er solle singen. Joe stand auf und schlug auf den Tisch.

„Ruhe!" schrie er, „ich will singen; paßt auf, damit Ihr zur rechten Zeit einfallt und nicht wie die Betrunkenen bald zu früh, bald zu spät mit Euren Antworten herumkollert . . ."

„Was?" polterten einige Burschen, die unter dem Fenster saßen, „willst Du von betrunken sprechen? Das soll sich wol auf uns beziehen, Du Hallunke! Schelm Du! Verläumder Du! Halloh, halloh!"

„Ruhe!" schrieen die Andern. Joe schlug zum zweiten Mal auf den Tisch und behauptete, sie gönnten ihm Nichts, sein Singen gönnten sie ihm nicht, und sein Mädchen nicht, sie wären betrunkene Neidhämmel. Es würde unfehlbar zur Prügelei gekommen sein, wenn die alten Männer nicht aufgestanden wären und gesagt hätten, wer die Hand rühre, der solle hinausgeworfen werden und Joe solle singen. Darauf ward es ruhiger und Joe sang:

> Sanct Patrick war ein Biedermann
> Und Kind rechtschaff'ner Leute;
> Er baut' ein Kirchlein in Dublin
> Mit Thurm und mit Geläute.
> Sein Vater war ein Gallacher,
> Seine Mutter eine Brady,
> Seine Muhme 'ne O'Shaugnessy
> Und Base des O'Grady.

Das Lied, welches Joe anstimmte, ist eines der populärsten in Irland. Die ganze Gesellschaft erhob einen Jubelschrei, als er es anstimmte. Joe sang es mit einer Stimme, um die ihn kein Mensch, und wenn er auch Neidhammel von Profession gewesen wäre, hätte zu beneiden brauchen. Aber er sang es mit Bravour, das ist wahr, und er sprang und tanzte dabei und schlug auf den Tisch, wenn der Chor einfallen sollte. Und dieser, aus Männern, Frauen und Kindern gemischt, von denen die Einen halb, die Andren ganz betrunken waren, schlug dann gleichfalls auf den Tisch und sang dazu, was einen recht erbaulichen Lärm gab:

> O! — Sanct Patrick's Faust ist stark genug,
> Und stark ist auch sein Wink! — O!
> Der Heilige, der die Schlangen schlug,
> Ist schön auch ohne Schmink' — O!

Das „O!" welches in einen wehmüthigen Mollakkord austönte, ward jedes Mal mit ganz besondrem Nachdruck gesungen und so lange gehalten, bis Joe wieder Athem geschöpft hatte, um weiter fortzufahren.

Joe.

> Die Wicklowhügel sind sehr hoch,
> Hoch ist der Berg von Howth, Sir;
> Doch höher noch als Beide, ist
> Ein Berg am Westmeerschoos, Sir!
> Und auf der Spitze dieses Berg's
> Hielt Patrick seine Predigt,
> Die Schlang' und Frosch weiblich zerdrosch,
> Die einst uns sehr beschädigt.

Gemischter Chor.
(Die Mischung ist oben angegeben.)

O! — Sanct Patrick's Faust ... :c.

Joe.

Und was nicht gleich auf Einen Streich
Im Weltmeer sich verlaufen:
Das mußt' sich tobt auf sein Gebot
An salz'gem Wasser saufen.
Mit Schuh und Strumpf wol in den Sumpf
Ging hüben es und drüben;
Der Schlangen Schaar mußt' aber gar
Selbstmord an sich verüben.

Gemischter Chor.

O! — Sanct Patrick's Faust ... :c.

Joe.

D'rum sind die irischen Jungen auch
So wolgemuth und fröhlich;
Und wie St. Pat gethan es hat,
Sind sie beim Whiskey selig.
Denn warum kann ein heil'ger Mann
Nicht seinen Durst auch stillen?
Seine Mutter hielt einen Whiskeyschank
In der Stadt zu Enniskillen.

Gemischter Chor.

O! — Sanct Patrick's Faust ... :c.

Joe.

Ach! wenn ich doch in Munster wär',
Auf heimathlichem Grunde!
Ich wollt' es nie verlassen mehr,
Das schwör' ich hier zur Stunde!
Dort baut' der Heilige in's Moor
Kartoffeln, Dörfer, Städtchen —
Dort gibt es Schweine — ma gra, m'astor! (meine Lust,
meine Freude!)

Und Kohl und schöne Mädchen!

Der gemischte Chor schrie, nachdem er sein „O! — Sanct Patrick's Faust ...“ zu Ende gesungen, laut und einstimmig nach frischem Getränk, denn Singen macht durstig! — und der Wärter brachte für eine Gesellschaft von mehr als hundert Schreiern nicht ganz ein Dutzend neugefüllter Gläschen. Er mochte wol Recht haben, daß an diesen Leuten nicht viel zu verdienen sei. Der Whiskey ist der Lieblings-gegenstand ihrer feurigsten Gesänge, und doch können sie nicht die Hälfte von dem vertragen, was der Deutsche trinkt, ehe er noch einmal an-fängt zu singen, und nicht das Drittel von dem, was der Engländer trinkt, nachdem er schon lange aufgehört hat, zu singen. Sie sind un-glaublich rasch betrunken; das heiße Blut ist augenblicklich in Wallung und dann ist der Teufel los. Dann prügeln sie sich und werfen sich mit Steinen, und die Frauen — wenn sie es nicht vorziehen, sich in Gesellschaft mitzubetrinken — haben von dieser Betrunkenheit ihrer Ehemänner unsäglich viel zu dulden, und nicht blos in den untern Ständen, sondern ebenso sehr in den höchsten, habe ich sagen hören.

Vor der Thüre indessen ward auch nicht gefeiert. Auf dem Rasen vor derselben steht eine Gruppe von vier hochgewachsenen, prachtvoll belaubten, majestätischen Eschen, in denen das Wirthshausschild hängt. Es glänzte im klaren Mondschein und die Blätter umher säuselten. Unter den Bäumen saßen ein paar Männer von der Polizei; der Mond, welcher über den Berg in das frischgrüne Thal hineinschien, schimmerte auf das Romantischste in ihren schwarzen, wachstuchüber-zogenen Helmen. Gegenüber auf der Brücke, unter dessen Bogen der Avoca in's offene Thal hinausströmt, prügelten sich — wie es schien, unter polizeilicher Aufsicht — sechs Burschen, und sie hieben mit ihren Stöcken so energisch auf ihre respectiven Köpfe los, daß man hätte glauben sollen, sie thäten es nur, um zu versuchen, was von Beiden stärker sei, oder am Ersten zerbrechen würde, ihr Stock oder ihr Kopf. Ich überschritt die Brücke, und der Landstraße folgend, näherte ich mich dem Walde. Da stand — an den Graben gezogen — ein Car, und darin saß ein Kind, dessen weiße Strümpfchen im Mondschein glänzten, dessen Hutfeder gelassen im Nachtwinde auf- und nieder-schwankte. Das Kind sah einem großen Schauspiel zu: im Graben nämlich prügelten sich einige Ehemänner, von denen der eine sein Vater war, und schrieen, sie wollten sich tödten, und die Frauen, von denen

11*

die eine seine Mutter war, jammerten und schrieen, sie wären arme, verlorene Creaturen; und ein Dritter — eine Art von Unparteiischem — ging hinter den Fechtenden her und suchte die Hüte auf, die sie in der Hitze des Gefechts verloren. Die ganze Scene wurde vom klaren Mond der Augustnacht beschienen, demselben Mond, der über dem süßen Thal von Avoca aufgegangen war, und bei dessen vollem Glanz ich sah, daß die Männer goldne Ketten und die Weiber seidne Kleider trugen. Aber nicht lange, so fesselte ein neues Schauspiel meine Aufmerksamkeit.

Zehn oder zwanzig Schritte weiter lief ein junges Mädchen über die Fahrstraße und rang die Hände und schrie: „Joe! Mein Joe! wo bist Du? O, Joe, wo bist Du?"

Auf einem Steinhaufen am Wege saß ein älteres Weib und rief unter Thränen und Schluchzen: „O Himmel, wenn wir doch erst zu Haus wären! O Himmel!"

Ich ging näher, und wer anders stand vor mir, als Minnie mit dem Sammetmieder? „Was hast Du Mädchen?" fragte ich. Sie erkannte mich mit freudiger Ueberraschung wieder.

„Dem Himmel sei Dank!" sagte sie — „da seid Ihr! O helft mir — o helft meiner Mutter —"

Sie ergriff meine Rechte, die Mutter ergriff meine Linke — die beiden Frauenzimmer zitterten heftig.

„Was ist Euch denn?" fragte ich — „was hat sich zugetragen?"

„O," rief Minnie, „sie werden uns todtschlagen."

„O," rief die Mutter, „hört Ihr sie nicht brüllen?"

In der That hörte ich einen dumpfen Lärm, der nicht sehr fern, irgendwo aus dem Walde kam.

„Wir standen hier," sagte Minnie, „um auf Joe zu warten, und da kam ein betrunkener Bursche, den ich nicht mag und nie gemocht habe, und sagte, wir sollten mit ihm gehn; Joe sei ein Trunkenbold und ein Hallunke und sitze im Wirthshaus und singe und denke nicht daran, mit uns nach Hause zu gehn. Und als ich ihn bedeutete, seiner Wege zu gehn, da sagte er: Nein, ich sollte mit ihm gehn, und faßte mich am Arm und wollte mich fortziehn. Da hab' ich geschrieen und meine Mutter hat auch geschrieen und wir haben uns gewehrt, bis ein Andrer kam und sagte, es sei eine Schmach für einen irischen Mann, zwei Frauen anzugreifen, und da haben sich die Beiden geprügelt und Alle, die dabei standen oder noch herzukamen, fingen auch an sich zu prügeln und liefen in den Wald ... heilige Jungfrau! und da sind sie wieder!" —

Aus dem Walde stürzte in diesem Augenblick eine Schaar, mit Knitteln jeder Art bewaffnet, sie näherte sich mit bedenklichem Geschrei dem Ort, wo die beiden Frauenzimmer standen, und diese hingen sich an meinen Arm und baten flehentlich, ich möchte sie doch schützen. Das Schicksal war so freundlich, mir in dieser höchst kritischen Lage zu se= cundiren; denn kaum hatte ich, mit sehr zweifelhafter Hoffnung auf Erfolg, meinen Posten vor den beiden Schutzlosen eingenommen, als mit lautem Halloh von der andren Seite des Schlachtplans Joe, von einem Dutzend frischer Kerntruppen umgeben, heranrückte. Der Kampf war bald entschieden, Joe und die Seinen kannten keine Gnade, und allgemeine Flucht säuberte bald den Platz von allen Unholden. Als= dann kam Joe und nahm sein Mädchen und dessen Mutter von mir in Empfang; ich richtete meine Grüße von Miles Doyle, dem Vater, aus, — aber mit dem Kusse wurde es wieder Nichts. Ich dachte nicht daran; oder wenn ich auch daran dachte, so sagte ich doch Nichts da= von. Gegen diesen Kuß schienen sich nicht nur die Mehlsäcke, sondern auch die Schillelahs von ganz Irland verschworen zu haben! —

Als ich in's Hotel zurückkam, war Alles schon still und leer ge= worden und im Gastzimmer des ersten Stockes saß Mr. Macrie mit weißer Halsbinde und der ihm beim Essen und Trinken eignen Würde oben am Theetisch; Jane und Ellen zu seiner Rechten und Linken, ganz wie in Glendalough. Auch die große Karte war wieder da, und die Cigarre, die alle Augenblicke ausging, und der Fibibusbecher. Wir verabschiedeten uns noch an demselben Abend; denn früh am andern Morgen reiste Mr. Macrie mit seinen Zwillingstöchtern ab, während ich mich im Wirthshaus von Woodenbridge behaglich festsetzte, um — vom vielen Hin= und Herreisen, vom vielen Sehen und Hören er= müdet — eine mehrtägige Siesta in dem reizendsten Idyll, das die Natur in den Wicklowbergen geschaffen, zu halten. Ich fühlte, mir that Sammlung vor der Weiterreise Noth, und hier hatte ich Ruhe genug.

Wie ein lieber, schöner Traum flossen die Tage dahin. Ich that Nichts, als unter Bäumen, an stillen Wassern wandeln; ich bestieg

die Hügel, ich legte mich an sanftgrünen Halden nieder und las die Gedichte meines Thomas Moore; ich begegnete manchem schüchternen
Kinde auf den einsamen Waldwiesen und ließ mir Märchen von ihm
erzählen und Lieder von ihm vorsingen, die ich treulich bewahrt habe.
Es verwebte sich Alles auf's Reizendste zu einem rosigen Dämmerbilde,
aus dem ich nur noch wenige feste Erinnerungen habe.

So erinnre ich mich des Hauses, in welchem ich diese köstlichen
Tage verlebte. Anmuthig lag es mit seinen weißen Mauern, seinen
Fensterchen und Altanen unter den grünen Tannen, die sich vom Berg
herab breit um dasselbe schließen. Die drei andern Seiten des Aus-
blicks waren in mäßiger Ferne durch reiche, vollbelaubte Bergwände
geschlossen und den Vordergrund bildeten Wiesen, durch die der Avoca
rauscht, die alte Brücke darüber, die malerischen Baumgruppen, die
Gehöfte und einzelnen Häuser im Thale zerstreut und am Gebirge.
Hoch hinauf um die weißen Mauern des Hauses blühten weiße und
rothe Rosen aus üppiger Laubfülle.

Ich erinnre mich, daß auf dem rosenbekränzten Altan des Eck-
flügels mir gegenüber oft ein schönes junges Weib in weißen Kleidern
erschien mit goldblonden Haaren, die im Winde zwischen den Rosen
flatterten. Sie war meist allein; zuweilen jedoch stand ein ältlicher
Herr mit grauem Kopf neben ihr, den rechten Arm hatte er — so viel
ich durch die Büsche sehn konnte — um ihre Taille gelegt, mit der
Linken deutete er in's entfernte Gebirge. —

Ich erinnre mich des oft gemachten, mir immer wertheren Pfades
zum Meeting of the Waters, zum Schloß Howard. Es waren dunkle
Gänge von Sykomoren und Buchen, die ich nie so prächtig gesehen;
das duftigste Baumgehänge, unter welchem ich jemals gewandelt. Die
Wasser wandelten mir zur Seite, und die Melodie, die sie sangen,
war mir bekannt und wurde mir lieber, je öfter ich sie hörte. Aus
der Waldschlucht stieg Schloß Howard empor. Im Baumdunkel vor
seinen Mauern ruhten reinliche Hütten. Auf den Mauern, zwischen
den Lobeerhecken lagen Kinder mit Murillogesichtern. In dem Walde
hinter den Hütten steht ein dicker Baum, um den sich der Epheu in
solcher Schwere und Fülle geschlungen hat, daß das Leben des Stammes und der Zweige darunter ganz abgestorben ist und der todte,
aber majestätisch gewachsene Baum nur noch den prachtvollen Epheu-

gewinden zum Träger dient — ein wahrer Epheubaum, bis in den Himmel. Unter diesem Baum habe ich oft Stunden lang gesessen; dann kehrte ich zur belebteren Landstraße zurück. Schloß- und Burgruinen gibt es in diesem malerischen Lande nicht; die Partei- und Religionskriege haben alle Reste unerbittlich fortgefegt. Aber an Ruinen von Hütten, an halbzerfallnen Dörfern fehlt es auch diesem lieblichen Thale nicht; und von den bewohnten Hütten scheint die dritte allemal eine Art von Wirthshaus zu sein. Die einzigen Literaturdenkmale sind die Wirthshausschilder „licensed for beer and spirit stores". — Und was für Vorräthe mögen es sein, die in diesen ärmlichen Steinhütten, die oft so schmal sind, daß kaum die Bewohner darin nebeneinander liegen können, lagern? Eine Flasche voll Whiskey, eine Flasche voll Gin, genug um den Fuhrmann zu berauschen, der sein elendes Gespann hier vorübertreibt. Malerischeres gibt es nichts, als diese Fahrzeuge und die Menschen, die die Fahrstraße beleben.

Ich erinnre mich eines alten Weibes in einem langen Mantel, der aus unzähligen Fetzen bestand; jeder Fetzen hatte eine andre Farbe, und frei in der Luft hängend, wehte und flatterte das Ganze, wie das Gefieder eines großen, unheimlichen Vogels, und die nackten schmutzigen Beine, die dürren, gelben Arme der Bettlerin wurden bei jedem Luftzug sichtbar. Und ihre Augen waren groß und dunkel. —

Ich erinnre mich eines irischen Mädchens, mit schwarzem Haar wild um den Kopf, mit dunkelbraunen Augen und rother Jacke; sie lag in einem Eselkarren zusammengekauert. Zwei Jungen in Filzhüten vorn auf der Deichsel; und der Esel lief im Schatten der dunklen Kastanien vor sich hin.

Ich erinnere mich weiter eines höchst eleganten Cars mit flinkem Pony; zwei hübsche, frische Mädchen in Seidenkleidern saßen darin. So rosig glühten die Gesichter, so dunkel schmiegten die Flechten sich an; die zarte Hand der Einen hielt die Zügel und das Pferdchen sprang vor Freude und schüttelte die Mähnen. — Dieser Straße werd' ich nie vergessen; sie war eine der belebtesten in Irland, obwol immer noch stiller, als die einsamste deutsche Landstraße. Wenn sie gekreuzt war, nahm mich jenseits der Wald auf, der nach Woodenbridge hinunterführte. Ich erinnre mich der lieben Waldwiese mit ihrem saftigen Grün, ihren Brombeerbüschen, den Hirtenkindern, die darunter lagen,

und den Schaafen und Ziegen, die am Abhange weideten. Und welch'
köstlicher Abend pflegte dem köstlichen Tage zu folgen! Es war dann
still im angenehmen Hause; über dem Walde stieg der Mond herauf, nur
die Rosen am Fenster flüsterten, nur die Eschen über dem glänzenden Wirthshausschild rührten sich, nur die Wasser unter der alten Brücke rauschten.

Ich erinnre mich, daß um diese Zeit oft die Fenster im Eckflügel
mir gegenüber geöffnet wurden, und durch die Rosenbüsche des Altans,
auf welchem ich das schöne junge Weib in weißen Kleidern gesehn
hatte, klang weiche Musik und eine liebliche, sanfte Frauenstimme sang
dazu. Es war immer nur ein Lied, das ich vernahm; sobald es mit
seinen traurigen Schlußakkorden in der lauen Mondnacht verhallt war,
hörte ich, wie das Clavier geschlossen wurde, und dann war wieder Alles
todtenstill, bis auf das Flüstern der Rosen, der Eschen und des Wassers.

> Oft in der stillen Nacht,
> Wenn Schlaf und Wachen streiten,
> Umglüht's mein Auge sacht,
> Wie Licht vergangner Zeiten.
> Wie Lust und Leid der Kinderzeit,
> Wie Liebe, hold versprochen;
> Manch' Aug' erscheint, das nicht mehr weint,
> Manch' Herz, das nun gebrochen.
> So, in der stillen Nacht,
> Wenn Schlaf und Wachen streiten,
> Umglüht's mein Auge sacht,
>
> Wie Licht vergangner Zeiten.
> Und denk' ich der, die nah
> Mir einst in Freud' und Trauer,
> Und die ich fallen sah
> Wie Laub im Winterschauer:
> Dann wird es mir, als ständ' ich hier
> Einsam in öder Halle;
> Das Licht ist aus und welk der Strauß
> Und fort die Gäste alle.
> So, in der stillen Nacht,
> Wenn Schlaf und Wachen streiten,
> Umglüht's mein Auge sacht,
> Wie Licht vergangner Zeiten.

Die Seen von Killarney.

An den Seen von Killarney liegt das Paradies von Irland. Nicht das geträumte Paradies der irischen Märchen, welches auf einer der fabelhaften Inseln im Westmeer liegen soll; sondern das irdische Paradies voll unbeschreiblicher Schönheit, die wir mit unsren sterblichen Sinnen empfinden sollen, freilich nicht ganz ohne zuletzt doch durch Ahnung und Sehnsucht auf das Unsterbliche hingeführt zu werden. Was wäre der Wald, ohne jene geheimnißvoll dunkelnden Gründe, in welchen die geisterhafte Echo wohnt? Was wäre der See, ohne seine unerforschliche Tiefe, mit der versunkenen Stadt und den Feen in den altmodischen Giebelhäusern? Was wäre die Erde, ohne den Himmel, welchen unsre Einbildungskraft mit den seligsten Gebilden unsrer Liebe und unsres Glaubens bevölkert? . . .

Ich weiß kaum, wie mir der lange, traurige Weg in das Paradies an den Seen verging. Ich weiß wol, daß die Sonne senkrecht auf weite Thalflächen ohne Grün, auf so manche kahle Stadt und so manches halbzerfallene Dorf herunterbrannte; ich weiß auch wol, daß die Eisenbahnfahrt quer durch die Insel vom Nordosten in den westlichen Süden Irlands vom frühen Morgen bis zum späten Nachmittag währte; doch hab' ich von den Menschen im Wagen und von der Landschaft außerhalb desselben nicht mehr Erinnerung, als ich etwa von dem Keuchen der Maschine, dem Schnauben des Dampfes, dem Rollen der Räder und dem Pfiff der Locomotive habe. Doch einer lieben Beschäftigung entsinne ich mich noch — so wie man sich eines schönen Traumes entsinnen mag, dessen holde Erscheinungen sich in das eintönige Dunkel der Nacht verweben: ich entsinne mich, daß ich den ganzen Tag lang ein Gedicht meines Tomy Moore im Kopfe hatte. Das Gedicht bezieht sich auf eine der lieblichsten Einsamkeiten im Umkreise der Seen von Killarney, die mir hernach noch lieb genug werden sollte; und es entführte mich aus der drückenden Schwüle und Monotonie, in der ich mich gefangen sah, auf rosigen Flügeln; ja, es steigerte den Eindruck, indem es schon den Abschied von so unaussprechlich geliebten Gegenständen darstellt, die mir noch in der Ferne verheißungsvoll winkten. Ich muß sagen, daß ich, von dieser Dichtung bezaubert, meine neuen Wohnsitze schon in einer Abschiedsstimmung betrat; und daß sich vom ersten Augenblick bis zum letzten, wo ich daselbst verweilte, ein wehmüthiger Flor um das Schönste wob, was ich in meinem Leben gesehn und vielleicht sehn soll. Doch hier ist das Gedicht:

Fahr' wol, süß' Innisfallen!*) — Mag's
Stillsonnig glühn um Deine Höh'n.
Wie schön Du bist — ein Andrer sag's,
Mich laß nur fühlen, wie Du schön!

Süß' Innisfallen! — goldengrün
Sollst Du in meinen Träumen stehn,
Wie ich zuerst im Abendglühn
Dich sah, gleich einem Land der Feen.

's war Licht fürwahr, zu rein für den,
Der nach der sonnigen Tage Schluß,
Wo er so selig Dich gesehn,
In's Leben wieder wandern muß.

Der nie mehr kehrt zu Deinem Strand,
Doch oft in Meer und Nebelflor
Von Dir träumt, als dem beff'ren Land,
Das er gesehn, das er verlor.

O, lieber scheiden, wenn Du weinst,
Als nun, wo Sonne Dich erfüllt, —
Wenn Du, in Nebel, gleich erscheinst
Der Schönheit, die ihr Haupt verhüllt.

Denn ob auch unvergleichbar so —
Nicht mehr zu selig scheinst Du dann.
Du bist der Schattenort dann, wo
Der müde Wand'rer rasten kann;

Ja, rasten! — und den Schmerzenstraum
Noch einmal träumt, mit dem er ging
Aus Edens Nacht, da jeder Baum
Ob seinem Wege weinend hing.

Weinend und lachend — hold' Revier,
Und holder, weil Du so verweint!
Scheint selten auch die Sonne Dir, —
's ist Himmelsglanz, wenn sie Dir scheint.

So fühlt ein schönes Herz einmal
In hehrer Stund' sich götterreich —
Und so ist selbst die Sonne fahl
Mit Deiner Schönheit im Vergleich...

So war es später Nachmittag geworden, als endlich — nach langer Fahrt durch Moorgründe — die blauen, scharfkantigen Gebirge hervortraten, hinter denen das Paradies liegt — eine neue Welt für mich mit ungeahnten Wundern und schönen Herzen, im Verborgenen schlagend. Die Wagen waren immer leerer geworden; die Städter waren an ihren Städten, die Landleute an ihren Dörfern ausgestiegen. Im Traumland der Dichter und der Feen hatten nur Wenige zu thun; und diese Wenigen verloren sich, nachdem der Zug in die Halle eingelaufen, bald unter den Händen dort wartender Kutscher und Lohnbedienten. Auch ich saß bald zwischen meinem rothen und meinem weißen Mantelsack — diesen treuen Begleitern all' meiner Fahrten im Lande der Heiligen — auf dem Dach eines kleinen Kutschwagens, und ich überließ es dem Pferdelenker und dem Zufall, wohin sie mich entführen würden. Der Wagen bog sogleich in das Städtchen Killarney ein, „um es mir zu zeigen," sagte der Kutscher; denn der Wohnsitz, der mir hier nun beschieden, lag auf der andern Seite, wol noch eine Stunde weiter, hoch oben im Gebirge. Das Erste, bei der Einfahrt in Killarney, war eine Reihe von zerstörten und verlassenen

Hütten, zwischen denen nur wenige sich befanden, die noch bewohnt zu sein schienen. Alsdann kam eine Straße, die — obwol auch hier noch genug Ruinen zwischen den Häusern lagen — doch etwas wohnlicher aussah, und in der That auch, nach den Läden und Schildern zu ur= theilen, die Straße des Verkehrs und der Fremden sein mußte. Doch ärmlich und dürftig genug war, wenn man sie mit den Straßen unsrer Städte vergleicht, auch sie noch. Aber wie weitete sich die Seele, wie athmete die Brust voller und kräftiger, da hinter den letzten Häusern die Bäume kamen, und in das ehrwürdige Dunkel einer pracht= vollen Lindenallee der Weg sich zu verlieren schien. Es gibt nur wenig Wald an den Seen von Killarney, — wo einst er so mächtig gerauscht, da starren jetzt nackte Felswände in kahle Schluchten hinunter; doch wo noch ein Rest von ihm stehn geblieben, da übertrifft er an Fülle, Pracht und Schönheit Alles. Als ob er, auf einen engen Raum zu= sammengedrängt, dem Wandrer in einem Augenblick gewähren wollte, was sonst nur über weite Strecken verstreut ist. Und freundlich be= grüßten die Bäume von Killarney den Wandrer auf dem Wagendach. Die ersten, vorwitzigen kleinen Aestchen — die Baumfräulein in dieser stattlichen Versammlung, schoben ihm den Wanderhut von der braunen Stirne. „Laß doch sehn, Fremdling! Woher, Fremdling? Wohin, Fremdling? Ha, ha, ha, Fremdling!" Dann fuhren sie mir gewaltig durch's Haar und rauften es und zerrten es und wisperten und lachten dabei; zuletzt aber fielen mir doch einige Blätter, wie Küsse, auf Mund und Wange. Als wenn's nicht immer so ginge, wenn man mit Frauen Streit hat! Welche Thorheit, ein Weib zu küssen! Neckt Euch mit ihm, so wird es Euch küssen! — Die alten, schweren Zweige — die bemoosten Häupter der Baumkrone — waren viel ernsthafter. Sie bewegten sich hin und her und berührten mich und umarmten mich und schüttelten mir die Hände und sagten: „Willkommen, willkommen in Killarney!" — Und es war ein Leben und Weben in den dunklen Bäumen, da ich darunter hinfuhr — seltsam. Und hohe Mauern schlossen auf beiden Seiten den Weg; und hinter den hohen Mauern sah man in prachtvolle Parks hinunter mit rauschenden Bäumen und leuchtenden Wiesenflächen, in denen viel' schöne Blumen standen und viel' schöne Mädchen wandelten. Bald jedoch war diese holde Nachbar= schaft zu Ende; der Weg ward platt und flach zu beiden Seiten, führte

an einem nackten Berge empor, und statt der Bäume, Blumen und
Mädchen standen einzelne Lehmhütten hier und dort. — Auch das
Paradies hat seine schwachen Seiten, dachte ich nun; aber ich dachte
wenig daran, daß ich in einer dieser Lehmhütten meine seligsten Stunden
verleben sollte. Dann stieg der Weg noch einmal scharf an, lief in
einen wolgepflegten Tannenhain mit hohen Gehägen ringsum, und
da er die freie Fläche auf der Höhe des Gebirges wieder gewonnen
hatte, stand da, wie ein Zauberschloß mit der plötzlich sich eröffnenden
Fernsicht über das ganze Paradies von Killarney, ein stattlich Gebäude
mit vielen Fenstern und Portalen — und das Zauberschloß war das
Torc-View-Hotel, dessen beneidenswerther Bewohner ich nun werden
sollte, und vor dem Hauptportal stand Meister Hurley, der Gastwirth,
und sagte, es sei schönes Wetter heute, — Dank der Jungfrau! —
und ich sei ihm sehr willkommen und ein schönes hohes Zimmer stände
oben für mich bereit. Ich dankte dem Guten für die dreifach angenehme Begrüßung und bezog nebst meinen beiden Mantelsäcken, dem
rothen und dem weißen, mein Zimmer. Es war sehr schön und hoch;
o, ich werde es dem guten, biedern Meister Hurley in meinem Leben
nicht vergessen, daß er mir dieses Zimmer gab. Nach zwei Seiten
gingen meine Fenster in's offene Thal hinaus, und jeder Reiz desselben
schaute mir hinein und erfreute mich zu allen Stunden. Des Morgens
war es die Sonne, über dem Maagerton und dem Torc-Gebirge aufgehend, die mir mit Strahlenfüßen über die Gardinen meines Lagers
hüpfte; des Abends war es das Flüstern des Windes aus den Bergen
und über die Seen, das mich in Schlaf sang; und wenn ich des Nachts
aus Träumen erwachte, so waren es die Seen im Glanze des Mondes
und der Sterne, die, schöner noch als meine Träume, vor meinen Augen
erschienen. — Was jedoch Meister Hurley über das Wetter gesagt
hatte, das war figürlich zu nehmen. Denn daß es in dem Seedistrict
von Killarney alle Tage mindestens einmal regnet, oft nur einmal, wenn
es nämlich vom Morgen bis Abend gar nicht mehr aufhört, das weiß
man schon lange; und während mein Reisewetter sehr warm und sonnig
gewesen war, schlug es jetzt plötzlich um, da ich mich dem Ziele genähert hatte. Als ich mein Zimmer betrat und zum ersten Mal durch
das Fenster sah, welches die schöne Welt unter mir einrahmte,
hatte sich eine düstre Regenstimmung auf die Landschaft niedergesenkt.

Zuweilen schlug die Sonne durch; aber eine traurige Sonne war es, eine weinende Sonne. Vor meinem Fenster breitete sich Wiesengrund, und unter den Hecken standen hohe, leuchtende Pelargonien und weiße Rosen und rothe Rosen schmiegten sich ängstlich und innig an. So schwermüthig sah Alles aus; der Herbst hatte die Welt schon mit sanften Flügeln gestreift. Jedes Blättlein hatte er schon geküßt, jede Blume. „Ihr müßt bald sterben, holde Kinder! Wie viel Hohes und Großes vor Euch ist schon gestorben! Dieses Thal mit seinen Bergen und Seen war einst so voll stolzen, ritterlichen Lebens; die Glocken der Klöster klangen und melodisch hallte das Echo nach ... seht, die Burgen sind zerfallen, die Klöster auch, die Ritter sind gestorben, die Mönche sind es ... und, der Wandrer, der dort oben am Fenster steht, wird auch sterben, ... holde Kinder!" ... Wo sich die Wiesen über Hügel hinabziehn, da liegt tief unten mit seinen kleinen Felsinseln der Muckroß=See, auch Torc=See genannt, der mittlere der drei Seen von Killarney. Eine bewaldete Landzunge streckt sich in den mittlern See und erglänzt fahl und silbern. Dahinter steigen die Berge in schönen, kühnen Formen empor. Aber über den Gipfeln liegen die Wolken, und die fernen Berge verschwinden in Duft, und die Schlucht jenseits des Sees — mir jetzt noch ein liebliches Räthsel — füllt ein Nebel aus, in den die untergehende Sonne viel wunderbar röthliche Tinten, mit jedem neuen Strahl aus Roth in Grün hinüberspielend, haucht. —

Ueber eine Weile, so klopfte es an meiner Thüre. Hereintrat ein dünnes Männlein im Frack und sagte mir, er sei Banson, der Stiefelwichser, und er wolle sich mir bestens empfohlen haben. Da er mir für seinen Beruf schlau genug aussah und sein Geschäft mit Neigung zu treiben schien, so nahm ich ihn gern in meine Dienste, und seit dem „rothen Schiffer" von Heidelberg, der ja nun auch schon nach ruhmvoller Laufbahn zu seinen Vätern versammelt ist, habe ich keinen treuern Wichser kennen gelernt, als Banson, den Stiefelwichser von Killarney. — Alsdann kam ein hübsches Mädchen mit weißer Schürze und machte ihren Knix und sagte, sie sei Bibby, das Kammermädchen und bitte den edlen Herrn um seine Befehle. Und zuletzt erschien Michaulin, der schwarzbärtige, stämmige Wärter vom Torc=Biew=Hotel, und theilte dem edlen Herrn mit, daß das Essen bereit sei. — Das Essen würde mir auch wahrlich vortrefflich geschmeckt haben, wenn nicht die hohen, leuchtenden Pellargonien und die weißen und rothen Rosen gewesen wären; und die Wiesen und die Seen und die Berge . . . und die untergehende Sonne und der Nebel, der sie begrub. Mir war, wie vor einem Rendezvous mit einem heimlich geliebten Mädchen. Mein Herz begann laut und heftig zu schlagen und Sehnsucht zuckte durch alle meine Nerven.

Ich stand auf und trat vor die Thür und brach mir eine weiße Rose und ging weiter. In dem schweren Abendgrauen, das sich feucht auf mich niedersenkte, ging ich über graue Haideflächen den Hügel am See entlang, über Stoppelfelder, und ich stieg über Hecken und Erbwälle und ich kam an den Rand der Seen, und stand auf Moorgrund, in dem kein Weiterkommen war. Immer fremder ward es und unheimlicher um mich her in der Einöde der Seen und des Moores, ich wußte nicht wohin; und am Rande der Berge zog der Nebel breit dahin und in die graue Wolkendecke schien der Mond und es war eine Ossianische Dämmerung in der Landschaft und im Herzen des Einsamen. Und ich arbeitete mich weiter und kam zuletzt wieder auf festeren Boden und in ein kleines Gehölz. Hier, vor dem Gehölze, liegt eine einsame Hütte. Ich blieb vor derselben stehn, seltsam schmerzliche Töne fesselten mich, wehmüthig gezogenen, langen, schweren Seufzern gleich, dann brachen sie kurz ab, hallten noch einmal wie Echo nach und eine Pause trat ein. Ich drückte mich unter die regenschwere Hecke, und wenn der Gesang schwieg, so flüsterten nur die Blätter, nur die Stoppeln knisterten, nur der Wind wehte, der Regen rauschte sacht nieder, die Hunde bellten. Dann wieder der wehevolle Gesang . . . dann wieder die Pause . . . dann wieder das Echo, gleichsam aus der eigenen Brust. Ich hätte nicht bleiben können, und wenn es auch um das Heil meiner Seele gegangen wäre. Es zog mich eine so wunderbare Sehnsucht weiter; und da ich nun näher und immer näher kam, da fiel durch die Spalte der angelehnten Hüttenthür mir ein Lichtschimmer breit entgegen. Und vom lobernden Feuer des Herdes röthlich angeglüht, sah ich ein Mädchen dasitzen auf einem niedrigen Holzschemel, und vor ihr stand ein Spinnrad, an welchem der Arm lässig ruhte, und neben ihr stand ein Strohbett, in welchem ein Kind schlummerte. Ich konnte die Gesichtszüge des Mädchens nicht genau erkennen, denn sie saß mir halb mit dem Rücken zugewandt. Aber ich sah ihr dunkles

Haar, welches lose auf den Nacken niederhing, ich sah den rothen Rock, den sie trug, ich sah den weißen nackten Arm, den sie träumerisch auf die Spindel gestreckt hatte, im sah den nackten Fuß, der auf dem Tritt= bret ruhte. Alles bald heller, bald schwächer, wie das Feuer auf= und niederflackerte; im übrigen Raume der Hütte herrschte tiefes Dunkel. Ich hätte, für eine Welt, es nicht wagen mögen, über die Schwelle zu treten, und doch konnte ich mich nicht losreißen. Wie festgebannt stand ich da. Und nun auch begann der Gesang wieder und pochenden Herzens glaubte ich die folgenden Worte zu vernehmen:

> Nun tanzen die Feen bei Sumpf und bei Teich,
> Bei Sumpf und bei Teich,
> Bei Sumpf und bei Teich,
> Nun tanzen die Feen bei Sumpf und bei Teich;
> Denn die Nacht ist so mild und die Luft ist so weich . . .

Schwermüthig verhallte das Echo und noch stand ich, ihm bange lauschend, da ließen sich Menschentritte vernehmen, den Fußpfad durch den Wald herab, und bald unterschied ich, beim regenschweren Lichte des Mondes die Gestalt einer kleinen ältlichen Frau, die, in einen Mantel gehüllt, sich der Hütte nahte. Ich entfernte mich rasch, und wie ich gekommen war, über Stoppeln, und Hecken und Erdmauern, eilte ich zurück und erreichte, über und über naß vom nächtlichen Regen, die auf der Höhe dahinführende Landstraße. Banson, der Stiefelwichser, und Bibby, das Kammermädchen, und Michaulin, der Wärter, waren sehr froh, als sie mich wiedersahen, sie hatten sich schon Angst gemacht, ich hätte mich in den Niederungen am See verlaufen. Ich begab mich zur Ruhe; der Wind der Regennacht rumorte in dem hohen Kamin, und im Einschlafen dachte ich, es sei das Lied des Mädchens im rothen Rock, und ich träumte die ganze Nacht von der Hütte, dem schlum= mernden Kinde und den Feen „bei Sumpf und bei Teich.“ — Aber am andern Morgen hatte sich die Scene rasch und glücklich verändert. Jetzt wehte die frische Morgenluft aus den Bergen über die Seen und die herbstlichen in der Regennacht neu erwachten Wiesen heran. Auch die Pellargonien leuchteten nicht mehr so traurig wie gestern; und an den weißen und rothen Rosen hingen die letzten Regentropfen und funkelten in der Sonne wie Freudenthränen.

Weinend und lachend — hold' Revier!
Und holder, weil Du so verweint . . .
Scheint selten auch die Sonn' in Dir,
's ist Himmelsglanz, wenn sie Dir scheint!

Unter dem Fenster stand ein Mann und blies das Horn in die Berge hinein. Den Mann sollte ich später noch sehr lieb gewinnen, den herzigen, treuen, guten Jack Lowney! Und nun die Berge . . . Ueber den Häuptern der fernsten lichtete sich der Himmel und eine weiße Glanzwolke schwamm dahin, und die räthselhafte Schlucht schimmerte wunderbar in Sonne und Schatten und Nebelduft. Und immer weiter wanderte der Sonnenschein und immer weiter ward die Seele und immer weiter ging der Blick über die grünen Wiesen und die gelben Felder, und das Herz dachte an die alte Heimath und die Seen erfüllte ein Silberglanz.

Dann schob ich das Fenster in die Höhe und überschaute die neue Heimath.

Es sind fast zweihundert Jahre, da wanderte auch ein Deutscher durch diese Lande; und er schrieb ein Buch darüber, und gab es in Nürnberg heraus. Der Name des Mannes ist vergessen, aber sein Buch haben wir noch. Es trägt die Jahreszahl 1690. In diesem Buche heißt es, Kerry sei „an vielen Orten unwegsam und voller Gebürge. Kein schädlich Thier ist da, außerhalb Wölff und Füchse." Was wir nun als ein Paradies feiern und besuchen, war damals der civilisirten Welt so wenig bekannt, als Spitzbergen oder Grönland. „Wenn es je erwähnt ward, so ward es als eine fürchterliche Wüste erwähnt, als ein Chaos von Sümpfen, Walddickicht und Felsenhängen, wo die Wölfin Junge warf, und einige halbnackte Wilde, die eine Sprache redeten, die kein Mensch verstand, sich Höhlen in dem Lehm wühlten und von Wurzeln und saurer Milch lebten." — Das war Killarney vor zweihundert Jahren. — „Nun ist der südwestliche Theil von Kerry als der schönste Strich der britischen Eilande bekannt. Die Berge, die Schluchten, die Vorgebirge strecken sich weit in den Atlantischen Ocean; auf den Felsen baut der Adler, die Felsenpässe nieder stürzt das schäumende Bächlein; über die Seen hängen Wälder, in denen das Rothwild Obdach findet. Die Schönheiten dieses Landes sind freilich zu oft in dem Nebel und Regen verborgen, welche der

Westwind von einem gränzenlosen Ozean heraufführt. Aber, an den seltnen Tagen, wenn die Sonne in ihrer ganzen Herrlichkeit scheint, hat die Landschaft eine Frische und eine Wärme des Colorits, die man in unsren Breitegraden selten findet. Die Myrthe liebt den Boden. Der Arbutus gedeiht hier besser, als selbst an der sonnigen Küste von Calabrien. Der Rasen ist von lebendigerem Glanz, als irgendwo: die Hügel glühn in reicherem Purpur: der Firniß der Waldbistel und des Epheu's ist von tieferem Schimmer und Beeren von hellerem Roth lugen durch Laubgehänge von hellerem Grün . . ." (Macaulay, History of England, chapt. XII.) Das ist das Killarney unsrer Tage; und wo mein Vorfahr, der deutsche Wandersmann des siebzehnten Jahrhunderts, durch eine düstre Wildniß seinen Weg suchte: da sitze ich nun in einem hellen, lieben Zimmer und schaue durch das Fenster . . .

Mein Gasthaus liegt auf einem Abhang des Torc-Gebirges, vor dem Hölzchen, das den letzten Hügel desselben bekränzt. Es liegt über dem Muckroß-See, den es in seiner ganzen Länge überschaut, mit all' seinen Buchten und waldigen Einschnitten, mit seinen Wiesen und Stoppelfeldern an einem Ufer. Am andern Ufer steigen von seinem Rand empor die Berge; unbewaldete, nackte Berge, aber schöne Formen, kühne Spitzen, majestätische Abhänge. Ueber der Schlucht, in malerischen Kuppen übereinander gegipfelt, das Schechyn-Gebirge und das Tomies-Gebirge, und dahinter, im immer wachsenden Sonnenschein glühend, das Purpur-Gebirge, und in weitem Umkreis die Höhen des Mangerton, „der langen Reihe" und der Macgillycubby's Riefs, und in weitester Ferne, aus dem Schatten der Gebirge aufblitzend die letzten Streifen des obern Sees und des untern Sees, des Lough Leane. Das war das Panorama, das sich mir eröffnete, sobald ich mein Fenster in die Höhe schob. Wie ich das Fenster lieb gewann! Auch den Tisch darunter werde ich nie vergessen; denn stundenlang habe ich an ihm gesessen, hinausgeschaut, geträumt und gedichtet. Was ich an diesem Tisch geschrieben habe, muß gut und wahr sein. Ich fühlte mich am Herzen der Natur, indem ich hier saß, und ich hörte es schlagen. Ich vernahm ihr leisestes Weben und sah sie in ihrem lieblichsten Schaffen. Es war so still, so einsam hier oben. Selten nur kam auf dem reinlich gehaltenen Hof ein Wagen an oder ein Fiedler, ein Hornbläser und Dudelsackmann. Harfenspiel habe ich auch hier nicht mehr vernommen.

Die Harfe, einst Irlands Stolz und Liebling, ist aus der Wirklichkeit verschwunden und ihr Andenken lebt nur noch da, wo die ewige Heimath alles Schönen ist: im Märchen des Volkes und im Liede seiner Sänger.

Nach dem Frühstück und der ersten Cigarre, die mir nirgends mehr so trefflich munden wird, als hier unter den Rosen von Killarney, auf dem Plateau vor Meister Hurley's Hôtel, trat Banson, der Stiefel- wichser, heran und fragte, ob er mir Thabby, den Kutscher, vorstellen dürfte? Thabby, der Kutscher, war kein ausnehmend gescheidter Kerl, das ist wahr, und man durfte ihm nicht zu viele und zu schwierige Fragen vorlegen; aber ein guter Kerl war er und that was er konnte, und liebte die drei Dinge, die auf der Welt sein eigen waren, mit gleicher Inbrunst: sein Pferd, sein Weib, sein Kind. Wenn er lachte, so that er das sehr von Herzen; und er lachte gewöhnlich, wenn man ihn anredete, und im Allgemeinen nicht viel zu lachen war. —

„Wir werden bald aufbrechen müssen," sagte ich, als Thabby, der Kutscher, mit dem Hut in den Händen vor mir stand.

Thabby lachte laut auf und sagte zuletzt, als er ausgelacht hatte, ich möchte wol Recht haben. Nachdem ich noch einige Male behauptet hatte, daß keine Zeit mehr zu verlieren sei, und er noch einige Male gelacht und erwidert hatte, ich möchte wol ganz Recht haben, ging er endlich fort, um sein Pferd einzuspannen, und da seine Hütte nicht funfzig Schritte von Torc-View entfernt war, so war er bald mit seinem leichten Car wieder da. Ein junges Weib mit einem Kind im Arme saß darin. In diesem Augenblicke hatte Thabby, der Kutscher, Alles bei sich, was sein eigen war. Denn wie ich demnächst erfuhr, war Thabby ein Miethsmann von Meister Hurley, dem die Hütte und auch der Car zugehörte. Das junge Weib mit dem Kind im Arm sprang vom Car und schritt mit einem gewaltigen Knotenstock auf mich zu.

„Hier, mein edler Herr," sagte sie, „bringt Euch des armen Thabby Weib einen Shilelah für Eure Wanderungen in dem ge- segneten Land von Killarney. Möge die Gnade der heiligen Jungfrau mit Euch und Eurem Shilelah sein!" Alsdann überreichte sie mir mit ehrfurchtsvoller Verbeugung den ungeheuren Knotenstock, und Thabby, welcher mit dem Pferde beschäftigt war, schlug ein so un- bändiges Gelächter an, daß das Pferd meinte, es drohe ihm ein Unheil

und laut zu wiehern begann, worauf Thabby „O, Fräulein!" rief,
„o, o, o!" Denn wie ich später bemerkte, wechselte Thabby im Aus=
druck seiner Liebesbezeugungen gegen sein Pferd auf's Mannigfaltigste
ab. Bald nannte er es „Herr," bald „Madame," bald, wie gesagt,
auch „Fräulein," je nachdem er es ermuntern, beloben oder tadeln
wollte, wobei sonderbarer Weise dem Worte „Fräulein" der Nebenbe=
griff des Tadelswerthen zugefallen war. Ich aber bestieg nun gesegnet
und bewaffnet das leichte Wägelchen, welches unter der freundlichen
Morgensonne und den flüchtig wandelnden Wolken munter dahinflog.

Bald war der herrliche Baumgang erreicht, der mich schon bei
der Ankunft so freundlich begrüßt hatte; die hohen Mauern waren
wieder da, der Rasen dahinter, die Blumen darin. Nur die Mädchen
fehlten. Vielleicht waren sie noch im schönen Lande des Traumes,
welches ja nie so selig erscheint, als um die Zeit, wo die ersten Strahlen
der Sonne darüber hinstreifen. Prächtige Edelsitze reichen auf allen
Seiten bis dicht an die Seeufer. Da ist Lord Derby, Lord Kenmare,
Lord Brandon's Cottage, vor Allem Mr. Herbert, M. P., der reichste
Grundbesitzer in diesem Distrikt und der glücklichste. Denn er hat
zwei Töchter, welche als die lieblichsten, wohlthätigsten und menschen=
freundlichsten Wesen vom Landvolk gepriesen und verehrt werden. Mit
seltener Liberalität haben all' diese Grundbesitzer ihre Parks, die an
Ausdehnung und durch den mannigfaltigen Wechsel von Wald, Wiese,
Berg und Wasser darin oft kleinen Reichen ähnlich sind, dem Publikum
in Wagen und Nachen und dem ganzen lustigen Troß, der den
Wandrern mit Dudelsack, Horn und Fiedel nachzufolgen pflegt, eröffnet.
Auch die Flügelthore von Mr. Herbert's Park waren schon weit auf=
gethan, und ein breiter Kiesweg, der unter dunkle Kastanien führte,
lud die Vorüberziehenden ein. Aber seid unbesorgt, ihr beiden holden
Träumerinnen von Killarney! Der Tritt des fernher gekommenen
Wandrers und das Gelächter von Thabby, dem Kutscher, soll Euch
nicht stören! —

Wir fuhren vorbei und schlugen den Weg nach der Stadt ein.
Hier sah es wahrlich wie Jahrmarkt aus. Musikanten bliesen und
fiedelten vor allen Thüren und allen Fenstern; die Führer, in so früher
Stunde noch müßig, lungerten auf den Steinen und ließen sich
von der Morgensonne wärmen. Aber wenn sich ein Car hören ließ,

so sprangen sie auf und boten, dem enteilenden nachlaufend, ihre Dienste an und priesen die Vortrefflichkeit und Zuverlässigkeit derselben. Weiber, die in großen Tragekörben Früchte feil hatten, gesellten sich schreiend dazu; Männer, welche Proben der eigenthümlichen, aus dem hier wildwachsenden Myrthenbaum, dem sog. Arbutus-tree, verfertigten Holzwaaren in der Hand trugen, traten, Stille gebietend, dazwischen. Unter den Häusern wandelten schon früh aufgestandene Fremde mit ihren grünen Handbüchern unter dem Arme; schöne Frauen mit langen blauen Schleiern, die im Morgenwinde flatterten; und Alles umschwärmte die Menge der ganz Müßigen — Frauen mit rothen Tüchern um den Kopf, die irischen Mädchen mit nackten Füßen, die Jungen mit zerlumpten Hosen und Röcken. Hier und da, vor einer verlassenen Hütte, deren Fensterhöhlungen mit Steinen ausgefüllt und deren Schornsteine mit langen, falben Grashalmen zugewachsen waren, hatte sich eine Gruppe gebildet; an die halbverfaulte Holzthüre war ein Placat geheftet, welches mit großen Lettern zur Auswanderung nach Amerika aufforderte. So viel ich bis jetzt wahrgenommen hatte — und die spätere Erfahrung bestätigte es — erschien die Bevölkerung dieser Gebirge weder so schön, noch so freundlich heiter wie die von Wicklow, als ob die in der That lieblicheren und weicheren Formen jener Berge auch auf Charakter und Gesichtsbildung ihrer Bewohner den verschönenden und versöhnenden Einfluß geübt hätten. Hier, wo das Volk noch viel weniger mit germanischen Elementen versetzt ist, tritt der irische Nationaltypus viel entschiedener hervor. Das weibliche Geschlecht ist auch hier noch eigenthümlich reizend, in seiner Art wol noch reizender als in den Wicklow=Bergen, weil bei meist kleiner, üppiger Körperbildung das Gesicht so durchaus originell erscheint. Man muß sich nur erst eine Weile daran gewöhnen, um es unwiderstehlich zu finden. Das Auge ist immer „wie Gottes Wege, dunkel" — dunkelblau, dunkelgrau, dunkelbraun, und das Haar ist immer schwarz, und hängt rund und frei um den Kopf herum. Die Gesichtsfarbe spielt in's Gelbliche, die Nase ist breit und stark, und die Lippen sind roth und voll, und daß sie heiß und leidenschaftlich zu küssen verstehn, das sieht man ihnen wol an. Die irische Nationaltracht — hier und überall — sind Lumpen; Lumpen von jeder Façon und noch so abentheuerlicher Form — Lumpen von jeder Farbe und jedem Stoff, —

Lumpen auf dem Kopf, Lumpen am Leib und den Beinen, an den Füßen, wo diese nicht ganz nackt sind. Lumpen sind das Erkennungszeichen des irischen Volks, wie Ruinen das Erkennungszeichen des irischen Landes sind. So viel sich nun aus diesen Lumpen construiren läßt, so scheint es mir national zu sein, daß das weibliche Geschlecht einen kurzen, rothen Rock und — über der meist nackten Brust — ein Tuch trägt. Beim Ausgehn verhüllen sie den Kopf entweder mit ihrem Mantel, den sie darüber ziehen, oder mit einem grellbunten, meist rothen Tuche. Hüte oder Mützen habe ich bei keinem Weibe gesehen; die von etwas bemitteltem Aussehen tragen einen langen schwarzen Tuchmantel mit einer Kapuze über dem Kopf, nach spanischer Art; diese pflegen auch Schuhe und Strümpfe zu haben; bei den meisten jedoch sind Beine und Füße, von den Waden ab, nackt. Aber hier, wie nie zuvor, empfand ich, was Macaulay, dieser feine Kenner des menschlichen Herzens, der seine geistreichen Beobachtungen über das ewige Stillleben der Menschheit auf so unendlich anregende Weise in den Gang der welterschütternden Geschichtsereignisse zu verstreuen weiß, an irgend einer Stelle seines großen Werkes sagt, daß nämlich Verhüllung mehr als Bloßstellung fesselt, und daß die Einbildungskraft viel mächtiger entflammt wird durch feine Winke, welche sie zur Thätigkeit auffordern, als durch grobe Enthüllungen, welche sie im Zustande der Unthätigkeit belassen. Es ist dieselbe Empfindung, welche den Araber, als er an der Hima seiner Wadschiha still ihrer gedenkend, vorüberzieht, wirklich vorüberziehen läßt, „just weil sie winkte mir." —

Zum Glück jedoch für sie wissen die Bauermädchen der Killarney-Seen Nichts von diesem Raffinement der Absicht; denn bei aller Gluth, mit der sie sich dem Geliebten, dem Bräutigam und Gatten hingeben, sind sie doch die keuschesten und reinsten Geschöpfe unter der Sonne, die sogar in Bezug auf ihre Kleidung aus der Noth eine Tugend machen. Merkwürdig jedoch schien und blieb es mir, daß nur die Frauen, hier sowol im Süden, wie im ganzen Westen von Irland, in diesem halbnackten Zustande herumgehen, während die Männer, hier wie dorten, die gewaltigsten Stiefel tragen, die ich in meinem Leben gesehn. — In der Tracht der Männer habe ich nichts Besonderes wahrgenommen; sie tragen fast durchgängig, gleich ihren celtischen Brüdern in Wales, nur freilich in einem viel elendern Zustande, einen meist blauen Frack mit „goldnen" Knöpfen, kurze gelbliche Manchesterhosen und einem Filzcylinder, oft malerisch genug zerdrückt, mit grotesken Beulen und frei in der Luft schwankenden Rändern. Und mehr noch, als ich es bisher bemerkt hatte, sprechen diese Leute das Englische, wie eine ihnen fremde Sprache; etwa so, wie Franzosen es zu rade-brechen pflegen. Man hat Mühe, sie zu verstehen. Wenn sie unter sich sind, so sprechen sie immer das nationale Irisch; aber auch das nicht mehr rein, sondern mit corrumpirtem Englisch durchwoben. Alles an diesem Volke ist Fetzenwerk; ihre Kleidung, ihre Wohnstatt, ihre Sprache. —

Nachdem ich allerlei kleine Einkäufe gemacht und alsdann Thabbh, dem Kutscher, gesagt hatte, wir wollten nun weiter fahren — worüber er natürlich lachte — setzten wir uns in Bewegung. Das Pferd, das dies Mal ein „Herr" war, zog an, und bald rollten wir unter einer dichten Buchenallee weiter. Ein Draht zog sich quer auf Holzstangen über unsern Häuptern dahin. „Der geht nach Amerika," sagte Thabbh, der Kutscher, und lachte wieder einmal so, daß das Pferd anfing zu wiehern. Es war der Draht des transatlantischen Telegraphen, dessen erstes kindliches Lallen damals die Welt in Staunen und Aufregung versetzte, bis der unglückliche Bruch des Kabels — vier Wochen spä-ter — gleich dem Einsturz jenes Thurmes in Babel, dem allzu kühnen Unternehmen ein Ende machte, und die von Herbststürmen empörte Atlantis nur noch Trümmer gescheiterter Schiffe, aber kein Wort des Verständnisses mehr an die Küsten von Valentia warf. — Aber die Welt beruhigt sich nicht mehr bei dem Einsturz ihrer fast zu riesigen Bauten; sie flieht nicht in Entsetzen vor den Trümmern, weil ja auch der Herr nicht mehr herniederfährt, „daß er sähe die Stadt und den Thurm, die die Menschenkinder bauten." Er läßt sie gewähren; und die Hand, die die Erde nach ihren Höhen und Tiefen in eiserne Fesseln geschmiedet und das Meer gebändigt hat, diese Hand wird auch wol noch die Abgründe desselben zwingen, daß sie Menschenwort und Men-schenfuß dulden. Irland, das elendeste der Länder, ist bestimmt den hehrsten Triumphbogen des Menschengeistes an seiner wildzerrissenen Küste zu tragen; über die kümmerlichen Lehmhütten wird der Funke dahinfliegen, der die Riesensaiten klingen macht, und Thabbh, der Kutscher, wird darunter stehn und lachen. —

Wir wandten uns dem Hügel, an unsrer Rechten, zu. Der reiche, stille Wittwensitz der Lady Headley blieb unter uns zurück, — ehrwürdige Bäume sind es, unter denen diese Dame lebt, zwiefach verehrt wegen der eigenen Milde und wegen des Namens, den ihr Lord ihr hinterlassen, welcher selber schon lange in einem Grabe auf der Spitze des Hügels ruht. Der Weg ward zuletzt steil und zerrissen; wilde Hagebutten überwucherten ihn und hohe Ginstersträuche mit gelbrothen Blüthen bekleideten die Abhänge. Nur ein kleines Mädchen, das zwei Kühe vor sich hertrieb, begegnete uns; sonst Niemand. Auf der Spitze des Hügels liegen die in ganz Irland als besonders heilig verehrten Ruinen von Aghaboe. Sie bestehen aus dem Rest eines Rundthurms, dem Trümmerwerk einer kleinen Kathedralkirche und den Grundmauern eines Schloßbaues, der vom Volke bald „die Kanzel" und bald „der Bischofs-Stuhl" genannt wird und auf jedem Fall der Sitz des Bischofs von Aghaboe war, der einst unter den geistlichen Herren von Irland eine hervorragende Stelle eingenommen. Noch heut nennt sich einer der irischen Bischöfe nach Aghaboe, und er gilt dem Volke noch immer als besonders verehrungswürdig, wiewol die moderne Kirchenordnung ihn als einen Würdenträger zweiten Ranges dem Sitz von Limerick untergeordnet hat. Denn Nichts ist conservativer, als das Volk in Dem, was es glaubt und liebt; es bewacht, nicht ohne eine gewisse Scheu, die Ruinen alter Zeiten, damit in dieser Welt voll Lärm, Haß und Eigennutz doch auch die fromme Tradition und die Schwärmerei noch eine einsame Stätte habe.

Die ganze Höhe um diese Ruinen ist mit Gräbern bedeckt; ja, der Boden in den Ruinen selbst ist von Todten erfüllt, die mit dem Glauben an ein seliges Leben und mit der Hoffnung auf ein fröhliches Auferstehen entschlummert sind. Weh' uns, daß wir sogar noch die Todten um ihren Glauben und ihre Hoffnung beneiden müssen! — Ich lehnte mich an ein Grab, während Thabby sein Rößlein ausspannte, damit es im hohen Kraute des Kirchhofes weide. Um mich lagen die Ruinen, und der Schatten des Rundthurms fiel über mein sinnendes Haupt. In der Schlucht, unter den hohen Ginstersträuchern, stand das kleine Mädchen mit den beiden Kühen; vor mir, im wilden Wiesengrund, ragten aus dichtem Gras- und Blumenwuchs die bleichen Steine des Schloßgemäuers, von einem düstern Tannenstrich begrenzt, und darüber hin schweifte der Blick in eine selige Fernsicht. Blau lag Lough Leane tief unten, in Morgensonne schillernd, und die lieblichen Eilande darin standen im üppigsten Grün ihrer Bewaldung — hier Rabbit=Eiland — dort ... zum ersten Mal sah ich's in dieser Stunde und von einem Grabe herab! — Innisfallen, „sweet Innisfallen" — und dort Roff=Eiland, mit seinen Ruinen, seinem Walde und den schönen Märchen von O'Donoghue, dem reifigen Geiste der Mainacht ... grüne Inseln, wie Smaragde in Blau und Gold gefaßt. Dann kam eine breite Waldpartie, und hinter dem letzten Grün leuchteten die stillen, blauen Flächen des Muckroß=Sees herauf, und längs der jenseitigen Ufer zogen sich die schön gezackten Berge dahin und duftiger Schatten und Sonnenschein wechselten in ihren dunkelblauen Schluchten.

Weiter noch und herrlicher ward die Schau, da ich mit Thabby's Hülfe und über seine Schultern fort den Rundthurm erklettert hatte, und nun auf der haidumrauschten, epheubewachsenen Spitze desselben im Sturme stand. Denn es wehte und wetterte hier oben, wie Meereswind, und vom Auf= und Abklettern bluteten meine Hände. Welch' ein Gedicht hätte ich mit meinem Blute schreiben können! Welch' ein Gedicht von alten Zeiten, von Gräbern, von Hoffnungen, die sich nicht erfüllen, von Liebe, die zu Schanden wird, von Dornen, aus denen man Kronen windet — von blauen Seen, von grünen Wäldern, von der Heimath, die tausend Meilen weit. O, wie tauchten die Schatten herauf, die den Menschen nie verlassen, und zög' er gleich über's Meer und nähme sich die Flügel der Morgenröthe — dort sitzen sie auf den Gräbern — dort ruhen sie unter den gelben Blumen, unter dem rauschenden Gesträuch, unter dem Epheu, der sich wie ein Teppich über „die Kanzel" breitet. Die Natur hält hier ihren Gottesdienst; ihre Altäre sind Ruinen, ihre Gemeinde sind die Todten. Nur ein Lebender steht unter ihnen — seht, wie er dasteht auf dem zerbrechenden Rundthurm — auf losen Steinen, die ein ungeschickter Tritt hinunterstößt und dann ... o Lebender, dann gehörst auch Du zur Gemeinde, die hier oben ihren Gottesdienst feiert. Seht, wie er dasteht — mit blutenden Händen, mit blutendem Herzen — vor sich die Seen und die Berge, über sich den sonnigen Herbsthimmel und den Sturm, unter sich den Rundthurm, sechshundert Jahre alt, einst stolz in die Höhe

strebend, jetzt klein, sehr klein und zerbrochen und geplündert von armen
Bauern, die mit seinen Steinen ihre Gräber bedecken, und durchwühlt
vom „dummen Volke," das Gold unter seinen Grundmauern sucht.
In seinem Schatten weidet das Pferd, und an seinem Fuße sitzt Thabby
und raucht schlechten Tabak.

Links vom Thurm steht die alte Kathedrale, dach- und fachlos
nun, doch einst gewiß ein stattliches Bauwerk und von hohem Alter.
In den „Annalen von Innisfallen" — einer Mönchschronik, die vor
600 Jahren dort unten im Kloster jenes Eilands geschrieben worden
ist — wird diese Kirche schon „die alte Abtei" genannt. In welche
kaum noch zu fassende Ferne verliert sich die Seele! Noch stehen
die Mauern und die hohen Fenster und der Epheu wächst, uralten
Bäumen gleich, aus den Fugen und schlingt sich in dicken Stämmen
in die Höhe und schlägt seine Wurzeln, wie braune Hände mit langen
Krallen, um die weichenden Steine, und durch die Krone blitzt die
Sonne. Von ausnehmender Schönheit ist die Eingangspforte — irischer Rundbogen mit Zickzack-Verzierungen, während die Fenster im
östlichen Chor Spuren des frühesten Spitzbogenstyles an sich tragen.
Offenbar stammen die verschiedenen Theile der Kathedrale aus verschiedenen Zeiten; die westliche Seite mit dem Portal aus der Zeit
des 7. bis 9. Jahrhunderts, die östliche aus dem 12. Jahrhundert.
Im Schiff des Kirchengemäuers lagen Steinhaufen und Plankenwerk
von Särgen. Auf einem bemoosten Steingrabe lagen dreißig, vierzig
Menschenschädel, die in der Sonne gebleicht waren, Todtengeripe dazwischen und Arm- und Beinknochen. In einer Ecke standen zwei aus-
gegrabene Särge, in denen halbverweste Leichen lagen, die in der Luft
vermoderten und mit den noch erkennbaren Lumpen, die sie im Leben
getragen, umhüllt waren. O, nie werde ich diese schauderhafte Todtenkammer vergessen! So grausenhaft und ekelerregend war das Ende
aller Dinge noch nie vor meine Augen getreten. Und immer mehr
Schädel ... immer mehr Särge. Hier einer, der niemals in der
Erde gewesen zu sein scheint. Er ist noch mit eisernen Klammern fest
verschlossen; das Holz ist noch vollständig unversehrt und hat seine
gelbe Farbe noch. Ellenhohe Dornen sind ringsumher wild aufge-
schossen und der betäubende Geruch des Bergthymians mischt sich mit
dem verpesteten Moderduft, den die heiße Sonne hier ausbrütet.

Thabby lachte nicht mehr, als er zögernd hinter mir eintrat; er nahm seinen Hut ab und sprach ein Vaterunser. Ueber Menschengebeine schritt ich weiter; als ich mich dem westlichen Chor näherte, flog kreischend aus einem entlegenen Winkel ein Schwarm Aaskrähen auf, die über einem zerschmetterten Sarge gesessen hatten. Sie flogen über die Mauern dahin und verloren sich jenseits im Tannenwald. „Thabby," sagte ich, „wie kann Dein Volk so schauderhaft mit seinen Todten umgehen?"

Thabby sah mich an und schwieg; aber er wagte es nicht, zu lachen. Ist denn dieses Volk wirklich schon bis zu jener Tiefe des Elends versunken, wo die stumpfe Apathie gegen das Leben dahin führt, selbst der heiligen Pflicht gegen die Todten zu vergessen? Und doch ist es bekannt, daß kein Volk seine Todten so heftig, so leidenschaftlich zu beklagen gewohnt war, als das irische, und daß es das Sterbebett und das Grab mit einer poetisch-religiösen Schauerromantik zu umgeben wußte, deren letzte Spuren nirgends mehr so im Volksbewußtsein wurzeln, als grade hier, an den Seen von Killarney. Solche Gegensätze sind die sichersten Symptome der Auflösung. An der einen Stelle hält man mit krankhafter Erregtheit an den schauerlichen Ueberlieferungen der Vorzeit fest, an der andern läßt man die nächsten Gebote des Tages unerfüllt. Dort unten im Thal die Todtenklage und die Klageweiber; hier oben auf der Höhe von Aghaboe die über der Erde verfaulenden Särge und die Aaskrähen, die darauf sitzen. Hier, in der Kathedrale, die wilden Stachelgewächse und der Bergwind, der stöhnend und klagend in ihnen wühlt — und dort, sobald man unter die epheuumflüsterte Pforte tritt, die Berge, die Seen und die liebliche Musik von Thomas Moore's irischen Melodieen …

Und noch immer waren die Schrecken des Kirchhofs von Aghaboe nicht erschöpft. Denn indem ich weiter vorschritt und zwischen die Gräber trat, bemerkte ich, daß sie alle mit morschen und faul gewordenen Sargbrettern, mit Todtenknochen, Schädeln und Gebeinen aller Art, mit Eisenringen, vom Rost zerfressen, und Metallplatten voll Moderstaub bedeckt waren. O, Ihr Todten von Aghaboe, wie schrecklich hat man Euch betrogen! Ihr seid mit dem Glauben an ein seliges Leben und mit der Hoffnung auf ein fröhliches Auferstehen entschlummert — und nun liegen Eure Gebeine hier herum wie abge-

fallene Distelköpfe! O, Ihr Todten — nicht länger beneid' ich
Euch um Euren Glauben und Eure Hoffnung! — Ein alter, roh be=
hauener Stein, zwei bis drei Fuß hoch, der vielleicht einst ein Skulp=
turwerk des ältesten Theils der Kathedrale gewesen sein mag, fesselte
meine Aufmerksamkeit. In halb erhabener, sehr plumper Arbeit er=
schien darauf der Heiland am Kreuze und knieend daneben die klagende
Maria, und über ihr schwebend der Engel mit der Schaale voll heili=
gen Blutes. Die einwärts gebogenen Füße der Figuren, die verzerr=
ten Arme und Beine, die ganze Einfalt und Armuth der Behandlung
deutete auf ein sehr hohes Alter. Eben beugte ich mich nieder, um
die Skulptur und deren Verhältnisse näher zu prüfen, als ich unver=
muthet einen mich im höchsten Grade erschreckenden Anblick hatte.
Hinter dem Steine im Grase, mitten zwischen Knochen und Sargbret=
tern lag ein menschliches Wesen, das ich für eine Leiche gehalten haben
würde, wenn es sich nicht in dem Augenblicke, wo ich mich nahte,
matt und langsam erhoben hätte. So bleich war das Gesicht, so ein=
gefallen die Wangen, so fahl die Augen und so wirr hingen die leblosen
Haare um die gedrückten Schläfe. „Um Gotteswillen, Thabby!" rief
ich, „was ist das?" Thabby, der in Gottes freier Natur wieder der
Alte geworden war, fing laut an zu lachen und sagte mir dann, daß
es Larry, der kranke Junge aus dem Dorfe sei. Als ich fragte, was
ihm denn fehle, da zuckte Thabby mit den Achseln, schüttelte mit dem
Kopfe, lachte und sagte zuletzt: das möchte er mir nicht sagen. —

Der „kranke Junge" mochte ungefähr zwanzig Jahre alt sein;
er konnte sich nicht lange auf seinen Beinen halten und setzte sich mit
einem seufzerartigen Röcheln auf den alten Stein mit der Kreuzigung
Jesu' nieder und sank dann in sich zusammen. Er stand im letzten
Stadium der Schwindsucht und man sah's ihm an, daß seine Lebens=
kraft nur noch für wenige Wochen ausreichen könne.

„Holla, Larry" rief Thabby, „wie nun? Wie geht's Dir, mein
Junge?"

„Schlecht genug — die Jungfrau verzeih' mir's!" sprach mit einer
kaum noch vernehmbaren Stimme Larry.

„Was führt Dich denn hierher, auf die Höhe, mein Junge?"
fragte Thabby.

„Das Weib aus der Dunloe=Schlucht, die alte Sally ... die

hat ... mir gesagt, daß ... ich eine Hand voll ... Blumen, gelbe Blu ... men auf den Gräbern von ... Aghaboe pflücken ... sollte und Thee ... daraus kochen ... vielleicht ..."

Weiter konnte Larry nicht reden; mit dem „Vielleicht" auf seinen Lippen sank er auf's Neue in sich zusammen und saß, theilnahmlos für all' unsern Zuspruch da.

„Armer Larry!" sagte Thabby, der sich entfernte, um das Pferd anzuspannen. Als er damit fertig war, kam er zurück und fragte den Kranken, ob er mit uns in's Thal fahren wollte? Dieser schüttelte mit dem Kopfe, und als unser Car schon jenseits des Kirchhofs war, da sah ich, beim Umblicken, daß sich Larry wieder in die Sonne zwischen den Schädeln und Sargbrettern niedergelegt hatte. —

Von Aghaboe's Hügel ging es nun rasch und leicht in's bewaldete Thal, an die Ufer des Loe-Flusses hernieder. Uns Allen, dem Pferd, dem Kutscher und mir schien es wol zu gefallen, daß die Bäume so munter über uns rauschten, nachdem wir dem Entsetzen der unbedeckten Schädelstätte entflohen waren. Und wie ein weckender Gruß des frischen fröhlichen Lebens sprengte uns sogleich auf der Beaufort-Brücke, die hier über den Fluß führt, aus dem Dunkel der sie umrauschenden Bäume ein stattlicher Reitertrupp entgegen, schöne Frauen darunter mit wehenden Schleiern und langen gelben Handschuhen. Darauf aber ging es bald wieder in's Haideland, das hier beginnt. Langsam stieg der Weg aufwärts. Nackte Felsengebirge nahen sich, große Steine liegen in den feuchten Niederungen, unendlich traurig wird die Gegend umher, und trauriger, weil die Sonne darauf scheint. Elende Erd-hütten lauern hier und dort auf den Höhen oder in den Felslöchern. Bettler liegen hier auf der Fahrstraße herum, oder kriechen aus den Gruben, wenn sie Wagengerassel vernehmen. Der Car knarrt, das Pferd keucht, indem es über Steine und Blöcke bergan geht. Kleine Mädchen umschwirren die mühsam Ansteigenden, sie werfen Haideblüm-chen in den Wagen und verlangen einen Penny dafür, wenn man ihnen einen Farthing hinunterwirft. Es wird hier ohne vorzuschlagen und nur nach festen Preisen gebettelt. Ein Knabe kam, er verlangte einen Penny, „um sich ein Buch zu kaufen." Die furchtbarste Er-scheinung unter diesen Haidegestalten war eine alte Hexe mit entsetz-lich verdrehten glasblauen Augen und schweren Lumpen um die dürren

Glieder, die aus einer Hütte mitten im Moraft, an einem Stocke heranhinkte, als unfer Car sich nahte. Sie erhob den Stock und winkte
dem Kutscher, welcher augenblicklich still hielt.

„Was fällt Dir ein, Thabby?" sagte ich, „warum hältst Du,
vor diesem alten, scheußlichen Weibsbild?"

„Ach Herr," sagte Thabby . . . „ach Herr, nehmt's nicht übel!
Wenn ich nicht halle, so verflucht sie uns . . . und wenn sie uns
verflucht . . . ach, Herr. . . ."

Inzwischen war die alte Hexe herangehinkt; sie streckte ihre gelbe
lange Hand mir entgegen und rief in keuchendem Tone: „Meister,
wenn's Euer Gnaden beliebt, einen Penny oder zwei!"

„Wer bist Du denn?" fragte ich, nachdem ich meine Schatzung
gezahlt hatte.

„Wer ich bin?" kreischte das Weib. „Ha, ha, ha . . . die alte
Sally aus der Dunloe-Schlucht . . . fragt nur den Thabby da, wer
ich bin . . . ha, ha, ha, Thabby — wie geht's dem Meister Hurley
seiner schwarzweißen Kuh, die sich das rechte Vorderbein gebrochen
hat? He, Thabby?"

„Danke schön, Mutter Sally," sagte Thabby, „sie brüllt."

„Kann mir schon denken, warum sie brüllt. Die kleinen „Dschintelmin" zwicken ihr das Bein und kneipen sie. Warum läßt Meister
Hurley seine Kühe auch auf die Feenhügel gehn? Haben wir nicht
Gras genug auf den platten Wiesen? Ich hab's Euch schon hundertmal verboten. Wer nicht hören will, muß fühlen."

„Mutter Sally," sagte ich, „was denkt Ihr von dem armen
Larry?"

„Nichts Gutes," erwiderte die Alte.

„Wie lange wird er noch leben, denkt Ihr?"

„So lange die gelben Blumen auf Aghaboe leben."

„Was fehlt ihm denn, Mutter?"

„Das kann ich Euch nicht sagen. Ihr seid ein Fremder . . . lebt
wohl Meister, habt Dank für Eure Gabe!"

Mit diesen Worten kehrte sie sich an ihrem Krückstock um und
wandte sich einem andern Wagen zu, der eben die Höhe herauflam.

Wir aber näherten uns der berühmten Schlucht von Dunloe.
Nicht weit vom Eingang zu derselben steht eine kleine Hütte, die etwas

reinlicher und besser erschien, als die andern, welche wir im Moor zu beiden Seiten bisher gesehn; etwas, aber nicht viel. Wagen, Saum-rosse und Esel hielten auf dem sonnigen Platze vor der Thüre und ein Fiedler saß auf der Bank vor derselben. Ein liebliches Wesen mit reizend frischem Gesicht, blauen Augen, blondem Haar und nackten Füßen ging ab und zu; troß der sanften Farben ihrer Augen und Haare hatte sie doch in der ganzen Erscheinung etwas Fremdes und Wildes. Sie brachte den draußen stehenden Kutschern, Saumroß-treibern und Eseljungen zu essen und zu trinken und kehrte dann in die Hütte zurück.

Thaddy, nachdem er gelacht hatte, machte ein ziemlich ernsthaf-tes Gesicht und vertraute mir, daß das liebliche Wesen Kate heiße und die Enkelin jener wunderschönen Kate Kearney sei, von welcher das Lied handle, das ich ja wohl kennen müßte. Eine sehr vornehme irische Dame, die hier einmal zum Besuch gewesen und bei Kate Kearney Milch getrunken habe, hätte das Gedicht gemacht; die Dame heiße Lady Morgan und lebe schon seit langen Jahren in England oder sei dort vielleicht schon gestorben. Auch Kate Kearney, die Großmutter, sei schon lange gestorben, aber das Lied lebe noch, das von ihrer Schön-heit berichtet, und würde noch täglich gesungen, hier an den Seen von Killarney und jedes Kind wisse es auswendig. Mittlerweile hatte unser Car vor der Hütte Halt gemacht, und eben im Absteigen hatte ich meinem Thaddy gesagt, daß ich das Lied nicht kenne, als er mir eifrig zurief: „Da, da ist das Lied!" Der Fiedler hatte näm-lich einige Striche über sein Instrument gethan, und rasch versammel-ten sich um ihn die Kutscher, die Saumroßtreiber und die Eseljungen und begannen seine schneidenden Töne mit einem Gesang zu begleiten, der, nach Art aller irischen Melodieen, frisch und lebhaft ansetzte, um mit einem wehmüthigen Akkord auf unerwartete Weise rasch und grell abzubrechen. Auch Thaddy, mit der rechten Hand sein Rößlein hal-tend, stimmte mit ein und auf die Schwelle der niedrigen Thüre tra-ten aus dem Innern der Hütte einige fremde Herren und Damen, um gleich mir, dem Liede zuzuhören.

O! — nehmt Euch in Acht vor Kate Kearney,
Die da lebt an den Seen von Killarney.
Gar besondere Kraft,

Zaubereigenschaft,
Wohnt im dunkelen Aug' von Kate Kearney.

Dieser Augen liebliches Funkeln,
O! — laßt's Euren Sinn nicht verdunkeln —
Wer einmal geschaut
Ihr Aug', lieb und traut,
Der vergeht ja vor Pein um Kate Kearney.

Und träf't Ihr des Abends Kate Kearney
In den duftigen Au'n von Killarney —
Nehmt in Acht Euch — o geht,
Eh' Ihr lächeln sie seht;
Denn das Lächeln birgt Tod von Kate Kearney.

Und seht Ihr das schwarze Haar wehen,
Und seh't Ihr sie lächelnd bastehen —
Fort! — ehe das Gift
Ihrer Lippen Euch trifft,
Denn Ihr sterbet am Kuß von Kate Kearney.

Schwermuthsvoll war der letzte Nachhall des Liedes über die sonnige Einöde ausgeklungen. Einige der Wagen setzten sich, den Bergpfad hinau, in Bewegung, andere rollten bergunter. Die Saumrosse zerstreuten sich, die Esel trabten weiter, bald war ich mit Thabby allein und trat in die Hütte. Das Barfüßle der Dunloe-Schlucht brachte ein Glas Milch und goß einige Tropfen „Bergthau" — wie sie den Whiskey hier oben nennen — hinein, gab dem Kutscher zu essen und überließ mich meinen Gedanken. Entweder hatte das Lied oder die Natur Unrecht — oder die dunkle Schönheit der Großmutter mußte bei der Enkelin auf besondere Weise in Blau und Bond übersetzt sein. Ein kräftiger Mann mit starkem Barte schritt vorüber und trat vor die Thür, ein Kind von ungefähr fünf Jahren krabbelte am Boden herum.

„Nun Kate," sagte ich, „wie alt bist Du?"

„Fünfzehn Jahre, Herr," erwiderte Kate.

„Und dieses Kind hier?"

„Ist meine Schwester."

„Und der Mann da vor der Thüre?"

„Ist mein Bruder."

Wenn aber Thabby, der Kutscher, je in seinem Leben gelacht hat, so that er's nun, wo Kate sich entfernte, um einem eben ankommen= den Wagen entgegenzugehen. „Hei," sagte er und lachte dabei, daß braußen das Pferd wieder anfing zu wiehern „so lange ich die Kate kenne, diese ganze zehn oder zwölf Jahre, ist sie immer fünfzehn alt. Hei, diese Kate wird gar nicht älter — und ihr Mann ist schon an die sieben Jahre ihr Mann, hei, und ihr Kind ist schon im sechsten Jahre ihr Kind, hei, hei, die Kate!"

Thabby war nicht wieder zu sich selber zu bringen, und der Bissen Brob blieb ihm in der Kehle stecken und er hustete und lachte durcheinander, daß ihm die Thränen über die Backen liefen. Inzwischen war Kate wieder zurückgekommen und da es an's Bezahlen ging, da merkte ich wol, warum sie sich so „interessant" gemacht hatte. Der Ruhm ihrer Großmutter und ihre eigenen fünfzehn Jahre waren das Capital, aus dem sie unerhört hohe Zinsen schlug. Sie verlangte für ihr Glas Milch nicht mehr als — einen Thaler Preußisch; und wahr= lich ich konnte nicht umhin, mit Thabby zu lachen, wenn ich bedachte, welch' unglaublich naive Formen die Prellerei und der Schwindel bei einem Naturvolk auf öden Haiden und unter wildem Felsgeklüft annehmen kann. —

Keine hundert Schritte weit von Kate Kearney's Hütte beginnt die Schlucht von Dunloe. Die dunklen Ausläufer der Macgillicuddy's Rieks mit dem riesigen Carran Tuel auf der einen, und des Purpur= Gebirges und der Tomies auf der andern schlossen uns eng ein, der Pfad ward schmäler und steiniger, und in den Schatten der Felsen schien sich das Tageslicht zu verlieren. Das eiskalte Gewässer des Loe= Flusses strömte mit dumpfem Rauschen durch's Felsenbett und der „schwarze See," von ellenhohen Binsen umraschelt, stand wie gefroren da. Die schauerliche Einsamkeit zwischen den hohen, dunklen, leblosen Gebirgen nahm uns auf. Aber allerlei wunderbare Gestalten, wie sie nur die Phantasie eines solchen Bergbunkels ausbrüten kann, tauchten in gemessenen Zwischenräumen auf und unter. Da kam ein Mann in blauem Frack und gelber Hose, welcher eine Kanone unter dem Arme trug und je nach Bestellung einen Donner für Dreipence oder einen Donner für Sechspence in dem schwarzen steinigen Gebirge ver= anstaltete.

Nachdem der Jupiter tonans der Dunloe=Schlucht verschwunden

war, erſchien hinter einem Felſen eine ſeltſame Verſammlung, die einem Zigeunerlager nicht ganz unähnlich ſah. Kleine Pferde ſtanden truppweiſe zuſammengebunden, einige Eſel nagten an den harten Steingewächſen, braune Männer lagen dazwiſchen, ſchlafend oder ſchmauchend, andere lehnten an den Deichſeln zuſammengeſchobener Wagen, andere kamen, da ſie unſern Car heranrollen hörten, heran und boten ihre Führerdienſte an. Hier iſt der Halteplatz der Wagen und Kutſcher; denn auf mehrere Stunden, bis an den See, verliert ſich der Pfad in unwegſames Gebirge, das nur noch dem vorſichtigen Tritt des Saumroſſes und des Eſels einen ſchmalen Raum an dem Abhange verſtattet. Bunt gelagert finden ſich hier immer die Kutſcher und Wagen, die ihre Herrſchaft zurück erwarten, und die Führer und Eſeltreiber, die den Reiſenden ihre Hülfe bei der Wanderung durch's Gebirge antragen. Mit ſeinem vergnüglichſten Lachen kündigte mir Thabby an, daß er mich hier verlaſſen müßte, daß ich aber auf der andern Seite der Schlucht, am Seeufer einen Nachen und vier Bootsleute finden würde, die Meiſter Hurley mir dahin entgegengeſandt habe. Ich ſchlug die Begleitſchaft eines Führers aus, da ich mich der Einſamkeit in dieſem ihrem dunkelſten Sitzen um ſo mehr zu erfreuen gedachte, wenn meinen Gedanken ihren eigenen Weg zu wandeln verſtattet wäre. So nahm ich von Thabby Abſchied, und das Letzte, was ich von ihm ſah, war, daß er ſeinem Pferde den Hals klopfte und dabei ſagte: „So, Madame, jetzt wollen wir's uns bequem machen! He, Madame?" — Dann aber ſollte ich raſch empfinden, was Goethe ſcheinbar ſo parabox dahinſtellt:

Wer ſich der Einſamkeit ergiebt,
Ach, der iſt bald allein.

Denn ich war nicht viel mehr als hundert Schritte aufwärts geklommen, als ich, von der Gewaltigkeit der Einöde gefeſſelt, auf Steinen in der Berghaide Raſt machte. Hier fühlte ich mich zum erſten Mal in meinem Leben allein. Denn im Walde, wo die Kronen rauſchen und die Blumen am Boden flüſtern, iſt der Menſch nicht allein, und wenn er auch ſeine düſterſten Schatten aufſucht; ſelbſt auf dem Meere nicht, wenn der Sturmwind Vernichtung ſauſt und die Wogen, die lebendigen Grabeshügel, ſich vor dem bebenden Auge öffnen und ſchließen. Der Menſch iſt nie allein, ſo lange er noch den ewigen Zuſammenhang mit

Allem was da lebt, in sich empfindet; hier aber schien das Leben aufgehört zu haben und alles Lebendige, was sich blicken ließ, zog rasch vorüber, als fürchte es sich. Es mußte schon später Nachmittag sein; denn die Beleuchtung fiel fahl und schwer hernieder und ließ, ohne Beimischung freundlicherer Farbentöne, die nackte Leere dieses Platzes in ihrer ganzen Monotonie hervortreten. Steil lagerten die Felsen ringsum; graues Gestein, obenhin spärlich mit Moos bewachsen, bildete die Abhänge derselben; Wasser, kalt und farblos, rauschte von allen Seiten in den Furchen nieder und unbewegt von Wind und Welle standen in der Ferne die schwarzen Seen. Folgte das Auge dem Felsenpfad, so begegnete es auf der Höhe einer zerfallenen Hütte. Ihre Thür war verschlossen, und kein Rauch wirbelte aus dem zusammengefallenen Schornstein. Gegenüber eine Wiese mit Graswuchs, der bleich und nackt aussah, wie Dünengras, mit einem paar spärlichen Heuhaufen ohne Duft und Farbe, und mit drei oder vier Kühen, die so mager waren, wie die sieben letzten Kühe im Traume Pharao's. Der traurig-leblose Anblick ward noch dadurch gesteigert, daß von Menschenhand aufgerichtete Steinwälle sich grau um den Berg, die Wiese, die Heuhaufen und die Hütte zogen, — es sah aus, als hätten die Gnomen, die dort herum in den Schluchten wohnen mögen, sich gegeneinander verschanzt. Dazu wandelte nun Sonne, Wind und Wolke rasch vorüber — bald stand Alles auf eine Weile in grellem Lichte, das kalt an den Felsen hinunterglitt, bald war Alles in trübe Schatten getaucht, — bald wetterte der Wind aus den Felslöchern, bald war es wieder todtenstill, und nur das geisterhafte Rauschen ferner Gewässer war noch leise vernehmbar. Dann zog ein Trupp Gebirgspferde, die Treiber nachlässig in den Sätteln hängend, vorbei; dann ein einsamer Wanderer, ein Bauer mit seinem Jungen an der Hand, ein Hund voraus — dann wieder Alles weg bis auf die Sonne, die Schatten, das Haidekraut, die Binsen, das Gestein ...

Ich weiß nicht, wie lange ich so gesessen habe; noch weniger weiß ich, wie lange ich so hätte sitzen können. Wie Alles so still stand, schien mir zuletzt auch die Zeit still zu stehen, und ich hätte wol bleiben können, bis das Herz selbst still gestanden hätte. Da, mitten in meinen Träumen, vernahm ich aus den Bergen hinter mir das lieblich wehmüthige Singen mehrerer Mädchenstimmen. Mit seinen traurigen

Akkorden schwebte es näher oder schien es sich zu entfernen, je nach=
dem der Wind die Töne heranwehte oder zerstreute. Es klang wie
die eigenste Musik dieser Berge, so traurig, so fremd, so unheimlich —
und doch so süß zuweilen in seinen Wendungen, als ob ein schöner
Geist und eines besseren Looses werth in diesen Bergen gefangen sitze
und seine Klagen hinausströme. Bald war der Gesang ganz in meiner
Nähe. Es waren vier oder fünf Milchmädchen mit nackten Füßen,
über Kopf und Brust mit grellrothen Tüchern verhüllt, wie sie hier in
den Bergen, wo oft meilenweit keine Hütte steht, dem Wanderer ihre
frugalen Erfrischungen anbieten, die den Gebirgspfad herabstiegen. Sie
trugen kleine Flaschen mit Ziegenmilch im Arme, und kleine Holzbecher
in der Hand. Sobald sie mich wahrnahmen, brach der Gesang mitten
in einer Cadenz schrill ab; sie kamen auf mich zu und boten mir ihre
Ziegenmilch in den kleinen Bechern an. Nachdem ich, um ihre Gunst
zu erwerben, in fünf Minuten mehr Ziegenmilch getrunken hatte, als
ich vorher in meinem ganzen Leben genossen habe, bat ich sie, ihr
Lied zu wiederholen. Zuerst wollten sie von einem Liede, das sie ge=
sungen hätten, gar Nichts wissen; es sei ein dummes Lied, sagten sie,
das sie blos zum Zeitvertreibe sängen; es sei nicht gut genug, um vor
einem „so edlen Meister" wiederholt zu werden. Endlich, nachdem alle
Ausflüchte erschöpft waren, begannen sie die erste Strophe, brachen
aber auch jetzt wieder plötzlich ab, lachten und behaupteten, sie hätten
das Uebrige vergessen. Erst, als ich ihnen gesagt hatte, daß ich ihnen
für jede Strophe einen Sixpence geben wollte, erinnerten sie sich an
„das Uebrige," und sangen dann in sehr schlechtem Englisch das Lied
von „Kathlin O'More," das ich meinen Lesern in wortgetreuer Ueber=
setzung hier mittheile:

> Noch denk' ich, daß einmal ich wieder sie seh, —
> Doch ach! — sie verließ mich — sie ließ mich in Weh:
> Meine süße, kleine Kathlin, meine arme kleine Kathlin,
> Meine Kathlin O'More.

> Ihr Haar war so schwarz und ihr Aug' war so blau,
> Ihr Lächeln war Sonnschein, ihre Thräne Morgenthau —
> So lieblich war Kathlin, meine arme kleine Kathlin,
> Meine Kathlin O'More.

Sie melkte die Kuh, das schwarzbraune Thier,
Die wild war bei Andren und fromm war bei ihr:
So freundlich war Kathlin, meine arme kleine Kathlin,
Meine Kathlin O'More.

Sie saß vor der Thür einst im kalten Abendgrann,
Den Nachtwind zu hören, das Mondlicht zu schaun:
So träumrisch war Kathlin, meine arme kleine Kathlin,
Meine Kathlin O'More.

Und kalt war der Nachtwind — er pfiff durch den Grund —
Und Kathlin ward welk und ward siech seit der Stund':
Ich verlor meine Kathlin, meine arme kleine Kathlin,
Meine Kathlin O'More.

Nun weiß ich ein Vöglein, das Rothkehlchen heißt,
Das nistet im Kirchhof, das lieb ich zumeist —
Das wacht mir bei Kathlin, hüpft leicht über Kathlin,
Meine Kathlin O'More.

Nachdem das Lied verklungen war, erhob ich mich vom Felsen, um meine einsame Wanderung fortzusetzen; eine Weile noch folgten sie mir, dann sagten sie Lebewol und kehrten zurück, bergab, und dann war Alles wieder Stille und Einsamkeit.

Vor mir hing ein gewaltiger, scharf zu laufender Felsblock, der den Weg zu versperren schien. Die Bauern nennen ihn „den Schlagbaum von Dunloe"; sogleich hinter ihm beginnt der schauerlichste Theil der Schlucht von Dunloe. Die Felsen treten hier so eng zusammen, daß Nichts übrig bleibt, als der schmale Fußpfad und unten, in dunkler Tiefe, das gepreßte Uferbett des Loe-Flusses, welcher — zuweilen ganz in unterirdische Canäle verschwindend — den Cuschvally-See und den Auger-See mit seinem schwarzen Streifen verbindet. Dumpf rauschen die Gewässer, dumpf rauscht der Wind; immer wilder, immer grotesker thürmen sich die Felsen auf. Eine Riesenstadt scheint im letzten Tageslichte dazustehen, mit Felsenthürmen, mit Felsenhäusern — eine Stadt des Schreckens und des Todes — da sind schwarze Kammern im nackten Gestein, in welchen zur Zeit der großen Hungersnoth neun arme Familien lebten und — starben. Der Gebirgsgeier hat sie verzehrt und der Wind hat die Afche ihrer Knochen verftreut. Hier führt eine alte, rohe Brücke über den Fluß — Grau auf Schwarz. Jenseits derselben erweitert fich das Waffer zu einem vierten See — dem Lough Dhubh, oder fchwarzen See, und am Rande erhebt fich übereinander gepoltertes Felsgeftein zur Höhe eines mäßigen Hügels. Ich erkletterte den Felshügel nicht ohne einige Mühe und Gefahr, und da ich nun feine moofige Spitze erreicht hatte, wie follte fich da nun auf Einmal der Anblick verwandeln. Unter mir zwar ftürzte das Gebirgswaffer noch dahin, und die alte, verwitterte Brücke ftand noch da, und am Gebirge hinauf, wie ein weißer Faden durch ein fchwarzes Tuch, fchlängelte fich der Weg, den ich felber gewandelt war — aber wo über dem letzten fchwarzen, in zackiges Geftein gefaßten See fich die Felfen treffen, da bildet fich eine Art von natürlichem Thor, durch welches das Auge ganz unerwartet in eine liebliche, fonnige Ferne fchweift. Und in der lieblichen, fonnigen Ferne entdeckte ich bald zwei fchöne Reiterinnen, die mit wehenden blauen Schleiern auf ihren Ponies über das Felsgeröll herumfprengten; und einen alten Herrn mit weißer Cravatte und einem vergoldeten Nafenklemmer, der auf einem Efel faß, und fich mit Händen und Füßen an dem armen Efel verftändigte, und — wie ich bei feinem Näherkommen hörte — mit einem einarmigen Manne, der den Efel trieb, gewaltig fchrie und zankte. Er fei ein unverfchämter Betrüger, fchrie der alte Herr in weißer Cravatte; er habe ihm gefagt, der Efel fei zahm, und der Efel fei wild, und fpringe, wo Nichts zu fpringen fei, und werde ihn bald genug abgeworfen haben. Er fei ein Lügner, dem kein wahres Wort über die Lippen käme; und daß er den einen Arm bei der Erfteigung eines Adlerneftes verloren habe, fei Nichts als eine Finte, mit der er das Mitleid der Fremden erwecken wolle, um fie defto beffer preffen zu können. Der alte Herr hatte Recht, der Efel hatte einen harten Trab und warf den Reiter unbarmherzig auf dem Sattel hin und her, wobei ihm (dem Reiter nämlich) auf der rechten Seite Etwas baumelte, das wie ein Teleskop in ledernem Futteral, und auf der linken Etwas, das wie ein Trinkgefchirr ausfah. Ich wette, daß der Lefer den alten Herrn mit der weißen Cravatte, dem vergoldeten Nafenklemmer, dem Teleskop und dem Trinkgefchirr fchon wieder erkannt hat; ich wenigftens, da ich in feiner rechten Rocktafche obendrein noch den wohlbekannten „malerischen Touristen" und in der andern die große Karte von Irland sah, war keinen Augenblick länger im Zweifel und „Hurrah!" rief ich — „hurrah, Mr. Macrie! Willkommen Mr. Macrie!"

Donnerähnlich warfen die Felswände den Ruf meines jubelnden Herzens zurück; ich erschrak selber vor meiner Stimme. Wie aber erschrak erst der Esel, auf welchem Mr. Macrie saß! Er machte einen zweideutigen Sprung nach vorn, steckte den Kopf zwischen die Beine und Mr. Macrie . . . saß nicht länger auf dem Esel, sondern auf einem moosbewachsenen Steine, der quer über dem Weg lag, und um ihn herum lag das Teleskop in ledernem Futteral, das Trinkgeschirr, der „malerische Tourist" und die große Karte von Irland. Rasch kletterte ich von meinem Hügel hinunter, und erst an meiner Brust und in meinen Armen erwachte Mr. Macrie wieder, mit dem Bewußtsein einer „fürchterlichen Lebensgefahr" nur durch die besondre Gnade des Himmels entgangen zu sein.

„Wie glücklich bin ich," rief er, indem er Toilette machte und sein bestäubtes Eigenthum vom Boden aufnahm und säuberte, „wie glücklich bin ich, Sie wieder zu haben! Ich bin mir in dieser unseligen Schlucht wie in einer Räuberhöhle vorgekommen; so viel Lumpengesindel ist darin versammelt. Sie haben mich mit Milch und Whiskey gebrandschatzt, sie haben mich mit ihrer Bettelei und ihrer Zudringlichkeit verfolgt, — ich wollte ja gar nicht reiten; — aber es half Nichts, ich konnte den einarmigen Schuft nicht los werden, ich mußte mich auf seinen Esel setzen. Man ist seines Lebens nicht sicher in dieser niederträchtigen Schlucht; — da wird aus Kanonen geschossen, da führt man mich an unergründlichen Tiefen vorüber, da läßt man mich an steilen Abhängen herumklettern und zuletzt setzt man mich auf einen Esel. Gott strafe mich, wenn ich mich je wieder auf einen Esel setzen lasse!"

Mittlerweile waren auch die beiden Reiterinnen herangesprengt; die Schleier wehten um ihre rosig glühenden Gesichter, und wenn sie jemals holdselig ausgesehen hatten, die Zwillingsschwestern von Belfast, so war es nun, wo sie auf dieser düstern, kahlen Höhe recht dastanden wie zwei liebliche Rosen. Herzlich war die Freude, mit der sich die Reisegefährten von Glendalough und dem „süßen Thale des Avoca" hier oben wieder begrüßten; und während wir noch ganz in Fragen und Antworten vertieft waren, hatte sich

Mr. Macrie nach vielem Hin- und Herstreiten mit dem Einarm aus-
einandergesetzt und ihn verabschiedet. Nur ungern stiegen Jane und
Ellen von ihren hübschen Ponies herunter; aber Mr. Macrie sagte, es
sei viel angenehmer, diesen Theil des Bergpfades, da er ja nun bald
seinem Ende nahe, zu gehen; er habe auf seinem Esel immer für
das Leben seiner theuren Töchter gezittert. Die „theuren Töchter,"
die von der Lust und Freude, mit der sie sich auf ihren Gebirgspferd-
chen herumgetummelt hatten, noch strahlten, schlugen lächelnd ihre
Augen nieder, und langsam gingen wir zusammen weiter, den Felsenpfad hinan. Hier steht eine einsame Hütte, an einen Felsvorsprung
gelehnt. Eben hatten wir sie erreicht, als auf einmal sich rascher Huf-
schlag aus dem Gebirge vernehmen ließ und bald darnach in vollem
Galopp eine höchst seltsame Gestalt den Engpaß heruntergesprengt
kam. Die Mütze, mit lose daran baumelndem Schirm, saß schief
auf dem Kopfe, das Röcklein flatterte im Winde, das dünne Haar
hing an den Schläfen nieder. Der Reiter war offenbar nicht mehr
ganz jung; sein Gesicht, in der Sonne gelb und trocken geworden,
zeigte vielfache Runzeln; aber dennoch lag Etwas darin, was ihm
den Ausdruck der Regsamkeit und Frische gab; ein gewisses Etwas —
von dem ich auf den ersten Blick nicht recht wußte, ob es Weisheit
oder Narrheit sei; denn Beides, die Weisheit sowol wie die Narrheit, hat ja die wunderbare Eigenschaft, den Menschen ewig jung zu
erhalten. Außerdem hatte der sonderbare Reiter einen sehr breiten
Mund, der in seinen letzten Außenlinien auf Gutmüthigkeit deutete,
eine sehr lange Nase, in deren tiefen Furchen auf beiden Seiten derselben viel Unterthänigkeit wohnte, und graue Augen, „schlaue Augen."
An der linken Seite trug er ein Klappenhorn, und hinten auf's Pferd
gebunden war ein großes Buch; das Größte an ihm aber war eine
Busennadel mit schwarzem Glasknopf, die er vorn auf dem Hembe
trug. Diese schwarze Busennadel war so groß, daß sie mich auf der
Stelle an die Worte erinnerte, mit der die Bibel solch' große Erscheinungen zu bezeichnen pflegt — „es war eine gewaltige Busennadel
vor dem Herrn." Alles das sah und beobachtete ich im ersten Augenblick; denn im folgenden hatte der Reiter sein Pferd schon angehalten,
und „All' Heil!" rief er uns entgegen, „All' Heil und Willkommen
von Sir Patrick, dem Ritter von Dunloe!" Mr. Macrie hatte schon

an den Rand seines Hutes gegriffen, um den „Sir" zu salutiren; „All' Heil! All' Heil!" riefen wir, die Mädchen und ich, „wer seid Ihr?" —

„Wer ich bin, schöne Damen?" sagte er, indem er von seinem Pferde herabstieg und das große Buch vom Sattel desselben losband. „Sir Patrick bin ich, der Ritter von Dunloe und hier ist mein Diplom — wenn's Euch beliebt." Mit diesen Worten schlug er das große Buch auf, legte es so auf den Sattel des Pferdes und hieß uns näher treten. Mr. Macrie trat nicht näher; er sagte, er sähe nicht ein, warum er sich auf die Großmuth wilder Thiere zu verlassen brauche — Du lieber Gott! Das Pferd sah nicht aus, als ob es sich in seinem Leben jemals satt gefressen, geschweige denn wild betragen habe. Wir aber traten herzu. „Sehen Sie," sagte Sir Patrick, „mit diesem Diplom hat Crofton Croker, der berühmte Dichter, mich zum Ritter von Dunloe ernannt. Lesen Sie, mein Herr!" Ich las:

> In der Killarney-Berge Schooß
> Erwuchs ein Mann, im Stillen groß.
> So weit sich zieht der Berge Rund
> Hat er den allergrößten Mund;
> Groß ist sein Durst und seiner Nas'
> Nicht tief genug das tiefste Glas.
> Groß ist sein Busen, ohne Tadel,
> Und groß ist seine Busennadel.
> Und weil er groß als Renommist
> Und größer noch als Lügner ist,
> Und solche Größe ohne Zoll
> Der Huldigung nicht bleiben soll,
> Noch bleiben darf, der Welt zum Schaden:
> Drum ich, Poet von Gottes Gnaden,
> Ich, Fürst im ir'schen Märchenreich —
> Mit diesem Hand- und Backenstreich
> Schlag ihn auf Berg und Haiden hier
> Zu meinem Narrencavalier.
> Und allsofort heiß er nur so:
> Sir Patrick, Ritter von Dunloe!

Mr. Macrie ließ mit der verächtlichsten Miene von der Welt die Hand, die er zum Gruß an seinen Hutrand geführt hatte, wieder fallen.

„Auch ein Lump," sagte er, — „so viel Lumpen hab' ich in meinem ganzen Leben nicht gesehen, als an diesem einen Nachmittag."

Sir Patrick dagegen lud uns ein, sein Album weiter anzusehen, und viele stolze Namen aus vieler Herren Länder sahen wir in diesem Buche der ausgezeichneten Narrheit, das ist wahr. Kaum hatte Sir Patrick vernommen, daß ich ein Deutscher sei, als er auch sofort den dringenden Wunsch aussprach, ich möchte mich gleichfalls einschreiben. Da er Dinte und Feder bei sich führte, so war keine Ausrede möglich, und während die beiden Mädchen mir schelmisch lächelnd über die Schultern sahen, der Vater derselben schimpfend auf- und niederging und Sir Patrick den alten Kracken hielt und ermahnte, sich anständig zu betragen — begann ich zu schreiben. Der alte Kracken betrug sich anständig bis auf die unfreiwilligen Zuckungen seines Bauches, die theils in Hunger und theils in Angst und allgemeiner Körperschwäche ihren Grund hatten, alle zusammen aber meine Schrift wie mit vielerlei krausen Gedankenstrichen durchrieselten. Ich schrieb — und mein Freund, der Leser, sollte er je einmal Irland besuchen und das Buch des Ritters von Dunloe zu Gesicht bekommen, wird auf Seite 51 finden, was ich geschrieben habe:

Wenn Narrethei unsterblich ist,
So denk' ich auch, daß Du es bist.
Und ich, der ich vom Vaterland
Gleich einem Boten ausgesandt,
Um fremde Völker zu ergründen,
Und fremde Größe zu verkünden,
Und, was die Fremde birgt an Schätzen,
In deutsche Münzen umzusetzen:
Ich schwör' es und gelob' es Dir
Du Croker's Narrencavalier —
Ich werde Deinen Herold machen!
Das ganze, deutsche Volk soll lachen —
So weit man Burschenlieder singt,
„So weit die deutsche Zunge klingt,"
So weit die deutsche Eiche sprießt,
So weit man — — — meine Bücher liest!

Nachdem die beiden Mädchen die sonderbare Façon der deutschen Buchstaben bewundert hatten — wobei sie die Nervenzuckungen des

Pferdes für kalligraphische Verzierungen der deutschen Schriftsprache hielten — schlug Sir Patrick das große Buch zu, band es wieder hinter dem Sattel fest und stieß alsdann in sein Horn. Noch war der Schall nicht in dem Gebirge verklungen, als vor der Thüre jener einsamen Hütte ein Knabe von ungefähr vierzehn Jahren erschien. „Heda, Micky!" rief Sir Patrick, „Micky!"

Micky kam. „Da, Micky," sagte Sir Patrick, „reite mein Roß nach Haus, grüße mein Weib und bestell' ihr, daß ich vor zehn Uhr heut' Abend nicht heimkehren würde. Ich habe noch gute Gesellschaft gefunden, ich werde noch einmal über den oberen See fahren."

„Hab' ich mir's nicht gleich gedacht," begann jetzt Mr. Macrie, „daß dieser Schuft auch ein Führer ist? Ich will keinen Führer, ich gebrauche keinen!"

Nur auf vieles Bitten und inständiges Zureden der Mädchen ward uns zuletzt gestattet in der Gesellschaft Sir Patrick's zu bleiben. Darauf nahm er uns die Mäntel und Kleinigkeiten ab, die wir bisher im Arme getragen; nur Mr. Macrie weigerte sich hartnäckig, seinen Ueber-rock, der über seiner Schulter hing, fahren zu lassen. Er wolle keinen Führer, sagte er, er gebrauche keinen, und ging schmollend hinter uns her. Auch Micky, auf Sir Patrick's „Roß", setzte sich in Bewegung und war bald in der beginnenden Dämmrung und dem Schatten der Schlucht verloren. Ich konnte mit Mr. Macrie in vielen Dingen nicht übereinstimmen; am Allerwenigsten in seinem Widerwillen gegen die irischen Führer, Hornbläser, Eseljungen und Vagabonden insgemein. Ich habe in der ganzen Welt keine amüsantere Sorte von Leuten ge-funden. Das ist so recht ihr eigenster Beruf, zu dem der Schöpfer sie erschuf; sie treiben es auch mehr als Beruf, denn als Geschäft, d. h. mit dem Herzen. Sie führen den Fremden, treiben den Esel und blasen das Horn aus Neigung, und viel mehr, weil sie ihre Lust am Schweifen und Musiciren haben, als um Geld zu verdienen. An jeder Stelle, wo ein Echo war, hieß Sir Patrick uns niedersitzen — (mit Ausnahme von Mr. Macrie, der sich die Ohren zuhielt, weil er behauptete, er könne den Lärm nicht vertragen) — und sobald wir be-quem gelagert waren, fing er an auf dem Horne zu blasen, und der starre Felsen wurde lebendig und ein Fels warf den Ton dem andern zu, und der Ton klang dreifach und vierfach wieder, und Echo aus

Echo geboren vereinte sich zu den wunderbarsten Akkorden und Harmonien. Es waren nur vier Töne, die Sir Patrick blies, c. e. g. c.,
aber die vier Töne thaten Wunder. Zuletzt, nachdem die vier Töne
unzählige Male Alles gethan hatten, was sie thun konnten, fragten
wir unsern Ritter, ob er nicht einmal eine irische Melodie blasen wolle,
das würde doch gewiß auch herrliche Wirkung machen; allein er meinte,
für das Echo seien vier Töne grade genug, mehr könne es nicht nach-
singen. Wir gaben ihm Recht, obwol wir nicht ganz überzeugt waren.

So waren wir denn, munter genug, auf der Höhe der Schlucht —
am Ende derselben — angekommen und setzten uns (mit Ausnahme
von Mr. Macrie, welcher behauptete, er könne die Zugluft nicht vertragen), von letzter Abendsonne umflimmert, auf eine emporragende
Felsspitze, und längs der schattigen Riels ging unser Blick in das
zur Rechten sich öffnende berühmte Cuhm-a-Dhubh, oder schwarze
Thal. Es ist eine ewig dunkle, ewig feuchte Niederung, in die der
Fuß des Menschen nur ungern und nicht ohne Gefahr sich wagt.
Keine Waldnacht, keine Ueberfülle von Busch und Strauchwerk ver-
düstert es — im Gegentheil, es liegt nackt und fast ohne jegliche Vegetation vor uns; aber die Bergwände, die es einengen, sind von un-
gemeiner Höhe und Wildheit, und ihr zerrissener Schatten fällt auf
unbewegte Seespiegel und braunen Morastboden ringsum. Aber
weniger finster und unheimlich erschien das Thal in diesem Augenblick,
wo der milde Glanz der untergehenden Sonne auch ihm ein freundliches Abschiedslächeln zuwarf. Zwar hinten im hohen Gebirge verlor
es sich in schwarzen Duft, wie Trauerflor, und Dunkelheit — aber
die Seen glänzten matt aus diesem Trauerflor, wie verweinte Augen,
die in das Leben zurückschauen, das für sie Nichts mehr hat, als einen
Sonnenuntergang — und der Girhamin-Fluß in breiten Streifen
schlängelte sich heraus und ging an den Felsen hin in das Thal hinaus
und an seinen Ufern standen die sonnigen Berge, und wo sie sich gegen
die Felsen, auf deren vorderstem Vorsprung wir saßen, schließen, da
erschien nun mit einem Mal der obere See, blau, wie der Himmel,
und voll goldig-grüner Inselchen, wie der Himmel voll goldener und
silberner Schäfchen war. Und hoch über dieser ganzen felsumschlossenen
Fläche mit ihren Thälern, ihrem Fluß und ihrem See lag hoch, hoch
dieser blaue Himmel mit seinem Gold und seinem Silber — zur Kuppel

gewölbt über einem Felsendome! Und auf einem seiner steinernen Bet=
stühle, von Haide umrauscht und von Ginster, saßen wir Alle (mit
Ausnahme von Mr. Macrie, welcher fortwährend vom Schnupfen und
andern lebensgefährlichen Zufällen redete). —

Sobald wir wieder im Thale angelangt waren, huschten unter
der Brücke eines trockenen Armes des Girhamin=Flusses hervor einige
Milchmädchen mit rothen Tüchern um den Kopf, — die letzten Boten der
schauerlichen, schönen, unvergeßlichen Dunloe=Schlucht. Sie liefen eine
Weile hinter uns her und sangen irische Lieder mit eigenthümlich kla=
genden, schmerzzerissenen Melodieen. Gar zu gern hätten wir ihnen
gelauscht — aber Mr. Macrie protestirte gegen den Unsinn, den diese
zerlumpten Geschöpfe sangen, und gegen jeden weitern Verzug so ener=
gisch, daß keine Wahl blieb.

Wir waren mit dem Gebirge fertig — hinter uns in Sommer=
dunst und Nebel verdämmerten die verlassenen Schluchten, und das
Lieblichste, was Killarney zu bieten hat, begann nun seinen Zauber
spielend zu entfalten. Wir näherten uns dem Gestade des oberen
Sees. Hier, wie überall im Umkreise der Seen, schmücken stolze, gast=
freie Sitze der Edlen die Ufer derselben; und es waren die prachtvollen
Buchengänge von Lord Brandon's Cottage, die wir durchschritten. Wie
lieblich muß das Leben an diesen Seegestaden sein — unter den üppigen
Bäumen, auf dem grünen Rasensammet, in der ewig weichen Luft und
märchenhaften Dämmrung schöner Sagen und wehmüthiger Lieder!
Lord Brandon's Cottage gehört jetzt einem reichen Gentleman aus
Dublin, der ohne Frau und Kinder als Hagestolz in dieser glänzend=
sten aller Einsiedeleien lebt, und sich leidenschaftlich damit beschäftigt,
Blumen und Bäume zu photographiren. Das Gestell mit der Camera
obscura stand, leicht verhängt, dicht am Wege, den wir über Rasen
hinwandelten. Wenn ich der reiche Gentleman aus Dublin wäre —
o, wie viel hübschere und herrlichere Dinge, als Blumen und Bäume
würd' ich vor den Tubus setzen! Zuerst ein kleines, liebes Weibchen
mit lichtbraunen Haaren, dunkelblauen Augen, gutmüthigen Lippen und
unschuldigem Lächeln — dann, wenn ich wieder herauskäme auf meinen
Edelsitz am oberen See von Killarney, zwei Jahre später, oder so —
dann müßte mir ein blonder, pausbackiger Junge davor sitzen; und
ein paar Jahre darnach, wenn Gott es wollte, ein süßer Engelskopf

von einem Mädchen, — und einst, wenn das kleine liebe Weibchen
ein gutes, herziges Mütterchen, wenn ich selber alt und grau, und der
pausbackige Junge ein tüchtiger Mann geworden ist und um den süßen
Engelskopf schon wieder andere Engelsköpfe lächeln; dann ... dann,
aber nicht eher! — würde ich Blumen und Bäume photographiren zum
Andenken an die Zeit, wo wir Alle jung und glücklich im Sonnenschein
des Lebens unter ihnen gewandelt sind. O, wenn ich der reiche Gentleman aus Dublin wäre! ... Aber ein gutmüthiger, menschenfreund-
licher Herr muß er auch für seinen Theil sein. Daß er so allein ist,
grade in dem gesegneten Eckchen der Welt, wo man zu Zweien wie
im Paradiese leben würde — das ist wol schon Elend genug. Aber
vielleicht hat er geliebt ... er hat unglücklich geliebt, oder sein Mädchen
ist ihm gestorben, oder untreu geworden. Laßt ihm seine Blumen,
seine Bäume — die sterben nicht, die werden nicht untreu. Und auch
Euch und uns und aller Welt hat er gestattet, an dieser stillen, vertrauten Gesellschaft Theil zu nehmen. Offen stehen die Thore, offen
die Wege, die Bosquets, die Lauben. Keine Beschränkung ist wahrzunehmen — nur um Zweierlei bittet Euch eine Tafel, die der gute,
freundliche, alte Herr an den Stamm einer hohen Linde hat heften
lassen. Zuerst: pflückt keine Blumen ab ... gewiß, Ihr werdet es
nicht thun; es ist ja das Einzige, was ihm, außer den Bäumen, in
dieser Welt noch verblieben ist; alsdann: schreibt Euren Namen in
ein Buch, welches seitwärts von der hohen Linde auf einem Tische liegt,
damit ... „später kommende Fremde in diesem Buche sehen können,
ob Freunde und Bekannte vor ihnen an dieser Stelle geweilt haben."
Guter, freundlicher, alter Herr! — Gott segne Dich! —

Sobald wir den Rand des Sees erreicht hatten, tauchten vier
große Männer, gleichsam aus dem Schilf herauf, in welchem der Nachen
ruhte. Es war mein Schiffsvolk, das Meister Hurley mir entgegen-
gesandt hatte. Ich lud Mr. Macrie und seine Töchter ein, in meinem
Boote Platz zu nehmen; aber Mr. Macrie zögerte sehr lange, bis er
sich zum Unvermeidlichen entschloß. Zuerst fragte er, ob denn gar
keine Möglichkeit sei, auf dem Landwege nach Killarney zu kommen.
Es war eine Möglichkeit — nämlich durch die Schlucht von Dunloe
zurückzusteigen; allein er mußte die nachterfüllten Gebirgspässe wol auch
nicht für viel angenehmer halten, als die blauen, abendrothdurchblinkten

Wogen des Sees; denn er capitulirte nach der letzten Richtung hin weiter. Er fragte, wie tief das Wasser sei; ob man schon von Stür= men, von Schiffbrüchen und dergleichen auf diesen Gewässern gehört habe. Die Antworten fielen allesammt nicht sehr befriedigend aus. Der See war sehr tief; das Wasser kann sehr unruhig und gefähr= lich werden; Menschenleben genug hat die Tiefe schon gefordert, und sie fordert deren alle Jahre auf's Neue. „Gut," sagte Mr. Macrie zuletzt, „ich gehe. Gern gehe ich nicht; aber ich gehe. Und wenn sich ein Unglück ereignen sollte, Gott und die heilige Jungfrau möge es verhüten! — so . . . ." Er vollendete den schrecklichen Satz nicht, sondern hüllte sich in seinen Ueberrock und nahm auf der mittleren Bank Platz.

Auch die Mädchen setzten sich — Sir Patrick mit dem Horn stieg ein, ich streckte mich neben dem Steuer nieder, die Schiffsleute legten die Ruder aus und fort in's Wasser flogen wir. Alles schwamm in Gold — der Himmel, die grünen Ufer, der tiefe See mit seinen schwan= kenden Wasserblumen, das Boot und wir selber darin. Die Inseln, still und grün und voll Abendroth, gingen sanft an uns vorbei; Eilande, ganz in Sonne getaucht. Wie Riesenbouquets, mit grünen, starken Kronen aus dem Wasser gewachsen, standen sie da. Ihren eigenthüm= lichen Charakter gibt diesen Inseln ein Baum von durchaus südlicher Fülle und Pracht, dessen wahre Heimath in der That auch der Süden ist und den hispanische Mönche einst, vor tausend Jahren, dem Kloster von Innisfallen als Geschenk mitgebracht haben sollen. Der Baum heißt in der Sprache der Wissenschaft arbutus unedo: „arbjutus" nen= nen ihn die Engländer, die Iren nennen ihn „die Myrthe von Killar= ney." Er wird an vielen Stellen des südlichen Irlands gefunden, nirgends aber so reichlich, als an den Gestaden und auf den Inseln der Seen von Killarney. Seine glänzend grünen, schweren Blätter scheinen die Sonne getrunken zu haben; und während hier schon an den phantastisch gestalteten, knorrigen Zweigen die rothe, erdbeerenartige Frucht reift, steigt dort noch aus der grünen Umhüllung die hohe, lilienhafte Blüthe empor. Und so noch blühend und schon fruchtbeladen, die Reize der Jungfräulichkeit mit dem Zauber weiblicher Reife in seltener Weise vereinend, leuchtet — ein Wunderbaum im Wunderlande, — die Myrthe von Killarney. In dunklen Schattirungen gruppiren sich um

sie die Ulme und die Esche, die Stechpalme und der Eibenbaum, die
Bäume der alten Balladen, des Aberglaubens und der Volksmärchen —
und um ihre in den Fels geschlagenen Wurzeln rauschen die blauen Wasser
der Seen von Killarney. Aus dem Holze dieses Baumes werden von
den Bewohnern dieser Gegend mannigfache hübsche Kleinigkeiten geschnitzt, und selten wol versäumt der Wanderer, sich eine derselben als
freundliches Andenken zu wählen; denn weniger noch als den schmuck-
losen Holzschnitzereien, wird er dem dunklen Auge der Arbutus-Mäd-
chen, die sie zum Kauf austragen, widerstehen können, wenn er ihnen
am Rande der Seen und unter den dunklen einsamen Baumgängen
am Fuße der Hügel begegnet.

Bewohnt sind die Myrtheneilande der Seen von Killarney nicht;
nur einige der größten waren es in früheren Tagen — jetzt deckt sie
dichter Waldwuchs und an manchen freien, besonnten Stellen breiten
sich Wiesen zum Seerand, auf denen zur Zeit der Heuernte einige
Menschen beschäftigt sind. Am Abhange einer dieser Hügelinseln
stand eine Mutter mit ihrer Tochter, neben frisch aufgeworfenen Heuhaufen, die ihren würzigen Duft zu uns herüberschickten. Sie fragte
uns, indem wir vorüberglitten, wie spät es wol sein möge? So ganz
verloren in Einsamkeit waren diese beiden Wesen, daß für sie die Zeit
wie Wellenrauschen und Laubgeflüster spurlos dahinging. Nicht lange
darnach, aus der Entfernung, gewahrten wir einen Nachen, der der
Insel nahte und gekommen war, um sie wieder zu den Menschen zu-
zurückzuführen. Wir indessen schwebten auf den sanft wogenden Wassern weiter. Scenerien von ausnehmender Lieblichkeit wechselten mit un-
erwarteten Blicken auf steile, nackte Bergwände, die sich den enger zu-
sammentretenden Ufern des Sees immer mehr zu nähern schienen.
Sir Patrick, der bis dahin mit den Bootsleuten — die ihm alle nie die
volle Ehre seines Titels gaben, sondern ihn immer nur schlechtweg „Pat"
nannten — in irischer Sprache geredet hatte, nahm sein Horn wieder
hervor und begann seine vier Töne auf's Neue zu blasen. Diese Ufer
sind voll der wundervollsten Echos; und zu hören, wie sie zuerst den
einen Ton aufnahmen, ihn dann scheinbar sterben ließen, um ihn nun
auf einmal, ein anderer und doch derselbe, aus den höheren Regionen
des Uferberges herabklingen zu lassen, während schon der zweite harmonisch hineinspielte, und indem auch dieser sich, leise verbebend, aus

der Höhe drei- und vierfach wiedergeboren, mit dem ersten und darauf mit den beiden folgenden mischte, und nun alle vier zusammen, in ungeahnt reichen und mächtigen Tonverschlingungen erklangen, starben, wieder erstanden und zuletzt in prächtigen Akkorden, wie in ewigen Fernen verhallten: das war zauberhaft und ganz bezaubernd. Sir Patrick blies, so lang ein Mensch nur blasen kann, und die Berge und das Echo wurden nicht müde, sein c. c. g. c. zu wiederholen; aber da denn das erfindungsreichste Echo aus denselben Tönen doch auch immer nur Dasselbe machen kann, so wurde uns allmälig ganz schwindlig von dem ewigen Gleichklang, der uns bald wachsend, bald schwindend, wohin wir sahen, wohin wir horchten, umtoste, hinter uns, vor uns, über uns, auf allen Seiten zugleich, wie ein Wirbel-wind, so daß uns, was beim Beginn so bezaubernd geklungen hatte, zuletzt gar unheimlich und entsetzlich klang. Da, indem wir in eine sich öffnende Bucht zwischen Felsufern einliefen, welche vom letzten Spätroth glühten, schallte uns eine unendlich liebliche Melodie, wie ein rettender Engel, der dem Himmel entschwebt, entgegen. Da wir aufmerksamer horchten, erkannten wir die Melodie der „letzten Rose" — die populärste Melodie im ganzen Süden von Irland.

„Happy Jack!" riefen die Bootsleute, — „das ist Jack Lowney, — das ist Happy Jack."

Nicht weit von uns trieb eine Barke dahin voll schöner Mädchen und freundlicher, junger Männer; und zwischen ihnen saß Jack Lowney, ein stattlicher Mann, mit langem goldblonden Bart, der berühmte Spiel-mann von Killarney, und sein Horn war es, das die sonnige Bucht mit den lieblichsten Klängen gefüllt hatte. Unsere Bootsleute hatten, an-dächtig fast, die Ruder längst eingezogen; aber wüthender denn je stieß Sir Patrick in sein Horn und seine vier Töne gaben sich die erdenk-lichste Mühe, die Melodie des glücklichen Jack zu durchkreuzen und zu überschreien, wobei sie — in der Hitze des Gefechts — sich selbst un-treu wurden, und einmal über's Andere in die allerboshaftesten Quarten und Sexten umschlugen. Wir hatten Mühe, diesen unglücklichen Ver-suchen unseres edlen Sir Patrick ein Ende zu machen, die uns lange nicht zum Genusse des immer voller und reicher sich entfaltenden Har-moniewechsels kommen ließen. Nun aber lagen wir schweigend da — im dunkelblauen Wasser glänzten die ruhenden Ruder, von denen das

Waffer leife abtropfte — um unfer Schifflein hob und bog sich, wie
das Waffer kam oder ging, breites Schilfgewächs aus der Tiefe —
die Ufer und die Gebüsche spiegelten goldengrün in der dunklen Fluth
und darunter die Silberwolken und der Himmel, und hinter uns ging
die Sonne nieder und ihr verlöschendes Feuer färbte zum letzten Male
die Kielspur, die unser Boot in dem fast regungslosen Waffer weit=
hin hinter sich zurückgelaffen. Und so klang aus der fernen Schlucht
die letzte Rose. — Den Spielmann auf dem Waffer vernahm man
kaum noch — man hörte nur das geisterhafte Echo, wie Musik der
Feen. Es war, als sängen die ganzen Berge von Irland dieses Lieb=
lingslied des Volkes — es klang so voll, wie ein Orchester — es
war, als habe das Horn des glücklichen Jack alle Melodien geweckt,
die in den Felsenherzen von Irland schlafen — echte Poetenherzen —
starr nach Außen und finster und verschloffen — aber ein sanfter Hall,
gleich einem Feenfinger, pocht an — und das Herz öffnet sich und
strömt seine goldene Melodien über die trunkenen Seelen der Lauscher,
über die ganze Welt. Ja, die Berge von Irland sind voll von sol=
chen goldenen Melodien; aber nicht Jeder kann sie wecken. Jack Low=
ney kann es — und darum heißt er auch der glückliche Jack. Unbe=
schreiblich war die Wirkung — und es würde ein vergeblicher Ver=
such sein, wenn ich sie beschreiben wollte. Herauf denn, Du Schatten
Tom Moore's — Du Sänger, desgleichen Keiner vor Dir in Irland
war und Keiner nach Dir in Irland sein wird — herauf, und sage
Du, was Du einst an derselben Stelle und im Anhören deffelben
Echos empfandest.

> T 'was one of those dreams ...
> Ein Traum war's, wie oft die Musik ihn erregt
> Und gleich Duft auf die Seele des Dichters legt —
> Wenn es fern hinaus, zukunftverloren, ihn treibt,
> Wenn das Leben versinkt und sein Liebstes nur bleibt.
>
> Die Klänge verhallend wild über dem See —
> Er kennt sie — in ihnen sang Erin sein Weh,
> Und es trägt sie nun Hornklang von Strande zu Strand —
> Vom grünenden Dinis zu Glena's Waldrand.
>
> Er lauschte, weil über des Adlers Felshorst
> Die Klänge sich zögernd verloren im Forst,

Und das Echo, gleich Chören, der Felsbrust entquoll —
Wehklagend, daß solch' ein Lied sterben auch soll.

Es schien, jeder Ton, der hier unten verbebt,
Sei süßer zu seligen Sphären entschwebt;
Zum Himmel des Bergs, wo die sterbende Pracht
Des Liedes zu schönerem Leben erwacht.

O verzeih', wenn er lauschend, den Wandel der Zeit
Vergaß und den Tod und sich fühlte gefeit;
Wenn's ihm klang aus der Tiefe des Waldheiligthums:
„So sollst auch Du leben im Echo des Ruhms.

„So soll auch — und wenn es jetzt sterben auch mag —
Dein Gedächtniß erwachen am besseren Tag —
Im Herzen von Erin, wenn Alles längst schied,
Soll leben Dein Name, soll leben Dein Lied."

Das Lied und sein Echo verhallte; die Barke trieb nach der andren Seite weiter — die Sonne war untergegangen und die Glorie
unseres armen Sir Patrick ... wie klein war die geworden. ... Er
hatte sich in den Schiffsraum zusammengekauert und theilnahmlos für
Luft und Leib, lag er da und sein Horn lag unter der Bank. Längs
der lieblichen Long-Range-Kette glitten wir dahin, er rührte sich nicht;
wir kamen zu dem berühmten „Adlers-Horst," einer Felsenpyramide,
über tausend Fuß hoch, unten reich bewaldet, oben steil und nackt in
die Wolken steigend, die um die Spitze brauen. In jener Spitze
nisten die letzten Adler von Irland; oft sieht man sie von hier aus in
stolzem Fluge die Seen umkreisen und, nachdem sie ihr Revier durch-
messen, zu ihrer einsamen Höhe zurückkehren. Jetzt sah man Nichts
davon; kaum daß man noch die Felsspitze in der grauen Abenddämmerung, die hier, in der düsteren Umgebung, um so grauer und dichter schien, zu erkennen vermochte. Sir Patrick rührte sich noch immer
nicht. Mr. Macrie aber hatte in dem malerischen Touristen gelesen,
daß hier „das vollendetste, glorreichste und überraschendste aller Killar-
ney-Echos" sei.

„Warum bläsest Du hier nun nicht, Du nichtsnutziger Gesell',"
rief er dem traurigen Ritter zu. Sir Patrick suchte sein Horn unter
der Bank hervor und blies; aber vollendet und glorreich waren die

Töne nicht, die er zu Stande brachte. Seine Seele war betrübt und sein Horn war es auch, und seine vier Töne verschoben sich zu einer Unzahl von Mißklängen, dergleichen der Adlers-Horst wol selten nur in seiner tausendjährigen Vergangenheit gehört haben mag. Er machte auch sein Bestes d'raus, der graue Patron; und wenn es vorhin, in der sonnigen Bucht, wie liebliche Engelsmusik geklungen hatte, so klang es nunmehr, als rumorten die Teufel in ihrer Polterkammer, als stieße Tutivillus, der Höllenmusikant der alten Mirakelspiele, in sein Horn, und grauenhaft war die Wirkung, wie die ohrenzerreißenden Klänge sich fortpflanzten, sich mächtig erweiterten, schneidend in einander fielen und alle Felslöcher mit einer schrecklichen Brut von Dissonanzen zu bevölkern schienen. Wenn der glückliche Jack uns gezeigt hatte, welch' süße Harmonien in den Bergen von Irland schlafen, so lieferte uns Sir Patrick den Beweis, daß, grad' wie in der Menschenbrust, auch in der Felsenbrust neben jedem Engel ein Teufel wohnt, den man nur zu wecken braucht, um ihn zu hören und zu sehen. Unter dieser Dämonenmusik verließen wir den schauerlichen Ort. Fels um Fels warf sie uns höhnisch nach und als wir nun endlich das freie Gewässer wieder erreicht hatten, da war es Nacht geworden, ein kalter Wind hatte sich aufgemacht und strich die unruhiger werdenden Gewässer des Muckroß-See's, in welchen wir soeben eingelaufen waren.

Der Muckroß-See, mit seinem verhältnißmäßig engen Becken und der ungeheuren Wassermasse, die ihn erfüllt, mit seinen zerrissenen Ufern und unter der Oberfläche versteckten Felsblöcken, ist der gefährlichste der Seen und bei Nacht schwierig genug zu passiren. Die Schiffersleute sagten das auch grad heraus, und Mr. Macrie begann auf's Neue heftig zu zittern, zum Theil vor Furcht, zum Theil auch vor Kälte — denn die Luft und das Wasser wurden immer eisiger. Nun aber machte sich Sir Patrick auf und sprach ihm Muth ein. Er hätte diese Fahrt schon bei zehnmal ärgerem Wind, bei viel späterer Nachtzeit gemacht und es sei ihm nie das Mindeste begegnet; und wenn heut ein Unglück sich ereignen sollte, so sei er ja da — er, der Ritter von Dunloe. Zuerst wollte Mr. Macrie Nichts von Sir Patrick wissen; allein da es immer süß ist, den Worten des Trostes zu lauschen, so konnte auch er zuletzt nicht widerstehen und ließ sich trösten und ließ sich vor Allem — worauf es in der That abgesehen schien —

dazu verleiten, an einem der bewohnten Eilande anzulegen, um sich vor der Weiterreise mit einem Trunke zu stärken und zu wärmen und zugleich auch den erschöpften Schiffersleuten zur Sammlung neuer Kräfte Zeit zu gönnen. Das Boot ward nun auf Dinis-Eiland hingesteuert, Sir Patrick stieß in's Horn, und da wir am „grünenden" Strande anlegten, waren schon einige Knechte und Mägde daselbst erschienen, um uns zu bedienen und mit den gewünschten Erfrischungen zu versehen. Windlichter wurden herangetragen, die, unruhig flackernd, die nächtliche Scene mit ihrer rothen Gluth unsicher beleuchteten. Mr. Macrie beorderte Whiskey und warmes Wasser; und die Schiffsleute und Sir Patrick tranken den Whiskey und ließen dem armen Mr. Macrie das warme Wasser. Von Allem, was Mr. Macrie thun konnte, um den Ernst der Situation zu verbessern, war dasjenige, was er gethan hatte, das Unvernünftigste. Die Burschen betranken sich und Sir Patrick betrank sich und Mr. Macrie hatte durch das warme Wasser weder an Stärke noch an Vertrauen erheblich gewonnen.

„Hurrah!" schrien die Bursche, „nun wollen wir wieder auf's Wasser — hurrah!"... Und Sir Patrick blies und seine vier Töne kollerten durcheinander wie vier Betrunkene. Wir saßen Alle bereits wieder im Boot und die Männer wollten eben abstoßen, als sich vom Ufer her, durch den Wald, der sich bis dahin zieht, ein Lärm vernehmen ließ.

„Holla ho!" klang es — „wer Ihr auch seid — holla ho! seid menschlich und übt Barmherzigkeit!"

Die Ruder hielten im Schlage ein, die Windlichter — die sich schon ein Streckchen entfernt hatten, traten wieder zusammen und bei ihrem Schein sahen wir nun einen jungen Mann an's Gestade stürzen, offenbar in höchster Eile und Ekstase. „Den ganzen Tag" — so rief er, „bin ich in diesen Gebirgen herumgerannt — von einem Irrweg kam ich auf den andern — von einem Elend in's andere — und nun, da ich müde, erschöpft und verzweifelt auf diesem Eiland angekommen bin, da höre ich, daß kein Boot mehr zu haben und daß das letzte, welches in Sicht gewesen, so eben im Abgehen begriffen sei. Seid menschlich, wenn Ihr Menschen seid, und nehmt mich auf, nehmt mich mit, bringt mich wieder an's Festland und erlöst mich!"

Ohne zu wissen, wer er sei und was er sei, hatte uns Alle doch die eigenthümliche Weise, mit der er sich einführte, ergriffen; wir luden ihn sogleich ein, unser Boot zu besteigen, und als er nun über das Brett schritt, welches die Fackelträger von Dinis - Eiland noch einmal angelegt hatten, wen — — wen erkannten wir da, — wen anders als John Brittlebank Esq., den Postsecretair von London! ... Wer anders war es als er, den wir nun Alle begrüßten: Jane mit tiefem Erröthen, Ellen mit rasch unterbrücktem Aufschrei, Mr. Macrie mit zweideutiger Armbewegung und ich mit herzlichem Händedruck. Ja, er war es; — eben noch der Aermste und jetzt der Reichste, der Glück= lichste, der Seligste von uns Allen, — wenn ich Eine ausnehme, die vielleicht eben so glücklich und selig war, als er, wenn sie es auch verschwieg. Aus einer Aufregung kam der nächtige Wanderer rasch und plötzlich in die andere; — „o Himmel" rief er aus, „Du hast ein sonderbares Spiel mit mir gespielt — aber das Ende ... das Ende ..." Er konnte nicht ausreden, denn das Schifflein, wel= ches sich nun in Bewegung setzte, machte eine Schwankung und Mr. Brittlebank sank neben einer von Mr. Macrie's reizenden Töchtern auf die Bank nieder. Er setzte sich und ich, auf meinem Sitze, hatte das Glück, jedes Wort verstehen zu können, das er sprach.

„Endlich," sagte er, „endlich weist mir das Schicksal den Platz an, nach dem ich mich lange, lange und, Gott weiß es, mit welchen Schmerzen gesehnt habe! Vier Wochen — Sie wissen es, Theuerste, nicht mehr hatte mir das Schicksal, das böse war, bis auf diese Stunde, wo es mich zu seinem dankbarsten Verehrer macht, gegönnt, um Ihrer Spur, holdes Wesen, zu folgen! Es war so freundlich, mir in den ersten hoffnungsvollen Tagen dieses flüchtigen Monats Ihr süßes Bild zu zeigen — aber nur, wie einen Stern, der rasch in Wolken un= tergeht. — Dann hatte ich das Unglück, Sie am Gestade von Howth mit Ihrer Schwester zu verwechseln und neckisch entzogen Sie sich mir — oder darf ich sagen zürnend? — und allein blieb ich an der einsamen Küste. Allein, ach! allein so viele Tage! Und die köst= liche Zeit verschwand, und mein Kurs ging fehl und wohin ich auch steuerte — ich fand Sie nicht! Und einen Tag nach dem andern strich ich schmerzlich aus meinem Reisekalender — und das niederträch= tige Volk von Irland ärgerte mich und kränkte mich und verwundete mich ... und der Editor der „Times" schrieb mir zuletzt, daß er gar keinen Platz mehr habe für all' meine Klagen, Beschwerden und dringenden Anfragen ... Alles ging den verkehrten Weg, Alles! Und Ihrer gedenkend, bestieg ich heute den höchsten Berg von Munster, den Mangerton, und Ihrer gedenkend, verirrte ich mich, und Ihrer gedenkend, lief ich den ganzen Tag in der Wildniß herum, und Ihrer gedenkend, hungerte ich, und Ihrer gedenkend, dürstete ich. — Und nun, o nun! ..."

Mr. Brittlebank schwieg für einen Augenblick und den schweren Ruderschlag der Schiffsleute konnte man vernehmen. Eine wilde Region war es, in die wir hier gerathen. Seltsame Felskolosse, um welche die Nacht schwirrte und huschte, tauchten mit wunderlich geformten Häuptern aus dem rauschenden Wasser; — hier „die vier Freunde," — „O'Sullivan's Henne und Küchlein" — Jeder von uns machte aus diesen geisterhaften Gestalten im kalten Nachtgrau, was die erhitzte Phantasie gebar — die Wellen trügen, das fahle Dämmern täuscht — dazu das Rollen der Gewässer, als ob sie sich über flache, breite Felsengürtel hin- und herschöben ... Mr. Macrie war außer sich vor Phantasiegebilden der Angst ... aber Sir Patrick, erhitzt nur vom Whiskey, den er zu reichlich getrunken, saß neben ihm und sagte einmal über's andere: „Seid nicht ängstlich, Meister. Es hat gar Nichts zu bedeuten, Eure Gnaden!"

Mr. Brittlebank indessen, ohne Augen für die drohenden Felsen, ohne Ohren für die brausenden Wellen, — ganz nur Auge und Ohr für den geliebten Gegenstand, der in der Dunkelheit neben ihm saß, fuhr fort: „Nun habe ich Sie — nun ... und das schwöre ich Ihnen beim Himmel, jetzt laß' ich Sie nicht, ohne zu wissen, was ich von Ihnen — vom Leben — von der Zukunft zu hoffen habe ... Jetzt muß ich's wissen — jetzt — hier — auf dem öden, nächtigen See ... der um diese Stunde für mich Nichts hat als Sie ... jetzt muß ich's wissen ... Mädchen, mein Mädchen ... Sie schweigen? ... Schweigen heißt Zugestehen ... Sie schweigen ... Sie gestehen mir's zu, um was ich flehe ... Sie geben mir Nichts, aber Sie erlauben, daß ich mir Alles nehme ... Jane, ich nehme mir Alles!" ...

In diesem Augenblick, wo er seinen Arm um die Taille des Mädchens geschlungen hatte und sich vorbeugte, um den ersten Kuß auf ihre Lippen zu drücken — in diesem Augenblick lachte das Mädchen laut auf . . . „ich bin nicht Jane, ich bin Ellen" . . . aber das andere Mädchen erhob sich, und mit einem Schrei, als gält' es die letzte Lebenshoffnung, rief sie: „Aber ich bin Jane, ich!" . . . und in demselben Augenblick ging es krach, krach! . . . wir waren auf eine Felsbank gefahren und das Schiff saß fest, und das wilde, kalte Wasser schlug von beiden Seiten über den flachen Bord; und in demselben Augenblick — zauberhafter Augenblick! — ging über den Abhängen des Tort-Gebirges die große goldene Scheibe des Vollmonds auf, zuerst kalt und glanzlos, dann aber durch die Wolken emportauchend, sein mildes Licht über die Berge, über alle drei Seen gießend, und von seinem Glanze ringsum schillerte das Wasser, in welchem wir — und diesmal auf wirklich gefährliche Weise festlagen. „O Gott! O Gott!" jammerte Mr. Macrie — „O Gott! O Gott!" Rathlos und verwirrt standen die Mädchen, ich selber wußte nicht, wie ich mich nützlich machen könne, die betrunkenen Schiffer patschten mit ihren Stangen und Rudern im Wasser herum . . . und der glorreiche Ritter von Dunloe, wo war der geblieben? Er war zu seinem Horn unter die Bank gekrochen und jammerte auch „o Gott! o Gott!" — Der Einzige, der in dieser allgemeinen Noth den Kopf nicht verlor, war John Brittlebank Esq. Im Gegentheil, jetzt trug er den Kopf höher, als er ihn je getragen. „Legt mir die Stangen ein!" schrie er den betrunkenen Ruderknechten zu, „Ihr werdet uns nur noch fester auf den Grund fahren, Ihr Hallunken!" Die „Hallunken" legten die Stangen ein, und Mr. John Brittlebank zog die Stiefeln aus und sprang in's Wasser. „Um Gotteswillen, Sir!" schrie Jane, die ihm an den Rand des Bootes gefolgt war. „Jetzt," rief Mr. Brittlebank haftig, über den Rand emporschauend — „jetzt erkenne ich Dich, Jane — jetzt — und Jane sei mein Losungswort!" Wir saßen so klamm auf der Felsbank fest, daß das Wasser unserm kühnen Brittlebank, indem er auf sie trat, nur bis an die Knöchel spülte. Er bog sich nieder, er legte die Schulter an die Kielrundung, er stemmte sich gegen die Felsen, er schob, er setzte einmal, zweimal, dreimal an . . . und hurrah! flog das Boot in's Wasser und die Fahrstraße zurück und mit Gladiatorengewandtheit schwang er sich in's Boot zurück und stand aufrecht darin, als es ruhig wieder über den mondklaren See dahinstrich. Jane stand da und Mr. John stand da, und sie würden sich gewiß in die Arme gesunken sein, wenn nicht Mr. Macrie dazwischen gefahren wäre — und mit dem Ruf „Mein Retter! Mein Schutzengel! Mein Wohlthäter!" in die Arme gestürzt wäre, die sich geöffnet hatten, um Jane darin zu empfangen. —

„Ihnen danke ich das Höchste, was man einem Menschen danken kann. Ihnen danke ich das Leben — mein edler Freund, — ich bin Ihr Schuldner für alle Zukunft. Fordern Sie ... fordern Sie von mir, was Sie wollen — was ich habe, gehört Ihnen ... fordern Sie, mein rettender Genius!" Mr. Brittlebank forderte nicht — das Schönste, was er sich hätte erbitten mögen, das war ihm ja schon gewährt!

„Ich danke Ihnen, Sir," sagte Jane und reichte ihm die Hand. Mr. Brittlebank gab diese Hand nicht mehr frei, er behielt sie in der seinen und sagte: „Das Schicksal, das sich gegen die Einen liebenswürdig, gegen die Andern kokett, gegen Alle aber zuletzt doch gerecht beträgt, hatte die sonderbare Caprice, mir das Ideal meiner Träume und sehnsüchtigsten Wünsche in holder Zwillingsgestalt zu zeigen ... es neckte mich in der sonderbarsten Weise, indem es mich, um die Eine zu gewinnen, immer zu der Andern führte — und zweimal hat es mich also, in entscheidenden Momenten meines Lebens, wie ein Irrlicht geführt und getäuscht ... Damit dies nun nicht zum dritten Mal geschehe ... denn das dritte Mal wäre ominös! — darum sehe ich wol ein, daß es nothwendig sei, diese Hand — die süße Hand, die ich in der meinen halte, zu kennzeichnen und ... vor aller Verwechselung zu sichern ... und, theure Jane, wenn Sie nichts dagegen haben, soll dieser Ring für alle Ewigkeit das Zeichen sein, an dem ich Sie erkenne!" — Jane hatte Nichts dagegen; sie ließ sich den Ring anstecken, den John von seinem Finger gezogen; sie sank in seine Arme und an seinen Mund. „Meinen Segen! Meinen Segen! liebe Kinder!" rief Mr. Macrie, auf Sir Patrick gestützt, welcher allmälig unter der Bank hervorgekrochen war und „seid nicht ängstlich, Meister! es hat gar Nichts zu bedeuten, Euer Gnaden!" sagte, als ob im Muckroß=See nie Felsen auf denen man sitzen bleiben, und im Boote gar nie Bänke, unter die man sich verstecken könne, gewesen wären. Ellen legte ihren Arm um die glückliche Schwester, und ich brachte meinen Glückwunsch dar, indem unser Boot, bei dem prachtvollsten Monden-

licht in die Dunbag=Bucht, am Strande des Herbert'schen Parkes
einlief. —

Am andern Mittag erhielt ich einen Brief von Mr. Macrie, in
welchem er mir die Verlobung seiner Tochter Jane mit John Brittle=
bank Esq. und zugleich anzeigte, daß sie Alle bereits früh am Mor=
gen Killarney verlassen und nach Belfast eilen würden, damit ihr
neuer Verwandter noch die Bekanntschaft von Mrs. Macrie und
Mr. Will Newman (Ellen's Bräutigam) mache, bevor seine Ferien
abgelaufen, da er schon am andern Montag um 9 Uhr wieder auf
dem General=Post=Office, London, sein müsse. Sie ließen mich Alle
auf's Herzlichste grüßen und baten dringend, ihrem Hause nicht vor=
beizugehn, wenn meine Fahrten durch Irland mich vielleicht auch nach
Belfast führen würden. — Ich sagte den guten Leuten im Geiste zu,
und freute mich aufrichtig, daß diese Liebesgeschichte mit einer Zwil=
lingsschwester nicht blos höchst romantisch, sondern auch in jedem Be=
tracht glücklich geendet hatte.

Spät war's, als ich an jenem Abend zu meinen Freunden auf der
Höhe von Tork View zurückkam. Meister Hurley, der Wirth, stand
in der Thüre und schüttelte mir die Hände mit einer Ausdauer und
Herzlichkeit, als sei ich sein Bruder und käme vom Nordpol zurück.
Auch die Andern hatten in der freundlichsten Weise für mich gesorgt.
Banson, der Stiefelwichser, leuchtete mir mit zwei Lichtern die Treppe
hinauf, und als ich nun in mein Zimmer kam, wie reizend war da
Alles! Ein Feuer prasselte im Kamin, eine Ampel warf von Oben
herab gedämpften Schein und die blauen Vorhänge des Bettes, halb
zurückgeschoben, öffneten den Blick auf dieses kleine Königreich des Frie=
dens, der Freiheit und der Liebe, mitten in einer Welt, die sonst eher
des Gegentheils voll ist. Hinter einem dieser blauen Vorhänge fun=
kelten ein paar schwarze Augen hervor, indem ich eintrat. Es waren
die schwarzen Augen Bibby's, des Kammermädchens, welche den Ein=
druck beobachten wollte, den ihr Werk auf den heimgekehrten Wande=
rer machte. Es freute sie, daß mir Alles so wohl gefiel. Ach!
sagte sie ganz naiv, sie habe mich auch so lieb, weil ich ein Franzose
sei. Sie danke immer dem lieben Gott, wenn er nur keinen Engländer
herschicke. Die Engländer seien alle so grob, so übermüthig und so
„gewaltthätig" — und sie glaubten nicht an die heilige Jungfrau und

nicht recht an Gott, — und das irische Mädchen wollte sie einmal sehen, welches einen Engländer lieben könnte! Uns aber seien sie alle gut, alle. „Freilich", setzte sie dann traurig hinzu, „wir sind ja jetzt Nichts mehr!" — Als ich sagte, daß ihre Zeit auch noch einmal wieder kommen könne, da lächelte sie schwermüthig und sagte: „Gott sei mit uns!" —

Als ich in den Speisesaal hinunterkam, da sah ich, daß auch Michaulin seine Schuldigkeit gethan hatte und mehr als das. Das „süße Fleisch" des irischen Hammels sandte mir seinen verführerischen Duft entgegen. Michaulin konnte nicht aufhören, mir die Vorzüge seiner vließ-tragenden, grasfressenden Landsleute zu entwickeln; denn Michaulin war in seiner Weise gleichfalls ein großer Patriot, und sein Patriotismus umfaßte die Menschen, die Berge und die Hämmel von Irland mit gleicher Inbrunst. Das Essen würde mir ganz gewiß auch vortrefflich geschmeckt haben, wenn nicht in diesem Augenblick sich draußen wieder Musik hätte vernehmen lassen. Es war, soviel ich unterscheiden konnte, der Klang einer einsamen Fiedel, welche bald klagend, bald jauchzend, Beides aber in raschem, fast unheimlichen Wechsel die stürmische Mondnacht durchwanderte. Wenn ich solche Musik höre, dann kann ich nicht mehr essen; sie ergreift mir das Herz und scheint mir die Kehle zusammenzupressen. Ich hatte den ganzen Tag lang nun so viel irische Musik gehört; worin doch bestand der eigenthümliche Zauber, den sie übte? Eine natürliche Grundlage mußte er doch haben, wenn auch seine weitere Wirkung individuell sein mochte. Ich rief mir alle Melodien, die ich heute gehört hatte, in's Gedächtniß; ich verglich die eine mit der andern, die lustigen mit den traurigen, und alle zusammen mit deutschen oder englischen Volksweisen, die ich kannte. Und so glaubte ich denn zu finden, daß den Grundzug aller ächt irischen Melodien folgende Eigenthümlichkeiten bilden: zuerst die Eigenthümlichkeit, daß ihnen fast durchgängig die Quarte und Septime in der diatonischen Scala fehlt, und alsdann daß, in einer uns ganz unbekannten und dafür um so tiefer empfundenen Weise die Submediante oder Unterterz in die Tonfolge eingreift. Die Wirkung ist ein unendlich trauriger Ausdruck, jenes klagende Verhallen, das den irischen Melodien etwas Luftartiges giebt, wie Windesseufzer, die langsam über weiten Ebenen hinsterben. Es ist in der That nicht anders, als ob die

irische Volksmelodie dem Zuge des Windes und den Wirkungen abge=
lauscht sei, die er in seinem An= und Abschwellen hervorbringt, in seinen
Rauschen durch den Wald, seinem Säuseln durch den Rosenbusch, sei=
nem Stöhnen durch das Grabgesträuch und Stoppelfeld, seinem zornigen
Tosen im Kamin, in dem er gefangen und gefesselt scheint. — So
heißt es von der ältesten Melodie, die man in Irland kennt, dem
„Liede Deirdres,“ daß es von geheimnißvollen Wesen im Sturme über
dem Grabe eines Königs von Ossory gesungen worden sei. Dies Lied
hat sich in der „Klage der Benshie“ erhalten — jenes Luft= und
Nachtgespenstes, das in gewissen alten Familien noch heute den Tod
eines ihrer Mitglieder durch einen Schrei ankündigen soll, welcher dem
melancholischen Seufzer des Windes gleicht. Dieses Benschie=Lied — von
welchem wir später zu sprechen Gelegenheit finden werden — ist der
Typus aller der Melodien geworden, zu welchen in jenen Theilen von
Irland, wo die Todtenklage sich erhalten hat, noch heute die Klage=
weiber die Worte ihrer meist improvisirten „caoines“ (Klagelieder)
singen. Auch davon werden wir mehr hören. —

Draußen der Fiedelklang dauerte fort. Michaulin sagte, es sei
der Fiedel=Mick, welcher draußen herum musicire. Ich bat ihn, den
Burschen hereinzuholen. Ueber ein Kurzes, so trat der Fiedel = Mick
herein, ein schwarzhaariger Junge von neunzehn oder zwanzig Jahren,
der ganz prächtig spielte. Er trank mit mir und war bald ganz be=
trunken. Aber nur um so feuriger waren die Melodien, die unter seinem
Bogen hervorzuquellen schienen. Sein Instrument war so schlecht, als
es nur sein konnte; eine Saite war gesprungen und noch nicht wieder
aufgespannt. Aber der Fiedel = Mick war ein Genie; hätte man ihm
in die Schule und dann in die Welt geschickt, wer weiß was aus ihm
geworden wäre. So saß er nun in seinen Bergen, hatte niemals
Unterricht gehabt, spielte nichts Anderes, als was er seinem Volke, der
Natur und dem eigenen Herzen abgelauscht hatte. Und traurige Weisen
waren es meistentheils, die er spielte und variirte und mit wunder=
baren Erfindungen in einander schlang. Zuletzt fragte ich ihn, ob er
denn nicht auch ein lustiges Lied wisse? „O ja“, sagte er, strich über
seine Fiedel und begann eine Melodie, die rasch und schwungvoll sich
entwickelte, aber trotz ihres lebhaften Ganges am Ende doch wieder
dadurch, daß jene versöhnende und vermittelnde Quarte und Septime

fehlte, eine dunkle Farbe gewann. — Der Fiedel-Mick spielte und sang dazu „To ladies eyes around, boy." —

> Dem Blicke der Frau'n, o Knabe,
> Trau' nicht zu sehr, trau' nicht zu sehr;
> Wie hold sie schau'n, o Knabe.
> Die Wahl ist schwer, die Wahl ist schwer.
> Wie dorten Sterngefunkel
> Durch Blätternacht, durch Blätternacht:
> So strahlt in's Erdendunkel
> Der Augen Pracht, der Augen Pracht.
> D'rum Wein her! Was, o Knabe,
> Sich uns ergiebt, sich uns ergiebt —
> Bei diesem Glas, o Knabe,
> Es sei geliebt, es sei geliebt! —

Die Melodie regte mich mächtig auf. Hatte ich bisher nur an das öde Seegestade, an die Hütte am Hügel, an das feenhafte Lied gedacht, das ich gestern in der Nacht dort vernommen, so dachte ich nun auch an das Mädchen im rothen Rock, welches das Feenlied gesungen. „Komm, mein Junge," sagte ich zum Fiedel-Mick, „trink' dein Glas aus, und folge mir. Wir wollen noch ein wenig in die Nacht hinaus."

Es war spät; der Zeiger der Wanduhr stand zwischen neun und zehn. Der Mond, der über dem Tork-Gebirge aufgegangen war, schien in schweres Gewölk zerflossen zu sein.

Feuchte Dämmerung hatte sich über das Thal gelagert; denn an den Seen von Killarney muß es alle vierundzwanzig Stunden einmal regnen. —

Wir irrten eine Weile über die öde Moorfläche, wir kamen an die Gräben, die Hecken, die Erdwälle, wir kamen zuletzt an das flache Gestade des Lough Leane, doch von der Hütte war Nichts zu sehen. Allmälig ward ich unruhig. „Mick, mein Junge", sagte ich, „liegt hier herum nicht eine Hütte?" „Hier nicht, Sir", sagte der Fiedel-Mick — „etwas weiter hinauf, am Hügel, liegen aber mehrere." Dann schwiegen wir wieder — das leise Murmeln der Wellen im See, der Wind im Haidekraut, ein Strich über die Fiedel — das war Alles. „Mick, mein Junge" sagte ich zuletzt und faßte ihn am Arme, „ich will Dir die Hütte einmal näher beschreiben." Ich erzählte, was ich wußte, und ich fühlte wie Mick's Arm zuckte, indem ich von dem rothen Rock und dem schlummernden Kinde redete. Da ich nun aber auch noch des Feenliedes erwähnte, da schrie der Fiedel=Mick, „beim heili= gen Patrick von Irland! das ist ihr Lieblingslied — das ist sie... das ist Brighit, die Myrthe von Killarney!" — Die heftige Bewe= gung, mit der er diese Worte sprach und seinen Arm aus meiner Hand losriß, war mir nicht entgangen. „Die Myrthe von Killarney," rief er — „Brighit, das schönste Mädchen, weit und breit, das beste und das liebste, ... Brighit, Brighit... ach, ach und ach!" Die Er= schütterung seines Körpers hatte sich nun auch seiner Stimme mitge= theilt; sie zitterte heftig, immer heftiger, und wie sie zuletzt in einem tiefen, schmerzlichen Seufzer sich gleichsam ausschluchzte, da hörte ich wol, wie seine gepreßte Seele — nach Art nervöser Menschen, welche durch die dem ersten Rausche folgende Erschlaffung noch weicher gestimmt sind — sich in einem heißen Thränenstrome Luft machte. Lange dauerte es, ehe der Arme wieder zu sich selber kam; ich wagte nicht, ihn zu fragen, wie ich so auf der einsamen, feuchten, mattdämmernden Haide neben ihm hinschritt. — Endlich blieb er stehen. „Seht Ihr dort das Fort?" sagte er. „Meinst du den Hügel dort?" fragte ich. „Ja, dort den Hügel. Die Hütte darunter, vor dem Gehölz... Ihr müßt ja das Licht ganz deutlich sehn... dort — das ist die Hütte."

Ich sah das Licht; wie ein gelber, fester Punkt stand es da auf dem dunkelblauen Waldhintergrund in der nebeligen Mondnacht. „Soll ich mit Euch gehn?" fragte der Fiedler, indem er zögernd stehen blieb. „O, lieber Herr — ich kann nicht mit Euch gehn... ich kann sie nicht sehn, — ich kann es wahrlich nicht, ... lieber Herr... sie hat mich nie geliebt... und die Mutter mag mich nicht sehn und der Onkel ist mir spinnefeind... und das ist mein Unglück, lieber Herr... und darum laufe ich den ganzen Tag und die ganze Nacht in den Bergen herum, und kann Nichts weiter thun — der heilige Patrick weiß es — als fiedeln... Nichts als fiedeln, lieber Herr."

Ich hatte den Arm des Fiedel=Mick wieder ergriffen und er ließ sich von mir ziehen. Bald standen wir wieder vor der Thüre, wo ich gestern allein gestanden hatte; die Thüre war fest angezogen, Licht schien durch das kleine Fenster, sonst war es halbdunkel und still um

uns, bis auf den Wald, der sich hinter der Hütte, das „Fort" hin-
anzog. Der Wald rauschte dann und wann, wenn der Wind vom
See heraufkam. „Nimm deine Fiedel mein Junge", sagte ich, „und
spiel mir das Lied zu Ende, das du oben begonnen hast — das lustige
mein' ich." Zögernd gehorchte der Fiedel=Mick, und es war wieder
jene schwungreiche lebhafte Melodie, nur noch dunkler als das erste Mal.
Aber wie auch Saite und Stimme beim Anfang zitterte: unversehens
gewann das Spiel eine Kraft, eine hinreißende Gluth, eine erschüt=
ternde Vibration und zuletzt eine dämonische Wildheit. Und der
Fiedel=Mick sang dazu:

Der Einen Augen feuchten
Sich still in Schmerz, sich still in Schmerz,
Als wollten sanft sie leuchten
Dir himmelwärts, dir himmelwärts.
Die Andre — glaub' ihr nimmer! —
In Wüstenei'n, in Wüstenei'n.
Lockt dich ihr falscher Schimmer —
Gott mag's verzeih'n! Gott mag's verzeih'n!
Doch Wein her! — Was, o Knabe
Sich uns ergiebt, sich uns ergiebt —
Bei diesem Glas, o Knabe,
Es sei geliebt, es sei geliebt! . . .

Scheint Lieb' dich auch zu grüßen
So . . . .

Eben hatte Mick die Schlußstrophe begonnen, als die Thür rasch
von Innen aufgerissen ward, und beim Schein des Heerdfeuers, das
nun voll in die Nacht hinaus flackerte, erschien auf der Schwelle eine
bejahrte, kleine, schwarzhaarige Frau, während ich im Hintergrund der
Hütte den rothen Rock wol erblicken konnte.

„Verwünschter Junge!" keifte das Weib — „bist du wieder
da? Hab' ich dir nicht zehnmal, zwanzigmal, hundertmal verboten,
dich nicht mehr hier sehen zu lassen und mit deinem abscheulichen Ge=
kratz uns in der Nacht zu stören? Scheer dich zum Teufel, du
Nichtsnutz, du Faullenzer, du Tagedieb, du . . ."

„Mutter!" flehte der arme Fiedel=Mick mit einer Inbrunst,

welcher ich Nichts hätte abschlagen und verweigern können — „Mutter, laßt mich Brighit nur noch einmal sehn"...

„Brighit will dich nicht sehn, du Narr, Brighit wollte, du säßest tausend Meilen weit von hier im Walde ... Du Tagedieb, du..."

Mit diesen Worten wollte die Alte die Thür zuwerfen, als ich herantrat, ihre Hand ergriff und festhielt — entsetzt wich sie einige Schritte zurück, ich folgte ihr und stand nun in der Hütte, während der Fiedel-Mick geängstet auf der Schwelle stehn blieb.

„Wen haben wir nun hier?" zeterte die Alte indem sie sich von meiner Hand loszumachen strebte und mich von Kopf bis zu Fuß groß und zornig ansah. „Etwa so ein Englischer, der bei Nacht um die Hütte irischer Leute schleicht und auf Unheil sinnt? Die Pest auf alle Englischen — Gott verzeih' mir die Sünde! — Krankheit, Zauberei, Hexenkunst und alle Plagen auf den englischen Feind!"

„Gute Mutter, hört mich", sagte ich, indem ich sie zu besänftigen strebte, sie aber wollte nicht hören und tobte weiter:

„Fort aus meiner Hütte!" schrie sie — „ich habe Nichts, als diese vier Wände; aber Ehrbarkeit, Tugend und Gottesfurcht hat immer in diesen vier Wänden gewohnt, — wollt Ihr nun der armen irischen Wittwe das Letzte nehmen, was sie auf dieser Welt besitzt? Fort, sag' ich Euch, ich dulde keinen Englischen in meinen vier Wänden — die Englischen haben mir meinen ältesten Sohn an den Galgen gehängt — die Englischen haben mich aus Tralee vertrieben, die Englischen ... kurz und gut, und Gott verzeih' mir die Sünde, ich hasse die Englischen wie den Teufel und so wahr ich ein irisch' Weib bin, ich sage: Fort aus meiner Hütte!" —

Die Haare standen mir zu Berge bei der furienhaften Wuth dieses Weibes; ihre Hand hatte ich längst fahren lassen, und mit unsicherer Stimme nur konnte ich sagen: „Ich bin kein Englischer!... Erin go bragh ... Irland für Immer!"

Dieses Wort, an dem sich die Irischen erkennen, wo immer sie sein mögen, auf den Fischmärkten von London und in den Urwäldern von Amerika, machte sichtbar auf die Alte einen großen Eindruck; aber bald hatte sie das verwunden und rief: „Auch unsere heilige, alte Sprache wollen Sie uns stehlen! Gott verhüte das — Du bist doch ein Englischer!"

Brighit, die bisher furchtsam und schüchtern hinter dem großen Bette gestanden hatte, in welchem das kleine, etwa sechsjährige Wesen ruhig und rosig schlief, trat nun hervor. Die Gluth des Feuerheerdes färbte ihren rothen Rock und ihre rothen Wangen noch röther — mit nackten Füßen stand sie da und das schwarze, kurze Haar hatte sie hinter das Ohr gestrichen, so daß es ihr liebreizendes Antlitz mit dem dunkeln, glühenden Auge, wie in einem Rahmen von Ebenholz rund einfaßte. „Mutter", sagte sie, „der Mann ist wahrlich kein Englischer — hör' nur, wie er die englische Sprache spricht ... er ist wahrlich kein Feind von uns — seid Ihr, Herr?" wandte sie sich alsdann mit noch tieferem Erröthen und noch größerer Befangenheit an mich. — „Nicht wahr, Ihr seid ein guter Katholik, wie wir, und Ihr glaubt an die heilige Jungfrau, wie wir?"...

Ehe ich auf so viel verfängliche Fragen noch Zeit hatte zu antworten, ließen sich Tritte von der Seite des Fort her vernehmen.

„Der Onkel!" schrie Brighit, ganz aufgeregt vor Freude und Entzückung, „es ist der Onkel! Ich kenne seinen Tritt!"

„Der Onkel!" schrie nun auch der Fiedel-Mick, welcher bis dahin bleich, fast gespensterhaft und ohne Worte wie ohne Bewegung auf der Schwelle in der halbgeöffneten Thüre gestanden hatte. — „Der Onkel!" — — und fort stürzte er in die Nacht hinaus, und erst viel später und aus weiter Ferne vernahm ich klagende, herzzerreißende, zusammenhanglose Fiedelklänge, die mit dem Wind zu kommen und zu gehen schienen.

Ich aber blieb in der Hütte zurück. Bald öffnete sich die Thür, welche Mick hinter sich heftig zugeschlagen hatte, wieder und herein trat ein stattlicher Mann in den besten Jahren, mit ehrlichem, offenem Gesicht, treuherzigen, dunkelgrauen Augen und einem starken, wohlgepflegten röthlichem Barte um Lippen, Kinn und Wangen. Keinen Augenblick war ich länger im Zweifel, — es war Jack Lowney, „der glückliche Jack," dessen Horn in den Felsen des oberen Sees so wunderbare Melodien erweckt hatte.

„Woher noch so spät, Bruder?" fragte die Alte, die ihm herzlich die Hand entgegenstreckte.

„Go mannih Dia in Scho" — (Gott grüße Alle die hier versammelt) sagte der bied're Mann, indem er die Hand seiner Schwester schüttelte und den Mund seiner lieblichen Nichte ebenso herzlich küßte. „Ich muß morgen mit Sonnenaufgang eine Gesellschaft von jungen Herren und Damen durch's Gebirge führen und werde vielleicht vor dem vierten Tage nicht wieder zurück sein. Wir wollen hinunter nach Cahircivin und der Bai von Valentia, und da wollt' ich doch Euch Lebewol sagen und meinen kleinen Liebling, meine süße Granna noch einmal küssen, bevor ich gehe, darum bin ich so spät gekommen.

„Granna schläft, Onkel", sagte Brighit, indem sie den glücklichen Jack an's Bett führte. Das Kind lag in süßem Schlummer; beide Aermchen nach Oben und dazwischen der dunkelblonde Krauskopf mit den vollen Bäckchen, grad' wie ein Engelskopf auf einem spanischen Heiligenbilde. Der Mann mit dem röthlichen Bart neigte sich über das schlummernde Engelchen und küßte es auf den Mund, und das schlummernde Engelchen im Traum fuhr auf und schlang beide Aermchen um den Kopf des Mannes. Dann erhob er sich, und das Kind schlief·ruhig athmend weiter. Dann, indem er sich umwandte, sah er mich, der stumm und selig vom Feuerheerde diese Scene voll unbeschreiblicher Lieblichkeit angeschaut hatte.

„Guten Abend Sir", sagte er und streckte mir die biedre Rechte entgegen, die ich denn herzlich und ehrlich genug schüttelte.

„Ihr kennt mich nicht", sagte ich, nach der ersten Begrüßung, „aber ich weiß, daß Ihr der glückliche Jack seid, und lange noch bevor Ihr wußtet, wer ich sei, habe ich Euch schon lieb gehabt und bin Euch so recht von Herzen dankbar geworden für die schöne Weise, die ich Euch an diesem Nachmittag habe blasen hören."

„Ach, lieber Herr", sagte Jack, „so seid Ihr wol auf dem Boote gewesen, das an diesem Nachmittag vor dem meinen auf dem obern See hergeschwommen? Sir Patrick war darin, wenn ich mich recht besinne."

„Kein Zweifel", erwiderte ich, „der bin ich gewesen. Und keinen aufrichtigeren Wunsch habe ich, als daß wir bald einmal zusammen in einem Boote über die Seen schwämmen!"

„Das kann gern geschehen, lieber Herr, sobald ich nur von Cahircivin und Valentia zurück bin; in drei oder vier Tagen, dann wollen wir eine Reise zusammen machen, lieber Herr!"

„So sei es!" rief ich und laut und herzhaft schlug der glückliche Jack in die Rechte, die ich ihm dargeboten.

„Und dieser Herr sollte ein Englischer sein, Onkel!" sagte Brighit, die sich auf den Rand des Bettes, neben dem schlummernden Kinde, niedergesetzt hatte. „Die Mutter hat ihn sehr unfreundlich behandelt und hat ihm die Gastfreundschaft verweigert, weil er ein Englischer sei, wie sie sagte."

„Nein Mütterchen", sprach der Onkel, „dieser Herr ist so wenig ein Englischer, als der glückliche Jack ein Englischer ist; er ist ein französischer Mann, oder so, und ein Freund des armen irischen Volkes, und wo er in eine irische Hütte tritt, da soll er willkommen sein und willkommen ist er in der Hütte von Jack Lowney's Schwester. — Cead mille feailte (tausendmal willkommen) lieber Herr!" — und auf's Neue schüttelten wir uns herzlich die Hände.

„So raucht eine Pfeife mit mir, Jack", sagte ich und zog meinen Tabaksbeutel und mein Thonpfeifchen hervor. „Das will ich thun und groß ist die Ehre, die Ihr dem armen Jack erzeigt, lieber Herr!" erwiderte Lowney. Dann stopften wir unsere Pfeifchen, zündeten sie an und nahmen am Heerde unsere Plätze.

„Wo zwei Männer zusammen sitzen und rauchen, da sollte auch ein Trunk für sie nicht fehlen. Hast du nicht einen Tropfen Whiskey, liebes Mütterchen, und etwas heiß' Wasser?"

„O ja, theurer Onkel", sagte Brighit, und mit unendlicher Anmuth eilte das Mädchen, das in allem Liebreiz der ersten Jugend und Schönheit strahlte, an einen Verschlag in der Wand und nahm eine Flasche und zwei Gläser heraus, mischte Whiskey und dampfendes Wasser und reichte uns den duftenden Trank.

„Das ist Nichts!" sagte Jack, „Ihr Frauensleute müßt auch für Euch ein Glas zurecht machen, wir müssen ja Alle unserm Gast zu Ehren anstoßen."

Die Alte wollte zuerst nicht recht, aber das Zureden des Onkels und die stumme Bitte Brighit's vermochten sie zuletzt, ihre Erlaubniß zu geben, und als wir drei nun — Jack und die Alte und ich — „auf gute Freundschaft" anstießen, da sagte sie „wenn Ihr denn wirklich kein Englischer seid — ja!" und das finstere Gesicht verzog sich auf eine Weile in's Heitere. Dann gab sie das Glas ihrer Tochter;

diese näherte sich mir nicht ohne eine gewisse Befangenheit, die ihr lieb=
liches Gesicht nur um so mehr verschönte ... sie hob das Glas, führte
es dem meinen entgegen und — „auf Alles was wir ...“ sagte ich,
„wünschen!“ fiel sie hastig ein und heftig, fast zu heftig klang mein
Glas an ihrem und es war ein etwas tiefer Zug, den sie aus ihrem
Glase nahm, und auffallend rasch nahm sie ihn, so daß die Mutter
vorwurfsvoll „Mädchen! Mädchen!“ rief; aber der Onkel nahm sie
in Schutz und drückte ihren Kopf an seine Brust.

„Das ist ein so braves Mädchen,“ sagte er, „als man eines in
Irland finden kann. Seht,“ wendete er sich zu mir, „das werde ich
dem Mädchen nie vergessen, was es an diesem armen, mutterlosen
Kinde thut, das dort in Brighit's Bette schläft. Seit vier Jahren
liegt mein Weib auf der Höhe von Aghadoe, und seit vier Jahren
ist Brighit die Mutter und der Engel meines armen Kindes geworden.
Das werde ich dem Mädchen nie vergessen — Gott segne meine liebe,
liebe Brighit —“ und fester drückte er den Kopf des Mädchens, das
während seiner Worte bei ihm niedergekniet war, an seine Brust und
die Thränen, die der Mann geweint, glänzten vom Schimmer des zu=
sammensinkenden Feuers angeglüht, wie Nachtthau im schwarzen Haar
der Myrthe von Killarney. —

Als wir uns endlich trennten, da sagte mir die Mutter, ich solle
nur recht bald und recht oft wiederkommen, wenn ich denn wirklich
„kein Englischer“ — sondern ein Freund des armen, irischen Volkes
sei, und Brighit sagte, „ja, das sollte ich thun,“ — und die Hand,
die sie mir zum Abschied reichte, lag lange und fest in der meinen. —
Mitternacht war vorüber, als ich wieder auf meiner einsamen Stube
angekommen war. Wenig Ruhe fand ich in dem Bett mit den blauen
Vorhängen, das mir noch vor wenigen Stunden wie ein Himmel er=
schienen war. — Auch der Fiedel=Mick kam nicht mehr nach Torc=View
hinauf, ich sah ihn überhaupt eigentlich nicht mehr; doch wohin ich
ging und wo immer ich saß, an dem sonnigen Rande der Seen oder
zur Zeit der Dämmerung auf den Mooren und in den Felsschluchten
— immer glaubte ich wilde, zerrissene Geigenklänge, wie verhallende
Seufzer einer Geisterschaar zu vernehmen; und oft, wenn ich mich um=
wandte, sah ich Etwas wie einen Schatten an der Felswand dahin=
schweben und im Dunkel des Abgrundes verschwinden. —

Als ich am Nachmittage nach jenem Abend, wo ich Brighit zum ersten Mal die Hand gegeben, an ihrer Hütte vorbeiging, da saß sie vor der Thüre auf einem jener rohgearbeiteten Schemel, wie man sie in fast allen Hütten der irischen Bauern findet. Vor ihr stand ein eigenthümlich gestaltetes Spinnrad, — etwa dem ähnlich, was wir in Deutschland eine Haspel nennen; sie spann Wolle darauf. Die Nachmittagssonne hatte den kleinen, grünen Grund um sie schön beleuchtet. Auch das Hüttenbach leuchtete und der Hügel, der mit sehr wildem und fest in einander gewachsenen Unterholz dicht bedeckt war. Neben der mäßig hohen Holzplanke, welche den Hüttenraum — ich wußte nicht recht warum — gegen den Hügel abschloß, spielte am Boden die kleine Granna. Herzlich und sorglos war das Willkommen, mit welchem das liebliche Wesen vom Rad aufstand, mir die Hand reichte und mich niedersitzen hieß. Sie brachte einen anderen dreifüßigen Schemel aus der Hütte hervor und rückte ihn, für mich, neben den ihrigen. Die Mutter war fort und konnte nicht vor einer Stunde nach Sonnenuntergang zurück sein. Sie war die Wäscherin der guten Lady Headley, die, Wittwe, wie sie selber, und irisch, wie sie selber, und treu und rechtschaffen ihrem Volke und besonders den Armen desselben — und ach, das sind ja die Meisten! — zugethan, am Fuße der Höhe von Aghaboe lebt. Ehedem hatte sie nicht nöthig, für fremde Leute zu waschen und zu bügeln, da war sie eines ehrbaren Schiffbauers Weib in Tralee, zwanzig Meilen von hier, an der See. Aber der Mann, der sein hübsches Auskommen hatte, starb vor der Zeit, und Pat, der älteste Sohn, überlebte den Vater auch nicht lange. Er war unter die Ribbonmen gegangen und bei dem Angriff auf den Landsitz eines schurkischen Engländers, der zehn Familien vertrieben hatte, weil sie nicht die protestantische Kirche besuchen wollten, hatte man ihn gefangen und kurz war der Prozeß, den man ihm machte. Keine vier Wochen später hing er am Galgen zu Limerick. Es waren fünfzehn Jahre her, und Brighit wußte nicht viel mehr davon, als was sie aus den Erzählungen der Mutter vernommen. Denn die Mutter ließ keinen Tag vorübergehen, ohne mit Thränen von ihrem Liebling Pat zu sprechen und den Engländern zu fluchen, die den schönen, neunzehnjährigen Jungen an den Galgen gehängt hatten. Dann kam die große Hungersnoth von 1847, und das wußte Brighit sich wol noch zu erinnern, wie

traurig es ihnen dazumal ergangen. Sie wußte noch wol zu er=
zählen, — denn sie war damals schon ein Mädchen von 7 Jahren, —
wie im Herbste, der jenem Unglücksjahre voranging, plötzlich ein un=
geheurer Schrecken durch das Herz des irischen Volkes ging, weil ein
brauner Flecken, den man bis dahin nicht gekannt noch gesehen hatte,
auf den Blättern der Kartoffelstaude erschien. Wie diese Flecken rasch
an Zahl und Größe wuchsen, bis das Laub welk und der Stengel
dürr ward und gleich Asche zusammensank, wenn man ihn anrührte.
Wie in weniger als einer Woche alle Hoffnung aus und vorüber
war — denn die Felder wurden ganz schwarz und die Kartoffeln,
wenn man sie ausgrub, glichen kleinen, grünlichen Taubeneiern, die
schnell in Fäulniß übergingen und zur Nahrung durchaus untauglich
waren. Da saßen denn die armen Leute auf den Hecken ihrer ver=
modernden Gärten und rangen die Hände und schrieen bitterlich über
die Zerstörung, die ihnen und ihren Kindern Nichts für den drohenden
Winter übrig gelassen. Und der Winter kam und über ganz Irland
kam der fürchterliche Hunger, der Tausende tödtete, ganze Dörfer ver=
nichtete; und dem Hunger folgte die Pest, und was der Hunger übrig
gelassen, raffte die Pest fort. Die Herzen waren hart geworden, die
Eltern kannten ihre eigenen Kinder nicht mehr und an der Mutter=
brust verdurstete der Säugling. Um die Kranken kümmerte sich Nie=
mand, die Todten wurden nicht bestattet und auf den Feldwegen und
vor den Hütten lagen die faulenden Leichen dicht nebeneinander. „Da
ist auch meine Schwester Molly gestorben. Ich erinnere mich ihrer
noch genau; es ist, als ob sie vor mir stände. Arme Molly! Ich hatte
sie so lieb und ich bin auch ihr Liebling gewesen. Sie war fünf Jahre
älter als ich. Als sie todt war, da trug sie mein zweiter Bruder
Tom auf beiden Armen nach dem Kirchhof und legte sie in das Grab
zu meinem Vater; denn wir Alle hatten sie zu lieb und konnten es
nicht ertragen, sie so hinzuwerfen, wie es die Andern machten.“ —
Die Schrecken dieses grauenhaftesten Jahres in der neueren Geschichte
von Irland waren noch nicht verwunden, da brach ein neues Unglück
über das arme Land herein. Das Beispiel der französischen Februar=
Revolution hatte die mehr als je durch die Noth reizbar gewordenen
Gemüther aufgeregt, die geheimen Verbindungen der Ribbonmen, Phoe=
nixmen, und wie sie alle heißen mögen, traten in Thätigkeit — das

Volk stand auf, der Sturm brach los und die irische Republik ward
proclamirt. Nirgends war die Bewegung heftiger als in Kerry, dem
Theile von Irland, welcher Brighit's Heimath ist. Auch Tom, der den
schmachvollen Tod seines Bruders nicht vergessen hatte, ging unter die
Insurgenten. Aber kaum vier Monate, so hatte die Sache schon ein
Ende; die Englischen siegten, Mr. O'Brien, das Haupt des Aufstandes,
ward in Limerick gefangen, und zu Tausenden entflohen die Aufständischen. Auch Tom floh nach Amerika; aber die Mutter mußte ihr
Letztes verkaufen, um dem Sohne die Mittel zur Flucht zu gewähren.
Da nun, in ihrer größten Noth, wo sie haus- und hoffnungslos dastand, die Wittwe mit drei unversorgten Mädchen, da gefiel es dem
Herrn, ihr zu helfen. Lady Headley hatte durch Jack Lowney von
dem Unglück seiner Schwester gehört; sie lud das arme, verlassene
Weib ein, hierher, an die Seen von Killarney, zu kommen; sie gab
ihr diese Hütte, zu einem Pachtzins, der so gut wie gar Nichts war,
machte sie, da sie ausgezeichnet gut waschen konnte, zu ihrer Wäscherin,
so daß es der Frau nicht länger an Beschäftigung und Verdienst fehlte.
Nicht lange, so kam auch ein Brief von Tom aus Amerika und Geld
zur Auswanderung für Ailin, die zweitälteste Schwester Brighit's; und
Ailin wanderte aus, und ist nun schon seit sechs Jahren zu San Francisco gut verheirathet. Peggy, die dritte Schwester, ist mit Recom-
manbationen der Lady Headley nach London gegangen, wo sie zuerst
einen Dienst in einem vornehmen Hause hatte und sich alsdann mit
einem Schneider verheirathete. „Und wenn ihr zum Winter wieder
nach London kommt, guter Herr," schloß Brighit und sah mich mit ihren
dunkeln seelenvollen Augen bittend an, „so müßt Ihr die Peggy besuchen. Sie wohnt 7. Silver-Street, Golden-Square. O, wie sie
sich freuen wird, Nachrichten von uns zu hören!" —

„Schreibst Du denn Deiner Schwester nicht, Brighit?"
fragte ich.

„Ach, seht, guter Herr," sagte Brighit, „ich bin eine schlechte
Schreiberin. Lesen kann ich wol ganz gut, schreiben aber habe ich nie
recht gekonnt. Meine Geschwister haben es in der Fremde gelernt,
und sie schreiben auch, so oft sie uns angenehme Nachrichten mitzu-
theilen haben. Wenn ich nun antworten will, so gehe ich zu einer
guten Freundin, die eine geschickte Schreiberin ist, und die schreibt für

mich nieder, was ich meinen Geschwistern von der Mutter und dem Onkel und der kleinen Granna und mir zu sagen habe."

Die geschickte Schreiberin war keine Andere als Bibby von Tork-Biew, meine gute Freundin hinter den blauen Bettvorhängen! —

Außerdem hatte Brighit noch zwei Onkel von Vaterseite, von denen der eine als Schiffbauer in Kilrush, am Meeresstrande, nicht weit von Limerick, und der andere als Landmann weit weg in Westen, in den Bergen von Connamara lebte. — Auch ihr habe nun Bruder und Schwester aus Amerika oft genug geschrieben, sie solle herüber-kommen und ihr Glück machen, das Geld zur Auswanderung wollten sie ihr schicken; aber sie hat sich noch immer nicht entschließen können, die Mutter zu verlassen, die ja älter wird von Tag zu Tag und der von sieben Kindern Nichts geblieben ist, als dieß eine, an das sie ihr ganzes Herz gehängt hat. — Dieß Alles erzählte mir Brighit, indem ich neben ihr auf dem Rain vor der Hütte saß; und ergreifend genug war es, die Erzählung von so vielem Leid, Elend und Kummer aus einem Munde kommen zu sehen, der so lieblich, so süß und so rein war! Aber davon zu reden war ihr nicht neu, es war das stete Gespräch ihrer Mutter, und das Gedächtniß ihrer Todten und ihrer Leiden war, in so jungen Jahren schon, ein stilles und heiliges Vermächtniß ihres Lebens geworden.

Die Sonne war tief hinter den Hügel gegangen und schattig und kalt ward es auf dem Rain vor der Hütte. Brighit stand auf und sagte, daß es nun Zeit sei, das Feuer auf dem Heerde anzumachen, damit das Abendessen fertig sei, wenn die Mutter heimkomme. Sie trug das Spinnrad und die beiden Dreifüße hinein, und als sie Granna rief, da sprang das hübsche, dunkle Kind ihr mit tausend Küssen und dem Ausruf: Brighidin ban mo stor (mein Brighitchen, mein Schatz) an den Hals und ließ sich so von ihr in die Hütte hineinziehen. Ich folgte den Beiden, von denen das Eine ein Kind, und das Andere noch nicht viel älter als ein Kind, doch schon mit dem ganzen Zauber der jungfräulichen Unschuld die Sorgen einer Mutter in rührender Einfalt zu vereinen wußte.

Wie traulich schien die Hütte wieder, da das Feuer auf dem Heerde brannte und Brighit daneben stand — Brighit im rothen Rock, Brighit mit schwarzem Haar, Brighit mit nackten Füßen ... die liebe, süße

Creatur, so schön, so reizend, so unschuldig! Wieder einmal, wie in den ersten Tagen meiner Jugend, erschien mir auch die elendeste Bauern= hütte der Raum, in welchem man glücklich sein könne, sehr glücklich — weit glücklicher als in unsern steinernen, kalten und ewig unruhigen Stadthäusern; und doch fehlte hier Alles, woran wir uns dort ge= wöhnt haben. Es war Nichts darin, als der Heerd, das Bett, in welchem Brighit und Granna schliefen — die Myrthe und die Myrthen= knospe! — die paar Stühle, das Spinnrad, der „Skihog“ (der Kar= toffelkorb), in der hintern Wand ein kleiner Verschlag für Teller, Krüge und Gläser. Dem Heerde gegenüber, durch eine sehr niedere Thür, gelangte man in ein ewig dunkles Kämmerchen, in welchem das Bett der Mutter stand. Das Lattenwerk des Daches, welches giebelförmig und unverdeckt über dem Hüttenraum stand, war ganz von dem fettigen Absatz des langjährigen Torfrauchs überzogen, und in dieser schwarzen, rußigen Masse steckte hier und dort ein kleines Geflecht aus Haferstroh, das die Form eines Maltheserkreuzes hatte. „Das ist der Crussog,“ sagte Brighit, „der heiligen Brighit zu Ehren. In der St. Brighits= nacht, am 2. Februar, flechten wir es und stecken es unter's Dach. Es schützt das Haus vor Feuer, wie es im Spruche heißt:

Ein Brighit's=Kreuz schützt Hütt' und Scheuer
Mit Allem was darin vor Feuer.

Ueber Brighit's Bette hing ein stark verräuchertes Heiligenbild — „das ist die Bridog — das Bild meiner Schutzpatronin, der heiligen Brighit,“ sagte sie. —

Nun haben wir zwei Brighits: eine himmlische, eine irdische ... eine mit aller Glorie der Jugend und Schönheit geschmückte, die in jenem Bette schlummert, und eine mit dem Goldreifen um's Haupt, welche darüber wacht, daß jene Glorie nicht zerstört werde ... Eins aber wußte sie nicht: daß nämlich Brighit auch der Name der alt= irischen Göttin der Poesie gewesen. Sie wußte es nicht und wurde doch, scheu, bescheiden und dunkel, wie sie war, meine Göttin der Poesie im neuen Irland! Denn unerschöpflich war der Born der Märchen und Lieder, der aus ihrer reinen Seele quoll, und wenn ich auch nur das Wenigste davon mittheilen kann — und dieses Wenige auch noch entkleidet all' jener natürlichen Reize der anmuthigsten Per= sönlichkeit, die keine Kunst zu ersetzen im Stande ist — so wird doch

auch das schon hinreichen, um ihr Bild und ihren Namen dem Leser
so unvergeßlich zu machen, als er mir es längst geworden ist und
ewig bleiben wird. Ihr Aberglaube, — das Erbtheil des hochpoetischen
Volkes, dessen Kind sie war — wurzelte in der Tiefe und Fülle ihrer
Frömmigkeit und ihr reiches Gemüth schlang seine schönsten Blüthen
um ihn, wie man oft auf dem Feld ein Heiligenbild sieht, das von
Rosen umschlungen ist.

Ueber der Thür war in die hölzerne Oberschwelle ein Doppel-
kreuz — ein Davidsschild — eingeschnitten, um die Kinder vor dem
„bösen Blick" zu bewahren. Auf die Unterschwelle war das Hufeisen
eines Esels genagelt, um die Feen fernzuhalten und die Milch gegen
Hexen zu schützen. Rechts von der Thür, draußen auf dem Dach,
wuchs ein üppiger Lauch=Büschel, um die Einwohner vor schlimmen
Augen zu behüten. —

Inwendig, gleich neben der Thür, war ein Verschlag für die Schweine
und Ferkel. Und was für Schweine und Ferkel! Sie grunzten den ganzen
Tag, und streckten die spitzen Schnauzen durch die Spalten, und es gefiel
ihnen so gut in der kleinen Hütte, daß sie gar nicht vor die Thür wollten,
und wenn Brighit sie auch schlug und jagte. Unter diesem Verschlag
hing eine Strohmatte, in welcher die Hühner saßen und Eier legten und
gackerten; und da war ein kleines schwarzes Küchen, das war Brighit's
Liebling und saß öfter in ihren Schooß, als in der Strohmatte. —
Was mir späterhin im fernen, wilden Westen, als der höchste Gipfel
menschlichen Elends erschienen war, daß nämlich Menschen und Thiere
auf eine solche Weise zusammenleben: das kam mir hier unendlich
idyllisch und ursprünglich vor — ich schwärmte dafür, ohne zu merken,
daß es ja nur die Schönheit dieses Mädchens war, die Alles, was
sie umgab, verschönte, selbst den Schweinestall und den seltsamen
Hühnerschlag. Ich schwärmte für dieses Land, in dem so viel Elend
und so viel Poesie — für diese Hütte, in der so viel Heidenthum
und so viel Christenthum, für dieses Mädchen, in dem so viel
Gottesfurcht und so viel Aberglaube dicht nebeneinander wohnten!
Und wenn ich jener Tage gedenke... jetzt, mitten in dieser rauhen
Wirklichkeit voll Waffenlärm und Kriegsgefahr... jener Tage, so
voll Sonnenschein, so voll Frieden und Schwärmerei, — dann überkommt mich ein unaussprechliches Heimweh, eine tiefe Sehnsucht, wie

sie der Ire empfindet, wenn er am Strande der blauen Atlantis steht
und sein Auge über die wogende Fläche streift und sein Herz nach
dem untergegangenen Eiland sucht . . .

> 's war Licht fürwahr, zu rein für den,
> Der nach der sonnigen Tage Schluß,
> Da er so selig Dich gesehn,
> In's Leben wieder wandern muß.
>
> Der nie mehr kehrt zu Deinem Strand,
> Doch oft in Nacht und Nebelflor
> Von Dir träumt, als dem beß'ren Land,
> Das er gesehn, das er verlor . . .

— — — Das einzige Fenster der Hütte war in der Wand links,
nicht weit von der Thüre; und klein genug war es — wäre die Sonne
diesen Menschen nicht gar zu gut gewesen, sie hätte kaum den Weg
hindurch gefunden. Nun aber war es dunkel; denn die Sonne mußte
dem Untergang nahe sein und ihr letztes Glühn ward durch den finstern, wildbewachsenen Hügel abgehalten, dessen Schatten noch auf die
Hütte und das Fensterchen fiel. Vor diesem Hügel hatte Brighit die
größte Furcht — sie sagte, es sei das einzig Unheimliche dieser
sonst so lieben Hütte, daß das „Dänenfort" so dicht bei derselben
stände. Sie könnte oft vor Angst des Nachts nicht schlafen, wenn sie
an das Dänenfort dächte. Ja, es rumorte auch manchmal darin und
manchmal um Mitternacht sauste es um die Hütte, daß sie ganz ängst=
lich zu ihrer heiligen Schutzpatronin über dem Bette aufsähe. Sie
würde für alle Schätze, die in den Seen von Killarney begraben lägen,
nicht einen Fuß auf jenen Hügel setzen. Denn die kleinen „dschintelmin", sagte sie, wohnen in jenem Hügel — und die kleinen „dschintelmin", sagte sie, „sind gar zu wachsam auf Menschentritte!" Die kleinen
„dschintelmin" (gentlemen, Herren) sind eigentlich die „Feen"; aber sie
nannte sie nur selten anders als so: „die kleinen Herren" oder „das
gute Volk." —

„Warum gibst Du ihnen denn nicht ihren rechten Namen," fragte
ich, „da sie doch Schifru's und Schiog's heißen?"

„Um Gotteswillen Herr!" rief Brighit — „thut das nicht, oder
sie werden Euch ein Leides zufügen, ohne daß Ihr wißt, woher es

kommt. Nennt sie nicht so — sie können und können es nicht vertragen, wenn man sie so nennt."

„Hast Du sie denn schon einmal gesehen die kleinen Herren?" fragte ich.

„Gott verhüte das!" entgegnete das Mädchen mit großer Bewegung — „aber meine Mutter hat sie gesehen und meine Tante ist in ihrem Land gewesen ... ich nicht, Gott verhüte das!" — Die kleine Granna hörte mit großer Aufmerksamkeit zu, und immer furchtsamer, immer ängstlicher drängte sie sich an Brighit, die über den Heerd gebeugt stand.

„Ich möchte wol auf den Hügel steigen," sagte ich zuletzt, „man muß von dort den herrlichsten Blick auf die untergehende Sonne haben!"

„Was wollt Ihr thun?" schrie Brighit, und Feuer und Kessel ließ sie brennen und brodeln, um mich zu halten. „Um Gotteswillen — geht nicht auf jenen entsetzlichen Hügel — Ihr wißt nicht, was Ihr thut! Setzt Euch, lieber Herr — geht nicht ... ich will Euch eine Geschichte erzählen, deren ich mich selbst noch sehr gut erinnere. Es war in der ersten Zeit, daß wir in dieser Hütte wohnten, und ich war noch ein Kind. Aber ich erinnere mich noch sehr wol an Alles, was dazumal geschehen ist. Der Hügel liegt auf dem Gebiete, welches dem Mr. Herbert gehört, dem reichen, reichen Gentleman in dem mächtigen Hause, dicht am Muckross=See. Da sollte nun einmal ein Knecht dieses Gentleman das Feld pflügen, welches dicht am Fort liegt. Dieses Feld war nie vorher gepflügt worden, und liegt auch jetzt wieder, seit jener Zeit unberührt, überwachsen nur von ellenhohem Gebüsch und undurchbringlichem Strauchwerk. Der Knecht machte viele Umstände und Gegenreden, er hatte nicht den Muth, dieses Feld zu pflügen; denn so Etwas war nie gehört worden. Er getraute sich nicht den Pflug anzusetzen. Da kam der Gentleman selbst und sagte, er wolle ihm zeigen, was das für Unsinn sei, den er von den Feen schwatze. Also legte der Gentleman selbst die Hand an den Pflug und der Knecht mußte die Pferde treiben. Aber sie waren noch nicht zwei Fuß vorwärts, als es krack! ging — und der Pflug brach. Da ließ der Gentleman einen andern Pflug kommen, aber es ging ihm wie dem ersten — krack! brach er und ging nicht weiter. Der Knecht schlug ein

Kreuz über's andere und bat seinen Herrn um Gotteswillen, von dem Versuch abzulassen, es käme von dem guten Volk. Aber dieser wurde ärgerlich und sagte, es käme von den vielen Wurzeln und Knollen, die im Boden festgewachsen seien. Indessen ließ man es für diesen Tag dabei bewenden; aber des Nachts, da ging der Spectakel los. Ach, wie mich schaudert, wenn ich an jene Nacht denke! Denn kaum hatte es zwölf geschlagen, so kam ein solcher Sturm, daß man glaubte das Dach sollte abgedeckt werden, und im Park des Mr. Herbert stöhnten und heulten unsichtbare Geister ganz entsetzlich. Es schien, als ob die ganzen Feen aus dem Fort herausgekommen wären, um den Park und das Schloß zu zerstören. Ich kann mich der Nacht noch sehr gut erinnern; meine Schwester, die jetzt in San Francisco ist, und meine andere Schwester, die jetzt in London ist, waren noch zu Haus und wir schliefen zusammen in diesem Bette. Wir wachten alle auf und fingen an zu weinen. Das Vieh riß sich aus den Ställen los und lief im Hof und im Park herum und brüllte fürchterlich und Keiner wagte sich hinaus. Am andern Morgen, als der Sturm nachgelassen hatte und man hinausging, da waren die Gitter um den Park zerbrochen und einige Kühe und Schweine lagen todt im Grase. In der zweiten Nacht ging es fast noch schrecklicher her, und da mußte sich denn der Gentleman an die alte Sally aus der Dunloe-Schlucht wenden, und die alte Sally kam und ging zu dem Fort, und viel gute Worte und Beschwörungen waren nöthig, ehe sich das gute Volk beruhigen ließ. Sie kamen nicht wieder; aber das Feld am Fort hat seitdem weder der Pflug noch der Tritt eines Menschen je wieder berührt ... und nun wolltet Ihr auf jenen Hügel selbst gehen? Nein, lieber Herr — Ihr wollt nicht ..."

Ich sagte nein, ich wollte nicht — doch kaum daß das Wort über meine Lippen gegangen, als Brighit mit einem lauten Schrei vom Heerde fortsprang und die kleine Granna schreiend hinter ihr her. Sie hatte ein kleines Milchtöpfchen, das am Heerde stand, umgestoßen, oder es war umgefallen ... „O!" schrie sie — „da ist Jemand in der Hütte, der uns die Milch nicht gegönnt hat — o, da ist Jemand, der uns bös will ... o, Ihr werdet durch Euer ewiges Gerede von dem guten Volk noch Unglück auf Unglück über mich bringen, Ihr!" —

Es dauerte lange genug, eh' ich sie wieder beruhigt hatte. „Wenn

wir Gutes von ihnen sprechen, so ist ihnen das gewiß nicht unange=
nehm; es kann ihnen nicht unangenehm sein, liebes Mädchen," sagte
ich. Aber sie wollte doch den ganzen Abend Nichts mehr von den
Feen wissen, wie es mir den überhaupt schwer genug geworden ist,
von ihr all' das Holde zu erfahren, was sie — ängstlich gleich einem
schauerlichen Geheimniß — zu bewahren schien. Wie man einem an=
dern Mädchen wol das Geständniß seiner Liebe abringt, so mußte ich
ihr jede Feengeschichte abringen, und jedesmal begann der Kampf auf's
Neue. „Wenn Ihr denn so sehr auf Feengeschichten versessen seid,"
sagte sie zuletzt, „so geht nach Lissyviggin in den Wald — da werdet
Ihr noch viel größere Hügel finden, als hier, und da ist es noch viel
wilder und unheimlicher als hier."

„Ja," sagte ich, „ich will in den Wald von Lissyviggin gehen,
gleich morgen Nachmittag, und Du sollst mich begleiten, Brighit."

„Ich?" rief Brighit, ganz außer sich. „Ich soll in den Wald
von Lissyviggin gehen?"

Ich faßte ihre Hand und sah ihr in das Auge, das so tief war,
wie die Seen von Killarney, und gewiß eben so dunkel, als der Wald
von Lissyviggin. Sie senkte das tiefe, dunkle Auge nieder und sagte
Nichts. „Willst Du, Brighit?" fragte ich.

Sie erhob das Auge nicht wieder; aber „Ja," stammelte sie ganz
leise, und ich allein hörte es. „Nun denn auf Wiedersehen — bis
morgen Nachmittag!" sagte ich, und küßte die kleine Granna zum Ab=
schied und nahm noch einmal Brighit's Hand. Und diese Hand —
klein und hart von Arbeit und Mühsal, aber nicht so hart, um die
leisesten Regungen des Herzens nicht mitzuempfinden — diese Hand
zitterte, als ich sie zuletzt in der meinen gehalten. —

Der andere Nachmittag kam, und einen sanfteren, blaueren Herbst=
nachmittag kann ich in meiner ganzen Erinnerung nicht finden, so weit
ich auch zurückgehe. Brighit saß auf der Holzplanke vor der Hütte.
Da saß sie immer, wenn sie müßig war, frei in der Luft, vom Hügel=
wind umspielt; da hat sie oft gesessen, wenn sie mir die Märchen ihres
Volkes erzählte und die Lieder desselben sang. Und wenn ich an irische
Feen und irische Melodien denke, so muß ich auch an Brighit denken,
wie sie auf der Holzplanke sitzt, — der rothe Rock flattert um die
nackten Füße, auf das weiße Brusttuch fällt Schatten und Licht, wie

Sonne und Wolken wandern, und um das liebliche Haupt, frei und stolz nach Oben gewandt, wehen die losen schwarzen Haare im Winde. So saß sie da — und „Kunasthin thu?" (wie geht es Dir?) rief ich ihr fröhlich entgegen. „Moch na moh-a-guthe!" (Danke schön, wie geht es Dir selber?) erwiderte sie mir mit voller Freude. „Wie schön ist es von Euch, daß Ihr in meiner Sprache mit mir zu reden wißt!" — Ich wußte leider — zu meiner Schande will ich's gestehen! — nur recht wenig von der irischen Sprache; aber das Wenige mit viel gutem Willen und noch mehr Liebe vorgetragen, that seine Wirkung und es begleitete mich durch ganz Irland, und wo ich es redete, da ward ich nicht wie ein Fremder, sondern wie ein Freund aufgenommen, wie ein Gast, der in dies Land gekommen war, um an seiner Schönheit sich zu erfreuen und an seinem Elend trauernd Theil zu nehmen. — Die kleine Granna war mit der Mutter nach Aghaboe-Haus gegangen, — Brighit schlang ein buntes Tuch um den Kopf und wir begannen unsere Wanderung, und angenehm war sie, und Wiese, Wald und Feld wechselten in bunter Folge. Zuletzt überschritten wir den Fluß Flesk und näherten uns dem dunklen Walde von Lisfyriggin. —

Wie Glendalough der Boden ist, der die bedeutendsten Ruinen altchristlicher Baukunst in Irland trägt, so sind die Berge und Schluchten an den Seen von Killarney durch die Reste uralt heidnischer Bauten, die im düstern Schatten derselben traurig dastehen, nicht minder ausgezeichnet. Killarney ist das Land der druidischen Reminiscenzen, der zu Feen gewordenen Heidengötter — seine Seen sind voll lieblicher Wassergeister und plumper Felskobolde, voll Elfenmusik die Tiefe der Wogen, wie voll sphärenhafter Echo's die Höhe der Berge. Kein schwermüthiger Heiliger, keine trübe Sage von verschmähter Liebe — aber ein zaubrisch schöner Ritter auf weißem Roß, ein gluthvoll liebendes Weib, das dem Geächteten in die Tiefe, in den Tod folgt, und über dem niedertauchenden Liebespaar der duftreiche Himmel des ersten Maienmorgens. Kein ascetisches Entsagen, kein christliches Märterthum — Alles Liebe, Genuß und seliges Fortleben im Feenreiche. — Keine Steinkreuze wie dort, noch schauerliche Rundthürme und Bußzellen, in denen jetzt der Epheu und die Nessel bebt und wimmert: sondern druidische Cirkel, Festungshügel und Heldengräber, in denen jetzt die lustigen Feen tanzen und singen ... Mote, Dun, Rath und Carn, welche das Volk (unterschiedslos, obwol die Wissenschaft sie streng unterscheidet und vom Glauben des Volks Nichts wissen will) „Dänenfestungen" (Danes forts) nennt ... Erdhügel, auf welchen lange vor der ersten Invasion der Dänen die Paläste der irischen Fürsten und die Dörfer des irischen Volkes standen — Steinhügel, unter welchen sie ihre Helden begruben — Terrassen, auf welchen ihre Brehons zu Gerichte saßen, ... alles Dieß, mehr oder minder erkennbar, findet man noch im Lande der Seen, und hier und da, an einsamen Stellen im Gebirge den Cromleach, den Stein Gottes, den heidnischen Opfertisch und den druidischen, soviel man weiß, astronomisch=religiösen Zwecken gewid= meten Steinzirkel, und in seiner Nähe den Rest des rauschenden Eichenhains, welcher in den Tagen der druidischen Vorzeit diese ge= weihten Orte dicht umgrünte, ihre Heiligkeit zugleich erhöhend und ahnungsvoll belebend.

Und ein solcher Hain — wenn ich auch nicht behaupten kann, daß er aus so grauen Tagen sich bis heut' erhalten hat — war es, in den ich nun, nach langer, nicht müheloser Bergwanderung, mit Brighit eintrat. Er deckte seinen kühlen, fast schauerlichen Schatten auf die beiden erhitzten Weltkinder, und die selten gestörte Stille und Einsamkeit ward durch Nichts unterbrochen, als das Säuseln der festen Blätter über uns und die Schläge der aufgeregten Herzen in uns. Wir gingen nun langsam vorwärts und kamen an eine Stelle, die noch einsamer war, als alle andern. Sie war nackt und traurig; der Boden war ganz gelb und versengt von der Gebirgssonne, welcher er stets schutzlos ausgesetzt gewesen. Auf diesem nackten, traurigen Platze stand ein Baum, auch ganz gelb; die Rinde hatte sich vom Stamme gelöst, nur oben saß noch etwas, und ein einziger Zweig, der verloren genug über der morschen Spitze schwankte, grünte noch.

„Das ist ein trauriger Baum," sagte Brighit „und berühmt ist er bei allen Kerry=Mädchen. Es ist schon lange her — aber wir wollen es nie vergessen! — da kam ein Mac Swiny, ein schöner, junger Fürst aus dem Munster=Lande hier herein in unsere Berge; und er verliebte sich in Molly, das schönste Mädchen im Seedistrict. Ihr Vater war ein armer Killarney=Bootsmann, aber ein ehrlich treuer Irischmann ist er gewesen, und so war auch seine Tochter, die schöne Molly. Aber da Mac Swiny gar so jung war und so gut schien,

so konnte sie's nicht verhindern, daß sie ihn wieder liebte. Und er
wußte sie ganz zu bezaubern, und sie folgte ihm hier herauf in diesen dichten Wald — und als er sie hier oben hatte, da versprach er sie
zu heirathen und sie glaubte ihm, weil sie ihn ja so lieb hatte. Aber
dann verließ er sie und ging fort und kam nicht wieder; und die
arme Molly hörte, daß er schon verheirathet sei und da wurde die
arme Molly sehr traurig und Keiner wußte warum, und da stahl sie
sich herauf zu dem Baum, unter dem sie ihr Glück und ihre Unschuld
verloren, denn seht, ein irisch' Mädchen kann das nicht überleben, und
mit ihrem Kopftuch erhängte sie sich an diesem Baum — und der Baum,
damals noch der grünste, vollste und schönste im ganzen Wald, ließ vor
Trauer Zweig' und Blätter hängen und immer trauriger wurde er seit jener Stunde und seht, nun ist er welk und morsch und häßlich ..."
　　Der Wald ringsum regte sich — es rauschte wie Klagegesang der
Unglücklichen aus seiner dunkelsten Tiefe, es klang ... still wurden
wir Beide, ängstlich ... ja es ward uns, als müsse unser Herz in
seinem raschen Schlage stocken; denn grelle, schneidende, herzzerreißende
Töne gellten durch den Wald ... erst abgerissen, dann zu einer schmerz-
vollen Weise sich vereinend, dann wieder auseinander stiebend und in
der verdeckten Ferne wie leises Gewimmer sterbend ... „O Jungfrau!
O meine Heilige!" rief Brighit, die bleich und verstört auf einen hohen, bemoosten Stein niedergesunken war, der nicht weit von dem Un-
glücksbaum stand — „o, das ist der Fiedel-Mick!" ... Ich trat tiefer in den Wald hinein, ich spähte nach allen Seiten, ich rief ...
aber Nichts war zu sehen und Nichts mehr zu hören, als mein Echo,
das dumpf und matt aus der Waldestiefe zu mir zurückkehrte. Als
ich die Stelle erreicht hatte, wo ich Brighit verließ, da hatte diese sich
von dem Stein erhoben. „Kommt," sagte sie mit noch immer erschöpf-
ter Stimme, „auf diesen Stein hat Molly, bevor sie sich erhängte, ihr
Testament geschrieben." Brighit beugte sich nieder und versuchte die
lange, dichte Moosdecke zu entfernen, unter der aber Nichts zu Tage
trat, als ein paar Sprünge und Risse, die wol eher der nagende Zahn
der Zeit, als der Hand eines unglücklichen Mädchens ihren Ursprung
verdanken mochten. Aber Brighit behauptete, das sei die Schrift Molly's
und es sei ein Vers, den sie hier zurückgelassen, und dieser Vers lebe, wie
ein Haushaltswort, im Munde jedes rechtschaffenen Mädchens in Killarney.

> Meine Ehr', die nahm Mac Swiny hin —
> Mög' er verflucht sein, wie ich's bin!

Dann traten wir aus dem dichten Wald heraus und folgten den Windungen des Stromes in eine schmale, mit Moos und Gras bewachsene Schlucht. Zahllose graue Steine waren hier über den grünenden Boden verstreut. Hier, sagte Brighit, hätte das gute Volk einmal eine große Schlacht gegen einander geführt und diese Steine seien ihre Wurfgeschosse gewesen. Dann öffnete sich die Schlucht und die Aussicht ward weiter und freier und ging auf ein von aller Waldung entblößtes Thal. „Hier habt Ihr das Fort," sagte Brighit und deutete auf einen Hügel, ähnlich demjenigen, welcher ihre Hütte beschattete, nur noch struppiger bewachsen und verlassener und unheimlicher. Kein Mensch, kein Mensch war zu sehen, so weit auch der Blick ging. Nur oben, in kaum noch erreichbarer Höhe, wiegte sich die Haidelerche.

„Es gibt noch sehr viele Forts hier in der Nachbarschaft," sagte Brighit, „aber das da ist das mächtigste. Meine Tante ist darin gewesen — Gott sei ihrer Seele gnädig! — Die arme Katy ... sie hat bald genug sterben müssen, und schwer war der Abschied von der kleinen Granna, die sie noch an der Brust trug, und von Jack Lowney, den sie so treu geliebt. Eines Nachts — sie mochte etwa zwei Jahre verheirathet gewesen sein — als sie ruhig mit ihrem Manne und ihrem Kinde im Bette lag, wurde sie von den kleinen Herren entführt. Wie sie fortgewirbelt wurde, konnte sie nicht beschreiben; aber es konnte nicht weit gewesen sein, höchstens zwei Meilen oder so. Dann kamen sie in ein schönes Haus und da erwachte sie wieder. Zuerst trat sie in einen Saal voll wunderschöner junger Männer, wie sie nie schönere gesehen. Dann kam sie in einen Saal voll ebenso schöner Mädchen. Im dritten Zimmer waren lauter alte Männer; im vierten lauter alte Weiber. Eins von den alten Weibern erkannte sie. Sie grüßte dasselbe. „O," sagte das alte Weib, „o Katy, wie kommst Du hierher?" Darauf erzählte Katy, was sie mußte. „Nun will ich Dir Etwas sagen," sprach das alte Weib; „iß Nichts von dem, was hier auf den Tischen steht — kein Geflügel, keine Früchte ... Nichts, Nichts. Es wird ein sehr schöner Jüngling kommen und Dich zum Essen einladen; sage aber, Du wolltest Nichts." Es geschah auch, wie das alte Weib gesagt hatte. Es kam ein sehr schöner Jüngling, aber er lud sie nicht zum Essen ein, sondern bat sie in der höflichsten Weise von der Welt, ihm zu folgen. Katy folgte und sie kamen in einen Saal, der noch viel schöner und herrlicher war, als die vier, durch welche sie schon gegangen. In diesem Saale saß der Feenkönig auf dem Throne und neben ihm saß die Feenkönigin, eine wunderschöne, traurige Frau, und auf ihrem Schooß lag ein kleines Kind von ungefähr neun oder zehn Monaten, welches sehr elend aussah und vor Hunger wimmerte. „Liebe Katy," sagte die Feenkönigin mit einem schwermüthigen Lächeln und einer sanften Stimme, „willst Du dieses Kind an Deine Brust legen und trinken lassen? Es muß sonst sterben." Katy mußte immer an ihre kleine Granna denken, die auch damals neun oder zehn Monate alt war; und wie sie das kleine, gelbe Ding so wimmern hörte, da konnte sie es vor Mitleid und Jammer nicht länger ertragen, sie entblößte ihre Brust und ließ das Feenkind trinken. Nachdem es gesättigt worden war und wieder auf der Mutter Schooß lag, sagte der Feenkönig, nun solle Katy sich auch mit Speise und Trank stärken, und auf seinen Wink trat der schöne Jüngling, der sie geführt hatte, mit kostbaren Schüsseln heran und präsentirte sie ihr. Da aber sagte Katy, der Worte jenes alten Weibes eingedenk, sie wolle Nichts; und auf ein Mal war Alles verschwunden — der Thron, der Feenkönig, die Feenkönigin, der prachtvolle Saal, das schöne Schloß ... Katy wurde wieder durch die Luft geschleppt und lag bald darauf in ihrem Bette, an der Seite ihres Mannes und ihres Kindes, vor Frost und Angst zitternd und schauernd. „Wo bist Du gewesen?" fragte Jack Lowney, der sie schon lange vermißt und vergeblich gesucht hatte. „Ich bin im Feenlande gewesen," sagte Katy mit den Zähnen klappernd und erzählte ihm die ganze Geschichte. Darauf, als sie nun zur gewohnten Zeit ihr eigenes Kind an die Brust legte, da wandte sich dasselbe zurück und wollte und wollte nicht trinken; und auch am folgenden Tage und so oft es Katy versuchte, das Kind weigerte sich, die Brust zu nehmen. Man mußte es mit Milchbrei füttern, der armen Mutter aber stieg das Blut zu Kopfe und ob auch die alte Sally aus der Dunloe-Schlucht that, was sie thun konnte — keine vierzehn Tage später war Katy eine Leiche." —

Unter solchen Erzählungen hatten wir das offene Thal und einen mäßigen Hügel erreicht, der sich aus demselben erhebt. Dieser Hügel war einst den Druiden ein Ort von ausgezeichneter Heiligkeit, und dicht unter dem Gipfel desselben finden sich noch die Reste ihrer dortigen Opfer-stätte, des Cirkels von Lissyviggin. Er besteht aus sieben aufrecht stehenden, nicht sehr hohen, Steinpfeilern, welche zusammen einen Kreis von ungefähr vierzehn Fuß umschließen. Dieser innere Kreis — das Allerheiligste des Druidentempels, denn wie die alten Iren ihr Gericht hielten, so dienten sie auch ihren Göttern auf offenen Hügeln, unter freiem Himmel — ist von einem noch erkennbaren Erdwall umgeben, und den Eingang bezeichnend, steht gen Ost und West je ein Stein-pfeiler. —

Als wir auf die Landstraße und in's Thal zurückgekehrt waren — und die Dämmerung hatte schon begonnen und unsicher wurden die Formen der Gegenstände vor uns — da sahen wir, nicht fern von uns unter den Bäumen, längs eines Grabens am Wege, eine mensch-liche Gestalt langsam dahinschwanken. Wie sich diese Gestalt so müh-sam fortschleppte, bald an einen Baum lehnte, dann auf einen Stein niederließ und wieder schattenhaft in das Zwielicht auftauchte; da rief ich, ehe noch Brighit ihn erkannt hatte: „Ist das nicht der kranke Larry?"

„Bei der heiligen Jungfrau! Ihr habt Recht!" sagte Brighit; „woher aber wißt denn Ihr das?"

Darauf erzählte ich ihr, wie ich ihm zuerst auf Aghaboe-Kirchhof begegnet sei und was ich darauf von der alten Sally selbst gehört hatte; aber weder diese, noch Thabby, der Kutscher, hätten mir sagen wollen, was ihm eigentlich fehle.

„Man spricht auch nicht gern davon," erwiderte Brighit — „und ich würd' es Euch nicht sagen, wenn Ihr mir nicht den Mund auf-geschlossen hättet ... Gott weiß, wie? ... Aber schreitet mir nicht so stark vor — haltet Euch hier zurück, damit es der arme Junge nicht hört; denn es würde ihm auf's Neue schaden ... Auf dem Kirchhof von Aghaboe, da gibt es ein Gespenst, welches den Personen erscheint, deren Angehörige dort begraben sind. Wenn ein Begräbniß statt-findet, so wartet es, bis Alle wieder fort sind; über diejenige Per-son aber, welche zuletzt noch auf dem Kirchhof verweilt, hat es eine zauberhafte Macht. Je nachdem es ein Mann oder eine Frau, welche zurückgeblieben, nimmt das Gespenst von Aghaboe die reizende Gestalt

eines Mädchens oder eines Jünglings an, die diejenigen, auf welche
es abgesehen ist, mit einer rasenden Liebe erfüllt und ihnen das
Versprechen abnimmt, sich hier wieder zu einer bestimmten Zeit ein-
finden zu wollen. Dieses Versprechen wird durch einen Kuß besiegelt,
welcher den Todeskeim in sich birgt; und kaum haben die Armen den
Kirchhof verlassen, als ihnen auch die Geschichte vom Aghaboe-Gespenst
einfällt — sie versinken in unheilvolles Brüten, sie werden krank, sie
müssen sterben; und um die Zeit, auf welche das Wiedersehen verab-
redet ward, wird die Leiche an demselben Platze begraben, wo sie den
tödlichen Kuß empfangen. Und so ist es dem armen Larry gegangen.
Er ist mit Ausnahme seines steinalten Urgroßvaters der Letzte seiner
Familie. Sein Vater ist schon viele, viele Jahre todt; seine Brüder
sind todt, seine Schwestern sind todt, und als er vor Kurzem seiner
Mutter an's Grab folgte, da ist ihm das Gespenst von Aghaboe erschienen — er hat erzählt, daß es die schönste Jungfrau gewesen sei,
die er je gesehn. In weißen, langen Gewändern sei sie über die
Hügel dahergeschritten und habe ihn von dem frischen Grabe seiner
Mutter, auf welchem er weinend gelegen, als Alle schon fortgegangen,
langsam und liebend emporgerichtet. „Larry," habe sie mit bezaubern-
der Stimme gesagt, „Larry, weine nicht länger! Du hast die Letzte
verloren, die Dich auf Erden geliebt hat — Du bist ganz allein in
dieser weiten, weiten Welt — nun will ich Dich trösten, komm Larry,
weine nicht länger!" Und da sei er, von Inbrunst der Liebe getrieben, in ihre
Arme gestürzt und habe sein Haupt an ihre Brust gelegt und habe sich aus-
geweint und dann habe er sie geküßt und ihr versprochen, wiederzu-
kommen, wenn die gelben Blumen verwelkt sind ... und dann verschwand das holde Wesen und als er draußen, vor der Kirchhofthür
war, da traf ihn auf ein Mal, wie ein furchtbarer Schlag, die Ge-
wißheit, daß er das Gespenst von Aghaboe geküßt habe und daß er
sterben müsse, wenn die gelben Blumen verwelkt sind ...“

Mittlerweile hatten wir den kranken Jungen erreicht; er saß wieder auf einem Wegsteine und schöpfte tief und mühsam Athem. „Wie
geht es Dir, mein Junge?" sagte Brighit mit unendlich sanfter Stimme
und legte ihren weichen Arm um die Schulter des Kranken. „O
Brighit," röchelte dieser mit schwer verständlicher Stimme — „o gute
Brighit, es will immer noch nicht besser werden! Die gelben Blumen

fangen an zu welken.“ Brighit sagte, indem sie ihren Kopf senkte:
„Larry — Du wirst sie wieder blühen sehen, wenn es Gott gefällt!
Bitte Gott darum, daß er sie Dich noch einmal sehen läßt. Und wie
fröhlich wollen wir dann sein, wenn sie wieder blühen ... Du und
ich und wir Alle! — Aber Du bist noch so weit vom Dorfe ... wie
willst Du zurückkommen, da Dir Niemand behülflich ist? Warum bist Du
so allein Larry?“ „Ich habe Niemanden, der mit mir ginge“ — sagte
Larry, leise, kaum hörbar, „Niemanden, so weit der Himmel reicht;
Du weißt es.“ Da sah Brighit mich bittend an und ich verstand ihren
Blick. Ich gab ihr und dem Kranken die Hand zum Abschied, und
während ich meiner Höhe zuschritt, wandelte Brighit thalwärts, in das
Dorf, und an ihrem Arm ging der kranke Larry. —

Oft noch sah ich in die Dämmerung zurück, in welcher die beiden
Gestalten langsam verschwanden, und oft noch dacht' ich daran, wie
seltsam doch das Geschick des Mannes ist, der fremde Länder durch-
pilgert! Als ob er nicht genug hätte an dem Elend, dem er zu Hause
kaum entgeht, muß er noch in der Ferne, jenseits der Meere, Menschen und Verhältnisse suchen, die auf's Neue sein Herz schmerzlich
anziehen und fesseln, und nachdem er die ganze Fülle von Liebe, Schwärmerei und Enttäuschung noch ein Mal bis zur Verzweiflung erschöpft
hat, kehrt er in die Heimath zurück und gesteht sich zuletzt, daß sie
doch erbärmlich genug sei, diese kleine Welt, in der die Einen ohne
Hoffnung, die Andern ohne Besinnung und Alle zusammen ohne Be-
friedigung leben! —

Mit solch' traurigen Gedanken schlief ich an jenem Abend ein; und
ich würde ganz gewiß mit keinem Lächeln am andern Morgen aufgewacht
sein, wenn es nicht Thaddy, der Kutscher, gewesen wäre, der mich geweckt
hätte, und wie geweckt! Er lachte mich mit seinem Morgengruß aus dem
Schlafe; und Gott sei Dank, daß Lachen noch weit mehr als Gähnen
ansteckt. Nachdem er sich vom ersten Anfall seiner guten Laune erholt
hatte, verkündigte er mir, daß der Car reisefertig vor der Thüre stehe
und daß es ein schöner, heller Morgen sei und daß wir eine gute
Fahrt haben würden. Allmälig erst besann ich mich, ihm gestern gesagt zu haben, daß ich einen Ausflug unternehmen wolle; und ich war
ganz froh, daß Thaddy meine Gedanken einen andern Weg führen
wollte, als den hoffnungslosen, den sie gestern Abend gewandelt. Banson

der Stiefelwichser, der Mann, der sich von allen irdischen Existen-
zen mit der traurigsten beschäftigte — denn ein Stiefel, welcher vom
Erdenwallen Nichts kennen lernt, als den unfruchtbaren Staub, ist
doch wahrlich ein traurig' Ding! — Banson, der Stiefelwichser, that
seine Pflicht; Michaulin, der Wärter, that die seine und zuletzt — als
ich schon im Car saß — ließ Bibby, das Kammermädchen, die Freundin Brighit's, noch einmal ihr freundliches Gesicht sehen und aus den
blauen Vorhängen lächelte es, wie die Sonne aus dem blauen Morgen-
himmel lächelt. Der Morgen war bezaubernd frisch und lebenerweckend;
ich fühlte mich von seinem Hauche neugeboren, und als ich Brighit's
Hütte vorüberflog — ich sah sie von der Höhe des Weges herab tief
unten im Schatten des Feenhügels liegen — da dachte ich an Brighit
und malte mir ihre reizende Gestalt im Geiste und hätte so viel darum
gegeben, wenn sie vor der Thüre gestanden hätte, in ihrem rothen Rock,
oder wenn sie auf den Planken gesessen und es gesehen hätte, daß ich mein
weißes Tuch in der Luft schwenkte! Aber sie sah es nicht; sie stand
nicht da, sie saß nicht da — und ich flog vorüber und bald war Thal
und Hügel und Hütte verschwunden.

Auf wolbekanntem, ebenen Wege ging es weiter; wir passirten Killarney, die Höhe von Aghaboe, die Brücke und befanden uns bald auf der
Fahrstraße nach der Schlucht von Dunloe. Da der Weg gut war, die
Luft angenehm windbewegt und das Pferd seine Schuldigkeit that,
so war Thabby sehr zufrieden, nannte das Pferd „Madam" und
lachte nur, wenn ich ihn um Etwas fragte. Nicht lange, so bogen
wir in einen Feldweg ein, der sich schmal und steinig durch hohe
Hecken hinaufzog. Da das Pferd hier schärfer anzuziehen hatte, als
es nach dem bequemen Anfang sich eingebildet, so sah sich auch Thabby
veranlaßt, es ein über's andere Mal „Sir" zu nennen, ja, ich sah,
daß er schon im Begriff war, zum Aeußersten zu greifen, nämlich zu
der Anrede mit „Miß," die der Application der Peitsche voranzugehen
pflegte, wie das Pferd auch sehr wol wußte — als auf ein Mal, vom
Wind aufgejagt, uns eine dichte Staubwolke entgegenflog. Unser gutes „Fräulein" that einen Fehltritt und die Deichsel krachte — aber
Thabby, anstatt zur Peitsche zu greifen, ließ die Zügel fahren, kreuzte
sich, nahm den Hut ab und rief: „Glückliche Reise, meine Herren!" —

Mir ward angst und bange, da ich nicht anders dachte, als daß unfer Car vor einem unermeßlichen Abgrund stehe und daß Thaddy's „Glückliche Reise!" in metaphyſiſchem Zuſammenhang mit dem Bruche der Deichſel oder — Gott ſei bei uns — mit andern lebensgefähr= lichen Dingen ſtehe, die einem armen Erdenpilger begegnen können. Glücklicherweiſe klärte ſich, ſobald die Wolke vorübergegangen, auch der dunkle Sinn ſeiner Rede auf. „Was war das, Thaddy?" fragte ich. Thaddy antwortete — und es war dies eine der wenigen Ant= worten, bei denen er nicht lachte, ſondern ſehr ernſthaft und zögernd ſprach — „das gute Volk iſt vorübergezogen!" „Was? Wo?" rief ich. Er zeigte mit dem Peitſchenſtiele ſüdwärts in eine Berg= ſchlucht, in welche der Wind die Staubſchicht jagte, der Sonne entge= gen, von deren glühendem Lichte ſie magiſch und bunt funkelte. „Dort," ſagte er, „dort!" Denn es iſt der Volksglaube, daß·in dieſen wolli= gen Fahrzeugen das gute Volk von Irland, die kleinen Herren, von einem Platze zum andern reiſen. —

Darauf nahm Thaddy die Zügel wieder auf, nannte ſein Pferd „Madam" — dann „Sir," dann „Miß," ſchlug es und fort flog unſer Car. Niemand mehr — nach jenen geiſterhaften Reiſenden — begegnete uns auf dem einſamen, ſtillen Feldwege; und nach einer friſchen, köſtlichen Morgenfahrt erreichten wir bald eine weite Wald= wieſe mit einer mäßig hügelförmig gewölbten Oberfläche ... Die Waldwieſe gehört dem Mr. Mahony und berühmt iſt ſie bei allen Ge= lehrten, allen Patrioten und allen Reiſenden in Irland; denn die Höhle von Dunloe befindet ſich unter dieſer Wieſe. Thaddy band ſeine „Ma= dam" — denn im Ruheſtand hieß das Pferd nie anders — an einen Baum in der Hecke, welche die Wieſe umſchloß; und wir ſelber überkletterten ſie und wanderten durch das Stoppelgras an den Heuhaufen hinunter.

Ganz unten entdeckten wir einige Arbeiter, die mit der Heuernte beſchäftigt waren. Nach längeren Capitulationen und dem auf alle Weiſe bekräftigten Verſprechen, ſie für ihre Mühe zu belohnen, verſtan= den ſie ſich dazu, uns durchzulaſſen und ſchafften ſogar einige Fackeln herbei, die ſie mit einem Schwefelfaden anzündeten. Der Senior von den Mähern ging nun mit der Fackel voran, während die Andern — nach iriſchem Naturell, jeder Gelegenheit froh, die Arbeit zu unter= brechen — ſich ſchmauchend auf die zerbröckelnden Steinſtufen, die in die Höhe führen, niederlegten.

Die Höhle ist nicht tief unter der Erdoberfläche, aber sie ist so niedrig, daß wir hineinkriechen und im Innern derselben auf den Knieen sitzen mußten. Und so saßen wir da in einer Todtenkammer des alten Irlands — umgeben von uralten Geheimnissen, von stumm gewordenen Sprachen, von düstern, unheimlichen Mauern, über deren rohe Flächen, bei unsicher röthlichem Fackellicht unsere eigenen Schatten wie Geister tanzten, während über uns das Gras wuchs und wehte, wie es einst — wer weiß wie bald? — über unserm Grabe wachsen wird und wehen. „Diesen Rest, vielleicht den merkwürdigsten des alten Irlands, entdeckten (im Jahre 1838) Arbeitsleute des Daniel Mahony Esq. von Dunloe = Schloß. Indem sie einen eingesunkenen Erdwall wieder aufschichten wollten, brachen sie in eine unterirdische Kammer von abgerundeter Form, welche sich als das Ende einer unterirdischen Gallerie ergab. Die Seiten der Höhle sind aus rohen Steinen, ohne jedes Verbindungsmittel, aufgeführt, und das Dach ist aus langen Steinen gebildet, welche horizontal gelegt sind. Ein aufrecht stehender Steinpfeiler erhebt sich in der Mitte der Höhle, vom Erdwall bis zum Dach, und ist dem Anschein nach dazu bestimmt, es zu stützen. Dieser Steinpfeiler, sowie auch vier von den Decksteinen sind mit Ogham-Charakteren beschrieben, so daß man nicht umhin kann, anzunehmen, die Inschriften seien gemacht worden, bevor man die Steine in ihre jetzige Stellung und Lage gebracht habe. In dem Gange fanden sich verschiedene Menschenschädel und Gebeine, welche klar darauf hindeuteten, daß dieser Baurest des alten Irlands nichts Anderes sei, als eine Grabstätte. Der Verfasser untersuchte die Höhle im Jahre 1841 und kann es bezeugen, daß die Inschriften keine Fälschungen sind; aber ob das Denkmal ein heidnisches sei oder aus der ersten Christenzeit stamme: das zu entscheiden will er nicht über sich nehmen." (O'Donnovan, A Grammar of the Irish Language.)

In den siebzehn Jahren, welche seit dem geschilderten Besuch O'Donnovan's, des verdienstvollen irischen Grammatikers vergingen, hat sich in der Höhle viel verändert. Wir wissen, daß Leichen, die sich Jahrhunderte lang in Felskammern wol erhalten haben, zu Staub werden und in Nichts zusammensinken, sobald der erste Hauch der frisch wehenden Luft sie berührt. Auch die Höhle von Dunloe scheint diesen Hauch nicht haben ertragen zu können. Die Gallerie, welche in den runden Vordergrund endet, ist zusammengebrochen; ja der Kreis selber verliert sich nach Hinten schon in unnahbares Dunkel und in moderfeuchtes Erdreich. Und der Fackelträger sagte mir, daß man „Am vorigen Montag noch weiter in den Hintergrund gegangen sei. In der Nacht sei wieder ein Theil verschüttet. Es falle täglich mehr zusammen." In der Frage aber, ob wir hier vor einem heidnischen oder christlichen Denkmal stehen, ist man seit den verflossenen siebzehn Jahren noch nicht viel weiter gekommen. Ich will den Leser nicht mit den Versuchen behelligen, die ich anstellte, diese seltsamen Zeichen auf den tausendjährigen Steinen zu verfolgen, zu copiren, zu entziffern. Es wollte mir nicht recht gelingen; und auch meine gelehrten Freunde in Dublin, die sich immer so liebenswürdig und gefällig gegen mich benommen, ließen mich dies Mal im Stich. Die Meisten konnten mir keine Auskunft geben, und der Einzige, der es gekonnt hätte, wollte es nicht; nicht aus Unfreundlichkeit — denn Dr. Graves ist einer der zuvorkommendsten von allen irischen Gelehrten. Aber die Oghams sind ihm das, was dem feurigen Jüngling seine Geliebte ist: sein Schatz, sein Eigenthum, seine Leidenschaft, sein Geheimniß und — sein Monopol. Man sagt oft, daß er's mißbrauche, weil er Niemand Etwas davon mittheilen will. Ich finde das sehr natürlich. Er arbeitet seit Jahren an einem großen Werke, welches — wie alle Leute der Wissenschaft voraussagen — epochemachend und entscheidend sein wird. Es wäre daher thöricht zu erwarten und unverständig zu verlangen, daß er die fertigen Resultate irgend Wem, und wäre es selbst zu den bescheidenen Zwecken, die mein Buch verfolgt, mittheile. Zu beklagen ist es nur, daß sein von der irisch-archäologischen Gesellschaft schon seit 1853 angekündigtes Buch über die Oghams sich noch immer — nun schon mehr als 6 Jahre! — „unter der Presse" befindet ... Der Leser muß sich daher, zur Aufklärung dieser höchst seltsamen Materie einstweilen das gefallen lassen, was ich nach eigener Anschauung und aus dem bisher gültigen Annahmen, — freilich unvollständig genug — zusammenstellen werde.

Das Ogham ist die Geheimschrift der alten Iren — ob schon Druidenschrift oder erst Mönchsschrift? — das ist die offene Frage, die Dr. Graves beantworten wird. Die Majorität, unter dieser der Grammatiker O'Donnovan und Windele, der irische Gelehrte, welcher die

meiſten der bis jetzt bekannten Ogham-Steine entdeckt hat, halten
dafür, daß ſie aus der Heidenzeit ſtamme. Auch Lappenberg (Ar-
tikel „Irland" in Erſch und Gruber's Encyclopädie, Sect. II., Theil 24,
pag. 95, 96) iſt für dieſe Anſicht. Das noch jetzt in Irland bei Druck
und Schrift der iriſchen Sprache gebräuchliche Alphabet iſt das alte,
aus dem römiſchen verdorbene Mönchsalphabet, welches mit den römiſchen Miſſionären nach England und mit Patrick nach Irland kam,
woſelbſt es ſich in der Schriftſprache erhalten hat, während es übrigens
nur noch in den alten, von Mönchen geſchriebenen Manuſcripten gefunden wird. Nun glaubt Lappenberg, das Ogham ſei das vor Einführung dieſer chriſtlichen Schrift in Irland gebrauchte druidiſche
Alphabet, welches nach geſchehener Einführung des römiſchen Mönchs-
alphabets ſich als Geheimſchrift erhalten habe. Nach meiner Meinung
ſpricht es eben ſo wenig zu Gunſten dieſer Annahme, daß man Oghams mit Kreuzen gefunden — denn wer ſagt, ob dieſe nicht vielleicht erſt nach Art der erſten Chriſtenzeit ſpäter hineingehauen worden? —
als es dagegen ſpricht, daß man ſie in alten Todtenkammern gefunden — denn wer ſagt, daß dieſe abſolut heidniſch ſein müſſen?
In dem „Buch von Ballymote" findet ſich folgende Stelle über das
Ogham: „Nenne mir den Platz, die Periode, die Perſon und den
Grund, welche dem Ogham ſeine Entſtehung gaben?" „Nicht ſchwer:
der Platz iſt Hibernia, die Inſel, welche wir, die Scoten, bewohnen
(Irland); die Periode war die Zeit von Breas, Sohn des Elatan
und König von Irland. Die Perſon war Ogma, Sohn des Elatan
und Bruder des Breas; denn Breas und Ogma und Dealbh waren
die drei Söhne des Breas." — Eine andere Stelle deſſelben Manu-
ſcripts beſagt, daß dieſes Alphabet zum beſondern Gebrauch für die
Gelehrten erfunden worden ſei; „zu dem Ende, daß die Gelehrten
Buchſtaben haben mögen, verſchieden von denen der gemeinen Leute."
(Ulster Journal of Archæologia, III. p. 9.)

Die Schrift, ſo wie ſie mir hier auf den Steinen von Dunloe
erſchien, befindet ſich an einer von den ſcharfen Ecken des Steines,
und zwar der Längenſeite nach, ſo daß dieſelbe gleichſam als Grundlinie angenommen wird. Die einzelnen Buchſtaben beſtehen aus Strichen,
die je nach der Zahl, der Stellung und dem Verhältniß zu jener Grundlinie
ihre verſchiedene Bedeutung haben. Dieſe Schrift wird auf den Steinen,

welche aufrecht stehen, von Unten nach Oben; auf denen, welche hori=
zontal liegen, von Links nach Rechts gelesen. Es gibt mehrere Systeme
dieser Geheimschrift; das am Meisten angewandte und bekannte ist das
Ogham Craobh oder Baum=Ogham, so genannt nach der Idee, daß
die Grundlinie einen Baumstamm und die verschiedenen Striche an,
unter und über derselben die Zweige vorstellen. Das Alphabet sieht
(nach O'Donnovan) also aus:

Windele meint, daß dieses Alphabet schon von den ersten Christen
in Irland gebraucht, diesen aber von der druidischen Priesterschaft
überliefert worden sei, welche der Ogham=Schrift sich hauptsächlich auf
Steinmonumenten und Holztafeln bedient hätten. Von den Holztafeln
finden sich begreiflicherweise nach so vielen Jahrhunderten, um nicht zu
sagen Jahrtausenden, keine Spuren mehr; dagegen hat man bis 1853
124 Ogham=Steine entdeckt, von denen sich zwei in Schottland und
zwei in Wales fanden, — offenbar durch irische Emigranten dorthin
gebracht, da die Ogham=Schrift specifisch irisch und nicht celtisch im
Allgemeinen ist. Bei Weitem die größte Zahl dieser Ogham=Steine
sind Grabsteine. „In den ältesten historischen Dichtungen der Iren
wird beständig von den Ogham=Inschriften gesagt, daß sie sich auf den
Gräbern und Monumenten der heidnischen Könige und Häuptlinge
fänden, und, so viel man weiß und ermitteln kann, enthielten sie Nichts,
als einfach den Namen der darunter Bestatteten." (O'Donnovan.)
Und so heißt es auch in einem irischen Gedichte aus dem Jahre 1150,
welches sich im „Buch von Leinster," (Universitätsbibliothek zu Dublin)
befindet:

Ein Ogham in einem Stein, ein Stein über ein Grab,
An dem Platz, wo Männer gewohnt sind vorüberzugehen.

Als Beispiel einer Grabschrift will ich (nach Ulster=Journal II, 65)
das Ogham eines Steines wählen, der außer jener Inscription noch
ein großes Kreuz trägt, und von welchem die Tradition sagt, daß er
das Grab des heiligen Monachan bezeichne, und der demnach, wenn

man richtig gelesen und ebenso interpretirt hat, aus der Christenzeit stammen müßte.

Das heißt, nach der bis jetzt giltigen Annahme: „Mochiai neamhach," „Mochua" oder „Monachan der Heilige," (ruht hier).

Als Beispiel einer Markstein-Inschrift gebe ich (Ulster-Journal II., 64):

„An mac Runan mac Luq is ma," d. h. „Von Mac Runan Mac Lugh ist dieß" (das Feld).

Soweit ich selber urtheile und das Urtheil anderer Männer einholen konnte, sind die Ogham-Steine der Dunloe-Höhle Grab-Oghams. Sie zu entziffern ist, wie gesagt, bis jetzt noch Keinem gelungen, und ich will den Leser auch nicht mit den Versuchen quälen, die ich anstellte, um sie zu entziffern! Ich bekomme heut' noch Herzklopfen, wenn ich daran denke; denn ich muß alsdann auch an meinen Senior mit den beiden Fackeln denken und wie ungeduldig er ward, während ich unter dem Schutt und den Steinen der Dunloe-Höhle herumkroch! Gott weiß, daß ich mich noch lange nicht hätte von ihr trennen können, wenn der Mann nicht immerfort behauptet hätte, die Fackeln würden gleich abgebrannt sein. Er hatte lange Zeit Unrecht; die Fackeln brannten allerdings schwächer und trüber — aber sie brannten doch noch. Aber auf einmal schwanden sie dahin — flammten noch matt auf, und waren dann wirklich für immer aus. Wir saßen nun im tiefen, schauerlichen Dunkel und nur Thabby's glimmendes Pfeifchen — denn Thabby, lachend oder schweigend mein treuer Gefährte, hatte mich auch hier nicht verlassen, — ging uns, wie ein Fünkchen in der Johannisnacht, voran. Wir fanden den Ausweg und athmeten die Luft des Tages mit neuem Behagen. Mittag war es indessen geworden und Thabby's „Madam" hatte Mittag gemacht; unbekümmert, ob es auf einem Heiden= oder Christengrabe gewachsen sei, hatte sie sich an dem Heckengrün, an dem sie festgebunden, gelabt und solch eine Verwüstung darin angerichtet, daß der Senior mit den abgebrannten Fackeln schrie und behauptete, wir müßten auch dafür Etwas bezahlen. Wir thaten so und bereuten es nicht; „Madam" war in der besten Laune, als wir weiter trieben, und ich erinnere mich nur eines einzigen Males, daß Thabby nöthig gehabt hätte, sie „Sir!" zu nennen. —

Wir trieben den ganzen Tag überglücklich in Gottes freier Natur herum und kamen zuletzt auch durch die prachtvollen Besitzungen des Lord Kenmare. Alles war in festlicher Aufregung und Bewegung — man wand Kränze und schmückte Fenster und Portale mit Blumen. Man erwartete die Ankunft des jungen Lord, welcher sich eben mit einer reizenden Lady vermählt hatte und die Flitterwochen an den Seen von Killarney verleben wollte. Ich mußte an den einsamen Gentleman gegenüber auf Lord Brandon's Cottage denken, und wie viel hübscher es doch sei, hier — an den glücklichen Seen von Killarney — Flitterwochen zu feiern, als Blumen und Bäume zu photographiren! —

Es dunkelte bereits, als wir auf dem Heimweg die Stadt Killarney wieder erreicht hatten. Ich ließ Thabby halten und stieg aus; denn es ging hoch her in Killarney. Und sonderbar ergreifend war der Anblick, wie man sich hier mitten unter den Lumpen, den Hüttenruinen, der Armuth und dem Elend an der schönen, warmen Mondnacht erfreute. Diese Art des Straßenlebens hatte etwas durchaus Südliches und die Lustigkeit war von einem lazzaronihaften Ansehn. Ich hätte mir einbilden können, in einer kleinen schmutzigen Landstadt des fernen Italiens zu sein. Die Führer, nach des Tages Last, Arbeit und kargem Gewinn, standen — Bettlern gleich, die ihr Werk gethan — in dichten Haufen beisammen und schmauchten ihren schlechten Tabak und sprachen ihr schlechtes Irisch. Die Frauen, in ihre Mäntel gehüllt, huschten über die holprige Straße; halberwachsene Knaben saßen auf den Mauern der Ruinen am Wege, unheimliche Gestalten in der Dämmerung, die in diesen öden Räumen herrschte, und über die Giebel der gegenüberstehenden Häuserreihe war eben der Mond aufgegangen, und sein Licht fiel schräg über die Dächer, die Gasse und die darin versammelten Gruppen. Indem ich so dahinschritt, vernahm ich nun auch auf

Einmal Fiedelschall aus mäßiger Entfernung. Ich erkannte die Klänge; sie waren von der wilden, traurigen, geisterhaften Natur, die ich nie mehr vergessen werde. Ich folgte ihnen und gelangte, am Ende der Straße zu einem wüsten Trümmerwerk ohne Dach und Fach, einer Reihe von etwa acht Hütten, die sämmtlich — Gott allein weiß wie lange! — von ihren Bewohnern verlassen worden waren. Auf dem zertretenen Rasenfleck, vor einer dieser Hütten, stand ein dichter Kreis von Burschen und Mädchen und in der Mitte ward der Jig getanzt. In der mit Moos ausgewachsenen Fensterhöhlung der Hütte saß der Musikant; in dem unsichern Lichte, das der Mondnacht auch im Schatten eigen, saß er da und geigte, und die Haare hingen ihm um den Kopf und die Tänzer sprangen und die Zuschauer jubelten ... und sein Herz war zerrissen, wie es seine Melodie war, und sein Herz war zersprungen, wie es die eine Saite seiner Geige war — und ich konnte nicht ablassen ihn anzusehen, ihn anzuhören, den armen Fiedel=Mick und an Brighit zu denken! Da berührte von Hinten eine kräftige Hand meine Schulter. Ich fuhr zusammen; mir war in diesem Augenblick, als hätte ich zum ersten Mal die Hand des Schicksals wirklich und leibhaft empfunden. Wie freute ich mich, als ich mich umwandte, zu sehen, daß es nur die Hand des glücklichen Jack gewesen, die mich berührt hatte. Er war diesen Nachmittag von seiner Bergfahrt zurückgekommen; er erzählte mir, daß er bereits oben bei seiner Schwester gewesen, und daß er seine kleine Granna wohl und munter gefunden, wie er sie verlassen, und daß Brighit „so gut und so schön wie ein Engel“ sei. O, wie dankbar drückte ich dem wackern Manne die Hand für dieses Wort! Ich hätte mir's selber nicht sagen mögen, wie tief ich's auch empfunden; aber nun war es gesagt, und das Paradies von Killarney hatte fortan für mich seinen guten, schönen Engel, an den zu denken jetzt noch süß ist, nachdem er lange schon entschwebt! — Dann verabredeten wir für den andern Tag einen gemeinsamen Ausflug, Jack Lowney und ich, und Jack versprach, mich abzuholen, und langsam, selig zwischen Ahnung und Sehnsucht schwankend, fuhr ich in die Mondnacht hinaus und den Hügel hinan. Als ich an Brighit's Hütte vorbeikam, da lag sie still und nur auf einer Seite vom Mond erhellt da; die andere Seite ward vom Feenhügel tief beschattet. Und ich dachte mir, wie sie nun schon auf ihrem jungfräulichen Lager ruhte, die kleine Granna mit den keuschen Armen umschlingend — sie, die Myrthe von Killarney, die schon Früchte trägt, während sie noch frisch und voll im ersten Frühling der Blüthe steht! —

Der andere Morgen kam und Jack Lowney kam; und die Klänge seines Hornes, zu meinem Fenster emporschwebend, ihre sanften Schwingen melodisch über mein Bett und meine letzten Morgenträume ausbreitend, weckten mich. Es war die Melodie der „letzten Rose" — und diese Melodie, die ihre süßen Seufzer in die Berge sandte, aus denen sie wie luftgeborene Halle zurückkehrten, wird mit dem Andenken jenes Tages unauflöslich verbunden sein. Wenn ich sie höre, diese Melodie, so kommt jener Morgen wieder, an dem mich Jack Lowney mit ihren Klängen erweckte; dann kommen die Seen wieder, über die ich an jenem Tage mit ihm dahinschweifte, dann kommt die Hütte wieder, in der mein guter, schöner Engel gewohnt ... alle Seligkeit jener unvergeßlichen Zeit kommt wieder, für zwei, drei Augenblicke, und stirbt hin, wie jene Melodie hinstirbt, in die körperlose Luft, die sie geboren.

's ist des Sommers letzte Rose,
Die einsam noch steht;
All' die holden Gespielen
Sind welk und verweht ...

Keine Blume, keine Knospe,
Kein Röslein ist hier,
Mit ihr zu erröthen,
Zu seufzen mit ihr ...

Und ein Duft scheint in jener Melodie zu wohnen, wie der Duft von Wald - und Haideblumen, die man in fernen seligen Tagen gepflückt und nebst flüchtigen Versen in die Bücher der Erinnerung gelegt hat — Du öffnest sie, nach langer Vergessenheit wieder einmal, Du vermutheſt kaum noch, welch' süße Geheimniſſe sie bewahren — da strömt Dir der unvergängliche Duft jener beſſern Zeit entgegen, Du vergiſſeſt Alles um Dich her, Alles, was zwiſchen Heut' und Damals liegt — Minute geht nach Minute, Stunde nach Stunde, und Du ſitzeſt noch immer, vertieft in jenen Duft, als säßeſt Du unter dem Gesträuch eines theuren Grabes ...

Und das Horn Jack Lowney's hatte mich geweckt.

Duftig kam der Morgen durch's Frühgewölk, als wir Tork-View verließen und den Hügel hinunterschritten. Dieß Mal gingen wir dem Portale von Mr. Herbert's Park nicht vorüber. Es stand gastlich offen, wie das erste Mal, da ich's gesehen, und nahm uns gastlich auf, meinen Führer und mich. Durch hohe, rauschende Buchengänge wandelten wir bis zu der grünen Einsamkeit, in welcher die Trümmer der Muckroß-Abtei versteckt sind. Die „Annalen der vier Meister" erzählen, daß diese Abtei und die dazu gehörige Kirche im 14. Jahrhundert von einem der Mac Carthy Mor's, einem Desmond-Fürsten, für Franciskaner-Mönche erbaut worden sei. Unser Weg ging zur Kirche — und wahrlich, keine bessere Stätte des Gebetes, als diese Kirche, auf deren Altar Blüthenkerzen brennen, deren Dach das blaue Himmelszelt mit seinen Wolken und seinen Sternen ist. Ueber mir rauschten die alten, dunkeln Bäume, und eine alte Edeltanne — der Oberpriester in diesem Heiligthum der Natur — breitete ihre mächtigen Zweige segnend über den Eintretenden aus. Und durch eine gothische Pforte, von Epheu malerisch umschlungen, trat ich, gesenkten Hauptes ein — und der Epheu flüsterte, und der Wind sang seine uralten Lieder und von Blume zu Blume, von Grab zu Grab im moosigen Erdreich flog summend die Biene. Hohe Gräber, hier mit Epheu verkleidet, dort von Lorbeer umbuscht. Nicht Siegerstirnen — nur Gräber kränzt der irische Lorbeer! — Hier noch ein Grab. An hohem Stengel schwankt eine Rose — „des Sommers letzte Rose" — darüber; der Führer bat mich, sie nicht zu pflücken. Wie kam er nur dazu, mich darum zu bitten? Ich hätte nicht den Muth gehabt, es je zu thun. Aber er sah wie lange, wie sehnsuchtsvoll mein Auge, ja mein ganzes Herz an dieser letzten Rose hing — und wie heilig sie mir schien und wie unendlich schön und einsam — und er ahnte vielleicht, der gute Mann! — wie es in einer unglückseligen Stunde geschehen kann, daß man Etwas bricht, was noch viel heiliger, viel schöner und viel einsamer ist, als eine Grabesrose ... Gewaltige Eschen beugten sich über uns nieder, und in ihren Zweigen bebte es wundersam. — Nun durch die höchst anmuthige Spitzbogenpforte in den Chor. Auf's Neue Gräber, rechts und links — auf's Neue der Epheu an den Wänden — auf's Neue der Himmel und die Sonne und die Wolfen … und auf's Neue mitten im ewigen Leben der Natur, umweht von dem Hauche, der ihr Leben und uns Verwesung bringt! In der Mitte des Chors erhebt sich ein Grabmal, hochgemauert, trefflich erhalten und mit einer ziemlich neuen Marmortafel geschmückt. Das Grabmal ist neu; das Grab selbst uralt. Der Gründer der Abtei schläft darin und mit ihm seine spätesten Enkel, die Mac Carthy Mor's und die O'Donoghue O'Mor's, welche erst vor 25 Jahren ausstarben. Der Name der Mac Carthy's war der bedeutendste unter allen Familien des Südens; lange, nachdem die Herrlichkeit Irlands schon dahin, nannte man den jedesmaligen ältesten Träger dieses Namens noch „König von Munster." Sie waren treu der irischen Sache, und einer von ihnen, Florence Mac Carthy Mor, ging mit Jakob II. 1692 in die Verbannung. Da geschah es nun viel später, daß der neue Herr der verfallenen Mac Carthy Mor'schen Besitzungen, ein Engländer, der sie erworben hatte, eines Abends durch seine Domaine wandelte. Er sah eine Gestalt am Fuße eines Baumes liegen, welche laut seufzte; und da er sich dem Orte näherte, fand er einen alten Mann. Auf die Anrede des Gutsherrn sagte dieser: „Vergebt mir, Herr, mein Schmerz ist nutzlos; aber ich konnte ihn nicht unterdrücken. Ich bin ein Mac Carthy, einst der Besitzer jenes Schlosses, das nun in Ruinen liegt, und dieses Grundes, den Ihr besitzt. Diesen Baum, an dem ich liege, habe ich einst gepflanzt. Morgen segle ich nach Spanien, wo ich lange ein Flüchtling und ein Bettler gewesen bin, seit der Revolution. Ich bin ein alter Mann, aber Sehnsucht trieb mich hierher, um noch einmal Abschied zu nehmen vom Platz meiner Geburt und dem Grund meiner Vorväter." — Seine Vorväter sind es, die in jenem Grabe schlummern. Die alte Grabesplatte, zersprungen und nur mühsam noch zu entziffern, liegt neben dem renovirten Grabmal an der Erde, im Moose derselben. Sie trägt die Embleme von Harfen, gekreuzten Schwertern und Löwen. Die moderne Grabesplatte hält dem Beschauer folgende Inschrift in englischer Sprache entgegen:

Was Dir im stolzesten Gesang Homer,
Was Tullius prächtig sagt, ergreift nicht mehr,
Als das, was hier im Dunkel ruht des Chors:
Das Grab der mächtigen Mac Carthy Mor's.

Lern', Wandrer, hier des Lebens traurig Loos,
Das Nichts verschont und wär' es noch so groß —
Und wenn ein freies Herz hier lauter klopft,
Und auf dieß Grab die Thräne zögernd tropft —
Indeß zur fernen Zeit der Geist entschwebt,
Wo Erin's Stolz und Größe noch gelebt —
Wo seine Stirn umleuchtet noch von Ruhm —
O wißt, eh' Ihr verlaßt dieß Heiligthum,
Daß hier O'Donoghue auch ruht, und weint,
Daß so viel Glanz in diesem Grab sich eint!

In der nördlichen Mauer des Chores findet sich eine Steintafel, von dichtem Epheubusch umwachsen. Wir lesen darauf, daß diese Kirche im Jahre 1626 neu reparirt worden sei. Es erklären sich daraus die verschiedenen Stylformen, die an dem Gebäude wahrzunehmen. Ein prachtvoll gothisches Fenster, von den Zweigen einer kräftig grünenden Buche nach Innen und Außen geschmückt, befindet sich in der Tiefe des Chors und strömt ein grünliches Dämmerlicht über den ganzen Raum. Neben diesen Spitzbogenresten — und sie zeichnen sich durch ungemeine Zierlichkeit aus — finden sich Theile von plumperer Architectur, in jenen ziemlich massiven Bögen, die den Uebergang von der eigenthümlich irischen Bauart zu der christlichen Kunst andeuten. Da das Gebäude in seinem ganzen Grundplan durchaus und in einzelnen Theilen der Ausführung noch ziemlich gut zu erkennen ist und die Details, so weit sie erhalten, reich und sorgfältig ausgeführt sind; so muß es für den Architekten von Fach ebenso interessant sein, als es auf den gemüthvollen Besucher durch seine Schönheit und durch seinen Verfall ergreifend und fesselnd wirkt. Der am Besten erhaltene Theil ist die Klosterruine, die sich der Kirche seitwärts anschließt. Noch stehen die Mauern mit den gothischen Fenstern, noch die Kreuzgewölbe mit den Strebepfeilern und Spitzbogenportalen, und in der Mitte des Hofes, den sie umschließen, steht ein uralter mächtiger Eibenbaum, der den Hof mit seinem majestätischen Astwerk und Blätterwerk ganz bedeckt. Ein heiliges Dunkel herrscht in diesem Hofe, unter diesem Eibenbaum, den vor fünfhundert Jahren die Mönche hier gepflanzt. Ehrwürdiger Baum! Grauer Patriarch dieses Klosters — einziger Rest jener begrabenen Zeit, der Du Alles überlebt hast, was hier einst des ruhigen

Daseins sich freute, den Abt, die Mönche, die stillen Zellen, die bemalten Pergamente . . . Alles, Alles! Unter Deinem Schatten, der
grünlich über das alte Gemäuer spinnt, durch diese Hallen, über diese
Steine wandelten einst die Frommen, wie ich jetzt dahinwandle. Hier
lustwandelten sie, um der Luft und der Freiheit und der kargen Lust an
der Welt zu genießen — diese Mauern, die meinen Blick einschränken,
waren auch ihre Schranken und jenseits derselben lag für sie Nichts —
und von Allem, was mir jenseits derselben blüht und lächelt und zu
Schmerz und zu Freude winkt, hatten sie keine Ahnung! So wandelten sie hier und so sind sie hinabgegangen, und der Eibenbaum, den
sie gepflanzt, steht noch, und seine Zweige rauschen noch, wie sie damals
gethan, und klagend, wie Gesang der Geister, zieht es über mein Haupt
dahin und verliert sich im Dunkel der Krypten und in den Bögen der
Strebepfeiler . . . Hier sind die Zellen. In den Ecken wachsen Bäume.
Hier ist die Treppe; hier der Bibliotheksaal . . . wo einst die Kirchen-
väter standen, da stehen jetzt rothe Blumen, und wo einst die
Manuscripte geschrieben wurden, da wächst jetzt Moos. Hier
ist der Glockenthurm, und noch sind die Einschnitte im Gemäuer
zu erkennen, durch welche einst die Glockenstränge liefen. Die
Glocken, die Stränge sind verschwunden, und die Hände, die sie einst
gezogen, sind es auch. Keine Glocke mehr im Kloster von Muckroß —
nur Glockenblumen, die der Wind läutet. Kleine Steingemächer
schließen sich an die Bibliothek; Epheu wuchert um die nackten Wände —
die Natur ist so gutmüthig, sie kann es nicht ertragen, daß das jetzt
nackt steht, was einst so herrlich gewesen! Durch die Fensterhöhlungen
sieht man in die Tannen hinunter und auf das goldige Grün der
Wiesen im Parke. Neben der Bibliothek ist das Refectorium.
Noch steht der Kamin wolerhalten und eine seltsame Sage haftet an
ihm. Vor hundert Jahren kam ein Pilgrim hier, in den Ruinen von
Muckroß an und lebte als Einsiedler darin, und der Kamin des Re-
fectoriums war sein Bett, in dem er Jahre lang schlief, bis zu seinem
letzten Schlaf. Nun rankt Epheu in den Kamin hinauf, und aus dem
Schornstein oben wirbelt wildes Gesträuch umher. Das Feuer ist
längst verlöscht, wie die Seele des letzten Bewohners; Blüthenfeuer
und Blumenseelen wohnen im Kamin von Muckroß. Auch die Küche
steht noch; und Epheu grünt über der Feuerstelle, und über dem

Schornstein liegen die Zweige des Eibenbaums. Wie still ist es doch
hier geworden! Wie stille wird es, wenn die Menschen ausziehen, und
das lautlose Leben der Natur einzieht! Die Liebe hat ihre Stimme,
der Haß hat seine Stimme — jedes Gefühl redet seine eigene, gewaltige Sprache; aber die Zeit, die Alles begräbt, schreitet in stummer
Majestät ihren Weg und kaum einen Grashalm biegt sie, indem sie
schweigend dahingeht. Noch liegen die Steine da, über welche die
Köche bereinst in's Refectorium traten; noch ist die Treppe zum Keller
erkennbar. Und Epheugewinde hängen nieder; sie reichen bis in den
tiefsten Keller, sie flattern — lustig genug! — über den Hofraum;
wie grüne Candelaber, in denen das Licht der Sonne und der Schein
des Mondes und der Sterne blitzt, und sanft darüber, — wie die
sanfte Hand der Liebe — deckt sich das Dunkel der Eibe, damit
Sonne, Mond und Sterne nicht zu grell scheinen in diesem Heiligthum
der sanften Trauer, der vorwurfslosen Klage um die Vergänglichkeit
der Dinge . . . Grüne Dämmerung herrscht überall in diesen Räumen.
Noch nie hab' ich Pflanzenleben so innig schön und harmonisch mit
den Ueberresten alter Größe verwachsen gesehen; und das Andenken
an diese Ruine — die nach dem Plane der im Zerstören noch schaffenden Natur schön und symmetrisch zu zerfallen scheint — wird nie
aus meiner Erinnerung verschwinden. —

Und nun an's Wasser und vogue la galère! — Wir sind im
See von Muckross, im Tork-See, — zwei Ruderknechte vorn, zwei
hinten, in der Mitte neben mir mein glücklicher Jack, und so mit
Morgensonne und Morgenwind, frisch über die Fluthen fliegen wir
dahin! Wenn ich an jenen Morgen gedenke und an jenen See und
jene Stunde, so hör' ich die „letzte Rose" wieder, wie ich sie damals
gehört habe . . . sanft wallt die Melodie über den blauen Wasserspiegel dahin, sanft klingt sie von den dunkel bewaldeten Ufern zurück —
die Waldwiesen liegen im gelben Schimmer des Herbstes, und die
Waldabhänge hinter uns wechselnd in Sonne und Schatten und die
Höhen dampfen wie Altäre und ich denke immer an die Psalmen:

> Die Himmel erzählen die Ehre des Allmächt'gen — laut
> Verkündet seiner Hände Werk die Beste, die er aufgebaut.
> Ein Tag thut es dem andren, und
> Die eine Nacht der andren kund.

So weit ein Ohr noch lauschen kann,
Geh'n dumpf die Feierchöre —
Und keine Sprache ist, da man
Nicht ihre Stimme höre.

Von den freien Waldwiesen schaut der weiße Steinpalast des Mr. Herbert hernieder auf die Seen. Aus dem Walde schallt das Echo, voll und weich, und rings eingeschlossen von immer wechselnden Gestaden liegt schwarz-grün der See. Jack hat das Horn fortgelegt und singt ein Lied zum Lobe des heiligen Patrick, — „St. Patrick ist unser Schutzpatron" — und die Bootsknechte stimmen in den Refrain ein und wiederholen ihn. Da nun Alles wieder still ist, bis auf den Schlag der Ruder, da beginnt Jack Lowney die Geschichte vom Tork-See: „In dem Tork-See war eine Diamantsäule, und sie war tief verborgen darin und erschien nur zuweilen des Nachts. Dann sah es aus, als ob der ganze Himmel in Feuer stünde und die Luft schien, als ob es heller Mittag wäre. Es gibt alte Leute, die diese Säule noch gesehen haben. Sie stieg aus der Mitte auf und war ganz bedeckt mit Diamanten und Gold und Silber. Da kam zuletzt ein Engländer, der von dieser Säule gehört hatte, und wartete jede Nacht, bis sie sich einmal zeigen möchte. Und als sie nun eines Nachts aufstieg, da ging er hin und nahm sie weg und mit sich nach England, wo er hernach der reichste Mann geworden sein soll." ... Jack Lowney schweigt; er denkt an den Engländer, der ihnen die schöne, kostbare Säule geraubt und der reichste Mann geworden ist, während sie Bettler geblieben — an Dieses und Mehreres denkt er, aber er schweigt. Wir indessen sind in eine Felsbucht eingelaufen. Dunkle Löcher starren uns an — um die Felsen rauschen Tannen und darüber die Myrthen stehen in voller Sonne. Ein Eibenbaum reckt sich aus der Felsritze und läßt seine Zweige in's gelbgrüne Wasser hangen. Die Felsen stehen hier auf Säulen — keine Diamantsäulen wie ehedem, — von Wind und Wasser zernagte Kalksteinsäulen, zwischen denen — märchenhafte Gänge und Windungen — die Welle ein- und ausläuft. Ein Wasserpalast steht vor uns — da sind Hallen und Gewölbe und Säle und Kammern und geisterhaft murmelt das Wasser und grollt und rollt und die Säulen scheinen zu klingen. Da ist ein Felsen mit langen Strichen und Schmarren ... hier lernt Mac Carthy Mor das

Schwimmen. Nun fahren wir in die Felsen hinein — wir liegen im Wasserpalaste, unter uns das Wasser, über uns die zackig weiße Fels=stuccatur. — Wir sind in Mac Carthy Mor's Weinkeller. — Jack stößt in's Horn — dumpf geht das Echo von Fels zu Fels und bei dem geisterhaften Donner, der uns umtost, geht die Whiskey=Flasche von Hand zu Hand, von Mund zu Mund. Hinter uns liegt der See, in Sonne schillernd, und grün dahinter stehn die Waldgebirge. Und nun hinaus wieder in die Sonne geht's und der Wasserpalast steht wieder einsam und Wind und Welle allein sind seine Bewohner. Und sieh'! — an den Tannen hinauf fliegt ein grauer Adler — über dem See kreisen wilde Enten ... da steht ein Felsen. Die Bootsleute geben mir auf, zu rathen, was dieser Fesen sei? Sie führen mich auf die Spur und immer um die Antwort herum; da ich's gar nicht rathen kann, rufen sie zuletzt einstimmig: „Das ist Mac Carthy Mor's Ad=ler." Ueber dem Adler von Stein wiegt sich der andere Adler, der lebende, schwebende; und ihm nach steigt ein zweiter Adler — höher, immer höher schwebt der eine, ihm nach immer der andere — jetzt beide schon in Nebel über dem Thale ... Wir umschiffen einen Fels mit kühnem, drohendem Aufsatz ... „Das ist Mac Carthy Mor's Kopf" ... Wie auf dem oberen See Coleman, der Riese, so ist hier auf dem Tork=See Mac Carthy Mor der Held — Mac Carthy Mor, dessen Ahnen einst Könige von Munster gewesen und dessen letzter Nachkomme als Bettler in Spanien gestorben. Nun kommt der eine Adler wieder — weiß, wie ein Stern, segelt er über die grünen Tan=nen dahin, in weitem Bogen nimmt er seinen Flug, majestätisch, lange dem Auge sichtbar und zuletzt im Gebirge sich verlierend ... Jack nimmt sein Horn und bei weichem Schalle wallt die Barke das Was=ser entlang ...

Der Himmel ist schwarz und schwarz der See —
Und er wogt in den Felsenklüften;
Und über den Tannen — ein Flocken Schnee —
Schwebt der Adler in den Lüften.
Und die Barke schwimmt, um das Ruder schlingt
Sich ein Kranz von Schilf und Moose —
Und aus den Uferwäldern klingt:
„'s ist des Sommers letzte Rose ..."

Fern von den Bergen, so dunkel und nackt,
Dampft Nebel, blaß und blaßer;
Und nur der Ruderschläge Takt
Bewegt das schlafende Wasser.
So schläft mein Herz — und nur leise bewegt
Es der Winde weiches Gekose,
Und das Echo, das sanft mir herüber trägt:
„'s ist des Sommers letzte Rose."

Und wär' es die letzte — sie duftet doch hold,
Und süß ist es, so zu scheiden —
Aufthut sich der Himmel und Sonnengold
Verklärt die grünenden Weiden.
Hier sind wir am Land — durch den Myrthenwald
Säuselt es lind und lose;
Und ferne, über dem Wasser verhallt:
„'s ist des Sommers letzte Rose!"

Wir waren am Land; in der Glena-Bai. Fröhlich sprangen wir, mein glücklicher Jack und ich, an's Ufer, während die Ruderknechte das Boot anbanden. Unter dem Myrthenbaum dicht am Wasser saß ein blinder, alter Mann, der auf einem Dudelsack blies und die Bälge desselben mit dem Druck der Arme bewegte.

„Hussa Dan!" rief ihm Jack entgegen — „alter Junge, lustig, Dan!"

„Bist Du's, Jack?" fragte der Dudelsackpfeifer, indem er die Bälge ruhen ließ und den Kopf emporwandte.

„Armer Dan!" flüsterte Jack mir zu. „Er ist dunkel seit seinen jungen Jahren und hat es nicht lange gesehn, wie schön es ist, an den glücklichen Seen von Killarney. Aber er ist der beste Dudelsackmann in Munster, und wenn Ihr nach Daniel O'Learry fragt, so wird's Euch ein jeglich' irisch' Kind sagen, daß er unter dem Myrthenbaum von Glena sitzt! — Hussa, Dan! Lustig, alter Junge — hier ist ein Gast und ein Freund der irischen Nation — Gott segne ihn! — und nun spiel' ihm den Ton von „Mutherin Roe." —

Und Dan begann den Ton von der „Jagd auf den rothen Fuchs," und Jack begleitete die schnarrende und doch so eigenthümlich ergreifende Musik abwechselnd mit Gesang, Recitativ und Declamation. Die musikalisch-declamatorische Unterhaltung war nicht kurz; sie fing damit an, daß der Fuchs des Bauern Gans stiehlt.

„Gut' Morgen, Fuchs!" — „Gut' Morgen, Herr!"
„Sag' Fuchs, was thust Du speisen?"
„Eine fette Gans, die ich Dir stahl,
Herr, willst Du — willst Du mit anbeißen?"
„Verleiden will ich Dir, Du Schuft,
Die Gans, die Du thust speisen —
„Herr, keine Gans — den Vorderfuß
Eines Lachses thu' ich speisen!"

Nun folgte die Jagd auf den Fuchs, wobei Jack sich lebhaft gegen den schlauen Gänsedieb ereiferte. Er stieß in's Horn, um den
Jagdruf nachzuahmen, und der Wald von Glena warf die Signale
schmetternd zurück. Er bellte, wie eine ganze Meute Hunde; er rief
ein Jägerhalloh über's andere und der Dudelsack des blinden Dan
kam gleichfalls so in Eifer und der Windsack desselben schwoll so gewaltig an, daß es ein Höllenlärm war, den die Beiden machten, bis
der Wald ringsum dröhnte. Zuletzt war der Fuchs todt und über
seiner Leiche, als Siegestanz, begann Jack Lowney den Jig. Er
stemmte beide Arme in die Seite und trippelte und zappelte mit beiden
Beinen so heftig und ausdauernd, daß die Ruderknechte — welche sich
mit vergnügten Gesichtern bereits in dem Uferrasen gelagert hatten,
wieder aufsprangen und unter Händeklatschen und mit dem Rufe:
„Wohl gethan! Sehr wohl gethan, Jack!" gleichfalls tanzten und
sprangen. Der blinde Pfeifer zuletzt, als er nicht mehr blasen konnte,
sprach ganz traurig: „O Jack, könnte ich Euch doch auch tanzen sehen!"
Alsdann streckten sich die Tänzer wieder in das Grün und den
Schatten, langten Whiskeyflaschen und Tabakspfeifchen hervor und
plauderten und lachten und waren sehr vergnügt, während ich still
und „beseligt von dem Wundervollen" den Strand entlang wandelte.
Der Zauber dieser Seegestade wird durch den dichten, dunklen, rauschenden Wald erhöht, der in üppigster Fülle bis an's Wasser niedersteigt und
seine letzten Kronen im Grün der Welle bespiegelt. Während der Wald
in Kerry, in Munster, in ganz Irland bis auf wenige Reste verschwunden
ist, hat er sich hier — auch nur in Resten, aber so schön, als die
Reste von Muckroß-Abtei — erhalten am Fuße der Gebirge, deren

übriger Theil freilich nackt und kahl ist und deren sonnverbrannte
Häupter traurig in den Himmel ragen und — umsonst nach Kühlung
schmachtend — Nichts als ihren Schatten im Wasserspiegel der Killarney-Seen baden dürfen. — Ueberaus reizend ist diese Bucht mit
dem Waldhügel, der sie im Halbkreis umschließt, und mit ihrem Blick
auf das blaue Gewässer, das zu ihren Füßen träumt, von Myrthen
beschattet. Und das Reizendste in diesem Wald- und Wasseridyll, wo
Alles reizend erscheint, ist die Hütte, die eine Lady Kenmare sich hier
erbaut hat. Wenn Liebe ein Asyl suchte, wenn Glück, wenn Friede
oder Schwärmerei, wenn Alles, was zu schön ist, als daß es in der
breiten Sonne der Landstraße leben möchte, sich eine Zuflucht wünschte:
o, daß es dann hierher, an die Bai von Glena, in den Wald von
Glena kommen und diese Hütte sich erwählen dürfte! Auf Epheusäulen
ruht ihr Dach von Stroh — durch große Glasscheiben sieht man in
das Innere — in ein Boudoir, das still und schattig und reich ist, wie
das Boudoir der Liebesgöttin; in einen großen, goldenen Spiegel, der
Alles, was hinter mir lag, See, Berg, Myrthenwald und Himmel
widerstrahlte, so daß der Blick in eine Zauberwelt geöffnet schien,
während die wirkliche — diesmal nicht weniger schön, als jene — doch
auch nicht verloren ging. Boot um Boot schwamm über die ruhige
Wasserfläche — Sonne und Gesang erfüllten die Bucht — fern aus
dem Grün herauf tönte der Dudelsack und die Wellen plätscherten
leise an den Rasenufern von Glena. —

Da vernahm ich von der andern Seite, aus der Tiefe des Waldes, Hörnerschall, dem ich nachging. In einer Waldschlucht, hoch über
dem See fand ich meine Bootsleute und Jack, die hier wirklich her-
übergerudert waren, während ich über dem See von Lady Kenmare's
Zauberspiegel geschwebt hatte. Sie nagten an einem Hammelknochen
und kauten Haferbrod und tranken Whiskey und zeigten sich — nach
solcher Herzstärkung — zu allen guten und fröhlichen Dingen doppelt
aufgelegt. Und flott gemacht ward unser Boot und mit einem fröhlichen Gesange der Schiffer flogen wir dahin und schwammen nun in
den Lough Leane, den dritten und größten der drei Killarney-Seen
hinein.

Ein weiter Aspect öffnete sich und vor uns lag eine schwarze
wogende Wasserfläche und hinein gingen wir mit scharf gehaltenem

Steuer. Zur Linken standen die Waldberge von Glena mit den Fels-
vorsprüngen; zur Rechten kahle, grau beschattete Hügelketten. Der Gesang der Schiffer war zu Ende, und nach aller Lust, allem Glanz
und aller Fröhlichkeit der frohen Stunde schwammen wir nun in
einer traurigen Wassereinöde. Oft, mitten in der Fahrstraße, stand
ein gefährlicher Fels; das schwarze Wasser sprang schäumend und
zischend am grauen Gestein hinauf und bespritzte die krüppeligen
Bäume, die sich mit ihren Wurzeln wie mit langen, braunen Krallen
in den Felslöchern festhielten. In weitem Bogen umging unser Boot
den Strudel und mühsam genug mußte es sich durch die hohen Wellen hindurchkämpfen, die uns auf= und niederwarfen. Spritzwellen
schlugen über uns weg und feuchteten Haar und Kleider. Der Himmel war dunkel und stürmisch geworden, das Wasser wogte mächtig
und Schaumstreifen rieselten weithin über die finstere Fläche. Der
Himmel von Irland und die Seele des Irländers sind so wandelbare
Dinge. Eben noch sonnig, noch heiter — im andern Augenblick ziehn
Sturm und Wolken und Schwermuth herauf, und während der stau-
nende Fremdling noch von dem unheimlichen Wandel befangen ist:
löst sich das Eine in niederströmenden Regen, das Andere in Thränen
und plötzlich erscheint in den Wolken der brillanteste Regenbogen und
der beruhigten Seele entsteigen die nicht minder glänzenden Bilder der
irischen Märchen=, Sagen= und Liederwelt.

> Erin! Dein Weinen, Dein Lächeln erscheint
> Wie wenn sich Regen und Sonne vereint.
> Glänzend durch Sorg' und Qual,
> Trauernd bei frohem Strahl
> Steigt Deine Sonne fahl
> Aufwärts und weint! (Th. Moore.)

Ueber die östlichen Höhen glänzte wieder flüchtiger Sonnenschein.
Aber unter dunkel und schwermuthsvoll in's Wasser niederhängenden
Bäumen lagen in der Ferne Roß=Eiland und Innisfallen. In dieser
Beleuchtung, die sich aus tiefen, breiten Schatten um uns, aus wehen-
dem Nebeldunst vor uns und flüchtig enteilendem blassen Sonnenschein
über uns mischte, hatten See und Himmel etwas unaussprechlich
Traumhaftes. Tiefe Müdigkeit, unwiderstehliche, überkam mich; eine Weile
noch sah ich den schwarzen See, die Schaumstreifen, die Wolken, den

Nebel — eine Weile noch hörte ich, matter und matter stets, den Schlag der Ruder, das Plätschern der Wellen, das Gemurmel der Tiefe — dann sanken die Augen, dann die bewußten Vorstellungen, dann alle Dinge, rund um mich her, und schlafend fuhr ich über den See von Killarney. Ich träumte von St. Goarshausen und dem Lurlei-Felsen. Ich saß wieder dort oben unter dem Haidekraut und schaute über den letzten Steinvorsprung nieder in den grünlichen Rheinstrudel. Und neben mir saß ein lieber, unvergessener Freund jener seligen Rheintage. Und unten ging das Rheinboot vorüber — stromauf ging's — mühsam kämpfte sich's um den Stromwirbel — und Tücher wehten von Unten und wir von Oben sangen: „Ich weiß nicht, was soll es bedeuten — daß ich so traurig bin" — und ... da donnerte die Kanone, das Rheinschiff zu begrüßen ... und auffuhr ich aus meinem Traum und Alles war verschwunden und anstatt auf dem Lurlei-Felsen lag ich in Meister Hurley's Boote, das eben mit starkem Ruck an die Küste gelaufen war.

„Hier ist O'Sullivan's Cascade, lieber Herr," sagte Jack, nehmt Euren Plaid, Ihr habt Euch warm geschlafen und da oben, bei den Wassern, ist es kühl!" —

Ich nahm den Plaid und stieg in den Wald, der mich mit flüsternden Bäumen und heiligem Rauschen empfing. Die Andern blieben alle zurück. „Laßt ihn allein gehen," hatte Jack zu den Uebrigen gesagt; „er hat seine Gedanken und wir wollen ihn nicht stören. Laßt ihn allein gehen!" Dann setzte er sich auf einen umgestürzten Baumstamm, nahm sein Horn und blies, und die Klänge seines Hornes wanderten mit mir, indem ich den Berg hinan, den Wassern entgegen stieg. Aus grüner Wildniß schäumten sie hernieder, durch's Dunkel urgewaltiger Bäume, deren Wurzelfasern sich riesig in den Boden schlugen. Ueber mächtigem Felsgestein, von tropfenschwerem Epheu umrankt, plätscherte es aus unzähligen Rinnen und sammelte sich zu kurzer Rast in einem Steinbassin, von dessen Grund farbige Steine gelblich heraufschimmerten. Hohes Binsenkraut bog sich, von Wind und Wasser bewegt, auf und nieder — und o, wie wolig lag sich's wieder einmal in diesem Felsenmoos gestreckt. Ueber mir leise nickten die Zweige, über mir leise rauschte der Wind — und am zackigen Felsensteige zischte der Sturzbach, der niederrinnt. An des See's steinernen Dämmen bricht sich der Wogen ewiger Lauf; und aus den windumgestürzten Stämmen tönt mir das Horn Jack Lowney's herauf. Bläulicher Himmel durch Blättergesäusel — nimm mich in Deinen Frieden ein — siehe, dort über das Wellengekräusel wandelt der flüchtige Sonnenschein! Siehe, durch meine Seele schreiten liebliche Bilder, selig und fromm — und ich möchte die Arme breiten, möchte rufen: „o komm! o komm!"... Höher, höher! Immer kräftiger wird die Waldluft — und Harzduft mischt sich hinein; immer voller strömt das Wasser und gewaltiger zu beiden Seiten thürmen sich die Felsen auf. Und wo die Waldcoulisse sich mit schwarzem Gestein schließt, da sprüht wie ein vielzackiger Silberblitz der Wasserstrahl in die schwarzgrüne Tiefe hinunter und über ihm wölben sich die Bäume, wie ein Baldachin. Und phantastische Bäume sind es — hexenhaft gekrümmte, mit Bärten von langem, grauem Moos und mit Wurzeln, wie gierige Krallen in's Gestein geschlagen, und mit Farrenkräutern, die aus dem Moos wachsen. Und da streckt einer seine Zweige nieder, wie lange, dürre Arme — als wollte er das Bächlein, das verzauberte Felsenkind, umarmen — und zwei andere, wie altersgraue Patriarchen, die keine Sehnsucht mehr haben und kein Verlangen, stehn da grad' und unbeweglich und um ihre kahlen Häupter flattern die zerrissenen Wolken. Da stehen zwei andere, die aus einer Wurzel gewachsen sind, glückselige Bäume, die nur der Blitz des Himmels trennen wird; und viele Namen sind hineingeschnitten, auch zwei, die in einander gewachsen sind, wie die Bäume selber, und die sich auch nie mehr trennen können, ob sie gleich der grausame Tod oder vielleicht das noch viel grausamere Leben schon längst getrennt hat... und von Oben schimmert der Wolkenhimmel und unten, durch das flimmernde, hellgrüne, feuchte Laub schimmert, wie ein anderer Himmel, der weißliche Feen-See und die Klänge des Horns zogen, wie die melodische Seele dieser Zauberwelt, durch die Einsamkeit.

Aber ewig wechselnd in Ton und Farbe blieb die Aussicht. Da ich wieder an's Seegestade gekommen, war Alles dicht in Duft gehüllt, und nur am gegenüberliegenden Gebirg lag ein Sonnenstreif und er zeigte ein hellgrünes, liebliches Feld, wie einen leuchtend grünen Edelstein in dunkler Fassung. Und Licht und Friede verbreite sich bald vom Gebirge herab über's Wasser; und es ward ruhig und fromm,

und der Himmel klärte sich und die Berge leuchteten matt. Es wollte
Abend werden und die Sonne hinter den Wolken begann ihr letztes
Spiel. Da erstand vor uns eine Insel, die mit Thal und Hügel
dicht und malerisch bewaldet in Nebel zu schwimmen schien. Ihr
Himmel war verhängt und die Bäume schauerten leise, und tief dahin
an den Seitenbergen strichen die Wolken. Aber da wir nun anliefen
— wie wunderbar verwandelte sich der Anblick! Ich werde jene Stunde
nicht vergessen; — wie auf Einmal die Felspartien magisch auf-
leuchteten, wie das Wasser den zauberhaften Glanz wiederspiegelte und
wie ich beim ersten Sprung auf die lieblichste der Inseln ausrief:

Süß' Innisfallen! goldengrün
Sollst Du in meinen Träumen stehn,
Wie ich zuerst im Abendglüh'n
Dich sah, gleich einem Land der Feen!

Ich war auf Innisfallen. — Jetzt eine schöne üppige Wildniß,
mit Hügeln, auf denen die Walddistel und die Linde; mit Gräbern,
und Ruinen, auf denen das Immergrün wächst — einst ein blühen-
der Garten mit schattigem Kloster und frommen Mönchen, eine Pflanzstätte irischer Gelehrsamkeit und Gottesfurcht, eins von den Heiligthümern der irischen Nation, berühmt durch die Schönheit und den Glanz,
welche vergangen, sowie durch die wehmüthigen Erinnerungen, welche
geblieben sind — „ein Paradies und ein Sanctuarium," wie die
Annalen von Innisfallen es nennen. St. Finian, derselbe Heilige,
dem die Kirche von Aghadoe geweiht war, soll der Gründer der berühmten Abtei von Innisfallen gewesen sein (600 vor Chr.), in der zwei
fleißige Mönche jene Annalen — Aufzeichnungen in der wolbekannten
Chronikenmanier, die stets von der Erschaffung der Welt anhebt —
verfaßt und den Namen „Innisfallen" für alle Zeiten mit der irischen
Geschichtsforschung unauflöslich verbunden haben. Die Ruinen der
Abtei sind nun über den Grund zerstreut und es war traurig und süß
zugleich, unter ihnen auf der lieblichsten Insel zu schweifen. Ueppiger
sah ich nie Waldgehänge über Trümmern ausgebreitet. Ein Urwald scheint
den Wanderer aufzunehmen; Bäume von überraschender Kraft und Fülle
wölben sich über ihm, sein Fuß wird von prächtig wucherndem Schling-
gewächs oft gefesselt und majestätisch hängen vom Uferrande die immergrünen Wassergewächse nieder in den See. Ein schimmernder Wald

im See von Killarney ist dieses Eiland — abgelöst von der übrigen
Welt ruht es mit seiner Dunkelheit und seinen Sagen, mit seinem
Immergrün und seinen Klosterruinen — einer Wasserblume gleich —
auf der Fläche des märchenreichen See's, und man würde sich nicht
wundern, wenn es eines Tages in die Tiefe hinabgesunken wäre, um
nur zuweilen noch dem Auge verirrter Schiffer und liebeskranker Mäd=
chen zu erscheinen. — Am ersten Hügel hinunter war der Kirchhof
der Mönche. Jack Lowney hat hier, vor zwanzig Jahren, als ein
Stück des Bodens umgegraben wurde, Eisenringe und Metallplatten
gefunden. Seit jener Zeit schlafen die Mönche ungestört ihren Schlaf
weiter, und üppiger und voller wächst das Gras an dieser Stelle und
die Schaafe weiden darin. Ein einziges Grab hat sich erhalten und
ist sichtbar geblieben. Es ist ein viereckiges Gemäuer, flach an der
Erde, von halbzersplitterter Steinplatte gedeckt und darüber — das
Grab gleichsam mit den Wurzeln haltend — steht und rauscht eine alte
moosige Esche. Sie hat es mit ihren Wurzelfasern umsponnen und man
muß sich niederstrecken, wenn man in seine Dunkelheit hineinschauen
will. So liegt das Grab schon seit Menschengedenken; und empörend
waren die Bemerkungen einiger Engländer, die soeben an dem Grabe
angekommen waren. Ich erkannte sie wieder; sie hatten mich den
ganzen Tag schon, so oft ihr Boot dem meinen begegnet war, durch ihr
lautes Lachen, ihre albernen Zurufe und unangenehmen Gesänge ge=
stört und geärgert. Nun hatten sie sich um das Grab aufgestellt und
betrunken waren sie alle Drei und in ihrer Mitte erschien ein alter,
ehrwürdiger Mann, den ich bisher nicht gesehn hatte. Er trug eine
gelbe Manchesterhose, eine blaue Weste mit gelben Knöpfen und ging
in Hembärmeln. Schneeweißes Haar bedeckte seinen Kopf; der Glanz
seiner Augen war längst erloschen, sie sahen so traurig aus — lang=
jährige Bekanntschaft mit Erdenleid und Einsamkeit wohnte in seinem
gefurchten Gesichte, — eine fremdartige Erscheinung war dieser Mann,
und wenn man mir gesagt hätte, er sei aus dem Grabe erstanden, vor
welchem ich im Grase lag, so würde ich's geglaubt haben.

„Nun, alter Mann," rief Einer von den Engländern, der
eine weiße Patent=Cravatte, einen Regenrock und ein Teleskop
an der Seite, wie ein Schwert in der Scheide trug — „was haben
wir hier?"

„Ein altes Grab, gnädiger Herr!" erwiderte der greise Mann mit schwacher, zitternder Stimme.

„Ein Grab?" schrie ein Anderer, der wildlederne Handschuh und eine Reitgerte trug — „erzähl' uns doch keine Lügen, thörichter Greis. Kann denn ein irischer Mann niemals die Wahrheit sagen? Müßt Ihr denn so oft lügen, als Ihr den Mund aufthut, um zu sprechen?"

„Sir!" sagte der alte Mann und seine Stimme zitterte stärker, als zuvor, — „ein irischer Mann lügt nie, und..."

„Still!" fuhr ihn der Wildlederne an und erhob seine Reit- peitsche — „still! Und sage mir nicht wieder, daß dies Ding ein Grab sei. Oder willst Du mich glauben machen, daß die irischen Barbaren und Heiden ihre Gräber aus Baumwurzeln gemacht hätten?"

Dem alten Mann wurde die Sprache schwer und nur leise stam- melte er „Sir — Sir... die heilige Jungfrau verzeihe Euch, was Ihr gesagt habt!"

„Jungfrau"... kicherte der Dritte, an dem lange, dünne Beine und eine lange dünne Stimme, die bei jedem dritten Worte die Ton- art wechselte, das Bemerkenswertheste war... „hi, hi, hi! Wollt', daß eine Jungfrau hier wäre... Jungfrau... hi, hi, hi,... Ich bin ein großer Freund von Jungfrauen..."

„Und wißt Ihr, was ich mir von diesem Loch denke?" begann der Erste mit der Patent-Cravatte, nach längerem Besinnen. „Es wird dem heiligen Kilian...

„Finian!" unterbrach der mit der langen, dünnen Stimme...

„Kilian oder Finian,... das ist einerlei... Kilian sag' ich, dem heiligen Kilian sein Eiskeller gewesen sein. Er wird seinen Sect darin aufbewahrt haben..."

„Bravo!" schrie der Mann von wildem Leder — „das ist ein guter Einfall! Ja ja, der Eiskeller des heiligen Kilian oder wie sag- tet Ihr doch... Vieh... Aber was liegt denn da für ein Insect im Grase... auch ein heiliges Vieh?" Und indem er sich mir näherte, der ich mit steigendem Unwillen ihre widerwärtigen Späße mit ange- hört hatte, berührte er mich mit seiner Reitgerte. Ich sprang auf und ehe ich noch den Unverschämten fest an der Kehle hatte, waren die langen, dünnen Beine schon hinter dem Hügel verschwunden und die Patent-Cravatte schrie: „Zu Hülfe! Mörder! Zu Hülfe!" Aber keine andere Hülfe erschien, als Jack Lowney und zwei meiner eigenen Bootsleute, die sich in diesem Augenblick auf der Spitze des Hügels sehen ließen. Ich aber hatte den wildledernen Burschen so gut gefaßt, daß er umsonst mit seiner Gerte um sich schlug, „und" rief ich ihm in's Ohr, „wenn Ihr niederträchtig genug seid, diesen alten Mann und seine Religion zu verhöhnen, so sind das Dinge, für die nicht ich Euch zur Rechenschaft zu ziehen habe; wenn Ihr Euch aber untersteht, mich mit einer Reitgerte zu berühren, so ist das meine Sache und der Teufel soll Euch holen!" Mit diesen Worten gab ich ihm einen Stoß und hintenüber schlug der betrunkene Rüpel, so lang er war, in's Gras. Er machte mehrere vergebliche Versuche sich zu erheben, bis die Patent-Cravatte kam, ihn auf die Beine brachte und, allerlei von groben „foreigners" murmelnd, sich Arm in Arm mit ihm entfernte. Ueber ein Kurzes gesellten sich auch die langen, dünnen Beine hinzu und Ruderschlag von der Küste herauf verkündigte, daß sie es vorgezogen hatten, das Weite zu suchen. Der alte Mann aber mit den gelben Manchesterhosen sagte mit zitternder Stimme, indessen ihm Thränen langsam über die gefurchten Wangen liefen: „Die heilige Jungfrau lohne Euch das, mein edler Herr!" — Dann ging er langsam den Hügelpfad hinunter und verlor sich unter den Bäumen. Mittlerweile war aber auch Jack Lowney angelangt; und ich fragte ihn nach dem alten Manne.

„Wir nennen ihn den Eremiten von Innisfallen," antworte mir Jack. Er ist ein steinalter Mann und hat seine Frau und seine Kinder und seine Enkel lange begraben. Einen Urenkel hat er noch; der wird aber auch bald sterben. Es ist Larry, der kranke Junge von Aghadoe" ...

Da mußte ich an den Morgen denken, wo ich — auf dem Kirchhof und von dem alten Rundthurm herab — das „süße Innisfallen" zum ersten Mal gesehen hatte.

„Jahr aus, Jahr ein," fuhr Jack fort, „so lang' ich denken kann, lebt der Eremit auf dieser Insel, ihr einziger Bewohner. Er ist von Lord Kenmare zum Verwalter derselben gemacht, und ich glaube, er hat sie nur verlassen, um die heilige Messe zu hören, oder wenn die Todtenwache von einem seiner Kinder, Enkel oder Urenkel gehalten ward. Im Sommer fehlt es nicht an Besuch; da kommen Fremde und

Schnittersleute, die das Gras mähen; aber im Winter, wenn der See bewegt ist, kann oft wochenlang kein Boot anlaufen, und einmal hat er in drei ganzen Monaten kein menschliches Angesicht gesehen."

Weiter schritten wir am dunkelbewaldeten Hügel dahin. Offene, schön geschmückte Wiesenhänge nahmen uns auf; stattliche Buchen säuselten über uns und vielhundertjährige Eschen, eine darunter, dreistämmig, vielästig und zweimal vom Blitze gespalten. So kamen wir an's Gestade. Hier, wo das Wasser über graues Gestein murrend an= und abrollt, streckt sich eine Landzunge, von altem Nadelholz und Stachelgestrüpp überwachsen, in's Wasser, das schäumend daran emporspringt und dumpf sich an der steilen Felsküste verläuft. Das Volk nennt diesen dunkeln Ort „das Bett der Ehre", und Jack erzählte mir davon eine alte, rührende Geschichte, wie eine schöne Fürstentochter mit ihrem Geliebten entflohen sei, weil sie den Bräutigam nicht habe nehmen können, den ihr der unerbittliche Vater bestimmt. Wie die schöne Fürstentochter mit ihrem Geliebten nach Innisfallen geflohen, und wie sie dort oben am Hügel aus Furcht vor den Gräbern nicht habe ruhen mögen und ihr nun der Geliebte ein Bett auf dieser Landzunge bereitet habe, in welchem sie sicher und glücklich schlief, während er wachte, daß die Verfolger sie nicht überraschen möchten. Aber schon am andern Morgen hörte er den Dudelsack über's Wasser tönen; und die Melodie war der Schlachtgesang des Clans, dessen Fürstentochter er geraubt, und viele wilde Stimmen begleiteten ihn, und die Schlachtfahne sah er im ersten Morgenroth schwanken, und die Boote nahten sich und legten an Innisfallen an, und bald gellte die heilige Insel vom Geschrei der Männer, und bald auch war der Zufluchtsort entdeckt, wo die Liebenden sich verborgen. Hier, auf der steilen Felsküste stand der zürnende Vater, der verschmähte Bräutigam, und unten, eine Rose im frischen Grün, umspielt von den ersten Strahlen des Morgenroths, lag die eben erwachte Fürstentochter, und neben ihr saß, unter einer Tanne, ihr Geliebter, der die Nacht an ihrer Seite gewacht hatte. „Du wirst sie nicht mehr wollen, so wie sie jetzt ist!" rief er zum Felsen hinauf. „Ich weiß," klang es vom Felsen herunter, „ein heiliger Priester hat Euch nicht vereint, noch gesegnet. Ich weiß, ihre Tugend ist so groß und Deine Ehre so fest, daß ich sie mit solchem Vertrauen zurücknehme, und hätte sie auch zwölf Monate statt zwölf

Stunden mit Dir zusammengelebt, als wenn sie nie das Haus ihrer Mutter verlassen!" Und so war's, die Jungfrau hatte ihre Ehre nicht ihrer Liebe geopfert; aber die Liebe blieb unerschütterlich, und der Vater mußte nachgeben, und sie dem Gegenstand ihrer ersten und einzigen Neigung verbinden, und dann gab der Priester seinen Segen, und der Ort, wo sie rein und schön und heilig geruht, heißt bis auf diesen Tag „das Bett der Ehre," und es wachsen viel gelbe Blumen dort am Strande, und eine von diesen gelben Blumen habe ich gepflückt und werde sie bewahren, bis ich eine Hand finde, rein und schön und heilig, der ich sie geben darf! —

Das Gestade entlang, unter hexenhaften Eibenbäumen, aus deren dunkelgrünem Laub, wie rothe Märchensterne, die Früchte leuchteten, wandelten wir den andern Hügel hinan, den die Ruinen des alten Klosters bedecken. An die Fensterhöhlen — schauerliche Höhlen, in denen längst kein Licht und kein Leben mehr wohnt — klammert sich das dürre Holzgeflecht des Epheus, zwerghaft verkrüppelt, runenhaft verschlungen. Aber von Oben herab, wie ein Wald, neigen sich die grünenden Zweige; ein Epheudicht, ein ewig lebendiges Dach, in dem der Wind rauscht, die Vögel nisten und die Regentropfen sich fangen. Unter diesem Epheudach hält sich der Eremit von Innisfallen auf. Dort in dem alten Rauchfang, den die Mönche des 7. Jahrhunderts erbaut, macht er noch täglich sein Feuer. Die Nächte und den Winter verbringt er in einem andern Theile der Ruine, der besser erhalten und durch eine Lehmwand geschützt ist. Diese Ruinen sind in ihrem Umfange sehr beträchtlich; aber das Meiste ist schon wieder Erde geworden, nur die Grundmauern lassen sich in ihrer ganzen Ausdehnung noch verfolgen. Einzelne, seltsam behauene Steine liegen über den Grund verstreut und in den inneren Räumen wächst ellenhohes Gras, wie in einer unbetretenen Wildniß, und dicke Eschen, die mit ihren Wurzeln in dem Gemäuer liegen und die harten Steine desselben gesprengt und zur Seite gedrückt haben. — Auf des Hügels Spitze steht der am Besten erhaltene Theil der Ruine, der einst die Kirche gewesen zu sein scheint. Hier durch die Fenster sieht man in ein Baumdicht, darin — seit Jahrhunderten nicht mehr von Menschenhand gestört — die Natur schweigend zu brüten scheint; und hier der Thurm ist in sich zusammengesunken, und Epheu, längst verdorben, längst gestorben und zu dürren Holzfaseru geworden, umflicht ihn. Nur ganz oben, aus dem Moder und Schutt, hat sich ein Bäumlein erhoben, und wie ein Gruß des ewigen Lebens läßt es seine grünbefiederten Zweige im Winde schwanken. — Den letzten Felsen über dem See schmückt die Kapelle. Die Eingangspforte ist wolerhalten; es ist byzantinischer Rundbogenstyl mit jenen, der altchristlichen Baukunst in Irland so eigenthümlichen Verzierungen, mit Spiralen, mit Zickzackverschlingungen, mit Himmelskronen, deren Reifeu und Sterne jetzt feuchtes Moos ausgefüllt hat. Die Fenster und Portale sind aus rothem Sandstein, der sich durch seine Farbe noch immer kenntlich und vortheilhaft von dem übrigen Gemäuer und dem grünen Epheugeflecht abhebt; denn auch hier sind die Mauern von darin wurzelnden hundertjährigen Epheustämmen auseinander getrieben. Aber durch das epheuumschlungene Fenster schaut man auf den See, auf das Gehölz und die Gebirge. Aus dem Gotteshaus, das die Hand der Menschen erbaut und die der Natur zerstört hat, schaut man in den Dom, den der Herr aller Dinge selber gegründet und bereitet hat, und den er zerschlagen wird, er selber, am Ende aller Tage und aller Dinge. Und wir armen Menschen! ... wir gehen wie Wanderer durch die Welt, und wir wissen es nicht, wohin wir gehen, noch wo wir bleiben ... und wir haben keine Heimath und unser Weg geht in ein Märchenland ...

So nahm ich Abschied von Innisfallen. Als ich mich zuletzt noch einmal umsah, da lag die Insel im Abendroth wieder still und traumhaft wie immer; wie eine rührende Legende aus alten Tagen versank sie hinter mir, und auf dem letzten Felsvorsprung, unter dunkeln Bäumen, saß der Eremit von Innisfallen, als wäre er die letzte heimkehrende Gestalt jener Legende. Er hatte den Arm auf's Knie gestützt, nur einmal sah er auf, um mein abfahrendes Boot zu segnen, dann lehnte er sein Haupt wieder auf die Hand und um sein langes, silberweißes Haar spielte der Seewind und die Abendsonne. Mein Boot aber glitt über die sanfte Fläche des See's dahin, und ein leichter, feiner Nebel sank herab und die bewölkte Sonne schien matt und geisterhaft in die webende Masse. Mir war wie einem Kinde, dem man Feengeschichten erzählt. Ich träumte jedes Wunder in die Wirklichkeit, wie in einen Rahmen hinein; ich schaute Alles mit verklärtem Auge.

Wir waren auf gefeiter Stelle. Dorthin, auf Roß=Eiland geht der Kurs; dorthin, wo unter ewigen Bäumen das alte Schloß versteckt liegt, das Schloß der Sagen, das Schloß der süßesten Maienschwär= merei, das Schloß O'Donoghue's, des lieblichsten Ritters. Dort wohnte er einst in seinen jungen, schönen Jahren; dann stieg er nieder, jung und schön, wie er war, zu den Elfen, die unter dem See in der versunkenen Stadt winken und singen und lieben — und da, tief unten, lebt er noch heute, und die Zeit, die seitdem vergangen ist, hat ihn. nicht mehr verändert, als der Wind, der über das Wasser geht, den See verändert hat, unter welchem er wohnt. Aber jedes Jahr um's Morgenroth des ersten Maientages kehrt er auf eine Stunde aus sei= nem Seepalast in das alte, graue, traute Schloß seiner Väter auf Erden zurück — in das Schloß, in welchem er seine schöne Jugend gelebt und sein schönes Weib geliebt hat ... auf einem weißen Rosse reitet er über das Wasser dahin und Feen umschweben ihn und streuen die schönsten Blumen auf seinen Pfad, und Feenmusik begleitet den geisterhaften Zug, und das junge Licht des Maienmorgens gißt seinen goldenen Schein über ihn aus, und die jungen Mädchen am fernen Rande der Seen, die dann noch mit ihrem Liebsten zusammensitzen, drücken ihm zärtlich die Hände, und durch den Traum derer, die ent= fernt vom Liebsten sind, wandelt das Bild desselben in aller Schönheit und Herrlichkeit. Schöner, junger, ritterlicher Held! — so geliebt von Allen, so verehrt von Allen, und so unglücklich, inmitten aller Feen= pracht und Liebesfreude von ewiger Sehnsucht gequält ... alle Jahre nur eine Stunde frei, und in der einzigen Stunde heimkehrend zu den Plätzen unvergessenen Glückes, das sich nie mehr erneuen wird ... zu den Plätzen der Kindheit, der Jugend, der irdischen, theuren, geliebte= sten Heimath ... Dorten, in Roß=Castle regierte er, ein milder und edler Herr, den seine Unterthanen vergötterten. Aber er besaß auch geheime Kenntnisse und Kräfte und machte im Drange nach immer mehr mit dem Teufel einen Pact. Der Teufel gab ihm die Macht zu hexen, zu zaubern und jede Gestalt anzunehmen, die ihm beliebte, und O'Donoghue verkaufte sich ihm dafür; aber erst dann sollte er ihm verfallen sein, wenn eine Frau, während er sich in einer verzauberten Gestalt befinde, schreien würde. Nun geschah es, daß er lange Zeit kein weibliches Wesen zuließ, wenn er zum Ergötzen seiner Freunde feine Künste machte. Zuletzt aber hat ihn sein eigen Weib, die der Begierde, zu schaun, was alle Andern so oft geschaut hatten, nicht länger widerstehn konnte, so oft und so dringend, daß er nachgab und sie seine Zaubereien sehen ließ, nachdem er ihr das feierliche Versprechen abgenommen, daß sie während der ganzen Zeit den Mund nicht öffnen wollte. Zuerst verwandelte sich O'Donoghue in einen Hirsch, alsdann in einen Fisch und zuletzt ließ er das ganze Schloß rund tanzen, worüber seine Frau sich so entsetzte, daß sie laut aufschrie. Da war sein Verhängniß erfüllt — aus einem Fenster seines Schlosses, das man dem Wanderer noch heut zeigt, sprang O'Donoghue in den See nieder, wo er verdammt ist, ewig unter den Wasserfeen zu leben, die ihn alle, alle lieben, und von denen er keine wiederlieben kann ... denn seine Gedanken sind in der andern Welt, in der Welt voll Sonne, voll Grün und Erdenlust, in der Welt, wo die Menschen wandeln — in der Welt, die noch voll ist seines Andenkens und jeder guten Erinnerung an ihn. Hier — ein skelettartiger Felsenbau mitten im anströmenden Gewässer — ist O'Donoghue's Roß, und hier ist O'Donoghue's Kerker — sein Stall, seine Bibliothek, sein Taubenschlag, sein Weinkeller, seine Tafel, sein Bienenkorb, seine Kanzel, sein Besen ... wo der Phantasie sich eine seltsame Felsformation im Umkreis dieses ihm geheiligten See's darbot, da verwandelte sie's — die dankbare Freundin wehmüthiger Traditionen — in Gegenstände, die seinen Namen tragen und sein Gedächtniß feiern sollen. Und wenn der Wind sich erhebt, und die Wellen des Sees aufwühlt und mit silbernem Schaumgekräusel die dunkelgrünen Wasserrosse flatternd umkleidet — so sagt der Bootsmann von Killarney, daß es die Mähnen von O'Donoghue's weißem Pferde seien. Und die Wasserrosse sprangen, und die Silbermähnen flatterten ... und der Nebel wallte dahin und wunderbare Gestalten schienen in die untergehende Sonne hinüberzuwallen ... ein langer Geisterzug, in magische Farben gehüllt und nur zuweilen auf den Felsen rastend, die zwischen uns und den mächtigen Goldwolken im Westen standen. Die blendende Luft= und Wasserspiegelung bezauberte das Auge und berauschte die Seele ... immer hinüber sah ich in das Westgewölk, und hinüberziehen hätte ich mögen mit den Nebelgeistern in die untergehende Sonne, untergehen mögen, wie sie ... Und ich glaubte es dem glücklichen Jack, daß er O'Donoghue und sein Roß und die Feenschaar, die Blumen streut, mehr als einmal gesehen; mir war ja jetzt, als hätte ich selber sie gesehen . . .

Un da ich nun mein Auge von der wundervollen Ferne, die mehr und mehr schon, wie Alles was schön ist, in dem aufsteigenden Nachtduft zu versinken drohte, auf die Welt kehrte, die mir noch am andern Ufer lag: siehe! — da war das grüne Ross=Eiland dicht vor mir, und der alte Normannenthurm trat mit seinem mächtigen Viereck aus dem üppigen Wald= und Wiesengrün hervor, und auf der letzten Zinne, dem fluthenden See zugekehrt, stand ein Mädchen mit nackten Füßen und mit rothem, im Abendwinde flatternden Röcklein. Von den letzten Strahlen der Sonne umflossen, stand sie da, aus dem Märchenthurm emporgestiegen, wie eine liebe Geistererscheinung, die man zu verlieren fürchtet, wenn man sie kaum noch erblickt. Die linke Hand über das Auge gedeckt, stand sie und schaute hinaus in den See, in den Nebel, in die goldene Ferne des Sonnenuntergangs. „Es ist Brighit,“ sagte Jack, — „sie steht gern auf diesem Thurme zur Abendzeit und sieht auf's Wasser hinaus, und ob Alles recht ist und ob mein Boot nicht bald zurückkehren wird.“ Sie stand da und winkte mit der rechten Hand Gruß und Willkommen; und das Boot schoß in's Binsenkraut am Ufer, und der Dudelsack schnarrte und dröhnte aus dem Grün, zu Füßen des Thurmes, heran.

Ross=Eiland hat nicht das traumhaft Verlorene, wie Innisfallen; Ross=Eiland gehört mehr noch, als jene vereinsamte Insel, dem Leben und den Lebenden an, wiewol es nur die leichten, duftigen Gewebe der Phantasie sind, die sie mit demselben verbinden. Bis in das Wasser hinein ist es schön und frischgrün bewaldet, die Gänge und Wiesen sind sanft und lieblich. Tannen, Eschen und Trauerweiden stehen an mehreren Stellen in malerisch dunkelnden Gruppen beisammen — die Nacht sank schon herab und die dunkeln Bäume rauschten Frieden auf den Wandernden. Cypressen bewegten sich in der Nachtluft; sie, die prächtig dunkelgrünen Pyramiden — die Bäume der Trauer, der Gräber und jeder Sehnsucht, die das Herz an Beide knüpft. Freundlich dazwischen trat der Arbutus, das schlanke, kräftige, ginsterartige Bäumlein mit starken, glänzenden, immergrünen Blättern — freundlich, wie sie selber, deren Ebenbild das Bäumlein, im Lande des Elends und der tausendfach getäuschten Hoffnung mir erschienen war, wie sie jetzt auf den Zinnen eines alten, zerfallenen Thurmes stand — sie, die Myrthe von Killarney! —

Einem anmuthigen Försterhaus gingen wir vorüber, Jack immer an meiner Seite. Auf grünen Laubsäulen ruht sein Dach und rothe Rosen sind seine Sockel. Dahinter im Schatten liegen die Fenster, im Schatten die Thüren und die Gemächer ... o, wer in diesem lieblichen Schatten sein ganzes Leben leben könnte ... träumen, schlummern hinter diesem Laub, hinter diesen Rosen! ... In der Bucht, gegenüber, auf Rosen hingestreckt und über dem dunkel, immer dunkler werdenden Wasser, lagen viele glückliche Menschen — Mutter, Vater, Braut, Bräutigam, Liebende, Geliebte, — einige Kinder spielten am Hügelhange landeinwärts mit einem großen, treublickenden Hunde ... Der Becher ging rund, Lieder wurden gesungen und das letzte Abendroth bestrahlte sie Alle. Einer von den jungen Männern erhob sich, hoch hielt er das Glas in die goldene Dämmerung empor und laut sprach er, während das liebliche Mädchen, das zu seinen Füßen im Grase lag, lächelnd zu ihm empor sah: „Möchte die Erinnerung an diese Stunde nie aus unserem ferneren Leben verschwinden! Möchte unser ferneres Leben uns noch manche Stunde bringen, in der wir so glücklich sind wie heut und so fühlen, daß wir es sind, wie hier, an den glücklichen Seen von Killarney!" ... Dann trank er, gab den Rest seinem Mädchen und beugte sich nieder, um sie zu küssen, und wir gingen weiter, Jack und ich selber. Aus dem Baumdickicht dufteten Heuhaufen herauf. Und nun endlich war das Ende der Insel erreicht, und das Schloß stand vor uns, und auf den Zinnen in ihrem rothen, flatternden Röcklein stand Brighit, und sie sah noch immer westwärts über den See, in das goldene Abendgewölk ... Aber mächtig am Fuße des Thurmes schnarrte der Dudelsack — jene langgezogenen, fremden Melodien, die die Sehnsucht erwecken und das Heimweh nach dem Norden, der See und dem Hochland — o, jene unvergeßlichen Melodien, die den, der sie einmal gehört, nie mehr verlassen, die ihn quälen und verfolgen und durch seine Träume gellen wie der Abschiedsgesang von Freunden, die man niemals wieder sehn soll, oder wie das letzte Wort eines Theuren, den man lange begraben hat ... Melodien, so monoton, wie die irische Haide, so gewaltig brausend wie das irische Meer, so voll majestätischen Schwunges, wie die irischen Berge, und so süß, so schwärmerisch, so

wild und schön, wie die irischen Mädchen ... Und zum Dudelsack
tanzten am Fuße des Thurmes, unbekümmert um Alles, was die Me=
lodie an Schönheit und Jammer in sich schloß, die Bootsleute von
Killarney, die müßigen Führer, die Arbutusmädchen ... und dahinter
ganz in Epheu gekleidet stand O'Donoghue's Schloß ... Ein Schloß
mit langen, rauschenden Epheumauern, mit zwei Epheuthürmen ...
wie es dastand, ein wahrer Epheubau, an welchem man keinen Stein,
kein Werk der Menschenhand mehr erkennen konnte ... Und Schwal=
bennester hingen im Epheu und Vögel flogen ein und aus, und was
wirklich war, was nur geträumt, wuchs und rauschte und flatterte hier
so wundersam zusammen, daß man es nicht mehr auseinander zu lö=
sen vermochte, und ganz bezaubert stieg man empor. Eine dunkle
Steintreppe zuerst — auch Innen füllte Epheu jede Ecke aus. Man
zeigt noch die alten Gemächer. Dies war einst das Prunkgemach des
Ritters vom See. Der Marmorkamin steht noch da, scharf behauen,
wol erhalten. In der Mitte des Gemachs, dem Lehmboden ist ein
Eibenbaum entwachsen. Durch die Fenster sieht man in den See
hinunter. Dies ist das Fenster, aus welchem der Ritter einst in den
See sprang; dies ist es, durch welches er noch jedes Mal am ersten
Maienmorgen seinen Einzug hält in das Schloß seiner Väter. Und
nun wieder empor — und nun zu den Zinnen ... nun zu Brighit.
Ich wär' ihr in die Arme gefallen, ich hätte sie an's Herz gedrückt —
aber sie hatte sich in eine der zerbrochenen Scharten niedergelassen;
sie erhob sich nicht, da ich aus dem Dunkel des Thurmes in die freie
Luft der Zinnen emportauchte. Sie blieb sitzen; ihr Haupt war ab=
gewandt ... sie hatte beide Hände auf die Steinrampen gestemmt, sie
sah unverwandt in's Ferne hinaus — sie träumte, und da sie sich nun
zuletzt umkehrte, da sah ich, daß sie auch geweint hatte. Alles um
uns her war gebrochen ... die Treppe, die emporführte, die Zinnen,
auf denen wir standen, das Schloß, in das wir hinuntersahen. Zu
uns herauf ragte die Eibe aus dem Prunkgemache, und ihre Krone
wiegte sich leise hin und wieder. So durchzieht Pflanzenleben diesen
Bau, der dem Untergang und der Feenwelt verfallen ist. Unter uns
Nichts als Epheu — Epheuerker, Epheufenster, Epheuportale — und
aus der höchsten Spitze der Schornsteine nickten die blutrothen Blüthen=
büschel der Digitalis ... und unter uns lagen im blutrothen Abend=

schimmer die rollenden Seen — der Lough Leane und in seinem eignen Duft verdämmernd Innisfallen, das einsame Paradies … und der Torksee mit seinen Felsen, seinen Inseln, seinen Wäldern, seinen Bergen und seinen ziehenden Nebeln, dieser Geisterschaar, die nicht enden wollte, und eine klagende Kette zu bilden schien zwischen der dunklen Welt, auf der wir noch irrten, und der Sonne, die nun hinuntergegangen war … und unten aus dem Schloßhofe klang der Dudelsack und seine Klänge wanderten mit der Geisterschaar über den See und verloren sich fern in den westlichen Gebirgen, über denen das scheidende Abendroth stand … und Brighit hatte ihre Hand vor die feuchten Augen gehalten, und dann nahm ich sie in die meine und fragte, warum sie geweint habe? Brighit sagte, sie habe seit ein paar Tagen immer an eine alte Geschichte denken müssen, die einst hier, an den Seen von Killarney, sich ereignet habe. Es habe hier ein junges Mädchen gelebt — o, so schön und so jung! und das habe sich's in den Kopf gesetzt, daß sie den Ritter vom See, den zauberischen O'Donoghue, liebe. Und Nichts habe geholfen, ihr den Wahn zu nehmen. Tagelang habe sie am Ufer der Seen gesessen und habe nach ihm gerufen und habe verlangt ihn zu sehn. Jeden Bewerber um ihre Hand habe sie zurückgewiesen, jeden Trost, den Eltern und Freundinnen ihr gespendet, nicht angenommen. Sie habe sich fest eingebildet, einst werde O'Donoghue auf seinem weißen Pferde kommen und sie zu sich nehmen in seinen Feenpalast wol unter dem Wasser. Und einst, an einem Morgen des ersten Maientages sei sie an den See gegangen und sei nie wiedergekehrt … und als das Wasser ihre Leiche an's Land warf, da war sie über und über mit Schilf und mit Muscheln bedeckt, und ihr in's Haar waren Seemyrthen und weiße Wasserblumen geschlungen …

In diesem Augenblick ward die Stille, die bisher oben, auf dem Thurme von Roß-Castle geherrscht hatte, durch fröhliche Menschenstimmen und das Nahen einer lebhaften Gesellschaft gestört. Es waren die Leute, die in der Bucht, dem Försterhaus gegenüber, gesungen und mit den Bechern angestoßen hatten. Zuerst erschien der junge Mann, der sein Glas in die Abendröthe erhoben hatte und an seinem Arme hing das schöne Mädchen, das, voll Liebe und Sehnsucht, zu seinen Füßen im Grase gelegen hatte. Mir war, als hörte ich noch ein Mal, jetzt aber von einer Geisterstimme gesprochen: „Möchte die Erinnerung

an diese Stunde nie aus unserem ferneren Leben entschwinden ..."
dann schwieg die Geisterstimme; von Glück sagte sie Nichts mehr, und
der Nachtwind fuhr durch den Epheu, der sich raschelnd bog, und nie=
der stieg ich mit Brighit, und wir erreichten das Boot am Ufer und
wir fuhren in's Wasser hinaus, das kalt und unheimlich auf= und
niederwogte. Die Felsen, die im See zerstreut um uns lagen, waren
nackt und nur oben mit einer dünnen Moosschicht überzogen. Aber
sie waren alle von gigantischen Formen, die das dämmernde Herauf=
ziehen der Nacht noch mehr in's plump Phantastische verzog. Hier
der Elephantenfelsen — eine schwere, schwarze Felsmasse, auf vier
Steinpilastern — dort noch ein Mal eine Erinnerung an Donoghue —
seine Schatzkammer, eine Spitzbogenformation, die sich gespenstisch aus
dem Wasser hob. „Einst," so sprach Brighit, nachdem wir Alle lange
geschwiegen hatten, „war das schönste, grünste Thal hier, wo jetzt die
Seen sind. Irland hat viel schöne, grüne Thäler; aber es hat
keines mehr, das so tief, so glücklich zwischen den Hügeln liegt, als
das einst lag, von welchem ich rede. Nimm die Tiefe des tiefsten die=
ser Seen zu der Höhe des höchsten dieser Gebirge, die an ihrem Rande
stehn, und dann hast Du einen Begriff von der tiefen Abgeschlossen=
heit dieses verlorenen Thales. Es wohnten nur wenige Bauern hier;
einfache, gute Menschen, die von der Welt, die hinter den Gebirgen
liegt, nicht viel wußten. Sie wohnten in Lehmhütten, unter pracht=
vollen Bäumen, und sie waren so glücklich, wie man jetzt gar nicht
mehr werden kann. Zu der Zeit nun, von der ich spreche, war ein
wunderschönes Mädchen in dem kleinen Dorfe des glücklichen Thales;
ihr Name war Norah, und sie war das schönste Mädchen, das man
je gesehn hatte, der Stolz ihrer alten Eltern, das Entzücken Aller,
die sie sahen. Sie dachte lange nicht an's Heirathen, wie sehr auch
die jungen Burschen des Dörfleins ihre Liebe begehrten; bis auf ein
Mal ein fremder Jüngling im Thale erschien, von dem Niemand wußte,
wer er sei, und woher er gekommen. So wie sie durch ihre große
Schönheit das Verlangen aller jungen Burschen aufgeregt hatte, so
regte er durch die seine die Sehnsucht aller Mädchen auf. Aber da
war nur Eine, die er liebte, und diese Eine liebte ihn wieder, und
das war Norah. Ihre Eltern indessen waren sehr zornig darüber
und wollten nicht, daß ihre Tochter einen Mann liebe, der nicht aus

diesem Thale sei, und von dessen Heimath und Abkunft man Nichts wußte. Da ging eines Abends nach Sonnenuntergang Norah ganz traurig aus der elterlichen Hütte, und sie wußte nicht, wohin sie gehn sollte, ihr Herz that ihr so weh. Da war nun in diesem Thale ein Brunnen, aus dem die Bauern ihr Wasser schöpften; der einzige Brunnen in der ganzen Gegend. Es war eine Quelle mit dem reinsten und hellsten Wasser, das je gesehn wurde, und sie sprudelte ihr Wasser aus goldenem Sande hervor und ließ es in ein Becken vom weißesten Marmor rieseln, in welchem es, bis in die Tiefe klar, zu schlummern schien. Aber kein Ausfluß war an diesem Marmorbecken wahrzunehmen; das Wasser rieselte unaufhörlich hinein, und Niemand konnte entdecken, daß auch nur ein Tropfen wieder abliefe. Denn es war ein Feenbrunnen; und da gab es eine Sage, welche aus unvordenklicher Zeit vom Vater auf das Kind gegangen war. Der Brunnen war mit einem riesenhaften Stein zugedeckt, der, anscheinend zu schwer für Menschenkräfte, dennoch von der Hand des zartesten Mädchens aufgehoben werden konnte; und da war es nun, wie man sagte, der Wunsch und Wille der Fee, welcher dieses Wasser heilig war, daß alle jungen Dorfmädchen allabendlich zur Zeit des Sonnenuntergangs hierher gehn, den Stein aufheben und so viel Wasser aus dem Brunnen schöpfen sollten, als sie für den Hausbedarf nöthig hatten — über Alles aber war es der strengste und unerbittliche Befehl der Fee, daß jedes junge Mädchen, sobald es seinen Krug gefüllt hatte, den Stein wieder sorgsam auf das Marmorbecken decken sollte. Denn wenn dies ein Mal versäumt worden sei, so würde das pflichtvergessene Mädchen nicht bloß auf sich selber, sondern auch auf alle Bewohner des seligen Thales unnennbares Unheil bringen; und wenn je die Morgensonne auf das Wasser schiene, so würde Tod und Untergang für Alle daraus folgen ... Zu diesem Brunnen ging an jenem Abend Norah. Die Sonne war schon lange untergegangen; die Mädchen, die hier Wasser geschöpft hatten, waren schon alle heimgekehrt, und der Stein lag auf dem Marmorbecken. Traurig setzte sie sich nieder — das Wasser rieselte, und ihr Herz, das schlug. Sonst war Nichts zu hören. Bis auf ein Mal sich Tritte nahten, und vor ihr der fremde Mann stand, der sie liebte und den sie nicht lieben sollte. Sie wollte entfliehn, doch er hielt sie fest und küßte sie und sie ward besinnungslos und

wußte nicht, was mit ihr geschah. Als sie aus ihrem Traum — der
süß und schmerzlich gewesen — erwachte, da war sie ganz verwirrt
und ruhte am Herzen des Geliebten und ihr Gesicht glühte ihr wie Feuer
und ein verzehrender Durst brannte ihr auf den Lippen, die er so heiß
geküßt. Sie hob den Stein empor, schöpfte Wasser in die hohle Hand
und wusch sich das glühende Gesicht. Dann ging sie, am Arme des
Geliebten, heim, und sie wandelte noch immer wie im Traume, und
so müd', so erschöpft war sie noch nie gewesen. Sie verabschiedete sich
von dem geliebten Jüngling, sank auf ihr Lager nieder und fiel sogleich
in einen festen Schlaf. Aber mitten in der Nacht kam auf ein Mal
ein entsetzlicher Traum über sie — bis sie zuletzt mit dem furchtbaren
Schrei: „der Brunnen! der Brunnen!" in die Höhe fuhr ... Sie
hatte vergessen den Stein auf das Becken zu legen und von böser
Ahnung gejagt, sprang sie vom Lager auf, verließ die Hütte und flog
den wohlbekannten Pfad hinab. Vielleicht, dachte sie, ist es noch nicht
zu spät ... noch weht die Morgenluft kalt und grau um die Hütte ...
aber indem sie dahin eilte, begannen schon die östlichen Berge sich
leise zu färben, schon floß ein eigener Glanz durch den Himmel, der
darüber lag, und vor Angst und Furcht bebten ihr die Kniee und sie
konnte kaum noch aus der Stelle. Und als sie nun endlich den Brunnen erreicht hatte, da fiel der erste Strahl der aufgehenden Sonne
in das offen liegende Marmorbecken und sogleich wie ein wilder Berg-
strom schäumte das Wasser über den Rand und brauste zischend nach allen
Seiten hinunter. Sie entfloh; das Wasser verfolgte sie. Sie klomm
einen Hügel hinan — aber schon brauste das Wasser um seinen Fuß.
Und da sie vom Hügel hinunter in's Thal, in's Dörflein sah, da war
auch da überall Schrecken und Verwirrung. Die Bauern waren aus
ihren Hütten entflohn und suchten dem heranstürzenden Wasser sich
durch die Flucht zu entziehn. Bald war das Thal, das Dorf und
alle Wiesen, alle Felder überschwemmt — die Hütten gingen unter ...
die ersten Hügel gingen unter — Eines nach dem Andern ... und
immer höher, je höher die Sonne ging, stieg auch das schäumende
Wasser. Bald erreichte es die Hügel, auf welche die Bauern sich ge-
flüchtet hatten — fort über sie ging's, wie es über alles Andere gegangen war, nur Norah lebte noch ganz allein. Umsonst hatte sie die
Hände gerungen und den lieben Gott gebeten, sie zu züchtigen, der

Andern zu schonen, sie zum Opfer zu nehmen . . . aber der liebe Gott verschmäht das Opfer, wenn es nicht rein und fleckenlos ist . . . sie stand da und mußte es sehen, wie ihr greiser Vater, ihre alte Mutter vergeblich mit den Wellen rangen, wie sie noch ein Mal herauftauchten und dann dahin waren für immer. Den Anblick konnte Norah nicht überleben — mit fürchterlichem Schrei warf sie sich vom Hügel hinab in das immer noch steigende Gewässer . . . und da, wie von einem Zauberstabe berührt, stand es ringsum still. Die Sonne, die nun ruhig am Himmel dahinwandelte, schien auf die weite, weite Wasserfläche, die sanfter, immer sanfter wogte — die Sonne ging unter, die Sonne ging auf. Jahre kamen und Jahre schwanden, und wo einst das glückliche Thal war, da fahren wir jetzt über den See von Killarney, und seine Hügel sind die Felsen der Seen geworden und tief unten sind noch die schönen Wiesen und die lieblichen Wälder und die Hütten und Alles, Alles . . . aber verzaubert, und die Feen wohnen darin . . ."

Brighit schwieg. Sie hatte den Kopf erhoben, sie sah in die graue Abenddämmerung, und mir war, wenn ich ihr dunkles, träumendes Auge erblickte, als schaue sie Alles lebendig, was sie mir eben erzählt. Es schien, als könne sie sich von dem Geschauten nicht losmachen; ihr Auge, ihr Herz hing daran, und sie weilte in einem anderen Lande . . . Sie saß wie eine Seherin . . . ich hätte sie um Alles in der Welt nicht berühren mögen. Wir nahten uns der Küste. Schwäne standen auf einer Sandbank. Geisterhaft weiße Erscheinungen auf dem kalten, wogenden Grau des Wassers. Tief und tiefer kam die Nacht. Tiefer ging der Nebel an den Bergen, sie versanken in feuchten Nachtdunst — mühsam über Sand und Geröll schob sich unser Schifflein fort . . .

„Einst," sprach Brighit, wie aus einem Traum erwachend — das Knarren des Steuers, das Arbeiten der Stangen hatte sie geweckt — „einst war das schönste, grünste Thal hier, wo jetzt die Seen sind . . ."

„Einst." sprach ihr Onkel, indem wir anlegten, „in zweihundert Jahren wird man über den Kirchthurm von Killarney fahren, wie wir heut über die Seen gefahren sind. Die Stadt wird untergehn, und von Aghaboe bis Tork wird Alles unter Wasser stehn. Wo wir jetzt landen, wird dann kein Land mehr sein!" —

Schon drei Mal in meinem Leben hatte ich so auf versinkendem

Boden gestanden. Ich weiß noch wol, wie mir die Schiffer von Hel-
goland erzählten, daß ihre Felseninsel einst in's Meer versinken würde
wie der Weg zur Düne längst versunken sei. Traurig war's, sie auf dem
Eisengitter am Falm sitzen zu sehen, wie sie hinüber zur Düne schauten — ein weißer Streifen im blauen Ozean, wie ein Schaumstreifen,
und vielleicht nicht viel beständiger. — Ich weiß noch wol, wie ich
über den Sand von Wangeroge wandelte. Es war ein kühler und
doch so schwer empfundener Sommernachmittag. Die Leute waren
so traurig, wenn sie davon sprachen, daß jede Sturmfluth ihnen neuen
Boden fortschwemmte. Sie zeigten mir die Grenze des Wassers, vom
Leuchtthurm bis zum Kirchhof, und bedeuteten mich, daß Alles vorbei
sei, wenn das Wasser hinübersteige. Fünf Jahre sind seitdem vergangen — die Grenze ist überschritten, das Wasser ist hinübergestiegen
und Wangeroge ist eine untergegangene Insel, — die Lebenden sind
weinend fortgezogen und die Todten ruhen tief unter dem Wasser auf
Meeresboden ... Und das dritte Mal war's an der Küste von Kent
bei der Insel Thanet und auf den Godwin Sands, dem Kirchhof der
Schiffe, wo mir der Bootsmann von Deal erzählte, — und traurig
war auch er, als er mir's erzählte — daß hier einst ein herrlich Land
und Besitzthum gewesen, auf welchem der große Earl Godwin gewohnt, und daß nun Alles untergegangen und versunken, wol acht-
hundert Jahre zurück, und daß jedes Schiff scheitern müsse, das sich
den gefährlichen Bänken in stürmischen Nächten nahe ...

Trauriger war ich nie, als jetzt, wo mir Jack erzählte, daß Killarney untergehen werde. Ich sah in der Nacht, die mich umgab, ein
untergehendes Land und ein untergehendes Volk vor mir ...

Dann nahmen wir Abschied voneinander. Jack mit den Schiffersleuten, nachdem sie das Boot festgebunden, gingen der Stadt zu;
Brighit und ich schritten dem Hügel entgegen, an welchem ihre Hütte
und das Haus lag, welches im fremden Lande meine Heimath geworden. Einsam und dunkel war unser Weg: Die Nacht lag über
uns und um uns, schwer, feucht und kalt. Lange sprachen wir kein
Wort, lange gingen wir schweigend nebeneinander her, bis auf einmal in der dichten Kastanienallee, die an Mr. Herbert's Park vorüberführt, — dieselbe Allee, die mich im sonnigen Abendglanze einst mit
dem Flüstern ihrer Blätter und Zweige so fröhlich begrüßt hatte —

bis auf einmal ein greller Ton, der irgendwo aus dem Dunkel hinter den Bäumen hervorzukommen schien, das Schweigen plötzlich zerriß. Es war mir kein fremder Ton, ich hatte ihn schon mehrmals gehört — ich hatte gewünscht, ihn nie wieder zu hören. „O!“ schrie Brighit — „das ist der Fiebel-Mick... O! o! wie weh mir's hier thut!“ Sie fuhr mit der Hand nach dem Herzen, und schien es mit derselben krampfhaft bedecken zu wollen. Der schneidende Ton war in Nacht und Nebel vergangen; man hörte ein Knistern in den Zweigen, ein Rascheln durch den Graben, ein Huschen durch's Gesträuch — und dann war Alles wieder still, bis auf das Fallen welker Blätter, die der Wind von den Bäumen löste, bis auf das ferne, dumpfe Rollen der Seen und das Anschlagen eines einsamen Hundes hier und dort. Brighit aber hatte ihren Arm um mich geschlungen, und fest hielt sie mich, als suche sie Schutz bei mir vor irgend einer großen, ungesehenen Gefahr — und das ängstliche Pochen ihres Herzens fühlte ich an dem meinen. „Was ist Dir, Brighit?“ fragte ich zuletzt, indem ich mich auf sie niederbeugte und ihr heißes Gesicht mit beiden Händen an mich drückte.

„O! O! der Fiebel-Mick!“ seufzte sie; dann stürzten ihr die Thränen über die Wangen und sie konnte nicht weiter sprechen.

Ich ließ sie weinen, ich ließ sie schluchzen. Ich hielt ihren Kopf an meiner Brust — hier, auf der Höhe von Killarney, in dunkler Nacht, von den Kastanien umrauscht, vom Wind, vom unablässigen Widerhall der wogenden Seen ...

„Liebst Du den Fiebel-Mick?“ fragte ich, nachdem der Sturm im Busen des Mädchens sich gelegt zu haben schien.

„Nein!“ schrie sie, und ich fühlte, wie jede Sehne am Arme des Mädchens sich spannte ... „Ich hasse ihn!... Ich fürchte ihn ...“ Und wieder sank ihr Kopf, matt und müde, an meine Brust. „O, o, wie ich ihn fürchte ... und er wird mich verderben und tödten ... ich werde an seinen Fiebelstrichen sterben, ich kann, ich kann es nicht länger ertragen ... wie ein böser Geist verfolgt er mich ... überall, wo ich gehe, wo ich bin, umkreist er mich ... allein darf ich nicht mehr gehen, sonst wird er, vom Felsen, wie ein Adler auf mich niederstürzen — und geh' ich mit Andern, so kreuzt er mit seinen schrillen Tönen den Weg — des Nachts weckt mich plötzlich sein schneidender Weheruf und des Tags zerreißt er mir den Faden, an dem ich spinne ...

O heilige Jungfrau im Himmel, schütze mich … er ist wahnsinnig … und ich, ich habe ihn wahnsinnig gemacht!" … Wieder löste sich ein heißer Thränenstrom aus ihren Augen, und wieder barg sie ihr glühendes Angesicht an meinem Busen. „Vor zwei oder drei Jahren," fuhr sie dann fort, „war er ein guter Mensch und ein nützlicher Mensch und fleißig und wohnte in seiner kleinen Hütte und war die Freude seiner Mutter. Oft kam er zu uns herein und ich war freundlich gegen ihn und hatte es gern, wenn er neben mir saß und auf der Fiedel spielte, weil ich das Spinnrad drehte; denn damals spielte er noch die schönen, süßen Lieder unsres Landes, und es war Nichts von diesen schreienden Tönen darin. Oft auch und zuletzt immer mehr sprach er mir von Dingen, die ich dazumal noch gar nicht recht verstand. Dann wurde sein großes Auge noch größer, sein bleiches Gesicht noch bleicher; und er zitterte und legte die Fiedel fort und sah mich an und sagte: „o Brighit, ich muß sterben, wenn, wenn …" Weiter sprach er niemals, und ich sah ihn an und lachte zuweilen, zuweilen aber ward mir auch Angst. Da war nun einmal ein später Nachmittag, wo ich ganz allein in unsrer Hütte saß. Die Mutter war in Aghavoe-Hause, die kleine Granna in Killarney beim Vater — der Fiedel-Mick kam und setzte sich zu mir und sah mich öfter an, als er sonst gethan, dann spielte er eine Weile, aber nicht so schön wie sonst, und viel wilder — dann warf er die Fiedel fort, daß sie fast zerbrach, und als ich erschreckt aufstand und fragte, was das bedeuten solle, da sprang auch er empor und stürzte mit beiden Armen über mich her und … „Jetzt muß es sein!" schrie er, wie ein Rasender — „jetzt muß ich wissen, ob Du mich liebst!" Er hatte mich so hart und gewaltig gefaßt, daß ich vor Schmerzen anfangen mußte zu weinen — ich dachte er würde mich tödten, und „heilige Schutzpatronin!" flehte ich, „steh' mir bei!" Und die heilige Brighit, meine Schutzpatronin, stand mir bei. Es war mir, als träte sie aus ihrem Rahmen über meinem Bette herab und nähere sich mir und berühre mein Haupt — und eine wunderbare Kraft und Stärke kam über mich und: „So wahr ich ein irisch Mädchen bin, ich habe Dich nie geliebt!" rief ich, und nieder zu meinen Füßen warf ich den Ruchlosen, und wie von Gottes Zorn getroffen, lag er daselbst am Boden, regungslos eine lange Zeit — und er erhob sich nicht und winselte nur. Er lag noch da, als meine Mutter zurückkam und er

19*

hörte Alles, was ich meiner Mutter von ihm und seinem Frevel erzählte. Und dann sprach meine Mutter den Fluch über ihn aus und sagte: „der Blitz des Herrn soll Dich erschlagen, wenn Du je wieder über meine Schwelle trittst!“ ... und er stürzte, wie ein Besessener, zur Thüre hinaus, und seit jenem Abend ist er geworden, was er nun ist. Ueber seinem Acker wuchsen Dornen und seine Hütte zerfiel, seine Mutter starb, und sein Friede war hin ... sein Leben fristet er von Almosen, und seine Schlafstatt ist unter den Felsen am See, und sein Weg ist auf der Haide und sein einziger Begleiter ist seine Fiedel und sein Tagewerk ist Nichtsthun und Fiedeln, und er wird so lange fiedeln und fiedeln, bis er mich getödtet hat ...“

Hier waren wir auf der Höhe von Tork angekommen. Links, vom Plateau herab, glänzte die erleuchtete Häuserreihe von Tork=View Hotel; und rechts, aus der Niederung herauf, schimmerte röthlich das einzelne Licht von Brighit's Hütte. Sonst war Alles feuchte, unabsehlich weite Dunkelheit.

Noch einmal schlang sie ihre beiden Arme fest um mich, preßte ihren Kopf an meine Brust und im nächsten Augenblick war ich allein, und ihre Spur war in der spurlos wandelnden Nacht verloren. Ich stand noch lange, den Blick in die Niederung gekehrt; über eine Weile trat ein Schatten zwischen das Licht in Brighittens Hütte und mein Auge — noch einmal ward es sichtbar und dann löschte es ganz aus und die Stelle, an der Brighit weilte, ward dunkel und sollte es mir für alle Ewigkeit bleiben ...

Am andern Morgen in früher Stunde saß ich an meinem Fenster und sah hinunter auf den See. Jetzt kannte ich Alles, was vor mir lag; über diese Seen war ich gefahren, über jene Berge war ich geschweift — auf jenem Eiland hatte ich geträumt, an jenen Waldufern gesungen ... Da war kein Plätzchen mehr, so weit das Auge reichte, an das sich nicht eine liebe oder eine traurige Erinnerung knüpfte.

Tief, tief im Thale dunkeln
Die Seen im Zauberschein —
Und drin die Inseln funkeln
Wie grüner Edelstein.

Ross=Eiland mit altem Schlosse
Von Epheu ganz verhängt,

Zu dem auf weißem Roffe
O'Donoghue Nächtens sprengt.

Und dorten Innisfallen (spr. Innischfahlen)
Mit Gräbern in Waldesnacht,
An das zu tausend Malen
Voll Inbrunst ich gedacht.

Die lieblichen Elfen steigen
Aus dem See, so tief und klar;
Mit Schilf und Myrthenzweigen
Bekränzen sie ihr Haar.

Das Haar in gelben Strähnen
Schwimmt unter der schillernden Fluth;
Sie lugen nach den Kähnen,
Und schaukeln sie wohlgemuth.

Da hebt sich der binsenbelaubte
Seeriese aus Schaum empor —
Er glotzt mit steinernem Haupte
Und schielt nach dem Elfenchor.

Und dorten — aus alten Zeiten
Ragt prächtig Mucdroß=Abtei;
Meffesingend schreiten
Die alten Mönche vorbei.

Sie zieh'n durch die Hallen und Gänge
Mit Rauchfaß und Brevier —
Doch wo ist der Säulen Gepränge,
Und wo der Bögen Zier?

Die Fenster ohne Scheiben,
Bischofsgräber im Gemach —
Die Mauern stürzten und Eiben
Sind nun ihr dunkel Dach . . .

Aus einer Lichtspalte in den Wolken schoß in breiten Streifen
Silberglanz herab durch den feinen Nebel. Der Himmel strahlte sil=
bernen Glorienschein aus, und die Berge trugen ihn als einen leuch=

tenden Schleier; dann brach er sich an den scharfen Zacken und sank zerrissen in's Wasser nieder, das selbst wie eine geschliffene Silberplatte strahlte. Ein Augenblick ... ein Wandel im Gewölk ... und Alles war dahin! Der Himmel schloß sich ... die Berge waren wieder düster, das Wasser wieder bleifahl. So rasch wechselt hier Form und Farbe der Landschaft ... und so wandelten und wechselten meine Tage.

Ein Bild aber, unerschütterlich fest und jugendfrisch und hold und beseligend — und sollte ich selber auch hundert Jahre alt und grau und müde werden — steht in diesem lieblichen Wehen und Schwanken: das Bild Brighit's. Wie sie oft neben mir saß, auf den Planken des Bretterverschlags vor ihrer Hütte, im Abendroth, im Schatten des Feenhügels: so sitzt sie in diesem Augenblick neben mir. Wie sie oft vor mir stand im Rasen, in ihrem rothen Röcklein, mit den nackten Füßen und dem schwarzen Haar, flatternd im Nachtwind: so wird sie ewig vor mir stehen, und sanft, wie ihre reine Hand sich oft auf meine Schulter legte, wird sich der sanfte Druck der Wehmuth, der liebenden Erinnerung auf meine Seele legen, wenn immer ich an sie gedenke. Ihr Bild — in einfachen, kunstlosen Strichen entworfen — begleitet mich und schaut von der Wand herab auf meine Hand und dieses Papier. Ihr gutes, schwarzes Auge sieht traurig, träumerisch in's Weite, und ihre Arme, ihre Hände hängen lässig herab. Was hilft es Dir nun, daß ich Dich mit Sanct Johannis-Rosen bekränzt habe? Das Roth ist schon welk ... das blaue Band hat keine Bedeutung ... nur das Weiß ist Dir geblieben, das Weiß, welches Sehnsucht und sanfte Trauer und himmlische Unschuld bedeutet ... Und so sollst Du mich ewig begleiten, und den Platz, den ich Dir gegeben, sollst Du ewig behalten, im Heiligthum meiner einsamen Wohnung und im Heiligthum meines noch einsameren Herzens, Du theures Bild! ...

Am Ende so vieler Tage, die reich an Sonne und reich an Nebel, an weichem Wellengeflüster und Mondschein, an Sturm, Regen und düstern Nächten waren, kam zuletzt ein Abend, der mir unvergeßlich bleiben wird. Ich wollte, ich könnte ihn aus meiner Erinnerung hinwegwischen; aber ich kann es nicht, er bleibt daselbst stehen, ernst, stumm, trüb und vorwurfsvoll. Er ist unauflöslich mit einer Melodie verbunden, die ich nicht aus meinem Gedächtniß entfernen kann — die wol auf Tage, ja auf Monden verweht, dann aber zurückkehrt und mit erneuter Gewalt in mir zu klingen beginnt. Und wenn ich diese Melodie höre — von unsichtbaren Geistern in fremden, luftartig verschwebenden Akkorden gesungen — so muß ich an den grauen Haidegrund längs der Seen von Killarney denken, — an den feuchten, niedrigen Nachthimmel darüber, an den fein niederrieselnden Regen, an das Stöhnen des Windes vom Wasser herauf, an den dumpfen, melancholischen, unsichtbaren Wandel der Herbstnacht... an die Hütte mit dem Heerdfeuer und dem Mädchen, das jene Melodie zum ersten Mal gesungen...

Nacht war's, und mein Entschluß stand fest, Killarney zu verlassen. Mein Reisebündel war geschnürt und Biddy hatte zum letzten Mal die blauen Vorhänge, an die sich mein Herz so sehr gewöhnt, zurückgeschoben. Ich trat vor die Thür, und Banson, der Stiefelwichser, machte mich noch trauriger, indem er mir sagte, daß dieser Abend genau demjenigen gleiche, wo ich mich einst nach meiner Ankunft auf der Haide verirrt habe. Er glich ihm ganz genau — aber mein Herz, wie anders war das geworden! Damals zog die Stimmung der Nacht wie Ahnung durch mein Gemüth; heute, mit den Schauern des heranziehenden Herbstes vermischt, lag etwas in ihr wie die unheimliche Kälte eines Trauerhauses. Um so mehr war ich überrascht, als ich auf dem wolbekannten Hügelpfade, der sonst um diese Stunde so still und einsam zu sein pflegte, den Tritt vieler Menschen und das Geräusch ihrer Stimmen vernahm. Ich eilte dem Tone nach, und sah bald im Zwielicht einen großen Haufen, der sich bei jeder Hütte am Wege durch neu Hinzutretende vermehrte, den Hügel hinunterziehen. Ich fragte einen Bauern, der seine Pfeife schmauchend, sich eben dem Zuge angeschlossen hatte, wohin sie gingen? „Herr," sagte dieser, „wir gehen in's Dorf, zur Todtenwache Larry's!"... Die gelben Blumen waren verblüht, der kranke Junge von Aghadoe war gestorben, wie Sally es vorhergesagt hatte, das Weib aus der Dunloe-Schlucht. — Wie eine dunkle Wolke durch die dunkle Nacht sah ich den Haufen dahin ziehen, während ich einen Seitenweg zu Brighit's Hütte einschlug. Die Thüre derselben war angelehnt, wie das erste Mal, da ich davor gestanden; das Heerdfeuer schimmerte, wie das erste Mal, und angeglüht von ihm saß Brighit, und durch das Dunkel, das im übrigen Hüttenraum herrschte, leuchtete ihr rother Rock, wie das erste Mal. Neben ihr im Bette schlummerte die kleine Granna. Auf ihren Knieen lag ein Blatt Papier aufgeschlagen, die eine Hand ruhte darauf, die andere hing an der Seite nieder. Sie sah in's Feuer und sang das Lied, träumerisch, zukunftverloren ... dies traurige Lied, das ich immer zu hören glaube, wenn ich an Brighit und an Killarney denke ... als sängen es Geister, die im Winde der Herbstnacht wohnen ... das Lied „voll von ew'gem Hall und Rückhall, voll von ew'ger Wiederholung." Aber sie sang es nicht, um das Kind in Schlaf zu singen, wie damals; heut' schien sie schwermüthig vor sich hinzumurmeln, um das eigne Herz zu beruhigen.

Nun tanzen die Feen bei Sumpf und bei Teich,
Bei Sumpf und bei Teich,
Bei Sumpf und bei Teich,
Nun tanzen die Feen bei Sumpf und bei Teich,
Denn die Nacht ist so mild und die Luft ist so weich.

Ihre Schritte sind sacht, ihre Kleider sind fein,
Ihre Kleider sind fein,
Ihre Kleider sind fein,
Ihre Schritte sind sacht, ihre Kleider sind fein,
Und sie schürzen sie hoch auf im klaren Mondschein.

Ihre Kön'gin ist jung, ihr Haar ist von Gold,
Ihr Haar ist von Gold,
Ihr Haar ist von Gold,
Ihre Kön'gin ist jung, ihr Haar ist von Gold,
Und die Töchter der Erde sind halb nicht so hold.

Ihre Augen sind hell und sie lächeln bei'm Tanz,
Sie lächeln bei'm Tanz,
Sie lächeln bei'm Tanz,
Ihre Augen sind hell und sie lächeln bei'm Tanz,
Und sie funkeln mit wildem unheimlichen Glanz.

Ihre Stirne ist ruhig und freundlich ihr Blick,
Und freundlich ihr Blick,
Und freundlich ihr Blick,
Ihre Stirne ist ruhig und freundlich ihr Blick,
Doch Sehnsucht und Schmerzen, die läßt er zurück.

Ihre Stimme ist süß und ihr Lächeln so schön,
Ihr Lächeln so schön,
Ihr Lächeln so schön,
Ihre Stimme ist süß und ihr Lächeln so schön, —
Doch wehe Dir, wenn Du sie lächeln seh'n.

Sie winkt Dir in's Dämmern mit flatterndem Haar —
Mit flatterndem Haar,
Mit flatterndem Haar,
Sie winkt Dir in's Dämmern mit flatterndem Haar,
Doch geh' nicht! — o, geh' nicht, Dein wartet Gefahr.

Sie führt Dich durch Wälder, durch Haiden einher,
Durch Haiden einher,
Durch Haiden einher,
Sie führt Dich durch Wälder, durch Haiden einher,
Dich kennen die Freunde der Jugend nicht mehr.

Langsam, mit seinen Pausen und Wiederholungen, starb das Lied in der feuchten Herbstnacht dahin. Dann war Alles still und man hörte den Wind, wie er durch's Stoppelfeld und die dürren Blätter der Bäume strich. Brighit saß noch lange, wie sie gesessen hatte, die Hand auf dem Blatt, den Blick in's Feuer gerichtet. Sie hatte es kaum bemerkt, daß ich eingetreten war, und da ich sie mit leiser Berührung geweckt hatte, sah sie mich gelassen, ohne Zeichen der Verwunderung oder einer andern Empfindung an.

„Du willst gehen?" fragte sie zuletzt, und ihre Frage — wie sie zwar sanft, aber so plötzlich gethan wurde — traf mein Herz wie ein bitterer Vorwurf. „Ja," sagte ich; und meine Hand, die auf ihrer Schulter ruht, glitt nieder. Eine Pause folgte, lang und drückend. Das knisternde Feuer, der Wind im Rauchfang, Granna's ruhige Athemzüge — sonst kein Laut in der Hütte — in der Landschaft — sonst keiner für uns in der ganzen Welt. Brighit war es, die das Schweigen brach.

„Ich werde auch gehen," sagte sie. Sie sagte es, in ruhig gleichmäßigem Tone, wie alles Andere; kein Zittern begleitete das Wort, mit welchem das irische Mädchen mir sagte, daß sie das Land ihrer Väter verlassen wolle. „Der Bruder aus Amerika hat wieder geschrieben," fuhr sie fort, „daß ich kommen solle. Früher wollte ich nicht und schlug es ab. Es war mir immer, als sei mir hier, an dem Rand unsrer Seen noch Etwas bestimmt, das ich erwarten müsse. Ich hab' es erwartet und nun will ich gehen. Die Mutter mit der kleinen Granna werden zum Onkel in's Dorf ziehen, die kleine Granna wird groß werden — und mich, wenn ich im nächsten Frühling Abschied genommen habe, wird man nicht mehr vermissen!"

Aber ich werde Dich vermissen, Du holdes Mädchen der irischen Wildniß — ewig, ewig! Wenn ich an die Seen, wenn ich an die Berge Deiner Heimath denke, wirst Du mir fehlen. Jetzt, indem ich mit all' meinen Gedanken dort bin, indem ich es besuche, das geliebte Thal, und von Stelle zu Stelle, von Erinnerung zu Erinnerung schreite — jetzt fehlst Du mir. Die Andern sind da — der glückliche Jack ist da, und die alte Mutter ist da, und die kleine Granna ist da, und der Fiedel-Mick und Banson, der Stiefelwichser, und Bibby, das Kammermädchen, und Thabby, der Kutscher, und alle Leute von Aghadoe und Killarney sind da — nur Du bist nicht da! Und Ihr, die Ihr die Geschichte dieses Mädchens gehört, die Ihr Euch an ihrer Schönheit erfreut, an ihrer Lauterkeit erquickt und über ihr Leid getrauert habt — wenn Ihr selber einst an die Seen von Killarney kommt, so werdet Ihr Alles finden, wie ich es Euch geschildert habe — mit überquellendem Herzen, oft mit überquellendem Auge — und doch immer noch nicht schön und herrlich genug. Die Hütte am Feenhügel aber wird leer und verlassen stehen; eine Ruine mehr im Lande der Ruinen, von Brennnesseln und Dornen umwachsen, ein trauriger Anblick; und wenn Ihr fragt: „wo ist Brighit?" — dann wird man Euch antworten: „Brighit ist nicht mehr da!"... O Brighit, Brighit — uns Allen bist Du verloren gegangen...

„Komm," sagte sie nach langem, langem Schweigen, „ich höre den Tritt der Mutter; jetzt können wir zur Todtenwache Larry's gehn." — Die Mutter kam, setzte sich am Bette, darin Granna schlummerte, nieder, und wir gingen schweigend durch's Dunkel eine Meile oder so; zuerst über den Moorgrund, dann über welkes Laub am Boden. Dicht vor Killarney, am Wege nach Ballycaschin, und am diesseitigen Abhange der Höhe von Aghadoe, liegt eine einsame Hütte. Wir sahen die zwei kleinen Fenster derselben schon glänzen, als wir noch ziemlich

weit entfernt waren. „Das ist das Todtenhaus!" sagte Brighit. Es
war das erste Wort, das sie gesprochen hatte, seit wir ihre Hütte verlassen, und es mischte sich dumpf in das Rauschen des Windes, der
welken Blätter und eines unheimlichen Getöses, das aus dunkler Ferne
zu kommen schien. Keuchend kam es näher und näher und fuhr zuletzt schnaubend, mit zwei feurigen Augen, wie der Phuka der irischen
Märchen, an uns vorüber. Es war die Eisenbahn von Dublin, vor
der wir standen, und der Nachtzug, welcher auf derselben dem Bahnhof
von Killarney zusauste. Wir überschritten die Schienen und näherten
uns dem einsamen Hause. Ein wirres Getöse, dem vergleichbar, welches dem nahenden Eisenbahnzug voranging, kam uns daraus entgegen.
Bald klang es wie der Klagegesang einer Stimme, bald wie das
Wehegeschrei Vieler. Dann war Alles eine Weile ruhig, und Lachen
und Geigenspiel und muntere Lieder folgten sich wechselweise, bis auf's
Neue jener schauerliche Gesang begann, der — wie er durch die Nacht
tönte — sich immer deutlicher als das „caoine" oder irische Todtenlied
zu erkennen gab. Die Melodie ist uralt; sie soll im grauen Alterthum
von einem Chor unsichtbarer Geister über einem Königsgrabe in der
Luft gesungen worden sein und wird seitdem über jedem Todtenbette
wiederholt. Es ist eine kurze Triolenmelodie, Molltonart, im Zwei-
vierteltakt mit vielen Pausen; und sie gleicht mehr noch, als irgend
eine andere Melodie, die ich in Irland gehört habe, dem Seufzen des
Windes, seinem Anschwellen, seinem stoßweisen Dahinziehen und melancholischen Absterben. Der Text wird bei jeder Gelegenheit und derselben
angemessen improvisirt; er enthält gewöhnlich den Namen und die
Beschreibung dessen, der gestorben ist, seiner Voreltern, die vor ihm
gewesen, und der Nachkommen, wenn er solche hinterläßt. Ehemals
war es das Amt der Barden, diesen Gesang über dem Todtenlager
der Hingeschiedenen anzustimmen. Seitdem aber der Bardenstand ausgestorben, ist die Todtenklage in die Hände der Frauen übergegangen;
und in den Gegenden, wo sie noch gebräuchlich ist, findet sich immer
ein oder das andere alte Weib, welches als „ban caointhe," oder erstes
Klageweib den Reigen führt, den eigentlichen „caoine" singt, während
die Uebrigen am Schluß jeder Strophe als wehklagender Chor mit
dem „uaill," oder wie es die Engländer nennen, mit dem „irischen Schrei"
einfallen. Der „irische Schrei" und „caoine" — ich kann nicht umhin

an das hebräische „Kinnah", an das Klagelied zu denken, welches die Juden anstimmen, wenn sie, am Jahrestage der Zerstörung Jerusalem's fastend, die Betmäntel über den Kopf geschlagen und barfuß auf dem Boden ihrer Synagogen sitzen — sind dem irischen Volke eigenthümlich und bei den Engländern berüchtigt genug. Die normannischen Krieger zitterten, wenn sie im irischen Lager den furchtbaren Schrei vernahmen; und John Bale, der zum Bischof von Ossory bestimmte englische Geistliche des 16. Jahrhunderts, dessen Reise, Leiden, Abenteuer und endliche Erlösung von ihm ergreifend beschrieben sind (zum ersten Mal gedruckt in The Harleian Miscellany, vol. VI. London. 1810), sagt darüber: „Da wimmerten sie über dem Todten, mit grauenhaften Geheul und Gebrüll, als ob die Seele desselben nicht in Christo seine Ruhe und in dessen Leiden seine Erlösung gefunden hätte; sondern als ob sie kommen und in ihrer Angst mit einem requiem aeternam nachhelfen müßten, um sie durch ihre schmerzreichen Zauberformeln aus der Hölle zu befreien." In dem „Itinerarium" des Fynes Morryson aus dem Jahre 1617 heißt es, daß die Italiener, „um über den Schmerz fortzukommen, schlafen, die Deutschen trinken, die Engländer in's Theater gehen, die Spanier jammern und die Irländer heulen." Und Beauford (in seiner Mittheilung an die Royal Irish Academy) bemerkt, daß die Arten zu klagen und den Kummer durch Töne, Geberden und Gebräuche auszudrücken, bei keinem Volke so unendlich mannigfaltig seien, als bei den Iren. „Man hat von ihnen behauptet," sagt er, „daß zu schreien ihnen natürlicher sei, als irgend einer andern Nation, und zuletzt wurde der irische Schrei sprüchwörtlich." Bei den andern celtischen Völkerschaften, soweit ich sie bis jetzt kenne, hat sich Nichts dergleichen erhalten. Der schottische „coronach," welcher übrigens niemals über dem Todtenbett angestimmt wurde, wie der irische „caoino," scheint auch niemals so ausgebildet gewesen zu sein. Coronach heißt wörtlich (s. Armstrong, Gaelic Dictionary) das Geschrei, welches über dem Grabe eines Neubestatteten ausgestoßen wird, und es war in alten Zeiten ein Lobgesang auf den Geschiedenen mit einer Erzählung von seiner Tapferkeit oder dem Werthe seiner Ahnen. Heut heißt die Dudelsackmelodie so, welche bei einem Begräbniß gemacht wird. — In Wales mag früher vielleicht auch Etwas stattgefunden haben, was den irischen Todtenceremonien verwandt ist; es deutet darauf der Name

Wyl-nôs, Klagenacht (das englische „wail" ist mithin ein aus den celtischen Sprachen aufgenommenes Wort), die Nacht vor dem Begräbniß, in welcher sich alle Nachbarn in dem Trauerhause (Ty Corph, Haus des Leichnams) versammeln, um die Anverwandten zu trösten und dabei zu trinken und zu rauchen. Von einer Todtenklage in Wales ist jedoch jetzt Nichts mehr zu finden. Die Todtenbestattung hat dort einen viel sanfteren und weicheren Charakter, wie denn überhaupt auch die walisische Feen= und Geisterwelt einen bei Weitem freundlicheren und heiteren Hintergrund hat. Uebrigens ist auch in Irland, soweit die germanische Cultur siegreich gegen das Celtenthum vorgedrungen ist, die Todtenklage verstummt; und nur noch in den Gebirgen des Südens, sowie an den einsamen Küstenstrichen des Westens hat sie sich erhalten, und wird auch da bald genug verklungen sein, — ein trauriger Akkord in jener großen und gewaltigen Todtenklage, die jetzt vom Geist der Zeit dem sterbenden Celtenthum selber gesungen wird! Doch nicht bei allen Leichen mehr findet Nachtwache und Todtenklage Statt. Es müssen heutzutage, wie Brighit sich ausdrückte, „strong farmers", reiche Pächter und „alte Familien" sein, über deren Todten der Klagegesang noch gehört wird; bei den ersten werden die Klageweiber für ihre Mühe bezahlt, bei den letzten — da eine „alte Familie" hier in Irland so viel heißt, als „Bettler sein" — finden sie sich umsonst und in nicht minder großer Anzahl ein. Dies war der Fall bei Larry, dem Todten von Aghaboe, vor dessen Hütte wir nun angelangt waren.

Wir traten ein, Brighit ging voran. Wenn ich an den ersten Eindruck denke, so habe ich Nichts vor mir als eine trübe Masse von Tabaksqualm, zahllose Lichter, die mehr Hitze als Helligkeit verbreiteten, eine große Menge von Menschen, die den kleinen Raum überfüllten, Lachen, Singen, Schreien und den schrillen Klang einer Fiedel, der plötzlich abbrach, sobald wir eingetreten waren. Alsdann bemerkte ich, daß das Fenster rasch aufgerissen ward, daß ein Geräusch entstand, als ob Jemand hinausspringe, und daß dann das Getöse, das uns empfangen hatte, eine Weile in unheimliche Stille überging. In den sonderbarsten Stellungen von der Welt standen die Burschen und Mädchen umher. Einige, mit Kopf und Oberkörper nach Vorne gebeugt, hielten die Hände flach auf dem Rücken; Andere standen mit verbundenen Augen und sahn sehr verwundert in die Höhe, da die plötzliche Stockung eingetreten war. Ein Mädchen sah ich, welches mit einem ledernen Riemen um sich schlug, und einige Burschen, welchen der Schrei darüber, daß sie geschlagen worden, in der Kehle stecken geblieben sein mußte. Sie standen mit offenem Munde und sahn uns an. Der Zug durch's offene Fenster brachte eine leise Bewegung in die dicke Rauchschicht, die Lichter flackerten hin und her und Alles schien wie ein Traum oder ein Phatasiegebilde auf- und niederzuschwanken. Brighit war an der Schwelle niedergekniet, um das Vaterunser zu sprechen; dann erhob sie sich zum Gruß, der mit dem „millo cead failte" von allen Seiten erwidert ward. Mir war, als sei ich in eine fremde, unbekannte Welt getreten, in welcher Brighit die einzige heimathliche und verwandte Erscheinung. An ihrer Hand hatte ich mich in dem engen, niedrigen Zimmer, wo kaum noch ein leeres Plätzchen war, an eine Tischecke gefunden, auf die ich mich stützte; und langsam, wie sich meine Augen an die seltsame Dunkelheit gewöhnten und an die noch seltsameren Lichter, die wie dunkelrothe Sterne oder wie Irrwische darin zu tanzen schienen, erkannte ich die Dinge um mich her. Dicht neben mir auf dem Tische lag die Leiche Larry's. Ein weißes Leinentuch, welches jede der hier anwesenden Jungfrauen mit einem weißen Bande verziert hatte, war über sie ausgebreitet; und an der Stelle, wo es das Herz des Todten bedeckte, lag eine Hand voll Salz verstreut. Der übrige Theil des Tisches, ringsher um die Leiche, war mit Flaschen, Gläsern und vielen kleinen Schaalen bedeckt, in denen Thonpfeifen, Tabak und weiße Mehlkuchen lagen. Wol hundert kleine Lichter brannten, theils auf dem Tische, theils auf den Fensterbänken und dem Herd; denn jeder Besucher der Todtenwache hat die Pflicht, eine Kerze mitzubringen. Brighit setzte sich zu meinen Füßen nieder; mit ihrer brennenden Kerze in der Hand, und dem gebeugten Haupte sah sie dem Genius der Jugend und Schönheit nicht unähnlich, der über die Vergänglichkeit alles Irdischen trauert. Jack war der Erste, der sich uns näherte. Er brachte mir eine Pfeife und Brighit lud er ein, vom Kuchen und Whiskey zu nehmen. Wir dankten Beide, ich und der trauernde Genius zu meinen Füßen.

Der Lärm, den unser Eintreten unterbrochen hatte, war inzwischen wieder ausgebrochen. „Ho!" schrie einer von den Burschen, den ich sogleich wieder als einen meiner Bootsmänner vom Tork-See erkannte

— „wo haben wir den Fiedel-Mick gelassen? Ho, Fiedel-Mick!" —
„Er ist aus dem Fenster gesprungen!" riefen einige Andere, und rissen
das bereits wieder geschlossene Fenster hastig auf, so daß die Lichter
auf's Neue heftig zu flackern begannen. Brighit's Kerze löschte von der
Zugluft aus; wie aus einem Traum erwachend, stand sie langsam
auf und zündete sie an den Lichtern, die um Larry's Leiche brannten,
wieder an. „Ho, Fiedel-Mick! Ho Fiedel-Mick!" riefen die Burschen
zum Fenster hinaus; aber keine Antwort kam zurück. Nur der Wind
trug den Ruf weit und schauerlich in die Nacht hinaus, bis er in un-
gesehener Ferne langsam verhallte. Dann ward das Fenster wieder
zugeworfen. „Ohne Musik geht's nicht" sagten die Burschen — „sing'
uns doch Einer ein Lied!" „Ich will Euch Musik machen," sagte
Jack, schob die Füße des Leichnams ein wenig bei Seite, um Platz
auf dem Tisch zu finden, hielt die hohle Hand vor den Mund und begann, den Ton einer Trompete nachahmend, eine Melodie zu schnarren.
„Ich will Euch auch Musik machen!" rief eine Stimme, die ich sogleich
wieder erkannte, und ein menschliches Wesen tauchte aus der Tiefe der
hinteren Bänke empor, wie es einst unter der Ruderbank emporge-
taucht war in jener denkwürdigen Nacht auf dem See — der Mann
mit den vier Tönen, der Mann mit der großen Busennadel, der edle
Sir Patrick, der Ritter von Dunloe. Es war, als sollte ich an diesem Abend, dem letzten, dem traurigsten von allen, meine guten Freunde
noch einmal um mich versammelt sehen. Immer neue Bekannte tauchten
aus dem Nebel auf. Und lustig und guter Dinge waren sie Alle, das
muß ich sagen. Hätte die Leiche nicht neben mir gelegen, ich würde
geglaubt haben, daß ich auf einer Hochzeit oder einer Kirmeß sei.
„Eine schöne Todtenwache!" sagte Sir Patrick, als er in der bekannten
Uniform, dem flatternden Röcklein und der großen Mütze mit dem
schiefen Schirm, an mir vorbeiging, „eine schöne Todtenwache, wie ich
noch keine bessere und fröhlichere erlebt habe, Euer Gnaden!" Dann
setzte er sich neben Jack und schnarrte mit ihm um die Wette; denn
die erhöhte Stimmung dieses Abends hatte jeden Gedanken von Ne-
benbuhlerschaft entfernt. Auch die Burschen und Mädchen, die mit
den Händen auf dem Rücken und die mit den verbundenen Augen und
dem ledernen Riemen, hatten sich wieder in Ordnung gestellt, und nach
der Melodie der beiden schnarrenden Musikanten fingen sie wieder an

zu lachen, zu schreien, sich zu küssen und zu schlagen, und was ich an-
fänglich für einen Rest — Gott weiß, druidischer oder barbarischer
Trauerceremonien gehalten hatte, erwies sich als ein Spiel, das mit
unserer „Blindekuh" eine entfernte Aehnlichkeit hat. Auf der andern Seite des Tisches, auf einem Schemel, mit drei Beinen, saß die
alte Sally aus der Dunloe-Schlucht. Mit ihrem hageren, gelben Gesicht und dem gelbrothen Tuch, welches sie über das lange, graue Haar
bis tief an die Stirn gezogen hatte, mit ihren dürren, knochigen Armen und den langen, spinnenartigen Fingern glich sie einer Sibylle,
die auf dem Dreifuß sitzt. Um sie saßen oder standen noch fünf, sechs
alte Weiber mit langen Mänteln, gleichsam der Hofstaat Sally's,
vor der sie alle einen unbegrenzten Respekt ausdrückten. Sally hatte
den Kopf in die braune Hand gestützt; mit der andern Hand hielt sie
ein schwarzgerauchtes Thonpfeifchen, aus der sie von Zeit zu Zeit gewaltige Züge that. Auch die andern Weiber rauchten. Nicht weit
von ihnen in einem Winkel saß ein steinalter Mann. Seine ver-
schrumpften Hände lagen gefaltet auf der gelben Manchesterhose; sein
Kopf, von schneeweißem Haar bedeckt, war ihm auf die Brust, auf die
blaue Weste mit den gelben Knöpfen, hingesunken. Er rührte und
regte sich nicht. Er war eingeschlafen, der Eremit von Innisfallen,
der sein Weib, seine Kinder, seine Großkinder überlebt hatte, und der
nur noch einmal von seiner Insel herübergekommen war, um die
Todtenwache seines letzten Urenkels zu besuchen. Mittlerweile war
das Spiel zu Ende; die jungen Leute, müd' und erhitzt vom Haschen
und Sich-Entwinden, vom Küssen und Sich-Wehren, begaben sich auf
ihre Sitze; und da die Burschen rascher und heftiger waren, als die
Mädchen, so waren diese gezwungen, sich auf den Schooß ihrer Freunde
zu setzen, was sie denn auch — da keine Wahl blieb — nach einigem
Sträuben alle thaten. Nur Eine saß, unbekümmert um Spiel und
Liebesscherz am Boden, die brennende Kerze in der Hand, das schöne,
traurige Haupt gesenkt . . .

Als Alles ruhig geworden, erhob sich die alte Sally. Sie legte
das glimmende Pfeifchen auf ihren Schemel und zog das gelbrothe
Tuch noch fester um den Kopf. Dann begann sie zu wimmern und
ein eigenthümlich herzzerreißender Ton war es, den sie von sich gab.
Auch die andern Weiber in ihrer Nähe hatten sich fester in ihre Mäntel

gehüllt und stellten sich enger um Sally zusammen. Todtenstille war es im Gemach geworden, und zum ersten Male nun empfand ich die schauerliche Nachbarschaft der Leiche. Dabei strich der Haidewind heulend am Fenster dahin, und als Sally zu singen begann, da war es nur, als ob die Melodie des Windes, die wir tausend Mal gehört haben, wenn er so einsam und verloren über die nächtige Welt wandert, Form und Fassung gewonnen hätte. Sie hob die langen, gelben Arme hoch über den Kopf empor, so daß die Gewandung ganz zurückfiel, — wie Krallen streckten sich die Hände in die Luft, als ob sie einen Schemen herunterziehen wolle, die Haare flatterten um das zerrissene Tuch, und hexenhaft wie sie dastand, mit verzerrtem Gesicht, mit weit aufgerissenen Augen und aufgesperrtem Munde, stieß sie einen fürchterlich gellenden Schrei aus, in welchen zuerst die Klageweiber um sie her und dann die ganze Versammlung einstimmte. „Ulla — luh! Ulla — luh!" — Dann kam eine tiefe Pause, wie wenn der Sturm einen Augenblick schweigt — dann wieder das „Ulla — luh!" und zuletzt der Caoine, das Todtenlied, welches Sally — der Leiche zugekehrt — nunmehr begann. Ich werde das schauerliche Lied nie vergessen. Es waren nur wenige Tacte, die sich immer gleichmäßig wiederholten und die Sally ihren Worten mehr murmelnd als singend anpaßte — monotone, melancholische Tacte, mit langgezogenen Tönen zuweilen, in welche die übrigen Klageweiber und darauf die ganze Gesellschaft heulend einfielen. Das Ganze, wenn ich es mit etwas uns annähernd Bekanntem vergleichen sollte, machte den Eindruck einer jüdischen Betversammlung. Es waren die traurigen, schluchzenden, unharmonischen und doch so überwältigenden Schmerzenslaute des Vorsängers — es war das scheinbare Durcheinander der Gemeinde, wo Jeder sein eigenes Weh zu jammern scheint und Alle sich doch in einer Klage vereinigen, in der einen großen Klage um das verlorene Kanaan ... eine unabsehbare Folge von unglücklichen Mollaccorden, wie eine ewige Reihe von Fragen, denen die Antwort fehlt ...

„Ulla — luh, Ulla — luh, oh!" schrie Sally, und zuerst die Klageweiber, dann alle Uebrigen schrieen: „Ulla — luh, Ulla — luh, oh!" Und die noch eben so fröhlich gelacht und geküßt hatten, saßen nun da, weinend und schluchzend, als ob sie ihr Letztes und Bestes auf der ganzen Welt zu Grabe trügen und fortan einsam, verwaist und unglückselig durch diese öde Welt irren müßten. Ich hörte es den wilden Lauten der Klage und des Jammers wol an, daß sie nicht erkünstelt seien, sondern wirklich aus der Tiefe des Herzens kamen; und auf's Neue mußte ich die Natur dieses Volkes bewundern, daß so jach und unvermittelt von der lautesten Lust der Freude zum äußersten Bewußtsein schmerzlicher Gebrochenheit überspringen kann, und dem das Schicksal neben dem unaussprechlichen Elend, das es ihm bestimmte, auch den beneidenswerthen Leichtsinn gab, welcher in guter Stunde Alles vergißt, was gewesen, und Alles, was noch werden kann. —

Sally aber begann ihre Todtenklage folgendermaßen:

„Oh, warum bist Du gestorben, Larry — so gut, so jung, so brav — Du letzter Sproß Deiner Familie, Du Einziger, warum bist Deinem Urgroßvater vorangegangen? Warum hast Du das Land des grünen Grases verlassen, über welches Du einst, ehe Du krank geworden, wie ein Bergreh liefest, wo Du oftmals, ehe Du zum Tode. bestimmt warest, in Kampf und Hurley-Spiel*) die andern Burschen besiegtest und wo, ehe Du die Kirchhofsfee geküßt hast, erröthende Mädchen und alte Männer mit dem Preise Dich erwarteten?"

„Ulla — luh, Ulla — luh, oh!"

„Oh, warum bist Du gestorben, Larry — Du Busenfreund des jungen Paudin O'More, der hier an Deiner Leiche weint, der Liebling der schönen Brighit, der Myrthe von Killarney, die hier am Boden um Dich trauert? Warum lässest Du, Abkömmling eines Fürstengeschlechts, Dein Haus ohne Nachkommenschaft, Sohn zweier Eltern, die lange schon gestorben, Bruder von sieben Schwestern, die vor Dir begraben — warum, o Stolz des Dorfes und der ganzen Baronie?"

„Ulla — luh, Ulla — luh, oh!" Hier fielen alle Versammelten wehklagend ein; dann folgte ein momentanes Stillschweigen, worauf die alte Sally wieder begann:

„Oh, warum bist Du gestorben, da die Kartoffelernte Dich erwartet, und ein kleiner Pothin**), den wir mit Müh' und Sorge uns

---

*) Ballspiel.

**) Der von den Bauern, um der Steuer zu entgehn, heimlich bereitete Whiskey.

gewinnen, verheißungsvoll gleich Dir winkte, um Deine Hochzeit zu verherrlichen und Deiner Nachbaren Herz zu wärmen?"

„Ulla — luh, Ulla — luh, oh!"

„Oh, warum bist Du gestorben, ohne eine Wittwe zu hinterlassen, die mit uns klagt? Haben wir Alle Dich nicht aufrichtig geliebt und war für Deine Bedürfnisse nicht hinreichend gesorgt? Warum hast Du deswegen nicht gewartet, um Großkinder aufzuziehen unter Deinem niederen Dache und Deines Urgroßvaters Augen zu schließen?"

Hier fing der Urgroßvater, den das Klagelied und das Ulla — luh geweckt hatte, laut an zu weinen: er bedeckte mit beiden Händen den altersschweren Kopf und Alle, die in der Stube waren, schluchzten und riefen zusammen:

„Ulla — luh, Ulla — luh, oh! Warum bist Du gestorben?"

Als ich mich nach Brighit umsah, da war sie verschwunden; auf der Stelle am Boden, wo sie gesessen, brannte ihr Licht in den letzten Zügen. Eine unnennbare Angst trieb mich ihr nach, in's Freie hinaus. Hinter mir bald war das Trauerhaus mit seinen Klageliedern und seinen Todtenlichtern zurückgeblieben. Ich rief nach ihr über's Stoppelfeld — aber die Antwort blieb aus; ich lauschte in die Nacht hinaus — aber es war Nichts, Nichts zu hören. Und wunderbar herrlich war die Nacht geworden. Der Wind hatte die Wolken zerrissen, so daß der goldblitzende Sternenhimmel rein hervortrat, und dann hatte er sich schlafen gelegt. Klar und weit über mir lag das nächtliche Gewölbe, das mir nie so ernst, so feierlich erschienen war. Aber mein Herz jagte und ich flog die Höhen hinan. Hier, im dichten Kastaniengange war sie nicht; sie war nicht dort auf dem Feldwege, der zwischen den hohen Hecken hinführt. So erreichte ich die Höhe von Torf, und nun stieg das letzte Viertel des Mondes um Mitternacht über dem Mangerton empor. Grüngolden, wie ein Geschmeide, hing er in dem blauen Gewande der Nacht, und sein Widerschein erleuchtete die Schläferin, die Welt. In Dämmerung standen die östlichen Gebirgszüge, und ihr Purpurschatten fiel in grotesken Formen bis fern auf's dunkelgrüne Innisfallen und Roß-Eiland; aber die Berge im Westen — das Schechygebirge und das Toomiesgebirge — wie strahlten die im Silber des tiefstehenden Mondes, und wie zeichnete sein liebliches Zittern lange märchenhafte Silberstraßen in das träumende Waſſer der Seen ... Aber ich konnte ja nicht im Licht verweilen, ich ſuchte nach einem Schatten, der mir entſchwebt war — ach, nach einem geliebten Schatten, den ich mit dieſen Augen niemals wiederſehen ſoll ... Ich flog hinunter in die feuchte Dunkelheit, in den Nebel, den der Mond aus dem Ufergrunde ſog, über's Moor da= hin zu Brighit's Hütte, die finſter im Schatten des Feenhügels lag. Ich hatte ſie erreicht — ich ſprach Brighit's Namen aus — leiſe zu= erſt, wie ein Gebet, dann laut, wie einen Angſtruf. Brighit antwor= tete mir nicht. Dann pochte ich an die Thür, die mir ſonſt zu jeder Zeit offen geſtanden hatte, aber die Thür blieb verſchloſſen. „Brig= hit!“ flehte ich dann, und die Augen wurden mir feucht dabei, „nur noch ein Mal will ich Dich ſehn! Nur noch ein Mal will ich Dir Lebewohl ſagen!“ Es regte ſich Nichts; aber als ich mein Ohr an die Thür legte, da hörte ich ein unterbrücktes, gramerſticktes Schluch= zen, von der Stelle her, wo ihr Bette ſtand. Und alſo endet ihre Geſchichte. Nie mehr habe ich Etwas geſehn, noch gehört von Brig= hit, der Myrthe von Killarney ...

Kühl und friſch brach der andere Morgen an; ein ſchöner, weh= muthvoller Herbſtmorgen, deſſen klares Licht Alles noch einmal ſo wohlthätig erleuchtet und erwärmt, davon das Herz bald ſcheiden ſoll, und deſſen rauſchende Luft, wie ſie dahinzieht, die ſehnſüchtige Seele gleichſam über Allem, was da unten liegt, ſei es Luſt, ſei es Leid, in ein fernes, unbekanntes Land entführt. Die Höhen dampften, die Schluchten ſchimmerten; große Wolken wandelten durch den Himmel und im Oſten ward es helle. Mein letzter Blick ging hinunter zu den Seen; er hing an ihnen, wie an geliebten Augen, von denen man ſich nicht losreißen kann und zu denen man ſich immer wieder auf's Neue zu= rückwendet. Der Tork=See war noch dunkel, aber ſilbern blitzte Lough= Leane und dahinter das grünliche Gefilde. Schönere Tage werde ich nie mehr erleben, als ich an dieſen Seen erlebt habe; wenn ich jetzt an ſie zurückdenke, ſo iſt mir oft, als ſeien ſie nie geweſen, oder als ſeien ſie nur ein Traum, aus jener ſeligen Zeit zurückgeblieben, die meinem Erdenwallen voranging. Aber gern noch, wie zu einem grünen, heiligen Eilande, das mitten in einer ſtürmiſchen See liegt, flüchtet meine Erinnerung aus der Mitte des ſtürmiſchen Lebens zu ihnen zu= rück — gern zu jenem letzten Augenblick, wo ich am Fenſter ſtand und mein Herz mir so weh that beim Scheiden. Die Seen leuchteten, die Wiesen, die Felder lagen friedlich und als ob sie von allen Menschen verlassen worden seien, vor mir — die Sonne kam und durch meine Seele ging es wie ein Seufzer, still und süß . . .

> Fahr wol, süß' Innisfallen! Mag's
> Stillsonnig glühn um Deine Höh'n!
> Wie schön Du bist, ein Anderer sag's,
> Mich laß nur fühlen, wie Du schön!
>
> Süß' Innisfallen, golbengrün
> Sollst Du in meinen Träumen stehn,
> Wie ich zuerst im Abendglüh'n
> Dich sah gleich einem Land der Feen.

Dann kam Banson, der treue Stiefelwichser, und stellte zum letzten Mal die blanken Zeugen seines Diensteifers an ihren gewohnten Platz. „Mögen die Straßen, welche diese Stiefeln auf dem gesegneten Boden Irlands noch zu wandeln haben, eben und glücklich sein!" sagte er, indem er sein Gesicht wehmüthig in der blanken Fläche bespiegelte. Dann, als er meine wolgeschnürten Freunde, die Reisesäcke sah, den rothen und den weißen, sagte er: „wollte, daß ich diese Bündel niemals auf den Wagen zu legen brauchte, diese guten, rechtschaffenen Bündel!" Dann nahm er sie auf die Arme, wie man ein paar liebe Kinder auf die Arme nimmt, und ging die Treppe hinunter in den Frühstückssalon und ich folgte ihm. Auf der Treppe stand Bibby, das Kammermädchen. „Guter Herr," sagte sie, „ich will hier Abschied von Euch nehmen. Ich muß weinen, wenn ich daran denke, daß ich Euch nie wieder sehn soll; und ich mag nicht weinen, wenn Leute dabei sind." Noch ehe ich ihr die Hand geben konnte, war sie, laut weinend, die Treppe hinaufgeeilt und verschwand in den weitläufigen Corridoren. Michaulin, der Wärter, war ein Gentleman; er hatte, meinem Abschied zu Ehren, ein paar reine steife Vatermörder angelegt, deren Spitzen lebensgefährlich für Jeden waren, der ihnen nahe kam. „Ich hoffe," sagte er, „es hat dem edlen Herrn so wohl auf Tork-Biew gefallen, daß er wiederkommen wird, ehe wir's uns versehn. Wer ein Mal an den gepriesenen Seen von Killarney gewesen, der kommt auch wieder. Solche Salme, als man sie in unsern Gewässern fängt, hat

die Welt nicht wieder, noch solche Hämmel, als sie auf unsern Bergen
weiden! Vergeßt nicht an die Seen, vergeßt nicht an die Berge, vergeßt nicht an die Salme und nicht an die Hämmel von Killarney!"
Ich versprach es ihm, nicht daran zu vergessen, worauf er mir
noch einmal in aller Herrlichkeit das Frühstück servirte. Mittlerweile
war Thabby, der Kutscher, mit seinem Car und seiner „Madame" auf
dem Hofe angelangt. „Oh, Madame!" hörte ich ihn mehrere Male
sagen, „oh Madame, heute will er fortreisen — oh, Madame, wir
werden nicht mehr mit ihm durch die Schluchten traben, wie wir das
oft gethan — oh, Madame!" — Als ich hinaustrat und ihn fragte,
ob Alles in Ordnung sei, wollte er anfangen zu lachen; aber mit dem
Lachen wollte es heut' auch nicht recht gehen. Er nickte mit dem Kopfe
und streichelte die Mähnen seines Pferdes und sagte: „oh Madame,
es ist Alles in Ordnung!" — Zuletzt erschien Meister Hurley, um
mir Lebewohl zu sagen, und dann ging es fort, den Berg hinab, die
wolbekannte Straße.

Da wir dem Vorsprung nahe gekommen, der hier den letzte Ausläufer des Tork-Hügels gegen die Landstraße von Killarney bildet,
tönte uns ein vielstimmig wildes, unarticulirtes Geheul entgegen. „Das
sind die Leute, die den armen Larry zu Grabe tragen!" sagte Thabby,
der Kutscher. Sobald wir um den Vorsprung gebogen waren, sahen
wir den Leichenzug, wie er langsam sich die Straße daher bewegte.
Vier Männer trugen den Sarg auf ihren Schultern, und viel Volks
von beiderlei Geschlecht begleitete ihn mit dem wilden Ulla-luh und
lautem Weinen, und wo ein Wanderer ihm begegnete, da schloß er
sich an, ja sogar die Arbeiter von den benachbarten Feldern sah ich
heraneilen, um mit den Andern zu schreien und zu jammern. Dem
Zuge voran trug ein Mädchen Weidengerten, die mit kunstvoll ge-
schnittenem Papier verziert waren; und ein anderes Mädchen einen
Reifen, an welchem Papierhandschuhe hingen. Thabby sagte mir, daß
diese Gerten und der Reifen der Schmuck seien, welcher auf jedem frischen
Grabe niedergelegt würde. Dann bat er mich um die Erlaubniß, den
Car auf einen Augenblick verlassen zu dürfen, um dem Verstorbenen
durch die, wie er sie nannte, „tri coiscein na trocaine," d. h. die „drei
Schritte des Erbarmens," die letzte Ehre zu erweisen. Er stieg ab,
that hinter der bereits vorbeigezogenen Trauerschaar die drei Schritte,

indem er in das verhallende Ulla=luh weinend einstimmte. Dann nahm
er seinen Platz wieder ein, trieb — lustig genug für seine eben aus=
gedrückte Bekümmerniß und lachend, als ich ihn fragte, ob wir auch
nicht zu spät ankommen würden, seine inzwischen zum „Sir!" ge=
wordene Madame — denn der Weg hob sich ein wenig — an, während
der Leichenzug in der Ferne am Aghaboe=Hügel langsam verschwand.
Regen und Regenbogen folgen sich am Himmel Irlands nicht schneller,
als Weinen und Lachen im Auge des Irländers. Welcher Contrast
sprang mir auf's Neue entgegen, wenn ich — bei der kaum verhallten
leidenschaftlichen Todtenklage, an die Schädelstätte von Aghaboe ge=
dachte, wohin sie den armen Larry nun trugen, nachdem die gelben
Blumen, zwischen welchen ich ihn zuerst gesehen, verblüht waren. Der
Waliser kennt die Todtenklage nicht; aber die Stätte, wo er seine
Todten bettet, sind sein größtes Heiligthum, „man könnte die walisischen
Kirchhöfe Gärten des Todes nennen. Immergrün und Blüthenge=
sträuch schmückt jedes Grab; Ostern, Pfingsten und Weihnachten wer=
den die Grabesplatten gewaschen, und auf Palmsonntag werden Stief=
mütterchen und wilde Rosen, Narzissen und Rosmarin eingepflanzt,
oder — wie man es dort nennt — „die Todten werden bekleidet."
(Ein Herbst in Wales, S. 198). Der Irländer dagegen, nach=
dem er seinem Herzen im Ulla=luh Luft gemacht, läßt die Knochen
seiner Todten an der Luft bleichen und wirft die Schädel derselben
an der Kirchhofsmauer umher. —

So waren wir auf dem Bahnhof von Killarney angekommen, und
es war daselbst ein Treiben und Lärmen, wie wir es auf unsern
Bahnhöfen auch haben. Einige vornehme Damen, mit Bedienten hinter
sich; einige unangenehme Musterreiter mit ihren Probeschachteln unter
dem Arme; einige ehrbare Philister mit großen Stöcken, mit einem
Gesicht, als reisten sie bis an's Ende der Welt, und mit Karten, die
nur bis zur nächsten Station reichten. Dazwischen die Schaffner und
die Bagagekarren, und Pfeifen und Rufen, hin und her. Von meinen
guten Freunden aus Killarney sah ich keinen mehr, da sich Alle dem
Leichenzuge angeschlossen hatten; nur Thabby blieb mir treu und zu=
letzt erschien auch noch „happy Jack," der vom Kirchhof heruntergeeilt
war, um mir sein letztes Lebewohl zu bringen. „Die kleine Granna
wäre so gerne mit mir gekommen, um Euch noch einmal ihr Händchen

zu geben — aber Brighit — Gott segne und erhalte sie! — wollte das Kind nicht von sich lassen!"

Um einen der Wagen hatte sich eine Gruppe irischer Bauern gebildet, mit traurigen, verweinten Gesichtern. Zwei Mädchen aus dem Thale saßen in dem Wagen; sie fuhren mit dem Zuge nach Cork, um von dort nach Amerika auszuwandern. Drei Frauen standen am Wagen und ein Mann; ein zweiter, der eine Peitsche in der Hand hielt, hatte sich abgelehrt. Zuerst weinten sie laut und schluchzten. — Die Musterreiter mit den Probeschachteln unter dem Arme, rohe Gesellen in feinen Röcken und mobischen Hüten, lachten. Da verkrochen sich die Weiber unter Brettern, die an die Wand gelehnt waren, und auf einmal fingen sie an herzerschütternd zu schreien und zu klagen ... Das war der irische Schrei, den ich schon einmal gehört — der Schrei, den Sally und die Klageweiber gestern über der Leiche Larry's erhoben hatten — den Mantel über dem Kopf fest zusammengeschlagen, schrieen die drei Weiber, als ob die beiden Mädchen, die dort im Wagen saßen und die vielleicht ihre Töchter und Großtöchter waren, todt und gestorben wären und als ob der Wagenzug, der sie ihnen entführte, der Leichenwagen wäre, der sie an's Grab brächte — und ihr Geschrei bekam die Modulation der wolbekannten Klageweise, und in dunkeln, urgewaltigen Klängen erfüllte es die glasgedeckte Halle und mischte sich zuletzt mit dem schrillen Pfiff der Locomotive. Der Mann mit der Peitsche stand noch immer abgewandt — er wischte die Augen und legte den Kopf an die Wand. Der andere Mann stand stumm. Als nun die Glocke zum Abfahren rief — ach, die Todtenglocke für die Scheidenden! — da standen sie da, die Weiber, halb vorwärts gebeugt — und sie schlugen die Hände ineinander und stießen ein lautes Geheul aus — ein furchtbares Schmerzensgeheul, das sich verlor im dumpfen Getöse der arbeitenden und uns fortreißenden Maschine. Und das war der Abschied von Killarney — meiner und ihrer. „Du lieber Gott," dachte ich, nachdem ich meinen Schmerz über ihrem vergessend, Jack's und Thabby's Hand noch einmal gedrückt hatte, — „Du lieber, guter, allernährender Gott, hat denn dieses glückliche, dieses schöne, dieses seligste aller Thäler nicht Raum für zwei armselige, barfüßige Mädchen? Warum müssen sie aus den Bergen scheiden, grade sie, welche diese Berge doch mehr lieben, als wir fassen können? Die Iren sind in ihrem eignen Lande die Fremden und die Knechte geworden. Die Engländer regieren das Land und die Iren dienen darin, — die Einen noch immer knirschend, die Andern längst stumpf geworden. Ach — aber die Meisten fühlen es noch immer, ob es auch ihnen und uns Allen nur zu bekannt ist, daß ihr Reich zerstört ist und nie mehr aufgerichtet werden kann. Wie ein Weheruf klingt das Wort der Schrift über ihnen und über ihr Land: „Man hat mich zur Hüterin der Weinberge gesetzt; aber meinen Weinberg, den ich hatte, habe ich nicht behütet." — Und seitdem besitzen die Engländer den Boden und die Iren müssen ihn bebauen; seitdem wohnen die Engländer in Palästen und die Iren in Lehmhütten; seitdem gehen die Engländer in Sammet und Seide und die Iren in Lumpen; seitdem führen die Iren mit schwieliger Hand das Ruder, und blasen das Horn, und singen ihre traurigen Lieder, und sprechen das alte Irisch und klagen und schreien, und die Engländer — o, ich werde die Musterreiter im Bahnhof von Killarney nie vergessen, nie! — lachen darüber ... Langsam, ganz langsam, wie der Zug zuerst dahinging, wurden auch meine Gedanken ruhiger. In der Ferne ward die einsame Hütte sichtbar, in der Larry gelebt und gestorben, in der gestern die Todtenwache bei ihm gehalten worden. Einsamer, verlassener als je, stand sie jetzt da, in der frischen Sonne und Kühle des Morgens, die mit meinen Haaren und meinem Herzen spielte. In dem offenen Fenster saß eine Gestalt, die, so viel ich aus dieser Entfernung unterscheiden konnte, auf der Fiedel strich, und nach den Klängen, die traurig und zerrissen, indem der Zug vorüberging, zu mir heranwehten, konnte es kein Anderer sein, als der Fiedel-Mick, der nun der einzige Bewohner der ausgestorbenen Hütte geworden zu sein schien. Und ruhiger, immer ruhiger schlug mein Herz, und mein letzter Gedanke war Brighit. Und als nun die Maschine kräftig, immer kräftiger schnob und arbeitete, und wir selber nun leicht, immer leichter in der wandernden Sonne dahinflogen, — als nun die braunen Moore wieder erreicht waren, die sich hier bis dicht an das Paradies von Killarney erstrecken: da ward das Rollen und Brausen der Räder zu einer Melodie, die ich kannte, und Worte vernahm ich darin, die mir wie Heimathsstimmen klangen. Es waren die Worte, welche mich sanft und mahnend umschwebt hatten, da ich mich einst dem Paradies näherte, und die mich nun, da ich es verließ, als ein letztes, langes Lebewohl begleiteten:

's war Licht fürwahr, zu rein für Den,
Der nach der sonnigen Tage Schluß,
Wo er so selig Dich gesehen,
In's Leben wieder wandern muß;

Der nie mehr kehrt zu Deinem Strand,
Doch oft in Nacht und Nebelflor
Von Dir träumt, als dem beff'ren Land,
Das er gesehn, das er verlor!

Anmerkungen.

Seite 19. ... interessant zu machen. „Wenn wir an Irland denken, so erscheint es uns — Tom Moore hat viel zu verantworten in dieser Beziehung — als ein bleiches, junges Weib, das schwarze Haar niedergelassen, eine symbolische Kette anstatt eines Paars bequemer Balmoralstiefel an den Füßen, und eine kleine Harfe in der Hand, auf welcher es seinem musikalischen Spleen gegen unser armes Land beständig Luft macht." The Times, January 27, 1859.

S. 19. ... in's Irische übersetzen lassen. „Dr. Mac Hale hat diesen aller Ehren werthen Versuch gemacht." Barry, the Songs of Ireland. Dublin, Duffy. 1857.

S. 21. ... Dänische Invasion. Wo in der irischen Landesgeschichte (auch in der englischen ist dies der Fall) vom Ende des 8. Jahrhunderts ab von Dänen die Rede ist, sind stets die scandinavischen Nationen und deren Stammverwandte gemeint. (Palgrave, Hist. of England. I., p. 104). Die Sachsen in England nannten sie Nordmänner, so in der Ode auf den Sieg König Athelstan's, 938 (übersetzt von Gätschenberger):

> Die Nordmänner flohen
> In ihre Schiffe, vernagelt
> Mit mörderischen Pfeilresten,
> Ueber das tiefe Wasser,
> Dublin zu suchen
> Mit beschämter Seele.

Von den alten Irländern wurden sie Ostmänner, und (wie auch von den Walisern) schwarze Männer und schwarze Fremde genannt.

S. 21. Bal (ly oder lin) heißt: Stadt. Das „l" hat sich des Wohllauts wegen verdoppelt, „y" oder „in" ist Verbindungswörtchen. —

S. 24. Nichts — nur Ehrgeiz. „... Ich habe seine Bücher gelesen, hier in unsern stillen Wäldern, und stelle mir einen Riesen vor, wenn ich an ihn denke, einen einsamen, gefallnen Prometheus, stöhnend, indem der Geier an ihm nagt ... Ich hatte eine Abneigung gegen diesen Swift, und hörte manch' eine Geschichte über ihn, über sein Benehmen gegen Männer und seine Worte mit Frauen. Er konnte den Großen ebenso schmeicheln, als er gegen die Schwachen hochmüthig sein konnte ... Unter seinen zwei buschigen Augenbrauen schauten ein Paar sehr klare blaue Augen hervor. Sein Gesicht war finſter, ſeine Figur etwas fett, ſein Kinn doppelt. Er trug einen ſchäbigen Prieſterrock und einen ſchäbigen Hut über ſeiner ſchwarzen Perrücke." Thackeray, Henry Esmond. II. 182, 185. Tauchn. Edit.

S. 28. ... ſeine — Schweſter geweſen. Küttner, in ſeinen „Briefen über Irland an ſeinen Freund den Herausgeber" (Leipzig, 1785) erzählt unter dem 16. Juni 1784 — alſo noch innerhalb Menſchengedenkens ſeit dem Tode Swift's — aus Dublin (p. 153), es werde daſelbſt allgemein geglaubt, „daß er (Swift) und Stella natürliche Kinder des Sir William Temple und alſo Geſchwiſter waren." Ueber ihre Ehe wiſſe man nichts Sicheres, aber „Dr. Johnſon ſagt, ein Biſchof habe ſie heimlich zuſammenge- geben und habe es nach Swift's Tode einem ſeiner Freunde erzählt." —

S. 30. ... Die Säule mit dem Phoenix iſt von dem bekannten und in Irland noch ſehr beliebten Earl of Cheſterfield (als Schriftſteller be- rühmt durch die nach ſeinem Tode publicirten „Briefe an ſeinen Sohn") er- richtet worden, als er zur Zeit der Landung des Prätendenten in Schottland Vicekönig von Irland war. „Impensis suis posuit Phil. Stanhope Comes de Chesterfield, Prorex."

S. 31. ... und den Geſchicken Beider. Unter iriſchen Gelehrten und Dichtern hat ſogar die Vorſtellung, daß die Iren, ihrem Urſprung nach, wirkliche Juden ſeien, Anklang gefunden. Hamilton hat einen Eſſay und Th. Moore ein Gedicht „the Parallel" (Irish Melodies) über dieſen Gegenſtand geſchrieben. — Merkwürdig iſt es, daß auch die Waliſer vielfach verſucht haben, ihre Sprache auf die der Hebräer zurückzuführen. S. Walter, das alte Wales. p. 29.

S. 31. ... ſprechen die engliſche Sprache wie Fremde. „Heinrich II. führte die engliſche Sprache in Irland ein; allein durch dieſe Einführung entſtand keineswegs eine Vermiſchung der beiden Sprachen. Die engliſche machte in Irland ihren Weg, ohne daß die iriſche dadurch vertilgt wurde. Dadurch iſt es nun geſchehen, daß der größere Theil der Nation gar keine rechte Sprache hat. Die Regierung vernachläſſigt das Iriſche, und das Engliſche wird vom gemeinen Volk entweder gar nicht oder ſehr unvollkommen erlernt." (Küttner, Briefe über Irland, p. 219). In gewiſſem Sinne iſt dieß noch immer wahr, aber bei Weitem doch nicht mehr in der Allgemein- heit, wie Küttner dieß für ſeine Zeit (1785) ausſprechen konnte. Denn die engliſche Sprache, Hand in Hand mit der engliſchen Cultur, macht von Jahr- zehent zu Jahrzehent entſchiedene Fortſchritte gegen die iriſche, deren Sprach- gebiet obendrein durch die Auswanderung ſich immer mehr lichtet. — Wir werden übrigens im Verlaufe dieſes Werkes noch mehrfach Gelegenheit haben, über das Verhältniß der beiden Sprachen in Irland zu reden.

S. 32. ... Ireland's Eye. „Eye" iſt das hochdeutſche „Ei" in Eiland, das niederdeutſche „Oge" in Wangeroge, das däniſche „Oye" in Chriſtian's-Oye ꝛc.

S. 39. ... Die alten Finians. Die nationalen Heroen Irland's werden mit dem allgemeinen Namen der „feine" oder „fenior" bezeichnet.

Das ift die Heroenwelt, von welcher Macpherson der Welt vor achtzig Jahren ein entstelltes Bild vorführte. Wie die Scandinavier ihre Edda-Heroen und Edda-Mythologie haben, so haben die Gaelen ihre finische Welt. Woher diese finischen Heroengeschichten stammen, ift ein Räthsel. Die einzige Hypothese, von der wir etwas erwarten, ift die von unserem Landsmann Dr. R. Siegfried auf-geftellte, daß fie celtische Mythologie enthalten, wie wir gelernt haben, daß die perfische Heroengeschichte (Schach Nameh) die iranische Mythologie enthalte. Der genannte junge Gelehrte ift mit einem Werk über die Bezüge der alt-celtischen, walifischen und irischen Mythen und ihre Verzweigung beschäftigt. Dr. Siegfried, dem ich für seine Freundlichkeit während meines Aufenthaltes in Dublin, für vielfache, dies Werk fördernde Winke und werthvolle Mittheilun-gen aller Art, verbunden bin, ift ein geborener Deffauer und befindet sich feit mehreren Jahren als Professor b. s Sanskrit und Custos der Univerfitäts-bibliothek in Dublin. Unter den jüngeren Forschern, welche im Geift von Zeuß' „Grammatica Celtica" das irische Alterthum urbar zu machen ftreben, nimmt Dr. Siegfried eine hervorragende Stellung ein.

S. 51. ... und schenkte fie dem Pabft. Vallancey (Collectanea de rebus hibernicis, p. 32) behauptet, daß aus dieser Ueberlieferung der Harfe und Krone Brian Boru's der Pabft die Unterwerfung Irlands gefolgert und daß Hadrian IV. hieraus später den hauptsächlichften Rechtstitel für seine Kirchenhoheit über daffelbe abgeleitet habe. Nach mehreren Jahrhunderten sei die Harfe vom Pabfte an Heinrich VIII. mit dem Titel eines „Densensor fidei" gesandt worden, welcher, keinen Werth auf ein solches Inftrument setzend, fie wieder nach Irland zurückgeschenkt habe.

S. 60. ... Ritter vom Orden des heiligen Patrick. Der Orden von St. Patrick ift neben dem Bath- und Hosenbandorden der dritte der drei großen Orden im britischen Reiche. Er wurde im Jahre 1783 von Georg III. geftiftet. „Der König konnte keinen beffern Zeitpunkt wählen," schreibt (in seinen mehrerwähnten „Briefen über Irland," p. 51) Küttner, unter dem 23. Auguft 1783 „auch für dieses Land einen Orden zu ftiften, als den gegenwärtigen. Sie wissen, lieber Freund, daß feit einem paar Jah-ren hier Alles in Gährung ift" (es war die Zeit zwischen dem amerikanischen Unabhängigkeitskrieg und der französischen Revolution!) „und der Hof suchte vermuthlich viele Familien dieses Landes sich verbindlich zu machen, indem er vergangenes Jahr den Orden des irischen Heiligen St. Patrick oder Pa-trizius ftiftete. Im Winter 1783 wurden die neuen Ritter in der Kirche des heiligen Patrizius feierlich vom Vizekönig eingeweiht. Man kann nicht weniger als ein Graf (Earl) sein, um ihn zu erhalten! (Ift inzwischen abgeändert wor-den.) Die filbernen Strahlen des Sterns faffen einen himmelblauen Zirkel ein, in welchem die Devise mit Gold geftickt ift: Quis separabit, MDCCLXXXIII. Innerhalb dieses Zirkels liegt auf Silber ein rothes Andreaskreuz. Die leeren Felder, welche das Kreuz läßt, sind durch ein dreiblättriges Kraut, welches man hier St. Patrickkraut (es ift das Kleeblatt) nennt, ausgefüllt; im vierten Feld ruht der Stiel dieses Blattes. Auf jedem der drei Blätter ift eine gol-dene Krone geftickt, wodurch die drei Reiche angezeigt werden, auf die sich das „Quis separabit?" (wer wird fie trennen?) bezieht. Das Band ift hellblau und wird von der Rechten zur Linken getragen. Der Orden hat 15 Ritter, wovon der König Großmeifter ift."

S. 68. ... Shilelah, Shilelah oder Shilelagh heißt in Irland der rohe, unverzierte, in Feuer gehärtete Stock der Bauern, gewöhnlich aus Eichenholz, so viel ich erfahren konnte zum Andenken an den großen Eichenwald von Shilelagh, der einst den südlichen Theil der Grafschaft Wicklow ganz bedeckte und im 17. Jahrhundert durch den grausamen Lordlieutenand Stafford bis auf den letzten Stumpf abgehauen wurde.

S. 71. ... Whiskey, von den Engländern corrumpirt aus dem irischen „Uisge-beatha" (aqua vitae, Wasser des Lebens) und jetzt auch von den Irländern allgemein so genannt. Ein anderer viel gebrauchter Name desselben in Irland ist „Pothin" und „Shibbin." Die Kunst, das also genannte Getränk aus Malz zu brauen, sollen die Iren schon im 14. Jahrhundert verstanden haben.

S. 90. ... Clan-Verband. „Clann." „clainne" oder „cloinne" in der irischen oder gaelischen Sprache heißt: Kinder, Abkömmlinge und dann im weiteren Sinne: ein Stamm. Schon diese Etymologie deutet das Patriarchalische des Verhältnisses an. —

S. 93. ... Clan-Zwistigkeiten. Dieser Geist des ewigen Habers und der Zwietracht spiegelt sich auch in den Volksdichtungen der Irländer, die voll sind von Kämpfen des einen Clans gegen den andern und von Empörungen der Clan-Häuptlinge und Unterkönige gegen den Oberkönig; ja eigentlich fast keinen andern Gegenstand haben, als diese unnatürlichen Kämpfe und Empörungen. Es ist darum eine in diesen, den sg. finischen, Volksdichtungen häufig wiederkehrende Phrase: „es thut meinem Herzen weh, die Menge Derer zu zählen, die nicht durch einen fremden Feind, sondern durch Brud.r- hände gestorben sind;" oder: „ich wollte, daß eines entfernten Fremden Hand, oder ein ausländischer Fürst diesen Todesstreich geführt hätte."

S. 95. ... für welche der Tod das Beste wäre. Der Gedanke einer gänzlichen Ausrottung der irischen Race blieb als ultima ratio der Politiker lange Zeit beliebt. Unter Cromwell ward dem englischen Cabinet ein sehr ernsthaft gemeinter Plan vorgelegt, welcher dazu rieth, Irland durchaus von seinen alten Einwohnern „entweder durch Tod oder Verbannung zu säubern," und es alsdann zu colonisiren mit — Juden!

S. 99. ... ein Wort oder ein Gruß. Von allen Landstrichen in Irland ist Antrim mit Belfast (im Norden der Insel) der am Meisten protestantische; Wicklow und Wexford (im Süden) die am Meisten germanisirten, wenn der Ausdruck erlaubt ist. Hier waren die Dänen am Mächtigsten saßen sie am Längsten. Hier — der walißischen Küste am Nächsten — war die erste Station der landenden Anglo-Normannen, hier gründeten sie ihre ersten Festungen und der ganze Distrikt ward dem Neffen des normannischen Eroberers, des Earl Strongbow, dem Lord Hervey übergeben, der ihn mit englischen Colonisten und den sg. „Flemingen" aus Süd-Wales bevölkerte. (Beiläufig bemerkt, hatte Heinrich I. im Jahre 1111 die noch immer aufständischen Kymren durch Ansiedelung von Flamländern, englisch „Flemings," zu brechen versucht. Walter, das alte Wales, p. 95. Von dort aus wurde ein Theil derselben nach Irland geführt.) Daher die holländische Reinlichkeit, die man hier — abweichend von aller sonstigen irischen Gewohnheit, findet; daher besonders aber der Umstand, daß germanische Sprache hier am Tiefsten Wurzel gefaßt und seit frühester Zeit die irische fast ganz verdrängt hat. Von 180,158 Bewohnern, die Wexford 1851 zählte, konnten nur 799 neben Englisch auch noch Irisch sprechen; und von den 98,979 Bewohnern Wicklow's gar nur noch 135. Den eigenthümlichsten Character hat die Sprache der Baronien Bargie und besonders Forth (Südostspitze von Irland) in der sich viele rein germanische Wortreste erhalten haben sollen. (Vergleiche darüber Huber, „Skizzen aus Irland, p. 230, der in einer selbstständigen Anmerkung, abweichend von seinem Original, dem in England wolbekannten und vielverbreiteten Prachtwerk „Ireland its scenery etc. by Mr. and Mrs. Hall." welches einen walisischen Ursprung jener Colonien annimmt, eine germanische Einwanderung vertheidigt. Beide Ansichten vereinigen sich bis zu einem gewissen Punkte, wenn man an die Colonisation durch Flamländer, welche von Wales aus geschah, denkt.) Zugleich scheint aber auch das entschiedene Ueberwiegen des germanischen Elements in diesen Grafschaften anzudeuten, von welchen Einflüssen das — praktisch betrachtet — verkommene irische Celtenthum eine gedeihliche Wiedergeburt und Neubelebung zu erwarten habe. Die Einwohner von Wicklow und Wexford gehören im Durchschnitt zu den wohlhabendsten und glücklichsten in ganz Irland. Und als im Jahre 1798 die United Irishmen die Fahne der Rebellion erhoben, da war es hier am Spätesten, daß sie es vermochten, Boden zu gewinnen; „denn," heißt es in einer Geschichtserzählung aus jener Zeit, „die Bewohner waren höchst fleißige, ordentliche, gesittete und wohlhabende Leute, obwol sie alle fast sich zur katholischen Kirche bekannten. Die Zahl der Landeigenthümer war hier größer, als irgendwo in Irland, und die Beziehungen zwischen Grundherren und Pächter ließen wenig zu wünschen übrig." Eigenthümlich ist es noch, daß die Bewohner der geschilderten Gegend auch „Benny-boys," Bohnenbauer, genannt werden, weil sie die Einzigen in Irland sein sollen, welche Bohnen bauen. Näheres über diesen Gegenstand findet sich bei Clement (Reisen in Irland, 248—261), welcher eine ganze Reihe germanischer Reste in Sprache und Sitte der Baronien gefunden und beschrieben hat. Vergleiche auch Russell: On the inhabitants and dialect of the barony of Forth (The Atlantis, I, 235. London 1858.) Von eigentlich deutschen Colonisten haben sich zu Ende des 17. Jahrhunderts vertriebene protestantische Pfälzer, „Palatines" genannt, in der Gegend von Limerick niedergelassen, und gegen Ende des 18. Jahrhunderts siedelten sich einige Schweizer Familien in der Nähe von Waterford an. (Lappenberg, Ersch und Gruber's Encyclopädie, 24, II., p. 12., und Küttner, Briefe über Irland, pp. 29 und 180.)

S. 110. ... Jocelinus schrieb im 12. Jahrhundert — übrigens kommt der Name Scotia für Irland noch im 15. Jahrhundert, in einer Urkunde des Kaisers Sigismund, vor (Lindau, Geschichte Irland's. 183, f.) und der Name „Schottenklöster" setzt das Andenken an diese ursprüngliche Bezeichnung Irland's noch in mehreren Städten Deutschlands (Regensburg, Würzburg, Cöln ꝛc.), Belgiens, Frankreichs und der Schweiz fort.

S. 111. ... Finibus occiduis describitur. Noch bei Küttner (Briefe über Irland, 1785) findet sich der Glaube, daß — seit Patrick sie vertrieben —

keine Schlangen mehr in Irland leben könnten. „Giftige Thiere," heißt es daselbst (p. 117) ganz ernsthaft „als: Scorpione, Schlangen, Kröten ꝛc. findet man auf der ganzen Insel nicht. Man hat den Versuch gemacht und verschiedene Arten herübergebracht, es bleibt aber keine am Leben. Was die Ursache dieses wunderbaren Phänomens sein mag, kann mir Niemand sagen. Auch waren sonst keine Frösche in Irland. Erst unter Wilhelm III. hat man sie herübergebracht und noch jetzt sind sie in geringer Anzahl und machen kein Geschrei, wie auf dem festen Lande." — Das ist fast buchstäblich dasselbe, was drei Jahrhunderte früher Ricardus Corinensis, — oder, wie die Engländer diesen Chronisten nennen: Richard von Cirencester — gesagt hatte: „Kein kriechendes Thier wird dort (in Irland) gefunden, noch enthält es eine Viper oder Schlange; denn Schlangen, welche häufig von England herübergebracht wurden, starben, sobald sie sich der Küste näherten. Fast alle Dinge auf der Insel sind Gegenmittel gegen Gift ꝛc." Giles, Six old English Chronicles. London, 1848, p. 458.

S. 111. ... Buch von Ballymote. Pergamentmanuscript in Fol. aus dem 12. Jahrhundert, welches sich selbst als Auszug aus der „Grammatik von Confuala, dem Gelehrten" (+ 678 oder 679) bekennt, einem Werk, gleichfalls nur eine Umarbeitung der „Grammatik des Gelehrten von Ferceirtne" aus dem Anfang der christlichen Zeitrechnung. Von der äußern Geschichte des Buchs von Ballymote weiß man nicht viel mehr, als was auf fol. 180 verzeichnet ist, daß es nämlich 1522 durch Hugh O'Donell von Mac Donnay für 140 Milchkühe gekauft worden sei. Das Manuscript befindet sich jetzt in der Royal Irish Akademy, Dublin; zahlreiche Auszüge finden sich im 2. Bande von Hardiman's „Irish Minstrelsy."

S. 119. ... Dr. George Petrie. Sein berühmtes Buch über „Tara Hill" erschien 1829. Epochemachend war sein Preisessay über die „Roundtowers of Ireland" (Transact. of the Ir. Royal Academy, 1845.) Sein jüngstes Werk ist der im Auftrage der „Society for the publication of ancient Irish Melodies" herausgegebene erste Band alt-irischer Melodien. (1856.) Bemerkenswerth ist es, daß in demselben Jahr, wo Petrie's Preisessay erschien, also 1845, auch das Buch eines deutschen Forschers herauskam, welcher unabhängig von jenem und auf einem zum Theil verschiedenen Wege zu demselben Resultate über die Rundthürme gelangte. Dies ist K. J. Clement in seinen „Reisen in Irland" (Kiel 1845), einem der geistvollsten und originellsten Werke, welches ich über den Gegenstand gelesen habe. Während Petrie seinen Beweis hauptsächlich durch die Architectur der Rundthürme, verglichen mit der der übrigen christlichen Bauten in Irland, führt, schöpft Clement den seinen aus den irischen Annalen. (S. „Reisen in Irland," S. 38—55.) Clement, dessen Blick scharf, dessen Ausdrucksweise derb und dessen Gelehrsamkeit tief ist, ist ein Sohn der nordfriesischen Insel Amrum, welche ich von der Südwestspitze Sylt's oft und oft habe dämmern sehn. Ein wehmüthiger Zug des Heimwehs nach seiner kleinen, abgelegenen Insel geht durch alle seine Wanderschilderungen; und getrieben von ihm, sucht er die Spuren der Seegermanen in Irland. In diesen Forschungen liegt der bleibende Werth seines Buches.

S. 152. ... Graine's Bett. Graine's und Dermot's Betten, leaba Diarmada agus Graine, werden die Cromlechs (heidnische Altäre, s. oben,

S. 89 und 242) vom Volke genannt, weil, nach einer etwas anders formu-
lirten Wendung der im Text mitgetheilten Erzählung (die zu dem großen
finischen Sagenkreise gehört), Diarmuid oder Dermot und Graine von Finn
verfolgt wurden, aber ein Jahr und ein Tag von ihm nicht erreicht werden
konnten, während welcher Zeit sie nicht mehr als eine Nacht in einem und
demselben Bette schliefen. Daher, nach der Legende, die Zahl dieser sog.
„Betten" in Irland 366 ist. (S. Wakeman, Handbook of Irish Anti-
quities. Dublin, 1858, p. 12).

S. 185. ... Das nationale Irisch. Am Dichtesten sitzt die irisch
sprechende Bevölkerung im Westen, nämlich in Galway und Sligo (Provinz
Connought; dann hier in Kerry, im Süden der Provinz Munster: von
238,254 E., welche die Grafschaft 1851 hatte, sprachen 102,043 Englisch und
Irisch, 44,455 aber konnten nur Irisch reden.

S. 203. ... Crofton Croker war der fleißigste und verdienstvollste
Sammler der Märchen, poetischen Traditionen und Alterthümer von Irland.
Sein bedeutendstes Werk sind die „Fairy Legends and Traditions of the
South of Ireland," (1827), welches bekanntlich von den Gebrüdern Grimm
unter dem Titel „Irische Elfenmärchen" in's Deutsche übersetzt worden ist.
Croker hat sich auch nicht ohne Glück in der Novelle versucht; „am Glück-
lichsten aber ist er unter den phantasievollen Märchen seines heimathlichen
Landes, wenn er die romantischen Züge derselben zu einem lieblichen Bilde
sammelt, wenn er Liederfragmente aufzeichnet, einen See oder eine Ruine
malt, ein Gespräch, einen fröhlichen Scherz mittheilt, oder die Eigenthümlichkeiten seiner Landsleute in ihrer Laune, ihrem Aberglauben und bäuerlichen
Einfalt beschreibt." Chambers's Cyclop. of Engl. Lit. II. 614.

S. 221. ... Das den irischen Melodieen etwas Luftartiges
gibt. — An diesen Charakter der irischen Musik muß auch Walker gedacht
haben, wenn er (Historical Memoirs of the Irish Bards, p. 99) von den
„übernatürlichen Klängen" derselben spricht und sie, dem Glauben des Volkes
gemäß, mit der irischen Dämonologie in eine schauerliche Verbindung bringt. —
Die Eigenthümlichkeit der irischen Musik hat übrigens Niemand treffender geschildert, als dieß schon Giraldus Cambrensis in drei Worten thut, wenn
er (Topogr. Hibern. distinct. 3, 11) von ihr sagt, sie übe ihr Wirkung „tam
suavi velocitate, tam dispari paritate, tam discordi concordia," d. h. durch
ihren wunderbaren Streit von Sturm und Frieden, Regelmäßigkeit und Un-
regelmäßigkeit, Harmonie und Disharmonie. Die seelische Nachwirkung dieser
unvermittelten und unversöhnten Uebergänge ist die oft zur leidenschaftlichsten
Höhe gesteigerte Sehnsucht, durch welche sich die Stimmung der irischen Musik
von der trotz aller sonstigen Verwandtschaft doch mehr elegisch-traumhaften
walisischen unterscheidet. Auch dieser Charakterzug findet sich bei dem feinsin-
nigen und — wo es sich um ästhetische Dinge handelt — höchst zuverlässigen
Touristen des 12. Jahrhunderts prägnant bezeichnet: „Sie (die walisischen
Melodieen) gehen immer von B-Moll aus und kehren dahin zurück, so daß
Alles in die Süßigkeit eines lieblichen Ernstes aufgelöst wird." (Giraldus,
Cambriae descript., c. 12). Vergl. noch: Stephens, the Literature of the
Kymry, p. 77.

S. 242. ... **Dänenfestungen.** Es ist merkwürdig zu beobachten, wie diese dänischen (scandinavischen) Reminiscenzen beim Volke von Irland fortleben. So ist es der allgemein verbreitete Glaube unter den Bauern, daß die Dänen ihre Ansprüche auf Irland noch immer aufrecht erhielten, und daß ein dänischer Edelmann, wenn er seine Tochter verheirathet, ihr als Mitgift, oder wenigstens als Theil derselben, eine schöne Besitzung in der Grafschaft Clare oder Wexford gebe. Ebenso sollen die Dänen das Geheimniß besessen haben, ein köstliches Getränk, das unter dem Namen Beor (Bier!) noch in zahllosen Märchen lebt, aus Berghaide zu brauen, weswegen sie auch bei Landtheilungen die Haidestriche dem Ackerland vorgezogen hätten. Die Dänen aber haben dieß schöne Geheimniß mit sich in's Grab genommen und nur der Luprechaun, einer von den Kobolden der irischen Feenmythologie, soll noch allein davon wissen.

S. 242. ... **ihre Brehons zu Gericht saßen.** Die Brehons oder Richter von Irland hielten ihre Gerichtstage auf grünen Hügeln und Anhöhen, unter Beisitz des Volks auf den Abhängen derselben. Das Amt des Brehon war in gewissen Familien erblich. Der bemerkenswertheste Zug des Brehon-Rechts, so weit die beschränkte Kenntniß reicht, die man bis jetzt von ihm hat, war die gänzliche Abwesenheit der Todesstrafe, da selbst Mord durch eine Geldbuße — Eric genannt — gesühnt ward. Das Amt und Recht der Brehons in Irland hat sich bis in das 17. Jahrhundert erhalten. Ein englischer Richter aus der Zeit Heinrichs VIII. sagt: „Die Gesetze und Statuten, welche die Irischen auf ihren Hügeln gemacht haben, halten sie fest und unverbrüchlich." (Finglas, Breviate of Ireland.) Unter Elisabeth jedoch ward das englische Recht mit Gewalt an die Stelle des altirischen der Brehons gesetzt. In den „Artikeln zwischen dem Rath von Irland und Sir John O'Reyley im 25. Regierungsjahr der Königin" (aufbewahrt im „Irish Privy Council Book") heißt es: „Item, er soll nicht versammeln das Volk der Königin auf Hügeln. Er soll nicht halten irgend welche irische Brehons noch dulden, daß der irischen Brehons Gesetze in seinem Land angewendet werden. — Er soll nicht nehmen Eric oder Bußgeld für Mord und Todschlag, oder dulden, daß irgend ein Anderer dergleichen nehme." — Die „Brehon-Laws" werden gegenwärtig in mehreren Quartbänden (Text, Uebersetzung, Bemerkungen und Glossar!) auf Regierungskosten edirt. Die Commission für die Herausgabe besteht aus zweien der bedeutendsten irischen Antiquare, John O'Donnovan und Eugen Curry. Den Inhalt der Brehon-Laws kennt noch Niemand außer den beiden Herausgebern, da sie — im alten Irisch (1000—1200) geschrieben — bis jetzt unverständlich geblieben sind. Das Werk wird reich an culturhistorischen Aufschlüssen sein. Man erwartet, daß das gaelische Recht als etwas ganz Originales darin erscheinen werde. Für Sprachforschung wird besonders das Glossar wichtig werden; Weniges jedoch wird so alt in der Sprache sein, als die Glosse der Mönche von St. Gallen (750—850), worauf bekanntlich Zeuß seine „Grammatica Celtica" gebaut hat. — Man sieht der Vollendung des Werkes (in 1—2 Jahren) mit um so größerer Spannung entgegen, als während der Herausgabe desselben fast alle anderen Arbeiten auf dem Felde der irischen Alterthumsforschung eine momentane Stockung erlitten haben. —

S. 252. ... Geheimschrift der alten Iren. Ohne untersuchen zu wollen, in welchem innern Verhältniß sie untereinander stehen, kann ich doch nicht umhin, auf die äußere Aehnlichkeit der celtischen und germanischen Geheimschrift aufmerksam zu machen. Die Scandinavier, Angelsachsen und wol ziemlich alle nordgermanischen Völkerschaften hatten die Runen, „mysteriöse Charaktere, von den die heidnischen Teutonen glaubten, daß sie Zauberkraft besäßen ... Man findet sie eingeschnitten auf Stäben, eingegraben in Gefäßen, eingehauen auf Säulen; und ihre Form besteht demgemäß, mit Vermeidung runder Linien, aus geraden schrägen und oft zu Dreiecken vereinten Strichen." (Palgrave, History of England, I., 145.) Noch näher dem Ogham steht das Coelbren y Beirdd, das sog. Barbenalphabet der stammverwandten Kymren. „Die Zeichen desselben bestehen nur aus geraden und Querstrichen in mancherlei Zusammensetzungen, nicht aus gekrümmten Strichen, weil es darauf berechnet ist, daß die darin geschriebenen Wörter mit einem Messer auf hölzerne Stäbe eingeschnitten werden." (Walter, das alte Wales, p. 22).

S. 259. ... Die Annalen der vier Meister. Eine von vier Mönchen des Klosters zu Donegal (weswegen sie auch „Annalen von Donegal," Annales Dungallenses heißen) im 16. Jahrhundert verfaßte Chronik. „Sie fangen mit der Sündfluth an, und hören bei der englischen Eroberung Irlands auf, welche auch eine Sündfluth war. Die vorchristliche Zeit ist in Weltalter eingetheilt, und die verschiedenen fremden Einwanderungen und Dynastien in Irland sind haarklein berichtet, als wären die Verfasser selbst dabei zugegen oder doch ganz genau davon, wie durch überlieferte schriftliche Zeugnisse, unterrichtet gewesen." Clement, Reisen in Irland, p. 64. — Die „Annales IV. magistrorum" sind neuerdings in's Englische übersetzt und mit dem irischen Original in fünf prächtigen Quartbänden herausgegeben worden von John O'Donnovan. (Dublin, 1848—1851).

Ende des ersten Bandes.

Druck von C. Gutschmidt & Co. in Berlin, Lindenstr. 81.

Inhalt des ersten Bandes.